固定收益证券
定价与利率风险管理（第三版）

Fixed Income
Securities And
Risk Management
For Interest Rates

姚长辉 著

北京大学出版社
PEKING UNIVERSITY PRESS

图书在版编目(CIP)数据

固定收益证券:定价与利率风险管理/姚长辉著.—3 版.—北京:北京大学出版社,2019.10
21 世纪经济与管理规划教材.金融学系列
ISBN 978-7-301-30803-5

Ⅰ.①固… Ⅱ.①姚… Ⅲ.①固定收益证券—高等学校—教材 Ⅳ.①F830.91

中国版本图书馆 CIP 数据核字(2019)第 215674 号

书　　　名	固定收益证券——定价与利率风险管理(第三版) GUDING SHOUYI ZHENGQUAN —— DINGJIA YU LILÜ FENGXIAN GUANLI (DI-SAN BAN)
著作责任者	姚长辉　著
责 任 编 辑	贾米娜
标 准 书 号	ISBN 978-7-301-30803-5
出 版 发 行	北京大学出版社
地　　　址	北京市海淀区成府路 205 号　100871
网　　　址	http://www.pup.cn
微信公众号	北京大学经管书苑(pupembook)
电 子 邮 箱	编辑部 em@pup.cn　　总编室 zpup@pup.cn
电　　　话	邮购部 010-62752015　发行部 010-62750672　编辑部 010-62752926
印 刷 者	北京虎彩文化传播有限公司
经 销 者	新华书店
	787 毫米×1092 毫米　16 开本　23.75 印张　503 千字 2006 年 9 月第 1 版　2013 年 3 月第 2 版 2019 年 10 月第 3 版　2024 年 1 月第 4 次印刷
定　　　价	59.00 元

未经许可,不得以任何方式复制或抄袭本书之部分或全部内容。
版权所有,侵权必究
举报电话:010-62752024　电子邮箱:fd@pup.cn
图书如有印装质量问题,请与出版部联系,电话:010-62756370

丛书出版说明

教材作为人才培养重要的一环，一直都是高等院校与大学出版社工作的重中之重。"21世纪经济与管理规划教材"是我社组织在经济与管理各领域颇具影响力的专家学者编写而成的，面向在校学生或有自学需求的社会读者；不仅涵盖经济与管理领域传统课程，还涵盖学科发展衍生的新兴课程；在吸收国内外同类最新教材优点的基础上，注重思想性、科学性、系统性，以及学生综合素质的培养，以帮助学生打下扎实的专业基础和掌握最新的学科前沿知识，满足高等院校培养高质量人才的需要。自出版以来，本系列教材被众多高等院校选用，得到了授课教师的广泛好评。

随着信息技术的飞速进步，在线学习、翻转课堂等新的教学/学习模式不断涌现并日渐流行，终身学习的理念深入人心；而在教材以外，学生们还能从各种渠道获取纷繁复杂的信息。如何引导他们树立正确的世界观、人生观、价值观，是新时代给高等教育带来的一个重大挑战。为了适应这些变化，我们特对"21世纪经济与管理规划教材"进行了改版升级。

首先，为深入贯彻落实习近平总书记关于教育的重要论述、全国教育大会精神以及中共中央办公厅、国务院办公厅《关于深化新时代学校思想政治理论课改革创新的若干意见》，我们按照国家教材委员会《全国大中小学教材建设规划（2019—2022年）》《习近平新时代中国特色社会主义思想进课程教材指南》《关于做好党的二十大精神进教材工作的通知》和教育部《普通高等学校教材管理办法》《高等学校课程思政建设指导纲要》等文件精神，将课程思政内容尤其是党的二十大精神融入教材，以坚持正确导向，强化价值引领，落实立德树人根本任务，立足中国实践，形成具有中国特色的教材体系。

其次，响应国家积极组织构建信息技术与教育教学深度融合、多种介质综合运用、表现力丰富的高质量数字化教材体系的要求，本系列教材在形式上将不再局限于传统纸质教材，而是会根据学科特点，添加讲解重点难点的视频音频、检测学习效果的在线测评、扩展学习内容的延伸阅读、展示运算过程及结果的软件应用等数字资源，以增强教材的表现力和吸引力，有效服务线上教学、混合式教学等新型教学模式。

为了使本系列教材具有持续的生命力，我们将积极与作者沟通，争取按学制周期对教材进行修订。您在使用本系列教材的过程中，如果发现任何问题或者有任何意见或建议，欢迎随时与我们联系（请发邮件至 em@pup.cn）。我们会将您的宝贵意见或建议及时反馈给作者，以便修订再版时进一步完善教材内容，更好地满足教师教学和学生学习的需要。

最后，感谢所有参与编写和为我们出谋划策提供帮助的专家学者，以及广大使用本系列教材的师生。希望本系列教材能够为我国高等院校经管专业教育贡献绵薄之力！

北京大学出版社

经济与管理图书事业部

序

我从事债券与债券市场相关问题的研究,已有 30 年的时间,也曾在美国沃顿商学院(Wharton School)、凯洛格商学院(Kellogg School of Management)做过访问教授,研究债券定价及风险管理等问题。我从 2000 年开始给北京大学光华管理学院的研究生和工商管理硕士(MBA)讲授"固定收益证券"课程。多年的教学与科研,让我对债券与债券市场有了一些感悟,在此我把其中的几点感悟写出来,权当本书的序。

感悟一:债券市场与企业健康的资本结构

著名的麦肯锡咨询公司(Mckinsey & Company)曾经为著名的通用电气(GE)公司做战略咨询,其中有两个重要的金融战略:打通权益资本融资之路、打通长期债券融资之路。打通权益资本融资之路的思路是构建资本运作的公司,在上市公司之外搭建一个水库性质的公司,通过内部转移价格,让上市公司的业绩稳定增长,使得上市公司随时可以增发股票。那家做资本运作的公司就是后来鼎鼎大名的通用电气资本(GE Capital)公司。

打通长期债券融资之路的思路是,在 GE Capital 之下设立一家租赁公司,把 GE 公司最具竞争力的航空发动机买来,再把其他公司生产的飞机部件买来,组装成飞机,之后融资租赁。融资租赁的期限长达 20 年,收益率高达 12%。之后再把租赁费生成的现金流证券化,期限也长达 20 年,每年的成本为 6%,这样 GE 的租赁业务就可以获得巨大的收益。有人会问,像 GE 这样的公司随便到哪家银行都可以借到钱,何必到债券市场融资呢?实际上,无论银行贷款的期限看上去有多长,本质上都是短的。当企业经营状况好,融资环境相对宽松时,看不出短期融资与中长期债券融资的区别。但当企业出现流动性困难时,二者就有了天壤之别。此时,银行贷款的期限不管看上去有多长,实际都已到期,而中长期债券的本金并没有到期,这给企业带来的流动性压力大大降低。正因为如此,具有短期特征的银行贷款,不能替代中长期债券。

当 GE 这样的公司的资本来源除权益资本之外,主要是长期债券时,就说明 GE 公司的资金都是长期的,没有流动性压力。当企业融资之路被拓宽,基础又极为坚实,也就是说企业的资本结构非常健康时,企业高管不必只考虑短期投资安排,他们要思考的是10年、20年之后的投资安排。一家企业在合理的资本结构的支撑下,谋划长远的投资安排,会造就其他企业无可比拟的竞争优势。

回过头来反思我国企业的资本结构。我国股票市场不发达,企业的负债率过高;债券市场,特别是中长期企业债券市场不发达,企业负债以银行贷款为主,这导致我国企业如今的资本结构特征是:负债率过高,负债期限过短。这样的资本结构无法支撑长期的投资安排,自然也无法造就有强大竞争力的企业。

有人会认为,短期的债务融资,利率通常更低,企业的财务费用自然也更低,因此企业更应该使用短期借款。在此,我的观点是,省钱与挣钱不同。不是说企业节省财务费用不重要,但通过构建合理健康的资本结构,提升自己的竞争力,进而达到挣钱的目的,才是更为重要的。

感悟二:资产定价、货币政策调整与债券市场

金融市场中有各种各样的金融工具,如何给金融工具定价,是金融市场的关键问题之一。债券市场的存在与发展,可以为此做出极为重要的贡献。国债属于无风险债券,而各种期限的国债收益率会帮助我们构建出一条零息债券的收益率曲线——即期利率曲线,而即期利率曲线可以给无风险债券、有风险债券、衍生金融工具定价,投资者也可以通过即期利率曲线寻找套利机会。

未来的利率变化将引起债券等几乎所有金融工具的价格发生变化,可以通过分析即期利率曲线对未来的利率变化做出判断,从而为主动的投资管理提供机会。

即期利率曲线也是中央银行调整货币政策的依据。货币政策的调整包括利率的调整和货币供应量的调整。利率的调整主要是调整基准利率,尽管在各个国家基准利率有所不同,但基准利率都与短期的即期利率曲线有密切的联系。中央银行一般会根据短期利率、即期利率的高低来适时对基准利率做出调整。

中央银行调整货币供给也离不开债券市场。一般而言,中央银行的公开市场业务是通过债券的买卖来实现的,中央银行可以直接通过从债券市场买入债券而投放基础货币,通过卖出债券而回收基础货币。中央银行也可以通过参与债券的回购交易来调整市场中的货币供应量。

感悟三:债券投资与股票投资的不同

债券投资与股票投资的不同之处在于:股票的现金流是不确定的,投资者对股票投资的收益率要求也难以确定,因此股票内在价值的确立是困难的。债券则不然,债券的现金流基本上是确定的,浮动利率债券的利率也可以通过互换转化为固定利率。而通过构建即期利率曲线,可以确定折现曲线,因此债券的价格是确定的。正因为如此,我认为,股票投资与人斗,债券投资与天斗。如果债券的价格过于偏离内在价值,市场就会出现套利机会,而投资者通过套利,可以让债券价格回归其内在价值。当然,不能僵化地理解债券市场与天斗,因为任何市场行为都是人来参与的,都是与人斗的地方。国内外债券市场中曾发生过多起严重的事件,也说明债券投资中与人斗的色彩是浓重的。

感悟四:农民卖肉与证券化

美国有一部电影,据说就读哈佛商学院的学生是一定要看的。电影中有两个人物,一个是做投行生意的,另一个是做旧车生意的。两个人相互询问对方是如何挣钱的。做旧车生意的人说,他是把旧车买来,然后分拆成零件,再把零件卖出去。卖零件的总价钱比买旧车的价钱高。他就是这样挣钱的。而做投行生意的人说,他挣钱的思路与做旧车生意差不多。他是把一家公司买来,然后分拆开来,再一块一块(股份)卖出去。一块一块卖的总价钱,比买一家公司的价钱高,这样,他也就挣钱了。

这部电影让我想起了农民卖肉。农民卖肉,总是买的人要哪块,他就卖哪块;买的人让他怎么切,他就怎么切。结果确实能够多卖几个钱。在债券市场中,有很多切开了卖的例子。比如,美国市场中的本金和利息单独注册并交易的证券;比如,住房抵押贷款证券化过程中的各类抵押证券,包括利息证券、本金证券、按计划偿还的证券、按次序偿还的证券;再比如,以债务为抵押的债务凭证、以债务为抵押的债务凭证,等等,都是把现金流切开后再出售给投资者。投资者的需求各不相同,有的需要短期证券,有的需要长期证券;有的需要风险低的证券,有的可以承担风险而追求高的收益;有的担心扩张风险,有的担心收缩风险。因此,金融中介就有机会获利,即以原有资产做支撑,把原来的现金流分割成多个现金流,投资者各取所需。在实践中,这一市场也大获成功。实际上,现代金融中的金融工程,回答的就是如何满足投资者的需要、如何切割现金流、如何定价、如何进行风险管理等问题。

感悟五:任何事物都有个"度",证券化也不例外

中文有一个词叫"过错",我的理解是,凡事过了,也就错了。美国的次贷危机就是"做过了"的典型例子。美国为了应对互联网泡沫破灭而引起的经济衰退,执行过分宽松的货币政策,导致资产包括房地产价格的过分泡沫化;优质资产的证券有稳定的现金流做支撑,而以次贷为抵押的证券化则根基不牢;证券化过程中除投资者之外,谁都不想承担责任而又希望牟取暴利,致使没有金融机构深究次贷证券化中的风险,使得证券化过度扩张,投资银行利用超过30倍的杠杆,商业银行也是利用表外业务中极高的杠杆进行次贷证券投资,以上诸多"过度行为"引起了次贷危机,最终这些金融机构遭受了巨大损失,也算是对其"过度行为"的惩罚。

感悟六:农民种地与债券市场机制设计

农民种地,无论是种植庄稼还是栽培果树,都特别强调种植的间隔、通风等条件。在金融市场中,讲究的是"融通"。"通",意味着进出顺畅。如果某项金融交易让某类投资者只能走"华容道"或者"独木桥",那么,这样的制度设计就很有问题。比如,现代偿债基金条款,要求债务人按照事先的约定,在规定的日期从市场中买回一定比例的债券。但这样的制度安排必须给债务人选择权,即债务人可以按照市场价格或者债券面值中的低者来购买,甚至可以买回两倍于约定的数量的债券。为什么给予债务人这样的优惠呢?在国债期货市场中,通常给予空头方交付债券品种和交付日的选择权。为什么给予偿债基金中的债务人以及国债期货交易中的空头方这样的选择权呢?因为如果偿债基金中的债务人没有那样的选择权,那么债券市场中的"大鳄"们很容易沆瀣一气,在债务人必须购买债券之前,操纵债券的价格,迫使债务人以更高的价格购买。而在国债期货市场中,空头方在期货到期日有义务把债券交付给多头方。如果空头方没有品种选择权和交付日选择权的话,空头方要购买的债券价格就很容易被操纵,照样迫使空头方用大大高于合理水平的价格购买债券来交付。一个健康的债券市场,必须让买卖双方进退自如;否则,如果只有一条路可走,那么就很容易遭到埋伏。

另外,实现某种交易的方法绝不能只有一种,而应该有多种。例如,为了做利率远期交易,投资者可以与其他主体直接签订远期协议;也可以买空一个短期债券,用得到的资金购买一个期限更长的债券;还可以通过回购协议完成利率远期交易的操作,具体做法是,他利用回购协议借入资金,用得到的资金购买债券,并以债券做抵押,履行回购协议的义务。当达到同一个目的有多种选择的时候,市场就真正"通畅"了。

姚长辉
2019 年 5 月 8 日
于北京大学光华管理学院

目 录

第一章　固定收益证券概述 …… 1
- 第一节　固定收益证券的重要地位 …… 2
- 第二节　固定收益证券的特征 …… 6
- 第三节　固定收益证券的风险 …… 14
- 第四节　计息与计价习惯 …… 26
- 第五节　国外固定收益证券种类 …… 33
- 第六节　中国债券市场结构与创新 …… 44

第二章　到期收益率与总收益分析 …… 53
- 第一节　到期收益率 …… 54
- 第二节　到期收益率曲线与折现方程 …… 65
- 第三节　收益率溢价 …… 76
- 第四节　持有收益率与总收益分析 …… 81
- 第五节　再投资收益率风险 …… 84

第三章　零息债券与附息债券分析 …… 91
- 第一节　零息债券 …… 92
- 第二节　债券合成 …… 93
- 第三节　寻找套利机会 …… 100
- 第四节　债券价格的时间效应——θ值 …… 113

第四章　持续期与凸性 …… 125
- 第一节　影响债券价格-利率敏感性的因素 …… 126
- 第二节　持续期 …… 132
- 第三节　凸性 …… 145
- 第四节　持续期免疫与避险 …… 154

第五章 互换 ... 176
- 第一节 互换的基本概念与互换的种类 ... 177
- 第二节 互换的利益来源与互换市场的发展 ... 180
- 第三节 互换的定价 ... 189
- 第四节 互换的风险 ... 198
- 第五节 宝洁公司的案例 ... 201

第六章 利率远期、期货与回购协议 ... 205
- 第一节 利率远期与期货的基本概念 ... 206
- 第二节 远期的定价原理 ... 208
- 第三节 欧洲美元期货 ... 214
- 第四节 美国国债期货 ... 217
- 第五节 回购协议 ... 221

第七章 利率期限结构理论 ... 232
- 第一节 传统利率期限结构的基本理论 ... 233
- 第二节 用现代手段构建利率期限结构 ... 240

第八章 含权证券的价值分析 ... 256
- 第一节 期权的特点 ... 257
- 第二节 Black-Scholes 模型在含权证券定价中的问题 ... 266
- 第三节 二项式模型与无风险定价 ... 268
- 第四节 二项式模型与含权证券定价 ... 275
- 第五节 可转换债券的定价 ... 289

第九章 资产证券化的创新与定价 ... 301
- 第一节 资产证券化概述 ... 302
- 第二节 住房抵押贷款支持证券与住房贷款规模扩张 ... 313
- 第三节 转手证券的创新 ... 316
- 第四节 基于转手证券的衍生证券创新 ... 327
- 第五节 住房抵押贷款支持证券的定价 ... 339
- 第六节 住房抵押贷款支持证券的风险指标 ... 344
- 第七节 资产证券化与次贷危机 ... 347

各章部分习题参考答案 ... 353

参考文献 ... 365

21世纪经济与管理规划教材
金融学系列

第一章

固定收益证券概述

- 固定收益证券的重要地位
- 固定收益证券的特征
- 固定收益证券的风险
- 计息与计价习惯
- 国外固定收益证券种类
- 中国债券市场结构与创新

固定收益证券是指现金流相对稳定的证券。固定收益证券是相对于权益证券而言的。实际上,固定收益证券是一个大家族,其种类繁多,各自的特性相差甚大。有些固定收益证券的收益很稳定,有些则很不稳定,二者之间有一个广阔地带,活跃着许许多多的证券种类。

固定收益证券在证券家族中占有重要地位。固定收益证券不断创新,满足了投资者与融资者双方的需求;交易市场的存在不仅满足了投资者对流动性的需求,也为宏观金融政策建立了发挥作用的机制;固定收益证券市场不仅满足了融资者对资金的需求,也为健全公司治理提供了帮助;固定收益证券市场的发展,让银行等金融机构多了无形的竞争对手,使得金融机构的效率得到提升,进而融资者比如住房贷款的使用者的借款成本下降了。正是由于固定收益证券及其市场作用广泛,而有很多作用是权益证券及其市场无法替代的,因此,固定收益证券市场是当今世界最大的金融市场。

固定收益证券有几个特征,其中包括偿还期、面值、票面利率,有很多固定收益证券赋予发行人或者投资者某些权利。这些特征看上去简单,但每个特征都有很多知识需要阐释,而且几个特征集中到一起,该证券就变得相当复杂了。

固定收益证券投资面临着多种风险,其中主要有信用风险、利率风险、流动性风险、购买力风险等。为什么固定收益证券的种类会有那么多?实际上是因为投资者担心这些风险,因此为了让投资者敢于购买或者投资于固定收益证券,发行人尽量创造出风险被降低了的固定收益证券。比如,如果投资者担心信用风险,那么,对于信用风险被大大降低了的证券,他们就可以大胆购买了。其他风险也是一样。可以这样讲,只要投资者害怕某种风险,发行人或者投资银行就会想方设法降低这种风险,进而使之适合投资者购买。这是固定收益证券的种类那么多最主要的原因。

固定收益证券有自己的计息习惯,了解和掌握计息习惯,对于准确计算证券价格是十分重要的。而固定收益证券的价格有全价和净价之分。通常情况下的价格是指净价,而要得到净价,需要先计算全价,再计算累计利息。

固定收益证券的种类有很多,包括政府债券、机构债券、市政债券、公司债券、资产支持证券、国际债券等。中国的债券种类也越来越丰富,市场有了快速的发展。

本章分为六节。第一节阐述固定收益证券在现代金融中的重要地位;第二节分析固定收益证券的特征;第三节分析固定收益证券投资的风险;第四节阐述固定收益证券的计息和计价习惯;第五节介绍固定收益证券这一大家族的主要成员;第六节总结中国的债券种类与市场特征。

第一节 固定收益证券的重要地位

一、现代金融与传统金融

传统金融是以银行为核心的,以金融机构的运作为主线;现代金融是以金融工具的定价与创新为核心的,以风险控制为主线。在传统金融中,由于金融工具少而且简单,因此不可能以金融工具的定价与创新为核心。在传统金融中,金融市场不发达,经济中绝大部分金融总量是通过金融机构特别是银行来完成的。传统金融学讲授的主要课程是以金融机构的业务及其管理为主线的。

随着金融市场的发展,直接金融在整个经济中的份额越来越大,其主要工具——股票和固定收益证券的地位变得越来越重要。以美国为例,几十年前商业银行所实现的金融规模在美国占绝大部分,而现在该份额还不到20%。随着金融市场越来越发达,金融的内涵也在逐渐发生变化,金融学的核心也逐渐位移,金融工具逐渐替代商业银行成为现代金融的核心。

现代金融中有三大类工具:权益证券、固定收益证券、衍生证券。由于金融工具的重要性,设计和发行这些金融工具的金融机构——投资银行,也就变得非常重要。投资银行被称为"现代金融的灵魂",因此,关于投资银行的业务与管理的课程,当然就成为重要的金融学课程。也是由于金融工具的重要性,概述三类金融工具以及阐述现代资本市场理论的课程"证券投资学",也自然成为重要的金融学课程。由于投资银行只是众多金融机构中的一个,因此,尽管投资银行在现代金融中拥有重要的地位,介绍其他金融机构的课程——"金融市场与金融机构"也成为现代金融学的一门重要课程。

实际上,现代金融学还有另一个分支,那就是公司财务学。该课程是以项目投资、金融投资、融资、资本成本、资本结构、营运资金管理、股利政策、公司业绩分析、购并与重组为主要环节的。公司财务的任何一个关键环节都成了现代金融学研究的重要内容。

本书之所以比较详细地阐述传统金融与现代金融的差别,介绍现代金融学的主要课程,目的有两个:

第一,帮助读者理解,"固定收益证券"是现代金融学的一门核心课程,该课程很重要。而且,衍生证券的母体包括两个——权益证券与固定收益证券,但更多的是在固定收益证券之上衍生的。衍生于权益证券的金融工具,除了股票期货、股票期权、股价指数期货,并不多见。但基于固定收益证券的衍生证券则多极了。

第二,我国金融基本上是以传统金融为主,但现代金融会迅速发展,最终将占据整个金融的半壁江山以上。因此,现代金融学教育就应该得到足够的重视。我国可以很快建立各种金融市场,但要完善这些市场,需要数量庞大的金融人才,而教育是造就金融人才的根本。

二、固定收益证券市场的重要地位

固定收益证券市场在一个国家的经济与金融生活中具有重要地位,而这种重要地位体现在多个方面。

(一) 固定收益证券市场的设立与不断发展,满足了投资者与融资者双方的需求

从投资者的角度来看,权益证券收益的不确定性限制了不少投资者的投资。例如,一些谨慎的个人投资者不愿意投资于股票市场和基金市场,而选择高级别的固定收益证券能够适合他们的风险偏好。一些大的机构投资者,由于其自身的特点,不可能大量投资于股票市场和基金市场,如社会保障基金、退休基金、住房公积金等,而投资于某种固

定收益证券则是合适的。因此,固定收益证券市场的存在,使得大量的资金找到了合适的投资对象。

从融资者的角度来看,固定收益证券市场的存在与发展,为大量融资者找到了筹资的途径。例如,一国的中央政府和地方政府可以通过发行债券筹措资金;各类企业也可以通过发行债券筹措资金;某些机构可以通过证券化筹措资金,如信用卡余额证券化、住房贷款证券化、高速公路现金流证券化等。需要进一步说明的是,商业银行一般能够满足企业的短期资金需求,但长期资金需求,包括权益资本和长期债务资金应如何获得呢?一个健全的金融市场必须能够满足企业对各种资金的需求。一般来讲,股票市场、创业投资以及开发性金融机构能够给企业提供权益资本,债券市场则可以给企业提供长期债务资金。

(二)固定收益证券市场的发展,解决了投资者对流动性的需求

满足流动性需求,是金融市场的一个重要功能。金融学中有一个重要的概念,叫流动性溢价,就是说,在其他条件相同的情况下,流动性强的证券,投资者要求的收益率会降低。流动性溢价本质上构成了市场参与者的收入来源。市场的流动性越强,市场创造者的收入来源就会越多,证券市场就会容纳越多的流动性的提供者,这就进一步增强了证券的流动性,产生了良性循环。另外,流动性越强,投资者买卖的交易成本越低,其投资需求就越容易得到满足。

(三)固定收益证券市场的发展,为宏观金融政策建立了发挥作用的机制

首先,固定收益证券市场的存在和发展为整个金融市场提供了基准利率——到期收益率曲线。一个市场化的利率机制,需要整个金融体系中存在着可靠的基准利率体系。而国债的到期收益率曲线是基准利率体系中最为重要的部分之一。该曲线为商业银行等金融机构确定自己的贷款利率提供了参考标准,金融机构在这一标准之上,再考虑违约风险溢价、流动性溢价等来确定自己的贷款利率;国债到期收益率曲线也为其他债券的定价建立了标准。国债到期收益率曲线至关重要,没有它就不可能有真正的利率市场化。除了国债的到期收益率曲线,国债的回购利率也十分重要,这也是基准利率的一种。没有发达的债券市场,特别是国债发行与交易市场,就很难产生准确可靠的基准利率。

其次,固定收益证券市场的存在和发展,为一国利率政策的有效发挥提供了场所。一国中央银行的货币政策中,利率政策十分重要。而在利率市场化的情况下,中央银行只能通过调整短期基准利率,主要是再贴现率,来影响整个市场的利率水平。而对整个市场利率的影响程度则依赖于全社会利率机制的效率。固定收益证券市场的发展,提升了利率传导的效率,通过迅速影响到期收益率曲线,影响全社会的利率水平,从而实现中央银行利率政策的意图。

最后,固定收益证券市场的存在和发展,为一国货币政策中的公开市场业务提供了发挥效力的场所。通常情况下,中央银行公开市场业务买卖的证券是高级别的短期债券。这是因为中央银行为了调控基础货币,没有必要承担违约风险。之所以主要购买短期债券,是因为短期债券的利率风险低,中央银行购买短期债券不必承担过多的利率风险。正因为如此,债券市场的发展,除了满足投融资者自身的需要,还产生了额外的重要

作用,即有助于国家金融与货币政策的实施。

(四)固定收益证券市场的发展,为健全公司治理提供了帮助

固定收益证券市场之所以帮助公司解决公司治理问题,是出于以下理由:众所周知,代理问题是公司治理中的重要问题。如果没有相关的激励与约束,公司的代理成本是相当高的。而激励与约束的存在,限制了公司管理层的行动自由,降低了代理成本。激励主要包括通过让公司管理层持有一定股份、赠与股票期权、用经济附加值(EVA)进行激励等办法,让公司管理层站在公司股东的立场上考虑问题。约束则包括多个方面,其中有两个是最重要的,一是敌意购并市场的存在,二是用发行债券替代银行贷款。敌意购并市场的存在,相当于自然界中狼群对鹿群的作用。没有狼群,鹿群就会过度繁衍,结果是生物链被打破,最终鹿群失去赖以生存的资源。在证券市场中,敌意购并市场的作用就像狼群一样,伺机吃掉那些老弱病残或者离群的鹿。如果一家上市公司的管理层,出于各种原因将公司管理得混乱不堪,其价值大幅下降,那么,敌意购并者就可以收购足够多的股份,控制这家公司,而原来的管理层自然"下岗"。这种力量的存在,迫使上市公司管理层致力于公司管理,否则,他们就将被证券市场中的狼群吃掉。

为什么发行债券替代银行贷款也成为约束公司管理层的一个重要手段呢?这不仅是金融学,也是经济学研究的一个重要课题。目前,解释的理论主要是"第三者监督"理论。过去,美国公司负债的主要来源也是银行贷款。但对于同样数额的资金而言,银行贷款和发行债券对管理者的约束力是不一样的。一般来讲,尽管得到银行贷款也要受到银行的种种约束,但由于银行之间的竞争变得激烈,银行对借款公司的约束变得不那么严格。此外,由于贷款过于集中,银行在与公司进行较量的过程中往往处于不利地位。但当债权人来自分散的投资者时,情况就不一样了。由于公司管理者面对着很多个分散的投资者,因此他们将受到更严格的约束。更多的时候,这种约束来自第三者,包括债券评级机构、投资银行、证券监管机构等。尽管对公司而言,债券投资者的资金本质上属于公众资金,这是公司管理者最不心疼的那部分资金,但不是随便一家公司都能够轻易得到社会公众的资金的。独立而公正的债券评级机构将严格评级,投资银行将对债券进行承销并承担很大的责任,证券监管机构将审核发行人的资信并随时监管公司。这一切都只有一个共同的目的,那就是让债券投资者知晓发行人,从而解决信息不对称的问题。上市公司在融资决策时,除了分析各类资金的成本,也许更为重要的是,要比较不同融资方式对公司管理层的约束力。通常情况下,公司能够发行债券要受到这样和那样的约束,很多约束降低了公司的价值,但让公司管理者受到了来自众多第三方的监督,这种监督有效地降低了代理成本,保障了债权人的利益,进而也保障了股东的利益。

(五)固定收益证券市场的发展,让银行等金融机构多了无形的竞争对手,使得金融机构的效率得到提升

债券发行与银行贷款一样,都属于债权融资,两者存在明显的竞争关系。因此,债券市场的发展直接降低了银行等金融机构的市场份额。为了增强竞争力,减少"金融脱媒"对商业银行的影响,商业银行的管理水平和业务创新能力都必须提高。证券化对商业银行的作用是双向的。一方面,它挤占了商业银行的份额;另一方面,证券化的结果为商业

银行拓展了资金来源,增加了商业银行的投资选择,增强了流动性,也增加了其服务的领域,拓展了其收入的渠道。这一好处,本书在第九章阐述资产证券化时,将进行更深入的探讨。

第二节 固定收益证券的特征

固定收益证券具有偿还期、面值、票面利率三个基本特征,有很多固定收益证券还有内含选择权。本节阐释如下:

一、偿还期

(一)偿还期的划分

固定收益证券通常都有一个固定的到期日。在到期日,债务人要清偿证券的本息。根据偿还期的不同,通常可以将固定收益证券划分为短期证券、中期证券、长期证券等。有些证券是可展期的;有些证券没有确定的偿还期,只要发行人不清偿本金,这类证券就永远不到期,通常称这类证券为永久性证券(Consols)。

短期证券通常在1年以内到期,中期证券在1～10年内到期,而长期证券则在10年以上到期。本书用1年、10年作为划分短期、中期和长期证券的界限,只是一种划分方法而已。有些书籍用1年、5年作为划分标准。期限标准并不是特别严格的,实际上也没有必要那么严格。读者只要心里知道自己的划分标准即可。

可展期证券是这样的:在到期日,投资者有一个选择权,他可以要求清偿该证券的本息,也可以按照事先约定的条款,继续持有证券几年,而票面利率则是原来证券的利率。到期继续持有多少年,是在发行证券时已经明确规定了的。

(二)偿还期的重要性

偿还期是固定收益证券的一个重要特征,这与权益证券有着极大的区别。众所周知,权益证券是没有偿还期的,除非公司破产清算。

偿还期与证券利息支付密切相关。如果是10年期债券,1年支付1次利息,那么该债券投资者就可以得到10次利息支付。如果同样是1年支付1次利息,但偿还期是5年,那么投资者就只能得到5次利息支付。

偿还期与证券的到期收益率密切相关。到期收益率,简单而粗略地讲,就是证券投资给投资者带来的回报率。如果到期收益率曲线向右上方倾斜,那么长期证券给投资者带来的回报率通常会高一些;而如果到期收益率曲线向右下方倾斜,那么长期证券提供的到期收益率会低于短期证券。正因为如此,投资者选择证券时,为了获得理想的收益,不可能不考虑偿还期。实际上,证券投资所实现的收益率在很大程度上还与再投资收益率有关系,并不完全取决于到期收益率的高低。

偿还期与证券的价格风险相关。一般来讲,证券偿还期越长,价格风险越高;偿还期越短,价格风险越低。也就是说,通常情况下,10年期证券的价格波动要高于5年期证券。另外,一般来讲,偿还期越长,再投资收益率风险越低;偿还期越短,再投资收益率风险越高。举例说来,如果投资期为10年,那么,5年期证券在5年本息收回后还要进行再投资,而再投资收益率的高低则取决于当时的情况,这就有很大的不确定性。投资于10年期证券,再投资收益率风险就没有这么高,因为不需要将本金进行再投资,而只需要将每年获得的利息进行再投资。

二、面值

面值也就是证券的到期日本金。面值与利息支付额密切相关。假定票面利率为5%,1年支付1次利息,那么,如果面值为100元,则1年的利息为5元;而如果面值为1 000元,那么1年的利息就是50元。

面值与证券到期日价值是一致的,也是固定收益证券投资收益中最主要的部分。如果是零息债券,那么投资者的全部收益都只来自面值。如果证券的票面利率低于市场到期收益率,那么证券就将折价交易,因此,资本利得就成为证券投资者的重要获利来源。如果证券的票面利率高于市场到期收益率,那么证券就将溢价交易,因此,资本损失就将不可避免。

在固定收益证券投资中,证券价格应该反映证券票面利率(Coupon Rate)与市场到期收益率(Yield)之间的关系,具体而言,如果

$$平价交易,则票面利率=到期收益率$$
$$折价交易,则票面利率<到期收益率$$
$$溢价交易,则票面利率>到期收益率$$

例1-1 一个债券的票面利率为5%,期限为3年,面值为100元,1年支付1次利息。如果该债券的价格为100元,则属于平价交易,那么该债券的到期收益率就是5%;如果债券的价格为102元,则属于溢价交易,那么该债券的到期收益率就应该低于5%;而当债券的价格为98元时,该债券的到期收益率则要高于5%。

上述规则是债券定价的一般规则。这里的价格是指债券的净价,也就是债券全价扣除累计利息之后的价格。关于这一问题,本章下一节将给予说明。

三、票面利率

(一)票面利率与付息频率

固定收益证券的利息通常也被称为票面利息,是与票面利率和票面价值密切相关的。例如,一个证券的面值为1 000元,票面利率为8%,那么该证券每年所支付的利息就是80元。

票面利率一般是指按单利方法计算的年利率,但利息的支付频率会有很大差别。例如,美国国库券和公司债券的利息通常半年支付1次,而欧洲债券的利息则是1年支付1次。住房抵押贷款支持证券(Mortgage-backed Securities,MBS)的利息为每个月支付1次。

利息支付频率不同,会引起最终实际利率水平的差别。例如,票面利率8%,1年支付1次利息,那么最终的年利率也是8%;而如果是半年支付1次,那么投资者每半年就可以获得4%的利息,而利息又可以投资获利,因此相当于年利率为8.16%(假设利息的获利能力也是半年4%)。住房抵押贷款支持证券的利息是按月来支付的,如果票面利率也是

8%，那么相当于年利率为8.3%。

（二）零息债券

零息债券是票面利率为零的债券。由于票面利率为零，债券价格一定低于面值，因此投资者获利的途径就只能是资本利得。

如果一种证券规定了所谓的利率，但规定投资者只能到期一次性获得本息，那么这样的利息只是表面上的利息。本质上，这种利息属于资本利得，即证券买卖的差价。我国过去发行的绝大部分债券都属于零息债券，只是给人的感觉是附息债券。例如，某5年期的国债，票面利率为3.14%，但规定到期一次性获得本息，并且单利计息。这种债券就是零息债券。具体而言，如果在发行日该债券的价格为100元，那么该债券到期日的价值为115.7元。这是典型的零息债券。

有时，有些债券规定了票面利率，也规定按照复利计息，但规定到期日一次偿还本息，这类债券也是零息债券，只是与上面的零息债券略有一点不同罢了。假定前面的例子变成期限同样为5年，票面利率同样为3.14%，也是到期一次性获得本息，只是按年复利计息，具体而言，如果在发行日该债券的价格为100元，那么该债券到期日的价值为116.72元。

零息债券有很多独特之处，其中之一就是再投资收益率风险低，而价格风险高。有些投资者喜欢零息债券，因为零息债券的再投资收益率风险低。尽管零息债券的价格风险高，但只要投资者持有至偿还期，那么他就可以获得确定的收益率。另外，由各种期限的零息国债到期收益率构成的到期收益率曲线，是金融中重要的基准利率。零息债券尽管很简单，但十分重要，特别是给其他债券定价时，零息债券是重要的参照。

在市场中，零息债券并不是很多，为了让投资者买到无风险的零息债券，金融中介机构会把附息国债分拆为零息债券。例如，把30年的附息国债分拆为30种零息债券，期限分别为1年、2年……直到30年。这样的债券被称为本金利息单独注册交易的债券（Separate Trading of Registered Interest and Principal Securities，STRIPS）。

（三）票面利率逐级递增的债券

票面利率逐级递增的债券（Step-up Note）是指其票面利率经过一段时间后增加的债券。比如前两年为5%，后三年为6%。这种债券又可以分为单级和多级两种。前面的例子为单级递增，即只有两个台阶。多级递增是利率有三个或三个以上的台阶。例如，前两年的利率为4%，接下来的两年为5%，后两年为6%。

（四）延期支付利息的债券

这类债券在延期支付利息的时间里，没有利息支付。在一个事先规定的时间点一次性支付累积的利息，在此时间后，则定期支付利息。

（五）浮动利率与逆浮动利率

1. 浮动利率

浮动利率是指债券票面利率与一个基准利率挂钩，并在基准利率之上加上一个贴水，即

$$\text{利率}=\text{基准利率}+\text{贴水} \tag{1-1}$$

基准利率通常是被市场广泛认同的短期利率,包括 1 个月的伦敦同业拆借利率(1-month LIBOR)、3 个月的伦敦同业拆借利率(3-month LIBOR)、1 年期美国国债到期收益率,等等。

贴水的大小取决于该债券违约风险和流动性风险的高低。很明显,风险越高,贴水越大。浮动利率债券的利率通常要确保其在债券利息确定日的价格等于其面值。

举例说明浮动利率债券。有一个债券,期限为 3 年,利息按月支付,其中第 1 个月的利率为 6%(按年计算),以后月份的利率则按照下面的公式确定:

$$利率 = 1 个月的 LIBOR + 2\%$$

第 1 个月的利率为 0.5%(月利率)。如果在 1 个月之后,1 个月的 LIBOR 为 3.5%,那么该债券第 2 个月的利率就是年 5.5%,相当于月 0.4583%。

有时浮动利率的确定是在基准利率的某一个倍数之上,再加上一个贴水,即

$$利率 = b \times 参考利率 + 贴水$$

这种浮动利率债券被称为杠杆化的浮动利率债券。

举例说明杠杆化的浮动利率债券。与上面的例子相似,债券期限为 3 年,利息按月支付,其中第 1 个月的利率为 6%(按年计算),以后月份的利率则按照下面的公式确定:

$$利率 = 1.5 \times 1 个月的 LIBOR + 1\%$$

如果在 1 个月之后,1 个月的 LIBOR 为 3.5%,那么该债券第 2 个月的利率就是年 6.25%,相当于月 0.5208%。

2. 逆浮动利率

与浮动利率的确定相反,逆浮动利率的确定则是在一个最高利率的基础上减去基准利率,即

$$利率 = 固定值 - 1 个月的 LIBOR \tag{1-2}$$

基准利率越高,逆浮动利率就越低;相反,基准利率越低,则逆浮动利率就越高。

举例说明逆浮动利率。债券期限为 3 年,利息按月支付,其中第 1 个月的利率为 6%(按年计算),以后月份的利率则按照下面的公式确定:

$$利率 = 12\% - 1 个月的 LIBOR$$

该债券第 1 个月的利率为年 6%,相当于月 0.5%。假如 1 个月之后,1 个月的 LIBOR 为 3.5%,那么该债券第 2 个月的利率就是年 8.5%,相当于月 0.7083%。

有时逆浮动利率的确定是用固定值减去基准利率的某一个倍数,即

$$利率 = 固定值 - m \times 1 个月的 LIBOR$$

这种逆浮动利率债券被称为杠杆化的逆浮动利率债券。

3. 为什么会有浮动利率与逆浮动利率

浮动利率债券和逆浮动利率债券也许更受某些投资者的欢迎。比如,商业银行的负债基本上是短期的,为了降低利率风险,商业银行希望它的资产不是固定利率的,而是利率敏感的,或者说是浮动利率的。这样一来,不管利率发生怎样的变化,商业银行资产的收益总能与其负债成本相匹配,并且能够提供稳定的利差。正因为如此,浮动利率债券受到商业银行等金融机构的欢迎。

逆浮动利率债券的风险要比浮动利率债券的风险高得多。一般来讲,在市场利率降

低之后,债券的价格将上升,但浮动利率债券的价格上升幅度不会太大,因为浮动利率的确定时间间隔很短。同样,在市场利率上升时,债券的价格会下降,但浮动利率债券价格的下降幅度很小。但逆浮动利率债券就不同了。在市场利率下降时,债券的价格会上升,而逆浮动利率债券的价格会上升得更快,这是因为一般债券价格的变化会受两股相反的力量的影响。由于市场利率下降,债券未来的现金流会变得更为值钱,这使得债券的价格上升。但一般债券的再投资收益能力却下降了,原因是市场利率下降了。而逆浮动利率债券却受到两个方向一致的力量的共同影响,除了未来的现金流变得更值钱,逆浮动利率本身使得债券利息逆潮流而上,而逆浮动利率债券的价格上升得更快。在市场利率上升后,逆浮动利率债券价格下降的幅度会更大,这是因为:一方面,最低收益要求上升,驱使价格下降;另一方面,市场利率上升,逆浮动利率债券的利息却减少了。

逆浮动利率债券的风险特殊性,使得逆浮动利率债券可以用来平衡债券组合的整体风险。如同在股票市场中,某些股票的 β 值是负的,这种股票可以用来降低整个股票组合的系统风险。在固定收益证券中,一个很重要的利率风险指标是持续期,逆浮动利率债券可以用来调整债券组合的持续期。

4. 利率的顶、底和箍

例 1-2　某一债券的固定利率为 8%,面值为 600 万元,期限为 5 年。将债券本金分割为 200 万元浮动利率债券和 400 万元逆浮动利率债券。浮动利率的确定公式为

$$C_{fl} = \text{LIBOR}_{月} + 1\%$$

问:如何确定逆浮动利率债券的利率?如何确定二者的顶和底?

由于固定利率债券的票面利率为 8%,因此,浮动利率债券与逆浮动利率债券票面利率的加权平均也一定是 8%。这里的权数是两种债券的面值。因此有

$$8\% = \frac{1}{3}C_{fl} + \frac{2}{3}C_{ifl}$$

即

$$8\% = \frac{1}{3}(\text{LIBOR}_{月} + 1\%) + \frac{2}{3}C_{ifl}$$

$$C_{ifl} = 11.5\% - 0.5 \times \text{LIBOR}$$

其中,C_{ifl} 为逆浮动利率债券的票面利率。

由于 LIBOR 的最小值为 0,不可能为负值,因此,逆浮动利率债券的最高利率就是 LIBOR 为 0 时的利率,在本例中为 11.5%。在固定收益证券中,这一最高利率被定义为"顶"(Cap)。当逆浮动利率的顶得到之后,浮动利率的最小值也就得到了,此时 LIBOR 为 0,浮动利率则为 1%。这一利率的最小值也被称为"底"(Floor)。

逆浮动利率债券利率的最小值——底为 0,此时 LIBOR 为 23%,则浮动利率的最大值——顶立即可以得到,为 24%。

我们得到了浮动利率的顶和底,也得到了逆浮动利率的顶和底。有时一个浮动利率债券或者逆浮动利率债券只有一个顶或者只有一个底。但有时既有顶,又有底,那么顶和底就构成最高利率与最低利率,这被称为"箍"(Collar)。

在本例中,确定逆浮动利率债券的票面利率公式中的 0.5 倍可以定义为利率杠杆,它

可以用来表明逆浮动利率受基准利率 LIBOR 影响的程度。这一倍数越大,说明逆浮动利率受基准利率影响的程度越大。本例中,利率杠杆不是人为确定的,而是取决于浮动利率债券面值与逆浮动利率债券面值的比例。由于逆浮动利率债券面值是浮动利率债券面值的 2 倍,因此,利率杠杆为 0.5。如果相反,浮动利率债券面值是逆浮动利率债券面值的 2 倍,那么利率杠杆则为 2。因为假设其他因素都不变,那么

$$8\% = \frac{2}{3}C_{fl} + \frac{1}{3}C_{ifl}$$

即

$$8\% = \frac{2}{3}(\text{LIBOR}_{月} + 1\%) + \frac{1}{3}C_{ifl}$$

$$C_{ifl} = 22\% - 2 \times \text{LIBOR}$$

在这一新的例子中,逆浮动利率债券的最高利率为 22%,而利率杠杆为 2 倍。这说明,如果基准利率下降 1 个百分点,那么逆浮动利率债券的利率上升 2 个百分点。

通过上面的分析,可以很容易得到下面的结论:浮动利率债券的顶和底、逆浮动利率债券的顶和底、利率杠杆这五个因素,都不是孤立的,给定其中四个因素,第五个因素很容易得到。

5. 其他形式的浮动利率债券

有多种形式的浮动利率债券,本书简单介绍如下:

(1) 双指数浮动利率债券(Dual-indexed Floater)。浮动利率变化依赖于两个基准利率,例如,浮动利率的确定公式为

恒定 10 年期的国债到期收益率-3 个月的 LIBOR+1.5%

(2) 基准利率设有区间的债券(Range Notes)。参考利率有上限和下限。在利率确定日,只要参考利率在这一上下限之内,浮动利率就等于基准利率。一旦基准利率超出了上下限,那么浮动利率就是 0。

(3) 分段贴水的浮动利率债券(Stepped Spread Floater)。在整个期间,按照统一的基准利率确定利率水平,但不同阶段有不同的贴水。如前 5 年贴水为 2%,后 5 年为 3%。

(4) 重新确定贴水的浮动利率债券(Reset Margin Floater)。发行人可以重新确定贴水,以使债券的交易价格等于事先规定的水平(通常是面值)。

(5) 非利率指数的基准利率(Non-interest Rate Indexes)。浮动利率的确定不是根据某一个基准利率,而是根据原油、股价指数、债券价格指数等。

四、内含选择权

一般债券只具有前面介绍的三个特征:偿还期、面值、票面利率。但随着金融市场的发展和金融创新能力的提升,更多的债券中包含了选择权。其中有赋予发行人的选择权,也有赋予投资者的选择权。

(一) 赋予发行人的选择权

1. 回购条款

回购债券是含权债券中最为常见的一种。通常,长期债券都设有回购条款,即债券

的发行人可以在债券到期之前按事先约定的价格买回债券。这一回购权利是很有价值的,因为在利率水平相对较高的时候,利率向下波动的力量要强于继续向上走的力量。如果未来利率真的下降了,那么发行人按照降低了的市场利率筹资的话,其筹资成本将下降。

对发行人有利的条款对投资者就不一定有利了。有些条款的设定也许对投融资双方都有利,但在回购条款方面,对投资者就一定不利了。既然如此,就需要给予投资者补偿。具体而言,在回购债券发行时,发行人要提供更高的票面利率,或者说,投资者可以按更低的价格购买这种债券。

通常情况下,回购价格不止一个,而是有一串。这一串回购价格对应于不同的回购日。回购价格通常会随着偿还期的靠近而不断下降,最终的价格就是债券的面值。

在债券发行之初的若干年内,发行人通常不能回购债券。这样的债券被称作"推迟回购"(Deferred Call)的债券。债券第一次可以被回购的日期,被称为"第一回购日"(First Call Date)。例如,迪士尼公司发行的期限为100年的债券,利率为7.55%,到期日为2093年7月15日。该债券的第一回购日为2023年7月15日。

由于推迟回购规定的存在,可回购债券在发行之后的一段时间内不能被回购,这也被称为回购保护。在保护期内,回购选择权与欧式期权相似,因为在回购保护期期末,发行人有权按事先规定的价格回购债券。从那一时点起,回购选择权与一个美式期权相似,即发行人可以按事先约定的价格在任何时点上回购债券。

在回购债券中,回购保护与再融资保护是维护债券投资者利益的两种方式。回购保护不允许发行人以任何理由(除偿债基金条款之外)买回债券;而再融资保护则不允许发行人通过收益率更低的债券进行融资以买回既有的高收益率的债券。

回购可以是全部回购,也可以是部分回购。当只回购一部分债券时,通常有两种办法,一是按比例回购,二是随机确定。按比例回购债券在公开发行的债券中是很少见的,而在私募债券中却比较常见。

2. 提前偿还

对于分期偿还的债券,单个借款人一般都有提前还款的权利。他可以提前偿还贷款本金的一部分,也可以全部偿还。提前偿还的权利对于借款人是很有价值的,本质上,该权利与回购选择权是相同的。但二者也有不同之处,主要是提前偿还的选择权中没有回购价格,通常都是借款本金的面值,没有溢价。有提前偿还选择权的证券包括住房抵押贷款支持证券和资产支持证券等。

3. 偿债基金条款

偿债基金条款主要是为了保护债权人。因此,有些债券特别是有违约风险的长期债券都设有偿债基金条款。在早些时候,偿债基金条款会要求发行人把钱存到一个专设的账户下,用这一账户所形成的资产来偿还到期债务。而现在,偿债基金仅仅意味着发行人从债权人那里买回债券,而不必把资金放入一个专设的账户中。

偿债基金条款要求发行人在偿还期到来之前注销部分或者全部的既存债券。在债务到期之前,偿债基金条款要求发行人买回的部分一般为20%~100%。在私募债务中,通常要求发行人在偿还期到来之前把债务全部赎回。而一般情况下,一个偿债基金将明确规定发行人每年赎回债券的数额,因此,偿债基金条款会有规则地注销债券。有时,偿债基金在债券发行5年后才开始启动。

偿债基金条款也是为了保护债务人。为什么要保护债务人?很明显,由于债务人到一定时间必须赎回一定数额的债券,因此,如果对债务人不给予保护,那么投资者特别是大的投资者若沆瀣一气,合力抬高债券的价格,那么债务人就将遭受很大的损失。此时给予债务人多种赎回选择权,有利于市场的公平。

偿债基金是暗含的买入期权。尽管发行人必须有规则地赎回其一部分债券,但发行人有如何赎回的选择权。发行人既可以在交易市场上按交易价格买回债券,也可以与某些投资者进行协商并按双方认可的价格赎回。而且,发行人也可以向其受托人支付现金,按固定价格,通常是债券的面值来赎回债券。如果债券是按照高于面值的价格发行的,那么这一赎回价格也许就是发行价格。随着时间的推移,赎回的价格通常会不断地下降,直至达到债券面值。

当受托人为满足客户的偿债基金要求进行债券赎回时,哪些债券会被赎回呢?通常是按照兑奖的方式进行的。不同的是,债券投资者通常都宁愿不被选中,因为被选中的投资者的利益通常要遭受一定程度的损失。

在很多情况下,偿债基金条款会给发行人更多的选择权。例如,"双倍"(Double-up)选择权,可以让发行人在赎回日进行双倍赎回。由于发行人可以按固定的价格买回债券,因此双倍选择权具有更大的经济价值。当然,当发行人超过规定的赎回数量时,超过的部分只能按照市场价格来赎回,在这样的条件下,双倍选择权也就没有价值了,因为发行人在任何时候都可以按市场价格买回自己的债券。与回购条款相似,偿债基金条款给债券发行人以再融资的选择权。当市场利率下降时,发行人就会发现重新发行债券对自己更为有利。

4. 浮动利率的顶

本章前面介绍了浮动利率以及相关概念。实际上,浮动利率的顶就是发行人的选择权。假如浮动利率的顶是12%,那么当市场利率升高到15%时,浮动利率支付者就可以执行他的选择权,按照顶所规定的12%的利率支付,而不是按照15%的市场利率来支付。如果市场利率为6%,浮动利率支付者当然按照市场利率6%支付,而不会按照顶所规定的12%的利率来支付。

(二)赋予投资者的选择权

1. 可转换的权利

可转换债券赋予债券投资者将该债券转化为股票的权利。可转换债券的价值由不可转化债券价值和转变成股票后的价值共同决定。可转换债券连接了债券和股票,成为现代金融中的一个重要工具。

2. 可交换的权利

可交换债券赋予债券投资者将所持债券调换为另外一种债券的权利,调换价格事先给定。

3. 货币选择权

有些在国际金融市场上发行的债券,为了吸引投资者,并减少投资者对汇率变化的担心,在发行债券时,给予投资者货币选择权。具体而言,投资者在收取债券本息时,可以按两种货币中的任意一种计价,汇率则事先给定。

4. 可回卖的权利

与可回购债券相似,可回卖债券赋予债券投资者一种权利,即按事先规定的价格将债券回卖给债券发行人。这种债券无疑增加了债券的价值。例如,发行人发行了期限为4年的债券,票面利率为4%,面值为100元。回卖保护期为第1年,在1年后即时点1,债券购买者可以按91元的价格卖给发行人;在时点2,投资者回卖的价格为94元;在时点3,投资者回卖的价格为97元。这种债券的价值相当于无选择权债券的价值再加上卖出期权的价值。尽管可回卖债券不如可回购债券多见,但毕竟是存在的。在我国,可转换债券绝大多数都设有回卖条款。

5. 可延期的权利

可延期债券赋予投资者一项选择权,即当债券到期时,投资者有权要求发行人偿还债券本息,也有权按原来的利率继续持有一段时间。如果在债券到期时市场利率较低,那么投资者获得的债券本息就只能以比较低的收益率进行再投资。如果投资者有展期的权利,那么他就可以按较高的收益率继续获得收益。

6. 浮动利率的底

与浮动利率的顶相反,浮动利率的底是浮动利率债券投资者的一项权利,即在市场利率低于一定水平的时候,投资者按照更高的利率——底,来获得利息。假如浮动利率的底是3%,那么当市场利率超过3%时,浮动利率获得者按照市场利率收取利息;而在市场利率低于3%,比如为2%时,投资者按照3%的底获得利息。浮动利率的底相当于投资者购买了利率下降的保险。

第三节　固定收益证券的风险

一、违约风险

(一) 违约风险溢价

违约风险,或者叫信用风险,或者叫倒账风险,是固定收益证券的主要风险之一。固定收益证券种类繁多,不同证券的违约风险有很大的不同。

中央政府发行的债券是没有信用风险的,而地方政府债券由于其偿还来源不同,违约风险有很大的区别。例如,地方政府发行的一般义务债券是以其税收作为偿还来源的,信用风险很低;而地方政府发行的收益债券是以某一投资项目所产生的收益或者说是以净现金流量作为偿还来源的,信用风险较高。

一般情况下,公司债券是有信用风险的,而信用风险的大小可以用该公司的信用级别来衡量。高级别债券的信用风险低,而低级别债券的信用风险高。通常来讲,金融债券的信用风险较低,原因是金融债券的发行人是商业银行、投资银行、证券公司等,这些金融机构的资信水平相对较高。

资产支持证券(Asset-backed Securities, ABS),或者住房抵押贷款支持证券(Mortgage-backed Securities，MBS）也有信用风险，原因是抵押贷款的使用者，由于某些情况的发生，可能无力支付贷款的本息。

为了吸引固定收益证券的投资者，发行人必须适度降低信用风险以提高固定收益证券收益的固定性。同时，提高信用级别、降低违约风险也是降低发行成本的必要条件，因为违约风险高，所以就必须向投资者支付高的违约风险溢价。通常情况下，有下式[①]

$$y - (y + \lambda)P_d = r_f \quad (1-3)$$

其中，y 为承诺的到期收益率，P_d 为每年发生违约的概率，λ 为证券每年发生违约后的价格损失程度，r_f 为无风险利率。

公式(1-3)说明，固定收益证券的实际收益率应该为无风险利率，即固定收益证券的实际收益率为承诺收益率与期望损失之差。通过公式(1-3)，得到承诺到期收益率

$$y = \frac{r_f + \lambda P_d}{1 - P_d} \quad (1-4)$$

实际上，由于固定收益证券存在违约风险，因此应该有违约风险溢价；又由于存在其他风险如流动性风险等，还应该有其他风险溢价。如果把违约风险溢价定义为 α，将其他风险溢价定义为 β，则有

$$y - (y + \lambda)P_d = r_f + \alpha + \beta$$

$$y = \frac{r_f + \alpha + \beta + \lambda P_d}{1 - P_d} \quad (1-5)$$

（二）信用级别与评级公司

固定收益证券的违约风险是非常难以计量的，而它又是极为重要的风险，因此，证券市场对不同的债券进行级别的评定，用级别表示违约风险的大小。表 1-1 是穆迪公司（Moody's）、标准普尔公司（S&P）、惠誉公司（Fitch）关于债券级别的标准。

表 1-1　国际著名信用评级公司设定的信用级别

穆迪	标准普尔	惠誉	说明
投资级别——高信用级别			
Aaa	AAA	AAA	金边债券，最安全
Aa1 Aa2 Aa3	AA+ AA AA-	AA+ AA AA-	高级别，信用好
A1 A2 A3	A+ A A-	A+ A A-	中高级别
Baa1 Baa2 Baa3	BBB+ BBB BBB-	BBB+ BBB BBB-	中低级别

---

① 参见姚长辉，《货币银行学》（第五版），北京大学出版社 2018 年版，第 51 页。

(续表)

穆迪	标准普尔	惠誉	说明
投机级别——低信用级别			
Ba1 Ba2 Ba3	BB+ BB BB−	BB+ BB BB−	低级别,投机性
B1 B2 B3	B	B+ B B−	高投机性
高度投机性级别——风险极高,或者处于违约当中			
Caa	CCC+ CCC	CCC+ CCC	风险很高,处境不妙
Ca	CC	CC	很容易违约,非常高的投机性
C	C	C	极度投机性
	CI		收益性债券——已经不支付利息
	D	DDD DD D	已经违约

(三) 违约风险的具体表现

违约风险除了包括债券违约可能性的大小,还包括两个方面,一是信用风险溢价发生变化,二是信用级别发生变化。

即使债券不会发生违约,但投资者关心债券的市场价值,而债券的市场价值与一般债券到期收益率与无风险债券到期收益率之间的差额有关。这一差额的一部分来自违约风险,这部分溢价被称为违约风险溢价。如果违约风险溢价增大,债券的市场价值将变小。违约风险溢价与经济环境有关。在萧条时,投资者会担心债务人用于偿还债券本息的现金流量会下降。这样,违约风险溢价会扩大,因为投资者更愿意购买低风险的债券。

债券信用级别不是一成不变的,而是由评级公司随时监控和调整的。债券级别可能提高,也可能下降。如果债券本身或者发行公司的信用级别发生出乎意料的下调,将提高违约风险溢价,从而降低债券价格。

二、利率风险

固定收益证券的利率风险包含多种含义:第一,利率变化会导致证券价格发生变化,从而影响投资者资本利得的大小;第二,利率变化会导致证券利息收入再投资收益率的变化;第三,利率变化会导致某类固定收益证券的本金流量发生变化,进而给投资者收益带来变化;第四,利率风险会引发违约风险和流动性风险。

1. 利率变化会导致固定收益证券价格发生变化

通常情况下,固定收益证券的价格受利率变化的影响,主要是:① 证券的价格与市场利率呈反方向变化;② 偿还期越长,证券价格波动幅度越大;③ 票面利率越低,证券价格波动幅度越大;④ 相同幅度的利率变化,引起债券价格上升与下降的幅度不同,即利率下降引起债券价格上升的幅度,要超过利率上升引起债券价格下降的幅度。

以上这些都是通常情况下的结论。由于固定收益证券种类繁多,个别证券的价格风险与上述结论有很大的不同。例如,住房抵押贷款支持证券中的利息证券,其价格就与市场利率正相关;而某些深度折现债券的价格变化幅度,与偿还期呈反方向变化,也就是说,某些深度折现债券,偿还期越长,债券价格波动幅度反而越小。

2. 利率变化会导致再投资收益率的变化

由于市场利率下降,利息的收益能力也就下降了,因此,票面利率越高的证券,再投资收益率风险越高。票面利率最高的证券是分期偿还债券,或者称为年金债券。这类证券的再投资收益率风险是很高的。再投资收益率风险相当复杂,本书在后面的章节中,将以具体的例证来说明。

3. 利率变化会导致某类固定收益证券本金流量发生变化

某些证券的本金支付与市场利率密切相关,如可回购债券和住房抵押贷款支持证券等。在市场利率下降时,可回购债券的发行人就会倾向于回购债券;而住房抵押贷款支持证券由于借款人更愿意按降低了的贷款利率进行再融资,其本金提前偿还数额会增加。债券的回购,或者住房抵押贷款支持证券本金的提前偿还,都缩短了债券的期限,这就产生了收缩风险,这一风险使得证券的投资者不可能获得因为市场利率下降本来能够获得的资本利得。而当市场利率上升时,债券发行人就不回购债券,住房抵押贷款的借款人也不会大量提前偿还贷款,这样,证券投资者就不可能按已经上升了的市场利率进行大数额的再投资,因此,投资者遭受了更大的损失。这就产生了扩张风险,即到期期限的延长给投资收益带来的不利影响。

4. 利率风险会引发信用风险和流动性风险

为了规避利率风险,商业银行可以发放浮动利率贷款,从而与其短期负债相匹配。通过减少固定利率贷款,增加浮动利率贷款,商业银行将利率风险转移给借款人。但当市场利率大幅上升后,借款人的偿还负担迅速增加,不少借款人就会出现偿还困难。例如2008年,由于美国市场利率的上升,次级住房抵押贷款的违约率迅速提高,引发了严重的次贷危机。

利率风险还会引发流动性的问题,不仅对金融机构的流动性会产生影响,而且对证券本身的流动性也会产生影响。因为一旦证券的违约风险发生变化,流动性也会随之变化。一般说来,高质量证券的流动性要强于低质量证券的流动性。

三、流动性风险

(一) 流动性风险与流动性风险溢价

流动性是指证券的可交易性。流动性风险是指固定收益证券因其流动性不足而在交易证券时所可能遭受的损失。流动性的强弱有多种衡量方法,主要是指证券转让过程中所产生的交易成本,既包括各种税费支出,也包括价格的折让。

流动性强的证券,需求就会上升,价格就会向上移动;而流动性弱的证券,需求就会下降,价格就会向下移动。例如,如图 1-1 所示,有两种证券 A 和 B,在初始状态时,二者的到期收益率相等。

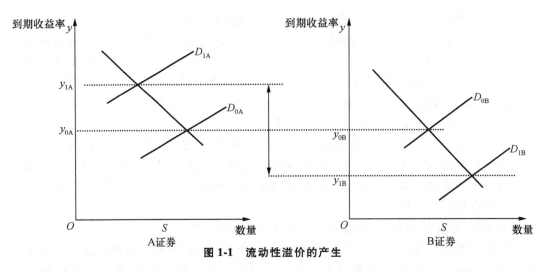

图 1-1 流动性溢价的产生

假定 A 证券的交易活跃程度由于某种原因而下降，因此证券需求下降，从 D_{0A} 下降到 D_{1A}，A 证券的价格下降，到期收益率从 y_{0A} 上升到 y_{1A}；而 B 证券的交易活跃程度上升，需求上升，从 D_{0B} 上升到 D_{1B}，从而 B 证券的价格上升，到期收益率从 y_{0B} 下降到 y_{1B}。证券 A 和 B 初始的到期收益率相等，而由于二者的流动性发生变化，它们的到期收益率也随之发生变化，流动性弱的 A 证券的到期收益率 y_{1A}，超过了流动性强的 B 证券的到期收益率 y_{1B}。这一差别被称为流动性溢价。

流动性溢价说明了一个十分重要的问题：**建立证券市场，并提高证券的流动性，可以适度降低证券的到期收益率**。而收益要求的下降，是市场参与者的功劳，其中的利益理应由市场的参与者分享。

在证券业中，通常用做市商买入价（Bid Price）与卖出价（Ask Price）之间的差额来表示流动性的强弱。如果做市商的买卖差价小，说明证券的流动性强；而买卖差价大，则说明证券的流动性弱。表 1-2 反映的是美国固定收益证券的流动性。

表 1-2　美国固定收益证券的流动性（买卖价差）

证券	买卖价差（价格的百分比,%）	
	一般情况	经济萧条
国库券	0.002	0.005
A 级金融公司债券	0.120	0.500
B 级产业公司债券	0.500	5.000
住房抵押贷款支持证券	0.060	0.250
长期 Aa 级市政债券	0.250	0.750

资料来源：Frank J. Fabozzi (ed.), *Managing Fixed Income Portfolios*, John Wiley & Sons, 1997, p.279。

（二）流动性风险的影响因素

流动性风险的大小与证券自身的特点有很大的关系。如果证券符合大多数投资者的需求，那么投资者购买和持有的积极性就高。

流动性风险的大小与固定收益证券交易场所能够吸引的投资者数量有关。如果证券在交易所交易,由于投资者或潜在投资者分散而且为数众多,交易必然活跃,流动性风险就小。而如果证券由某一证券自营商,比如某一投资银行来做市,这种证券交易的活跃程度就取决于该做市商的实力和声誉。如果做市商实力强,覆盖面广,服务柜台分布密集,其经营的证券的流动性就强。

流动性风险的大小与该种证券的发行规模有很大的关系。比如,国库券发行量大,发行周期固定而且规律性强,投资者众多,流动性自然就强。再如,美国住房抵押贷款支持证券由于发行规模大,投资者也相当广泛,因此尽管其交易不在交易所进行,而是在场外交易市场进行,其买卖也非常活跃。而相比之下,某些公司发行的证券由于发行量小,投资者人数少,其流动性自然受到影响。

四、税收风险[①]

(一)理论分析

一般来讲,不同的投资者有不同的边际税率,不同的固定收益证券也有不同的税收待遇。不同时期,投资者的税收环境和固定收益证券的税收环境也会发生变化。这些不确定性影响着固定收益证券的价格,这种影响就是税收风险。

税收的变化会影响证券的定价。默顿·H.米勒(Merton H. Miller)就阐述过税收与债券均衡定价问题。[②] 本书在这一基础上展开更进一步的分析。

图1-2中,y_0为债券需求曲线与纵轴的交点,为完全免税债券的均衡市场利率。从税收待遇来讲,投资者可以划分为完全免税的个人和机构投资者,以及不完全免税的个人和机构投资者。由于这些债券是免税的,因此任何投资者购买这种债券都不必缴税。所有投资者在购买相同的债券时,都得到相同的税前收益率。在投资者购买的债券属于完全免税债券时,投资者的税后收益率也相同。因此,债券需求曲线从 y_0 开始有一段是水平的。这就是对完全免税债券的需求。

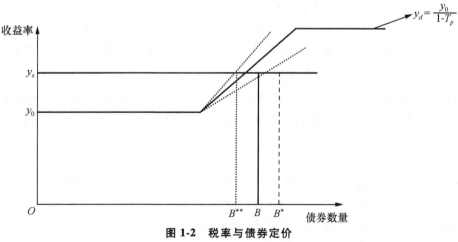

图 1-2 税率与债券定价

[①] 参见姚长辉,《中外债券交易税收制度的比较与政策建议》,研究报告,2004年10月。
[②] Merton H. Miller, "Debt and Taxes", *Journal of Finance*, 32(2), 1977, pp.261-275.

为了吸引足够多的投资者购买债券,必须逐步提高债券的收益率,以使得那些边际税率为正的投资者购买证券也能获得 y_0 的税后收益。同时,社会中有更多的固定收益证券都不是免税的,为了让这些证券也能投入市场,并为投资者所认购,必须也让那些边际税率为正的投资者获得 y_0 的税后收益。那么,在不考虑其他各种风险和费用的情况下,证券的承诺收益率为

$$y_d = \frac{y_0}{1 - T_p} \tag{1-6}$$

其中,y_d 为债券的承诺收益率,T_p 为投资者的边际税率。

为了让足够多的投资者购买债券,必须不断地提高承诺收益率。因此,债券需求曲线向右上方倾斜,其上升趋势与边际税率的变化有关。如果边际税率为快速累进的,那么曲线形状将表现得更为弯曲,说明承诺收益率的递增速度在加快;如果边际税率为比例递增,那么债券需求曲线就变成一条直线;达到最高边际税率后,该曲线又将变成一条水平的直线。当承诺收益率 y_d 等于证券发行人税前所能支付的最大收益率时,市场达到均衡,即当 $y_d = y_s$ 时,则有

$$y_s = \frac{y_0}{1 - T_c} \tag{1-7}$$

其中,T_c 为债券发行公司的所得税税率。

如果债券的承诺收益率高于 y_s,那么发行公司就要遭受损失。实际上,此时公司完全有理由购买其他公司发行的高承诺收益率的债券。如果此时债券的承诺收益率低于 y_s,那么会有别的公司——低负债公司加入发债的行列,因此在均衡时,公司负债成本一定有

$$y_0 \left(\frac{1}{1 - T_c} \right) \times (1 - T_c) = y_0 \tag{1-8}$$

公式(1-8)说明,公司税前债务成本再乘以($1-T_c$)就变成税后债务成本。

税收的高低及其变化会明显改变债务市场的均衡状况。当债券享受较优惠的税收待遇时,需求曲线将向右推移,均衡的承诺收益率会相应地下降。在债券承诺收益率不变时,就会有更多的公司愿意发行债券,这样就可以实现政府希望发展债券市场的目标。

(二)美国债券交易税收制度的描述

美国债券交易税收制度的总体特点是:没有债券印花税和债券交易税;债券投资收益税很复杂,不同主体发行的债券税收不同,利息收益税与资本利得税有所区别,还有初始发行折扣、市场折扣等复杂的税收情况。

1. 关于印花税与债券交易税

美国没有印花税和债券交易税,因为这两种税都会影响债券的流动性,而且通常来说,这两个税种能获得的收入占全部税收的比重也很小。美国注重资本的流动性以优化资本配置,而且政府可以采取其他手段控制过度投资,无须对债券交易征税。美国曾经对股票交易征收交易税,目前也已经废止。

2. 关于利息所得

在美国,债券利息是作为一般收入并入投资者所得中统一征收所得税的,并不单独

计征。美国的债券品种非常多,从发行主体来分,主要有联邦政府债券、地方政府债券、公司债券等。不同类别的债券在利息所得税规定上有所不同。

投资于美国联邦政府债券的利息所得只需向美国联邦政府缴税,而不需要向州政府和地方政府缴税。因此持有国债会明显降低个人所得税。

地方政府债券投资的一大重要优势是税收优惠。根据现行联邦所得税法,投资地方政府债券的利息收入通常不用缴纳联邦所得税,而且大多数州和地方政府也对本州和地方政府发行的债券免征利息所得税。

公司债的利息所得没有税收优惠,需要缴纳联邦和州政府所得税。

美国税法对债券折扣的税收规定比较具体。债券折扣包括两种情形:初始发行折扣(Original-issue Discount,OID)和市场折扣(Market Discount)。初始发行折扣的税收规定是这样的:如果债券以显著低于面值的价格发行,其中的差额称为初始发行抵扣,典型的例子是零息债券。有初始发行折扣的债券,其税收处理比较复杂。在持有这种债券期间,投资者每年都要对折扣的一部分纳税(虽然没有获得现金)。但是如果持有到期的话,投资者不再需要对面值超过折扣发行价的部分缴纳资本利得税或其他税。美国联邦税务局还规定,如果初始发行折扣债券以发行折扣价加上估计的利息来出售,则可认为无资本利得或损失,因此不需要缴纳资本利得税。但如果出售价超过发行折扣价加上估计的利息,则需要按照资本利得来纳税或按照普通个人所得来纳税。

市场折扣债券是指投资者在二级市场上以某一价格购买某债券,通常该债券的到期赎回价格会高于此购买价格,这两个价格之差即为市场折扣量。市场折扣债券的税收与初始发行折扣债券的税收一样,都是将折扣部分当成普通利息收入来纳税。但是投资市场折扣债券在实现利润——市场折扣量前不需要纳税。如果市场折扣量小于市场折扣债券到期赎回价与剩余年份乘积的0.25%,则将该市场折扣量视为零,在该债券到期后或被赎回时按资本利得税来处理。

3. 关于债券资本利得和损失

债券到期前出售而实现的资本利得需要纳税,但持有期长短不同,税收待遇也不同。具体规定为:持有期不足一年的债券,税率与投资者的普通收入相同;但若持有期超过一年,则视为长期投资,目前最高税率为15%。

与之相对,投资债券的资本损失可以抵税,首先是抵扣其他投资的资本利得(债券、股票、基金、房地产等)。如果损失超过所有投资的资本利得,从当年起,每年可以从一般收入中减免3 000美元,超过3 000美元的损失可以延到下一年继续抵税(这些规则同样适用于出售债券基金份额产生的资本损失)。

4. 关于债券投资基金

如果投资者购买的是债券基金,其所面临的税收规定基本与直接投资债券相同。也就是说,基金不需要缴纳利息税,也不需要缴纳资本所得税,税收全部由个体投资者承担。投资债券基金的利息收入以基金红利的形式获得,但基金以红利形式获得的利息收入要全部缴税,而不像其他形式的股利,最高税率为15%。

(三)我国债券交易税收制度的描述

我国税收制度中与债券交易相关的法规主要是个人所得税法及相关规定、企业所得税法及相关规定、增值税法等。

从征收环节来看,我国目前对债券发行、债券交易等环节都没有征税。目前征税的环节只有债券投资收益。

债券投资收益环节的税收制度,针对不同纳税人和不同债券种类而有所不同。

1. 个人投资者债券投资收益的税收规定

对于个人投资者,按照《中华人民共和国个人所得税法》的规定,投资于企业债的利息收入按20%的比例纳税,而投资于国债和金融债的利息收入免税。个人投资者投资于债券的资本利得不纳税。

2. 企业投资者债券投资收益的税收规定

一般企业投资债券的收益按25%的税率课征企业所得税。对符合条件的小型微利企业按20%征收企业所得税,对重点扶持的高新技术企业按15%征收企业所得税。国债利息免征所得税,证券投资基金的差价收入及利息收入免征所得税。

2016年,我国进行了营业税改征增值税的改革。有价证券转让获得的增值额,一般纳税人按6%缴纳增值税,小规模纳税人按3%缴纳增值税。

五、购买力风险

固定收益证券有明确或比较明确的现金流入量。但固定收益证券很难规避物价上涨产生的影响,而相比之下,权益证券规避物价上涨的能力要强得多。

股票的收益主要来自股价的变动。尽管影响股票价格的因素数不胜数,但股价最终是股票价值的反映。股票价格一方面取决于公司的收益,另一方面取决于投资的机会成本——股票资本成本的高低。公司的收益通常与经济环境密切相关,其中也与物价水平相关。上市公司通常有多种手段规避通货膨胀风险。而由于固定收益证券的利息收益一般是固定的,因此不管发行人有多大的能力来规避通货膨胀的风险,购买者只能获得名义上固定的利息。这就给投资者带来了很高的风险。

真实收益率是投资的最终获益指标。为了计算真实收益率,首先要计算名义收益率。假定名义收益率为 y_n,真实收益率为 y_r,物价上涨水平为 P,投资期为1年的真实到期收益率为

$$1 + y_n = (1 + y_r)(1 + P)$$

$$y_r = \frac{1 + y_n}{1 + P} - 1 \tag{1-9}$$

如果投资期不是1年,而是多年,那么真实收益率也可以循着以上思路求得

$$(1 + y_n)^n = (1 + y_r)^n (1 + P_1) \cdots (1 + P_n)$$

$$y_r = \frac{1 + y_n}{[(1 + P_1) \cdots (1 + P_n)]^{\frac{1}{n}}} - 1 \tag{1-10}$$

例1-3 一个2年期零息债券的面值为100元,价格为90元,这两年的通货膨胀率分别为3%和4%,求这个债券的真实收益率。

$$100 = 90 \times (1 + y_r)^2 \times (1 + 3\%) \times (1 + 4\%)$$
$$y_r = 1.846\%$$

由于传统固定收益证券名义收益率是固定的,而物价是变动的,因此,为了规避购买力风险,有很多种类的固定收益证券被创造了出来,其中包括指数证券、保值证券、浮动利率证券、逆浮动利率证券等。

六、到期收益率曲线风险

到期收益率曲线是非常重要的,它是给固定收益证券定价的尺子。但到期收益率曲线不是一成不变,而是频繁变动的。本质上,到期收益率曲线风险属于利率风险,但也有自己的特殊性。

市场利率发生变化,债券价格也会发生变化。影响价格变化幅度的一个重要因素是偿还期。一个附息债券是多个零息债券的组合,因此一个附息债券价格的变化,与各种期限零息债券的利率风险有很大的关系。一个债券组合是由多种债券构成的,因此,不是某一期限的利率发生变化影响债券组合的价值,而是整个到期收益率曲线的变化影响债券组合的价值。

到期收益率曲线的变化,包括平行移动和非平行移动两种。而非平行移动则有很多形式,如到期收益率曲线变陡、变平缓、变扭曲等。如果到期收益率曲线平行移动,那么可以用持续期(Duration)来刻画债券价格风险;而如果到期收益率曲线非平行移动,则需要知道各种利率的持续期,特别是关键利率的持续期。关于这一问题,本书将在第四章做重点分析。

七、利率波动率的风险

由于有很多固定收益证券属于含权证券,因此,选择权的价值就在很大程度上影响了债券的价值。而选择权的价值与利率波动率有很大的关系。利率波动率越大,选择权的价值就越大。当然,这是在假定其他因素都不发生变化的情况下。这如同股票期权的价值受股票价格波动率的影响一样。

八、风险规避与固定收益证券创新[①]

(一) 固定收益证券创新的原因

风险规避是固定收益证券创新的根本原因。创新的类别主要分为五个:信用风险转移型、价格风险转移型、流动性提高型、税收风险规避型和购买力风险规避型。

尽管信用风险属于个别风险,而个别风险可以通过组合投资的办法来规避或者降低,但是从事组合投资的主体大多是机构投资者,而个人投资者由于受到资金、信息等条件的限制,很难从事组合投资。为了降低固定收益证券投资的信用风险,需要增加偿还保证。因此,抵押证券、质押证券和保证证券就应运而生。为了判断一个证券,特别是公司债券的信用风险,投资者可以利用资信评定机构所评定的级别。因此,投资级证券、非

---

① 姚长辉,"固定收益证券创新原因与创新方式分析",《经济科学》,2000 年第 4 期,第 51—61 页。

投资级证券以及垃圾证券等不同类别也就出现了。

价格风险规避有多种途径,每一种途径都需要各自的金融工具。例如,发行浮动利率证券来替代固定利率证券,而发行人自己承担价格风险。由于不同偿还期的债券价格风险不同,因此,为了适应投资者的需求,就应该发行不同偿还期的债券。由于价格风险与证券的票面利率有直接的关系,因此,就应该发行不同票面利率的证券。这在一定程度上说明了为什么在固定收益证券市场中,存在着各种期限和各种票面利率的证券。

发行人为了降低自己的价格风险,可以创造出新的金融工具。例如,在市场利率很低时,发行人可以重新发行债券以增加自己的收益。正是为了达到这一目的,发行人增设了回购条款,即在经过一段时间后,发行人可以在任何时候按事先约定的价格买回自己发行的债券。同样,有些投资者担心自己购买的债券在市场利率上升后价格下降幅度过大,期望发行人按照事先约定的价格买回,这就产生了可回卖债券。为了规避利率风险,可以使用利率互换,为此,各种形式的债券互换也就产生了。

为了增强流动性,做市商和证券交易所必不可少。有些证券是公开发行的,发行规模巨大,可以在交易所集中交易。有些证券虽是公开发行的,但只能在柜台进行交易。有些证券是私募的,因此也只能在柜台进行交易,或者只能在投资者之间进行转让。投资者对流动性的要求不同,市场也就创造出不同流动性的证券。

由于有税收风险,而且不同投资者的边际税率不同,因此,不同票面利率的证券被创造了出来。这些证券适应不同类别的投资者。例如,高税率的投资者购买低收益免税证券,低税率的投资者购买高税率但不免税的证券。有时国家对资本利得和利息的税收待遇不同,因此公司为了吸引投资者,就发行溢价证券、平价证券、折现证券甚至零息证券。

由于存在购买力风险,因此有些投资者试图规避它。我国曾发行过保值公债,英国政府曾发行过指数债券,它们都是为了帮助投资者规避购买力风险。我国发行的保值公债和英国发行的指数债券,都是根据物价指数变化而做出调整的。在我国,调整的是票面利率;而在英国,债券票面利率固定,但期末本金则与零售物价指数挂钩。

(二) 固定收益证券具体的创新方式

1. 在期限上创新

固定收益证券除了包括人们比较熟悉的短期证券、中期证券、长期证券,还包括永久性证券、可展期证券等。英国和法国政府都发行过永久性公债。这种债券,投资者不能要求偿还,但当政府认为有必要偿还时可以提前3个月通知证券投资者。该债券被清偿后,自然也就不是永久性债券了。20世纪70年代,永久性公债是英国政府债券中发行数量最大的一种。

可展期证券使投资者多了一项选择权,认购的积极性提高。此外,发行公司还设计出分期付款和延期付款的证券,即投资者在购买固定收益证券时可以只支付部分款项,其余的价款可以在日后分期或延期支付。当然,发行人在发行时要采取一些保证措施。

2. 在利息支付方式上创新

利息的支付方式与投资者所承受的风险以及发行人现金流出量的大小都直接相关。根据利息支付方式的不同,有固定利率证券、浮动利率证券、逆浮动利率证券、指数化证券,也有纯粹证券、零息证券、低利率高收益证券等。

3. 在附加权利上创新

附加权利包括认购权等。在认购权上创新的证券,是指在一般证券基础上附加一种认购选择权。而认购的选择权包括股票认购权和债券认购权。认购权可以与证券共同存在,也可以与证券分开。认购权也可以是购买发行人下一次发行证券的权利,而发行条件事先规定。如果购买发行人下一次发行证券的权利对投资者有利,他就会行使这一权利;如果不利,他就会放弃这一权利。英国政府就发行过该类证券。持有者在持有一段时间后可以将该证券转换成其他期限的证券。例如,持有者在两年半的时间内,每半年可以要求转换一次,转换价格递减。

4. 在交易方式上创新

交易方式多,证券的流动性就强,投资者购买这种证券的流动性风险就会降低。固定收益证券的交易方式包括交易所交易、柜台交易、相互转让等。而具体的交易种类又包括证券的现货交易、期货交易、期权交易、信用交易、回购交易、互换交易等。交易市场的发展,为投资者购买各类固定收益证券提供了支持,也为发行人根据自己的比较优势发行证券提供了方便。

5. 在多个方面同时创新

典型的例子就是住房抵押贷款支持证券的产生。房地产业是一国的支柱产业之一,但房地产开发商的资金有限。商业银行贷款给房地产开发商,风险较高,因为房地产贷款的期限较长,资产的流动性较差。如果个人和其他投资者可以向住房抵押贷款使用者提供融资,房地产业的资金来源就会大大增加。但个人等向房屋购买者提供资金有障碍,即存在着信用风险和流动性风险。

为了降低融资的信用风险,需要政府或者民间机构对抵押贷款进行保险或担保。有了政府或民间信用的支持,商业银行和其他金融机构从事住房抵押贷款的风险就下降了,商业银行等金融机构的住房贷款规模就会随之增加。

为了降低流动性风险,需要创造出标准化的抵押证券——住房抵押贷款支持证券。这种证券的偿还得到官方或民间机构的信用支持,信用风险大大降低。例如,在美国,为住房抵押贷款支持证券提供信用担保的机构包括联邦国民抵押贷款协会、政府国民抵押贷款协会、联邦住房贷款抵押公司。这些机构不仅是住房抵押贷款支持证券的偿还担保者,也是流动性的创造者,即投资者可随时与这些机构进行住房抵押贷款支持证券的买卖。

为了降低提前偿还风险,各种衍生证券在传统的转手证券之上被创造出来,如分级的衍生证券、按计划偿还的衍生证券、本金证券、利息证券等。住房抵押贷款支持证券的创新,为房地产业注入了活力,因为众多个人、机构等投资者通过购买住房抵押贷款支持证券为住房购买者提供了资金,资金供给范围大大拓展。住房抵押贷款支持证券的创新,也为证券市场带来了活力,因为大量富有弹性的投资工具丰富了投资选择。

总之,固定收益证券的创新,是以规避风险为主线的。金融创新大大丰富了固定收益证券的品种,投资者选择的机会增多,发行人更容易在资本市场上获得资金。

第四节 计息与计价习惯

在讨论各种证券的计息与计价习惯之前,本节先简要介绍一下关于利率的一些基本知识。

一、利率与复利

(一) 最原始的利率定义

最初的利率定义是,如果期初投入1元,能够在期末获得 r 元的净收益,那么称利率为 r。

例 1-4 如果你 3 月 1 日投资 1 元,1 个月后收到 1.1 元,那么月收益率就是 10%。

如果你借入 100 元,利率为月 0.25%,那么,1 个月后你应该还 100.25 元。

如果你的信用卡余额是 5 000 元,而利率是月 1.5%,那么,信用卡公司本月要收你 75 元的利息。因此,在月末,你的信用卡余额就变成了 5 075 元。

前面的例子极为简单,原因是计息时间是一个计息时间段。但如果计息时间段不是一个而是多个,那么就要考虑利息的计算方式。利息的计算方式有两种:一种是单利,另一种是复利。

(二) 单利计息

单利计息是指利息不计入本金的计算方式。计算公式为

$$F = P + P \times t \times r \tag{1-11}$$

其中,P 是初始投资价值,F 是期末价值,t 是计息次数,r 是利率。

例 1-5 某 3 年期债券,面值为 1 000 元,利率为 3.14%,单利计息,到期后本息 1 次支付。求到期本息和。

$$F = P + P \times t \times r = 1\,000 + 1\,000 \times 3.14\% \times 3 = 1\,094.2(元)$$

(三) 复利计息

复利是利息不断计入本金的计息方式。计算公式为

$$F = P(1 + r)^t \tag{1-12}$$

其中,P 是初始投资价值,F 是期末价值,t 是计息次数,r 是利率。

相应地

$$P = F(1 + r)^{-t} \tag{1-13}$$

$$r = (F/P)^{\frac{1}{t}} - 1 \tag{1-14}$$

例 1-6 如果投资 100 元,年收益率为 10%,投资期为 2 年,那么 2 年后收益应该是多少?答案是 121 元,即

$$100 \times (1+0.1)^2 = 121(元)$$

例 1-7 如果你借入 100 元,按月计息,利率为 1%,2 年后你要支付多少?答案是 126.97 元,即

$$100\times(1+0.01)^{24}=126.97(元)$$

即使投资期不是整数,在复利计息情况下,上面的计算公式依然成立。

例 1-8 假定年利率为 12%,你借入 1 000 元,借期为半年,那么半年后你应该偿还多少? 答案是 1 058.3 元,即

$$1\,000\times(1+0.12)^{1/2}=1\,058.3(元)$$

例 1-9 假定年利率为 12%,如果你借给别人 1 000 元,借期为 29 个月,那么 29 个月后你将获得多少本息? 答案是 1 315 元,即

$$1\,000\times(1+0.12)^{29/12}=1\,315(元)$$

这一问题看起来很简单,实际上不然。举一个例子。某个投资者借助于股票技术分析 A、B 两种方法哪种给他带来较高的收益。投资期为 1 年。其中 A 方法让他在 3 个月内获得 30% 的收益,其他时间没有投资信号出现。B 方法也让他投资获利,具体是在半年内获得 40% 的收益。问题是 A、B 两种方法哪种给投资者带来较高的收益。乍看起来应该是 A 方法,因为 A 方法在 3 个月内给投资者带来 30% 的收益,那么按照复利的方法,这相当于 1 年的收益率为 185.6%,而 B 方法的年收益率为 96%。但这种计算方法是根本错误的! 复利的经济含义是指投资机会多次出现。但问题是 A 方法在 1 年内投资机会仅仅出现 1 次,绝不是出现 4 次或者 2 次。真正判断哪种投资选择好,必须计算 1 年之后的资金价值总量。其中再投资收益率的高低是最关键的。如果没有别的投资机会,那么资金只能放在银行或者证券营业部,则只能获得活期存款利息。

二、复利频率与连续复利

(一) 复利频率

复利的计算与利息计入本金的时间间隔有很大的关系。在按单利计算的年利率一定的前提下,复利时间越短,实际利率就越高。

例如,假定按单利计算的年利率为 6%。这一利率维持不变。如果某证券 1 年支付 2 次利息,则半年利率为 6%/2=3%。按复利方法计算,年利率为 6.09%,高于 6%,即

$$(1+6\%/2)^2-1=6.09\%>6\%$$

而另一个证券又提出按季度计算复利,季度利率为 6%/4=1.5%,则按复利计算的年利率为 6.1364%,高于 6.09%,即

$$(1+0.06/4)^4-1=6.1364\%>6.09\%$$

又有相似的证券按月计算复利,月利率为 6%/12=0.5%。此时,按复利方法计算的年利率为 6.1678%,高于 6.1364%,即

$$(1+0.06/12)^{12}-1=6.1678\%>6.1364\%$$

(二) 连续复利

很明显,随着复利间隔期的缩短,按复利方法计算的年利率不断提高,但到底能高到什么程度呢? 这里出现了连续复利的概念。所谓连续复利,就是在按单利方法计算的年利率不变的条件下,不断缩短计算复利的时间间隔,所得到的按复利方法计算出来的利息。

$$F = P\left(1 + \frac{rt}{n}\right)^n$$

$$\lim_{n \to \infty}\left(1 + \frac{rt}{n}\right)^n = e^{r \cdot t}$$

(1-15)

在本例中,缩短复利期限后利率的极值是 6.1837%,即

$$\lim_{n \to \infty}\left(1 + \frac{6\%}{n}\right)^n = e^{0.06} = 1.061837$$

连续复利看上去复杂,实际上很容易计算。不仅计算连续复利很容易,而且计算平均利率也非常容易。正因为如此,在很多固定收益证券的文献中,都使用连续复利的概念。但人们在生活中却很少接触到连续复利。美国的银行存款最多也是按天计算复利。信用卡余额按月计算复利,住房抵押贷款支持证券按月计算复利,而一般债券则是按半年计算复利。在欧洲,债券一般都是 1 年支付 1 次利息,因此,按一定时段计算复利的情况居多,几乎没有连续计算复利的情况。

(三)利率转换

例 1-10 一个债券的票面利率为 9%,请回答在 1 年付息次数分别为 1 次、2 次、4 次、12 次、365 次的情况下,年实际利率是多少?

解答:

如果 1 年付息 1 次,那么年实际利率就是 9%。

如果 1 年付息 2 次,那么年实际利率为 $(1+9\%/2)^2 - 1 = 9.2025\%$。

如果 1 年付息 4 次,那么年实际利率为 $(1+9\%/4)^4 - 1 = 9.3083\%$。

如果 1 年付息 12 次,那么年实际利率为 $(1+9\%/12)^{12} - 1 = 9.3807\%$。

如果 1 年付息 365 次,那么年实际利率为 $(1+9\%/365)^{365} - 1 = 9.4162\%$。

例 1-11 一个债券的票面利率为 5%,1 年支付 2 次利息。如果该债券 1 年支付 4 次利息,那么,什么样的票面利率才相当于该债券的实际利率呢?

解答:

该债券的实际利率为 $(1+5\%/2)^2 - 1 = 5.0625\%$。

1 年支付 4 次利息时,什么样的票面利率才相当于实际利率 5.0625%?答案是 4.9691%,因为

$$(1 + x\%/4)^4 - 1 = 5.0625\%$$
$$x = 4.9691\%$$

例 1-12 连续复利率为 10%,相当于半年复利情况下年利率为多少?

解答:

连续复利率为 10% 相当于年实际利率为 10.517%,因为

$$e^{0.1} - 1 = 0.10517$$

相当于半年复利情况下年利率为 10.254%,因为

$$(1 + x\%/2)^2 = 1 + 0.10517$$
$$x\% = 10.254\%$$

（四）平均利率的计算

假定我们知道今天为时点 0，投资 1 年后的收益率为 $r_{0,1}$，下一年的收益率为 $r_{1,2}$，可以计算 2 年内平均的年复利利率。

因为
$$F=(1+r_{0,1})(1+r_{1,2})$$

而 2 年期投资收益率相当于
$$F=(1+r_{0,2})^2$$

所以
$$(1+r_{0,2})^2=(1+r_{0,1})(1+r_{1,2})$$
$$r_{0,2}=[(1+r_{0,1})(1+r_{1,2})]^{1/2}-1 \tag{1-16}$$

也就是说，在年复利的情况下，平均收益率是几何平均数。而在连续复利的情况下，平均收益率是简单的算术平均。

因为
$$F=e^{r_{0,1}(\infty)}e^{r_{1,2}(\infty)}=e^{r_{0,1}(\infty)+r_{1,2}(\infty)}$$

而
$$F=[e^{r_{0,2}(\infty)}]^2=e^{2r_{0,2}(\infty)}$$

所以
$$F=e^{r_{0,1}(\infty)+r_{1,2}(\infty)}=e^{2r_{0,2}(\infty)}$$

所以
$$r_{0,2}(\infty)=\frac{r_{0,1}(\infty)+r_{1,2}(\infty)}{2} \tag{1-17}$$

三、债券计价

（一）美国国库票和国库债

1. 付息日的债券计价

美国国库票（Treasury Notes）与国库债（Treasury Bonds）属于附息债券。如果没有回购条款，那么根据票面利率、偿还期就完全可以得到债券的现金流量。美国国库票与国库债都是 1 年支付 2 次利息，并且 2 次利息支付刚好相隔半年。

例如，一只国库债的到期日是 2030 年 8 月 15 日，那么付息日就是每年的 2 月 15 日和 8 月 15 日，直到偿还期。如果一只债券的票面利率为 7.25%，偿还期是 2020 年 8 月 15 日，那么，通常的报价是：seven and a quarter of August 15, 2020，或者仅仅用 seven and a quarter of ten。

国债的交割日通常是成交后的下一个营业日。实际交割日可以由交易者之间协商确定。如果交割日刚好是付息日，那么债券出售者获得当天的利息支付，而债券购买者获得其余款项。

在付息日，债券的价格为

$$P = \sum_{t=1}^{n} \frac{100 \times c/2}{(1+y/2)^t} + \frac{100}{(1+y/2)^n} \qquad (1\text{-}18)$$

其中，

P 为价格；

c 为票面利率；

y 为约当收益率；

t 为时间点；

n 为付息次数。

例 1-13 假定现在为 2019 年 8 月 14 日。请估算以下美国国债的价格：到期日为 2024 年 8 月 15 日，票面利率为 8%，面值为 100 元，交割日为 2019 年 8 月 15 日，到期收益率为 7%。

$$P = \sum_{t=1}^{10} \frac{100 \times 0.08/2}{(1+0.07/2)^t} + \frac{100}{(1+0.07/2)^{10}}$$
$$= 104.1583$$

2. 非付息日的债券计价

如果交割日不是付息日，那么债券出售者将得不到下一个付息日的利息，而是在债券价格中反映其权益。如何反映双方的权益呢？美国国库票和国库债是按照实际/实际规则来计算利息的。

例 1-14 假定一只美国国债的到期日为 2020 年 6 月 30 日，交割日为 2019 年 11 月 30 日。由于 12 月 30 日是付息日，而 11 月 30 日不是，看上去距到期日刚好 7 个月，因此付息次数为 $1\frac{1}{6}$。但由于美国国债是按照实际/实际规则来计算利息的，因此付息次数应该为 $1\frac{31}{184}$。其中，1 是完整的付息次数，$\frac{31}{184}$ 中的 184 是上一个付息日至下一个付息日的天数，而 31 是交割日至下一个付息日的天数。

由于在非付息日交割，因此在计算债券的价格时，可以先计算到下一个付息日的价格，然后再计算到交割日的价格，即

$$P = \frac{1}{(1+y/2)^{\frac{n_1}{n_2}}} \left(\sum_{t=0}^{n} \frac{100 \times c/2}{(1+y/2)^t} + \frac{100}{(1+y/2)^n} \right) \qquad (1\text{-}19)$$

其中，

n_1 为交割日至下一个付息日的实际天数；

n_2 为上一个付息日至下一个付息日的实际天数。

公式(1-19)得到的是债券购买者获得未来现金流量应该支付的价格，属于全价(Full Price，或 Dirty Price)。即使债券的票面利率等于到期收益率，债券的价格也会超过 100 元，原因是一部分利息(应计利息)加到了债券价格上。

合理的债券价格应该是：

当 $c=y$ 时，债券为平价；

当 $c>y$ 时,债券将发生溢价;
当 $c<y$ 时,债券将出现折价。
也就是说,债券交易应该按照净价(Flat Price,或 Clean Price)来进行。
要按照净价来进行交易,必须剔除应计利息。应计利息的计算完全是按照习惯来进行的,公式为

$$a = 100 \times c/2 \times n_3/n_2 \tag{1-20}$$

其中,

n_3 为上一个付息日至交割日的实际天数。

n_2 为上一个付息日至下一个付息日的实际天数。

n_3 为上一个付息日至交割日的实际天数。

当计算出债券的全价和应计利息之后,债券的净价就很容易得到。

$$净价 = 全价 - 应计利息$$

例 1-15 请估算以下美国国债的价格:到期日为 2024 年 8 月 15 日,票面利率为 8%,面值为 100 元,交割日为 2019 年 9 月 8 日,到期收益率为 7%。

解答:

第一步,计算债券的全价

$$P = \frac{1}{(1+0.07/2)^{\frac{160}{184}}} \times \left(\sum_{t=0}^{9} \frac{100 \times 0.08/2}{(1+0.07/2)^t} + \frac{100}{(1+0.07/2)^9} \right)$$

$$= 104.6267$$

第二步,计算应计利息

$$a = 100 \times 0.08/2 \times 24/184$$

$$= 0.5217$$

第三步,计算净价

$$净价 = 全价 - 应计利息$$

$$= 104.6267 - 0.5217$$

$$= 104.105$$

在偿还期短于一个付息段时,债券是按照单利来计价的。其中,全价的计算公式为

$$P = \frac{100(1+c/2)}{1+y/2 \cdot n_1/n_2} \tag{1-21}$$

其中,

n_1 为交割日至下一个付息日的实际天数;

n_2 为前后两个付息日之间的实际天数。

例 1-16 有一种美国国债,其票面利率为 7.375%,到期日为 2019 年 11 月 30 日,交割日为 2019 年 9 月 17 日,请计算该债券在收益率为 2.81% 时的全价和净价。

全价计算如下:

$$P = \frac{100(1+0.07375/2)}{1+0.0281/2 \times 74/183}$$

$$= 103.102$$

应计利息计算如下:
$$a = 100 \times 0.07375/2 \times 109/183$$
$$= 2.196$$

净价计算如下:
$$净价 = 103.102 - 2.196 = 100.906$$

(二) 美国公司债券、市政债券与联邦机构债券

美国公司债券、市政债券与联邦机构债券与美国国债的交易习惯相似,但有以下两点不同:

第一,公司债券、市政债券与联邦机构债券不是按照实际/实际规则来计息,而是按照 30/360 规则来计息。30 是指每个整数月份都按照 30 天计算,1 年则按照 360 天计算。天数的计算公式为

$$天数 = 360 \times 年 + 30 \times 整数月份 + 剩余天数$$

第二,公司债券与市政债券是三个营业日后交割,而国债是在一个交易日后交割。

例 1-17 有一种市政债券,票面利率为 5.5%,到期日为 2021 年 12 月 19 日,交割日为 2019 年 9 月 17 日,到期收益率为 4.28%。上一个付息日为 2019 年 6 月 19 日,下一个付息日为 2019 年 12 月 19 日。请计算该市政债券的净价。

解答:

第一步,计算全价

利用 30/360 规则,得到 $n_1 = 92$, $n_2 = 180$,得到全价为 103.9339,即

$$P = \frac{1}{(1+4.28\%/2)^{\frac{92}{180}}} \times \left(\sum_{t=0}^{4} \frac{100 \times 5.5\%/2}{(1+4.28\%/2)^t} + \frac{100}{(1+4.28\%/2)^4} \right)$$
$$= 103.9339$$

第二步,计算应计利息

$$a = 100 \times 5.5\%/2 \times 88/180$$
$$= 1.3444$$

第三步,计算净价

$$净价 = 103.9339 - 1.3444 = 102.5895$$

(三) 美国的大额可转让定期存单与单利证券

在美国,大额可转让定期存单(Negotiable Certificate of Deposit,简称 CD 存单)属于货币市场工具,偿还期一般短于 1 年。单利证券主要包括国库券和其他短期金融工具。这些金融工具按照实际/360 规则计算应计利息。由于 CD 存单是按照面值发行的,利息是单利计算的,因此,利息数额的计算公式为

$$利息 = 100 \times c \times D/360 \qquad (1-22)$$

其中,

c 为票面利率;

D 为发行日至偿还日的天数。

全价的计算公式为

$$P = \frac{100(1 + c/2)}{1 + y/2 \cdot D_1/D} \tag{1-23}$$

其中,

D_1 为交割日至偿还日的实际天数;

D 为发行日至偿还日的天数;

y 为投资者要求的收益率。

（四）美国国库券与贴现证券

国库券、商业票据、银行承兑汇票以及其他贴现证券的偿还期都短于 1 年,这与 CD 存单是一样的。不同的是,CD 存单是按照面值发行的,最后把利息与面值加在一起形成投资者的期末现金流量。而贴现证券是折价发行,投资者最终获得折现证券的面值。

因为是贴现债券,所以贴现率就是一个计算贴现证券价格的重要参数。贴现率也是贴现证券价格的表示方式。在美国,贴现率按照实际/360 规则来计算。贴现证券价格为

$$P = 100\left(1 - r_d \frac{D_1}{360}\right) \tag{1-24}$$

其中,

r_d 为贴现率;

D_1 为交割日至偿还日的实际天数。

例 1-18 一张国库券于 2019 年 12 月 31 日到期,贴现率为 2.86%,交割日为 2019 年 9 月 17 日,请计算该国库券的价格。

解答：

$$P = 100\left(1 - r_d \frac{D_1}{360}\right)$$
$$= 100\left(1 - \frac{2.86\% \times 105}{360}\right)$$
$$= 99.17$$

第五节 国外固定收益证券种类

固定收益证券是一个大家族,其中主要有财政债券、政府机构债券、市政债券、公司债券、资产支持证券、国际债券等。

美国有全世界最发达的债券市场,体量庞大,种类繁多,2018 年债券市场余额超过 40 万亿美元。

本章先主要介绍美国债券市场的种类,然后介绍中国债券市场的创新情况。

一、美国财政债券

美国财政债券是美国财政部发行的,是以美国政府的信誉做支撑的,因此没有违约风险。

财政债券从利息支付方式来划分,可以分为贴现债券和附息债券两种。而附息债券

又可以分为固定利率债券和浮动利率债券两种。

美国国库券属于贴现债券，没有利息，到期按面值偿还。贴现债券本质上就是零息债券，投资者靠价格上升来获得投资收益。

美国国库券是按照固定间隔来发行的，国库券的偿还期分别为 91 天、182 天和 364 天。由于假期的缘故，偿还期会少 1 天或者多 1 天。习惯上，人们称这些国库券为 3 个月、6 个月和 1 年期国库券。除了按照规则来发行国库券，美国财政部也根据财政收支的情况，发行余缺调整性的债券。顾名思义，财政部之所以发行这些债券，是因为未来有一大笔财政支出，而那时税收收入无法满足需要。这种为了解决财政流动性需求的债券发行，美国人称之为现金管理券（Cash Management Bills）。这些债券的期限短的只有几天，长的可以到半年。

美国国库票和国库债都属于附息债券。国库票和国库债只是偿还期上有所不同。其中，国库票的期限是 1 年以上 10 年以下，而国库债的期限是 10 年以上。美国财政附息债券发行时的偿还期分别为 2 年、5 年、10 年和 30 年。

目前美国财政附息债券都不是可回购的，因此都属于纯粹债券。1984 年 11 月以前，美国 30 年期债券都是可回购债券，而自 1984 年 11 月起，新发行的财政债券的回购条款被取消了。现存的可回购的财政债券，在到期前的 5 年内可以回购。通常用两个重要日期来标示：第一回购日和偿还期。美国财政债券的回购价格是面值。

美国的国债都按照竞价的方式来确定发行价格，其中 3 个月和 6 个月的国债于每个星期一竞价发行，1 年期国债是在每月的第三周竞价发行，2 年期和 5 年期国债每个月都发行，10 年期国债每个季度进行竞价发行。

债券的承销商根据竞价的规则报出自己购买债券的数量和收益率，美国财政部根据竞价的规则确定债券发行的条件。首先，美国财政部要减去全部非竞争性投标人的认购数量，剩余的部分就是可以分配给竞争性投标人购买的数量。非竞争性投标人主要是小额投资者，即认购面值不超过 500 万美元的投资者，也包括非公开投标人，如美联储。其次，通过两种原则确定发行价格：一种是多价竞价原则，另一种是单价竞价原则。

在单价竞价原则下，所有投标人都按全部被接受的竞争性投标中的最高收益率（最低价），并按自己申请购买的数量购买证券，不管他们的实际出价是多少。在单价竞价原则下，投标者会更为积极一些，即申购价格倾向于更高，到期收益率更低，这样有利于政府降低融资成本。而在多价竞价原则下，最低收益率（最高价）的投标人按这一价格认购，然后次高价的投标人按照他的出价认购债券，以此类推，直至全部债券被认购为止。

1992 年以前，美国国债采取的是多价竞价原则。自 1992 年起，2 年期和 5 年期国债的发行开始采用单价竞价原则，其他期限国债的发行采用多价竞价原则。从 1998 年开始，美国国债全部实行单价竞价原则。

美国国债交易是通过柜台交易市场（Over-the-counter）来实现的。做市商们各自提出国债的买入价和卖出价，投资者很容易参与国债的买卖。美国国债交易市场几乎是 24 小时交易市场，三个主要交易地点是纽约、伦敦和东京。国债的清算日为交易日的第二天。

刚刚发行的国债被称为 On-the-run Issue，或者 Current Issue；而早前发行的债券被称为 Off-the-run Issue。之所以这样区分，是因为同样期限的债券，On-the-run Issue 更为活跃，流动性更好，因此到期收益率会略低一些。因此，由 On-the-run Issue 衍生出来的零息债券的到期收益率曲线就成为基准到期收益率曲线。

美国财政部于 1997 年 1 月开始发行一种抵御通货膨胀的债券（Treasury Inflation Protection Securities，TIPS）。该债券的票面利率被称为真实利率（Real Rate），通货膨胀率的计算标准是城市消费物价指数（CPI-U）。由于票面利率是真实利率，因此必须根据物价变动状况调整名义票面利率。

例 1-19 票面利率为 4%，前半年 CPI-U 为 3%，后半年为 4.2%，面值为 10 000 元。那么，半年后本金为 10 000(1+1.5%) = 10 150 元，利息为 10 150×2% = 203 元。1 年后本金为 10 150(1+2.1%) = 10 363.15 元，利息为 10 363.15×2% = 207.263 元。

美国在 1997 年 1 月发行一种 TIPS，票面利率为 3.375%，期限为 10 年。1997 年 1 月 1 日的参考消费物价指数（CPI）是 1996 年 10 月的 CPI-U 158.3，1997 年 2 月 1 日的参考 CPI 是 1996 年 11 月的 CPI-U 158.6。根据线性插值，1997 年 1 月 15 日的参考 CPI 为 158.43548，即

$$158.3+(158.6-158.3)\times 14/31 = 158.43548$$

同理，可以计算出任何一个付息日的参考 CPI，并可以计算通货膨胀系数。

如果某一个债券的面值为 1 000 元，期限为 5 年，票面利率为 5%，1 年支付 1 次利息，物价指数如表 1-3 所示，那么我们可以计算出该债券的每期利息和最后偿还的本金。

表 1-3 物价指数与 TIPS 的本金和利息

期间	参考 CPI	通货膨胀系数	调整后本金（元）	利息（元）	本金偿还（元）
0	160		1 000.00		
1	161	1.00625	1 006.25	50.0000	
2	162	1.01250	1 012.50	50.3125	
3	164	1.02500	1 025.00	50.6250	
4	166	1.03750	1 037.50	51.2500	
5	168	1.05000	1 050.00	51.8750	1 050

TIPS 的税收待遇怎样呢？由于物价指数一般都是正的，因此本金是被调大了的，而票面利率没有发生变化，因此，利息额是增大的。但美国财政部是按照调整后的利息征税的，因此，对投资者降低了吸引力。

如果发生了通货紧缩又怎么办呢？是否把本金调下来呢？如果真的要调下来，那么这类债券就不会受欢迎。就像一般储蓄存款一样，在发生通货紧缩时，如果让存款人给银行利息，就是没有道理的。正因为如此，美国财政部发行的 TIPS 设置了一个条款，即债券的本金按照初始价值和调整后价值较大的那一个执行。

例 1-20 还是例 1-19 中的债券，但发生了通货紧缩，如表 1-4 所示。我们可以计算出该债券的每期利息和最后偿还的本金。

表 1-4 发生通货膨胀与通货紧缩情况下 TIPS 的本金和利息

期间	参考 CPI	通货膨胀系数	调整后本金(元)	利息(元)	本金偿还(元)
0	160		1 000.00		
1	161	1.00625	1 006.25	50.0000	
2	162	1.01250	1 012.50	50.3125	
3	162	1.01250	1 012.50	50.6250	
4	160	1.00000	1 000.00	50.6250	
5	158	0.98750	987.50	50.0000	1 000

二、政府机构债券

政府机构债券可以划分为政府资助企业债券和联邦政府机构债券。政府资助企业债券,是为降低某些行业在资本市场上的融资成本而由美国国会创立的企业所发行的债券。这些企业尽管是私人所有的,但受到政府政策的优待。

在美国共有八家公司发行债券可以得到联邦政府的信用支持。这些公司主要是为了给农业、居民住房和学生学习等提供贷款支持。主要有两类:一类是联邦关联机构,其债券得到联邦政府的全额保证。联邦关联机构包括政府国民住房抵押贷款协会、田纳西水利机构、民营出口融资公司。另一类是政府资助的企业,包括联邦国民住房抵押贷款协会、联邦住房贷款银行公司、学生贷款营销协会、联邦住房贷款银行系统、联邦农场信贷银行系统。

政府资助的企业发行的债券得到政府信用的某种支持,其中联邦农场信贷银行系统发行的债券得到的是联邦政府的全额保证,其他机构发行的债券则不是,因此,这些机构发行的债券存在着一定的信用风险。

政府机构债券主要有两类:一类是信用债券(Debentures),包括各种期限的;另一类是住房抵押贷款支持证券。关于住房抵押贷款支持证券,本书在第九章阐述资产证券化时将重点阐述。

三、市政债券

市政债券(Municipal Securities)是地方政府为了筹措建设资金而发行的债券。市政债券通常享有税收优惠,这类债券可以免缴联邦所得税,也叫"免税债券"(Tax-exempt Securities)。具体而言,免税债券免掉的是利息税,而不是资本利得税。资本利得照样缴税。州所得税和地方所得税是否免缴,则依照美国各州的法律。少量的市政债券也没有税收优惠,不过在美国,绝大部分的市政债券都是免税的。市政债券的交易是通过柜台交易市场来完成的。市政债券有信用风险,不同市政债券的信用风险不同。

美国市政债券包括四类:税收支持债券、收益债券、特殊债券、市政衍生债券。

(一)税收支持债券

税收支持债券是美国的各州、县、市、镇等地方政府和校区等发行的,用发行人的某种税收和其他收入作为偿还保证的债券。这类债券包括以下三类：

1. 一般义务债券

一般义务债券是税收支持债券中最主要的种类。又可以划分为两类：一类是无限义务债券，由发行人的全部资信，即其无限的税收能力来保证。税收收入包括企业所得税、个人所得税、销售税、财产税等。另一类是有限义务债券，因为对这类债券本息偿还来源的税收，有法定税率的限制。有些一般义务债券的偿还来源，除了税收收入，还包括其他收入来源，如各种费用征集、赠予等。

2. 拨款支持债券

这类债券在发行时，规定在本息偿还来源不足时，可以动用政府的拨款。不过，是否拨款取决于立法机构能否批准。"可以"拨款而不是"一定"拨款，因此，拨款只是道义上的，而不是法定义务。设置这一条款的目的是提升发行人的信用水平，但投资者必须了解，能否实现拨款，却只依赖于政府的尽力而为。

3. 政府担保的市政债券

由于拨款支持债券的信用仅仅依赖政府的努力，因此投资者自然担心该债券的信用。为了增强市政债券的信用，可以采取由州或者联邦机构担保的方法。这种担保是有法律约束力的。由州政府来担保可以采取许多形式，其中一种是授予州长在债券偿还发生困难时可以动用援助基金的权力。在美国，市政债券中有一些属于学校发行的债券，为了提升这些债券的资信水平，设置政府担保条款是必要的。如果学校无力偿还债务，法律要求州长或者州财政长官动用援助基金。

（二）收益债券

收益债券是为了某一特定工程或事业而发行的，并以该项工程或事业的收益作为偿还保证的债券。收益债券可以根据融资类型来划分成不同的种类，包括公用设施收益债券、交通收益债券、住房收益债券、高等教育收益债券、医疗收益债券、体育设施收益债券、会议中心收益债券、港口收益债券等。

收益债券的资信主要依赖于项目本身的现金收入状况。

（三）特殊债券

特殊债券主要包括被保险债券和被保障债券。

被保险债券是指债券的偿还保障，除了来自发行人的收入能力，还来自保险公司的保险。保险公司通过提供偿还保险提升了市政债券的信用水平。如果发行人的收入不足以满足债券的本息偿还，保险公司就要履行职责，替发行人补足。而且一旦保险，保险期就要自动延长至债券的整个期限，保险公司不能中间退保。

被保障债券的含义是，无论是税收支持债券，还是收益债券，如果发行人手里有了美国国债或者其他债券，而且国债产生的现金流入刚好满足市政债券的现金流出，那么，就相当于市政债券提前找到了还款来源，因此这类债券也被称为提前找到了钱的债券（Pre-refunded Municipal Bond），本书称之为被保障债券。

例如，一个市政债券在发行时的期限为 20 年，属于收益债券。在 5 年后，发行人手里有了美国国债的组合，该组合刚好与收益债券未来 15 年的现金流出相吻合。这样，发行人把这些国债交由投资者信任的机构保管,那么原来的收益债券就不再是收益债券,而变成了被保障的债券,这相当于一种质押债券。不同的是,质押的数量刚好与自己的现金支付义务相等。

受保障的市政债券的风险是极低的。如果是由美国国债来保障,那就没有风险。

(四) 市政衍生债券

市政衍生债券是分割市政债券的现金流量而形成的。被分割的市政债券可以是新发行的,也可以是过去发行的。现金流量分割后会形成多种层次的债券,这些债券的到期收益率会有很大的差别,而价格风险状况也存在很大的不同。

市政衍生证券的一个例子是市政剥离债券,这种债券类似于国债的剥离债券。剥离之后的结果是,产生了各种期限的零息债券,适应了投资者对零息债券的需求。

四、公司债券

(一) 公司债券的种类与特征

公司债券有广义和狭义之分。广义公司债券包括各类公司发行的债券,而狭义的公司债券则单指上市公司发行的债券。

公司债券根据其发行人的不同可以划分为四个类别:公用事业债券、交通通信债券、产业公司债券、金融机构债券。当然,在这些类别的下面还可以细化。本质上,金融债券是金融机构发行的,而金融机构也是公司组织,因此金融债券也属于公司债券。

公司债券的特征是比较简单的,就是保证按规定的时间和条件向债券持有人支付利息和偿还本金的凭证。债券上载有发行单位、面额、利率、利息支付方式、偿还期等内容。如果债券的发行人到期不能支付利息或偿还本金,那么就会构成法律上的违约,投资者可以依据法律的裁决获得利益的补偿。债券持有人的权益要先于优先股和普通股股东的权益。

(二) 发行公司债券的利弊

发行公司债券对发行人而言,有以下优势:

第一,成本稳定。债务资本成本事先约定,到期之前一般不会变动,因此对公司的影响是固定的。只要公司能有效经营,使盈利率超过债务资本成本,就可获得较多的财务杠杆收益。若考虑税收抵冲作用,对公司更为有利。

第二,不分散投票权。债务资本的使用,使股东对公司保持更大的资本控制权,不必担心因资本增加导致表决权被稀释。

第三,资本结构较灵活。借款可长可短。一般中长期债务除可根据每期发行时的市场收益率相应调整外,还可附加提前收回条款。

第四,从选择权的角度来说,债务是股东取得的一项向债权人卖出期权。若公司价值高于负债总额,则公司到期偿还债务;若公司价值急剧下降,则普通股东具有拖欠债务而将公司资产转交给债权人的选择权。因此,不论公司价值是升还是降,股东都处于有利地位。

当然，发行公司债券也有不足之处：

第一，债务超过一定规模后，资本成本整体上升，加大了经营风险和财务风险，导致公司破产和最后的清理。

第二，债务通常需要财产担保，而且债权人须提出限制性条款，约束公司的经营，降低其进一步融资的灵活性。这可能降低公司实现每股利益最大化的能力。

债务在付息和还款期内，预期投资项目盈利率下降，或者市场资本融资利率下调，以及通货膨胀率低于预期水平，都将使公司该笔债务的筹集成本偏高，影响公司价值。

（三）公司债券的期限

绝大部分的公司债券都是定期债券。在美国，债券的种类因偿还期的不同而划分为商业票据（Commercial Paper）、中期票据（Medium-term Note）和长期债券（Bond）三种。

1. 商业票据

商业票据属于无保证的期票，通常的期限为 270 天以下，最普通的商业票据的期限在 50 天以下。期限之所以是 270 天以下，主要原因在于美国的法律。根据美国 1933 年颁布的《证券法》，证券应该在美国证券交易委员会注册，而商业票据的偿还期只要少于 270 天，就可以免于注册。

由于商业票据的偿还期很短，因此偿还资金主要来自再次发行商业票据。投资者购买商业票据的一个重要风险就是发行人无法成功地再次发行商业票据。为了规避这种风险，投资者通常要求发行人有银行信贷的额外支持。

商业票据的流动性很差，投资者通常是持有商业票据至偿还期，主要的理由是投资者可以根据自己的情况与发行人达成偿还期的一致，也就是说，投资者希望偿还期多长，发行人就发行多长期限的商业票据。

商业票据可以由发行人自己来发行，这类票据又称为直接票据（Direct Paper）。由于发行商业票据的很多公司是大的金融公司，这些公司本身有很完善的市场网络和很强的销售能力，因此它们自己发行商业票据可以节省销售费用。

商业票据也可以通过中介机构代理发行，这类票据又称为做市商票据（Dealer Paper）。

与其他公司债券一样，美国著名的资信评定机构也对商业票据进行级别评定。具体情况如表 1-5 所示。

表 1-5 商业票据的信用级别

类 别	穆 迪	标准普尔
投资级别	P1	A-1+
		A-1
	P2	A-2
	P3	A-3
非投资级别	NP（Not Prime）	B
		C
违约		D

资料来源：Mitchell A. Post, "The Evolution of the U.S. Commercial Paper Market Since 1980", *Federal Reserve Bulletin*, Dec. 1992, p.882。

2. 中期票据

中期票据最重要的特点是,发行人通过其代理商连续不断地向投资者出售。投资者可以选择如下偿还期:9个月至1年,1年至18个月,18个月至2年,一直到30年。尽管字面上叫中期票据,但实际上,期限横跨短期、中期和长期。传统上,票据或者中期票据的期限是指1年至10年,但目前中期票据已经不是这样的期限。例如,1993年7月,迪士尼公司发行的中期票据的期限长达100年。

中期票据的发行人有很大的灵活性来设计票据,以满足自己的需求。利率可以是固定利率,也可以是浮动利率;支付利息的货币可以是美元,可以是欧元,也可以是其他货币。

3. 长期债券

长期债券在期限、利率、回购条款等方面有很多的划分,这在本章前面已经做过介绍。

(四)公司债券的偿还保证

债券还本付息的可靠性是债券发行的关键,而债券有无保证则是影响债券信用度高低的一个重要因素。无保证债券也称为信用债券,是指不提供任何形式的保证,仅凭发行人的信用而发行的债券。有保证债券是指以抵押、质押或担保等形式作为条件而发行的债券。因保证形式的不同,有保证债券可以分为抵押债券、质押债券和担保债券。

无保证债券的发行人应该有很高的资信水平。因此,一些信誉好的大公司发行的债券是无保证债券。在国外,银行等金融机构发行的金融债券也大多是无保证债券。在美国和日本,金融债券被称为附属债券(Subordinated Debenture)。本质上,附属债券也是有偿还保证的,只是没有具体的资产作为保证罢了。通常情况下,附属债券的偿还保证是发行人未作为抵押或质押保证物的全部资产。

抵押债券是债券发行人用土地、房屋、设备等不动产作为抵押保证物而发行的债券。如果债券发行人到期不能偿还债券的本息,那么,债券投资者可以通过抵押品受托人处置抵押品,以补偿自己的权益。

质押债券与抵押债券相似,只是保证品不同。当债券发行人没有真实资产用于偿还保证,但持有其他公司发行的证券,或者该发行人是某家公司的控股公司时,为了保证债券的偿还,发行人可以用自己所拥有的一切债权或股权做质押。当然,质押品也要交给由债券投资者认可的第三者来托管。

担保债券是由另一家实体作保而发行的。担保债券的信用风险既依赖于发行人的财务状况,也依赖于保证者的财务状况。

有保证,确实能够提升公司债券的信用级别,从而吸引投资者,但对于信用级别很高的公司,过分强调保证也会产生诸多问题,从而影响债券市场的发展。在国际上,无保证债券所占的比重越来越大。第一,对于一家资信优良的公司而言,有没有偿还保证不会影响它的信用水平,而强迫它寻找保证方式,会提高债券的发行成本,不利于公司在债券市场上的融资。第二,有些公司很难找到合适的抵押品或质押品,例如,一家贸易公司的资产就不适合充当抵押品或质押品。

（五）金融债券

国外金融机构发行的金融债券是为了弥补资金来源的不足，主要是用于中长期贷款。

在美国，金融债券的发行人大多是商业银行和财务公司。商业银行和财务公司发行的债券一般由证券公司承销。证券公司的资金除了自有资金，主要来自银行的短期贷款、证券回购协议贷款等，同时证券公司也少量发行金融债券。而证券公司发行的金融债券有长期的，也有短期的，并且通常由自己承销，或者由以自己为主承销商的银团承销。

五、资产支持证券

资产支持证券在狭义上是指，以不包括住房贷款的其他资产为依托而发行的证券。这些资产包括消费贷款、商业贷款、各类应收账款、信用卡余额等。资产证券化是固定收益证券市场中非常重要的创新。

一个简单而又直接的问题是，公司为什么不向银行借款，或者发行公司债券，而是把资产证券化呢？其中的原因有：

首先，对于低信用级别的公司而言，由于负债率很高，申请银行贷款的路很难走得通。

其次，由于公司的信用级别低，也许根本没有办法在市场上发行债券，或者发行债券的代价太高。例如，某公司的信用级别是 BB，如果发行公司债券，债券的信用级别假如也是 BB，那么发行债券也许办不到。有些国家可以发行高收益债券，也就是低信用级别的债券，但债券的到期收益率要在相同期限国债的到期收益率之上加上很高的违约风险溢价。不仅如此，还要加上流动性风险溢价等。这样，公司筹措资金的成本就会很高。但如果以公司的某项资产为依托，把资产生成的现金流证券化，那么就不是公司的信用高低在起作用，而是现金流的稳定与否决定了资产支持证券的级别。如果资产的现金流稳定，由这一现金流支撑的证券的信用级别就高，因此融资成本就低。这样一来，原来不可能筹措到资金，现在则可能了；原来筹措资金的成本高，现在成本下降了。

最后，由于证券的流动性要比一般资产的流动性强得多（因为存在着证券的交易市场），因此，流动性风险的降低，也使得证券的到期收益率下降，而这又进一步降低了融资成本。

由于资产证券化后，证券的级别可以脱离原公司的级别，因此，就必须割断公司与被证券化资产之间的联系。具体而言，需要设立一个专门的机构单独负责证券化资产的现金流。这一专门的机构就是为资产证券化而特设的，因此也被称为特殊目的载体（Special Purpose Vehicle, SPV）。由于这一特设机构没有实际的经营，而资产的现金流应该完全属于证券投资者，因此这一特设机构就不应该有税收负担。

又由于资产的现金流应该完全属于证券投资者，因此，这一资产就不能被公司用于抵押或质押。也就是说，一旦公司破产，被证券化了的资产不能被其他债权人追索。这一资产完全属于证券投资者。正因为如此，这一特设机构是不能破产的，或者被称为"破产隔离"。

由于证券化需要先解决现金流的稳定性，也就是证券的信用级别问题，因此，如何提升信用水平就成为资产证券化的一个重要问题。提升信用水平有两类方法：一类是外部信用提升，另一类是内部信用提升。

外部信用提升的途径主要有：① 公司担保；② 银行信用证支持；③ 债券保险。外部信用提升的效果依赖于两个因素：一是保证程度的高低，即担保或保险的额度有多大。全额保险或者全额担保的保证程度，要高于部分保险或部分担保。二是保证人或者保险人的信用水平。一般情况下，外部信用提升会给投资者带来事件风险，即保证人的信用级别下降，会直接导致资产支持证券的信用级别下降。

内部信用提升主要包括以下途径：① 设立准备基金；② 超额抵押；③ 设置高低两个或多个层次等。

六、国际债券

国际债券的含义是指在国际债券市场上发行与交易的债券。国际债券主要分为三个类别：外国债券、欧洲债券、全球债券。

（一）外国债券

外国债券是指一个国家在另一个国家发行并交易的债券。如中国在美国发行债券，且该债券在美国债券市场中交易，那么中国发行的这一债券就是外国债券。在债券市场中，有几个关于外国债券的诨号。其中，在美国发行并交易的外国债券叫扬基债券（Yankee Bonds），在日本发行并交易的外国债券叫武士债券（Samurai Bonds），在英国发行并交易的外国债券叫猛犬债券（Bulldog Bonds）。

一个国家对外国在本国发行外国债券都会有所规定。这些规定一般包括：

(1) 对债券类别的规定，如无保证债券、零息债券、可转换债券等；
(2) 对发行规模上下限的规定；
(3) 对一个发行人发行频率的限制；
(4) 为避免债券市场暂时供给过度，需要对发行人设置等待时间；
(5) 债券级别或者发行人级别的限制；
(6) 信息披露与定期报告；
(7) 对承销商的限制。

外国债券的发行人主要是外国政府和外国公司，也包括一些国际金融机构。外国债券的计价可以是发行国的货币，可以是交易市场所在国的货币，也可以是第三国的货币。

（二）欧洲债券

欧洲债券有自己特殊的含义，具体而言，包括以下几个特征：

(1) 由国际辛迪加承销；
(2) 同时在多个国家发行；
(3) 债券发行不受任何一个国家司法的控制；
(4) 债券发行无须注册。

欧洲债券的发行不受任何一个国家司法的控制，是指如果按一国货币来计价并偿还本息，该国对债券的发行与交易不进行约束。但实际上，只有美国和加拿大两个国家对在美国和加拿大之外发行的以美元或加元发行的债券,不施加限制。其他国家对在欧洲发行以本国货币计价并偿还本息的债券都严格监控,但只能是金融当局通过汇率和资本流动等来施加影响。

尽管欧洲债券被说成是无须注册的债券,但实际上还是要在一些国家的股票交易所注册,主要是卢森堡、伦敦和苏黎世股票交易所。之所以在交易所上市,是因为要吸引机构投资者,因为在欧洲大部分的机构投资者不允许投资于非上市的证券。

欧洲债券按照计价货币,分为欧洲美元债券、欧洲日元债券等。

欧洲债券属于无保证债券,因此,发行人基本上都信誉卓著。

(三)全球债券

全球债券是指既在美国又在欧洲发行的债券。第一个全球债券是1989年9月由世界银行发行的10年期美元债券,发行数额为15亿美元。此后,花旗集团、美国的联邦住房贷款银行公司、联邦国民住房抵押贷款公司协会等也发行了全球债券。

全球债券的发行,需要发行人有很高的信用级别,同时发行人对资金有持续性的需求,而且需求量巨大。

(四)主权债券

主权债券(Sovereign Bond)是一国中央政府发行的债券,也称金边债券(Gilts)。在国际债券中,一国政府在其他国家发行债券有四种方式:① 规则的发行周期,多价竞价方式;② 规则的发行周期,单价竞价方式;③ 相机抉择的发行方式;④ 阀门机制。

相机抉择的发行方式(Ad Hoc Auction System)是指,一国政府并不规定一个规则的发行周期,而是当市场条件对自己有利时才宣布发行。英格兰银行发行英国政府债券就采取这种方式。

阀门机制(Tap System)是指,继续增加前次发行的债券,当然价格要通过竞价来决定。

前面介绍了美国国债的情况,其他国家主权债券市场的基本情况如表1-6所示。

表1-6 外国主权债券市场的基本情况

国家	特　　点
英国	国库券采用多价竞价 金边债券采用单价竞价,同时使用"阀门机制" 按年付息,实际/实际的计价与计息规则 柜台交易
日本	一部分由金融机构构成的辛迪加来承销,剩余部分通过竞价来发行 分为建设债券、赤字融资债券、再融资债券 附息债券分为2年期、5年期、10年期,其中10年期最为常见,贴现债券为5年期 主要在东京股票交易所交易,有些现货交易在柜台交易市场完成
德国	荷兰式竞价与固定分配给金融机构相结合 期限为10年的居多 最近发行的条件为主要参考 股票交易所与柜台交易

(续表)

国家	特 点
法国	荷兰式竞价 利息有半年和 1 年两种支付方式,实际/实际的计价与计息规则 期限为 1~30 年 巴黎股票交易所交易
加拿大	到期收益率竞价 期限为 2~25 年 利息有半年与 1 年两种支付方式,实际/365 的计价与计息规则 柜台交易

资料来源:Suresh M. Sundaresan, *Fixed Income Markets and Their Derivatives*, South-Western College Publishing, 1997, p.21。

第六节 中国债券市场结构与创新

一、中国债券市场发行主体结构的演进

我国债券市场的发展与改革开放的大局是同步的,债券发行主体逐渐增多,债券品种也日渐丰富。

1981 年我国恢复国债的发行,一直到 1992 年我国的债券市场几乎是清一色的国债。1992 年以后政策性金融债券和中央企业的企业债券开始发行。1993 年我国的中央银行——中国人民银行发行了融资券,且在 2002 年演变成央行票据,成为央行调控基础货币的政策工具。2004 年以后,银行以及非银行金融机构被允许发行金融债券。2005 年住房抵押贷款支持证券开始发行,但不巧赶上了美国次贷危机,住房贷款证券化被搁置。2007 年以后,上市公司被允许发行公司债券,中小企业集合债券、私募债券也陆续被推出;一年之后,企业被允许发行中期票据和短期融资券。2009 年以后,地方政府债券被允许发行,且由于有必要置换地方政府所欠银行贷款,地方政府债券在 2015 年以后快速增长。2013 年同业存单作为商业银行的融资工具被推向市场,且规模迅速膨胀。为了鼓励创新创业,我国于 2015 年推出双创债券;为了鼓励环境保护,企业债券中限制条件相对宽松的绿色债券于 2016 年被推出;为了实现精准扶贫,我国于 2017 年推出扶贫债券;为了缓解部分上市公司和众多民营企业的困境,2018 年推出了纾困债券。无论是双创债券、绿色债券、扶贫债券,还是纾困债券,本质上都属于企业信用债券。

我国债券发行主体结构的演变见表 1-7。

表 1-7 我国债务发行主体结构的演变

年份	政府信用债券	金融债券	企业信用债券
1981	国债		
1984			企业债券
1992			城投债

（续表）

年份	政府信用债券	金融债券	企业信用债券
1996	贴现国债		
1997		政策性金融债券	
2001		非银行金融债券	
2002	央行票据		
2003			中小企业集合债券
2004	凭证式国债（电子记账）	商业银行次级债券	
2005		券商短期融资券 熊猫债券	短期融资券；信贷资产支持证券；券商资产支持证券
2006	储蓄国债		可转换债券
2007			公司债券
2008			可交换债券，中期票据
2009	地方政府债券		中小企业集合票据
2010	政府支持机构债		企业资产支持票据
2011		商业银行普通债券	非公开定向债务融资工具
2012			中小企业私募债券
2013		同业存单	可续期债券
2014		证券公司短期公司债券，保险公司次级债券，"三农"专项金融债券	永续中期票据；项目收益债券，项目收益票据
2015	定向承销地方政府债券	专项金融债券	
2016		绿色金融债券，扶贫专项金融债券	绿色企业债券；绿色资产支持证券；"双创"公司债券
2017			信用联结票据；债转股专项债券
2018			企业纾困债券

资料来源："中国债券市场概览2016"，中国债券信息网；中国国债登记结算有限责任公司；2017年和2018年的资料来自相关网站。

截至2018年年底，我国债券市场中的主要品种包括以下类别：

（一）政府债券

政府债券包括国债和地方政府债券。我国国债的种类包括储蓄国债和记账式国债两种，前者针对社会公众，后者主要针对机构投资者。储蓄国债包括凭证式和电子式两种形式。储蓄国债的流动性较差，而记账式国债流动性好，可以在银行间市场和交易所市场买卖。2017年年底，我国贴现国债有91天、182天、273天三个品种，附息国债有

1年、3年、5年、7年、10年、15年、20年、30年、50年期等品种。

地方政府债券的发行主体是地方政府,分为一般债券和专项债券,可在银行间债券市场、交易所债券市场交易。一般债券有1年、2年、3年、5年、7年、10年、15年、20年期等品种,专项债券有1年、2年、3年、5年、7年、10年、15年、20年期等品种。

(二) 央行票据

央行票据的期限在2004年之前都是短期的,包含3个月、6个月和1年期三个品种,2004年增加了3年期央行票据品种。

(三) 政府支持机构债券

我国的政府支持机构债券包括铁道债券和中央汇金债券。铁道债券的发行主体为中国铁路总公司(前身为铁道部),由发改委核准发行;中央汇金债券的发行主体为中央汇金投资有限责任公司,经央行批准发行。

(四) 金融债券

金融债券包括政策性金融债券、商业银行债券、非银行金融债券。政策性金融债券的发行主体为国家开发银行、中国进出口银行、中国农业发展银行。

商业银行债券的发行主体为境内设立的商业银行法人,分为一般金融债券、小微企业贷款专项债券、"三农"专项金融债券、次级债券、二级资本工具等品种。

非银行金融债券的发行主体为境内设立的非银行金融机构法人,包括财务公司债券、金融租赁公司债券、证券公司债券、保险公司金融债券和保险公司次级定期债务。

各类金融债券的管理主体是中国人民银行和各行业监管机构(银保监会、证监会)。其中商业银行发行金融债券的条件为:具有良好的公司治理,核心资本不低于5%,最近三年连续盈利,贷款损失计提充足,风险管理指标符合监管机构的相关规定,最近三年没有重大违法违规行为等。

2015年之前,各类金融债券的流通需得到中国人民银行的流通审批,2015年取消了该项流通审批。

(五) 企业信用债券

我国的企业信用债券包括以下多个类别:企业债券、中小企业集合债券、公司债券、可转换公司债券、中小企业私募债券。

1. 企业债券

企业债券的发行主体为企业,经发改委核准,在银行间及交易所债券市场交易。企业债券有许多变种,包括中小企业集合债券、项目收益债券、可续期债券等。中小企业集合债券由牵头人组织,发债主体为多个中小企业所构成的集合。发行企业各自确定发行额度分别负债,使用统一的债券名称,统收统付。期限一般为3~5年。项目收益债券的发行主体为项目实施主体或其实际控制人,债券募集资金用于特定项目的投资与建设,本息偿还资金完全或主要来源于项目建成后的运营收益。可续期债券的发行主体为非金融企业,在银行间债券市场发行。无固定期限,嵌入发行人续期选择权,内含发行人赎回权,具有混合资本属性。

2. 中小企业集合债券

中小企业集合债券的发行主体为非金融企业,面向银行间债券市场发行,在银行间债券市场交易,其中,短期融资券期限在 1 年以内,超短期融资券期限为 270 天以内,中期票据期限在 1 年以上,其中的永续中期票据无固定期限,内含发行人赎回权。

中小企业集合票据的发行主体为 2～10 个具有法人资格的中小非金融企业,以统一产品设计、统一券种冠名、统一信用增进、统一发行注册方式共同发行。

非公开定向债务融资工具采用非公开方式发行,面向银行间债券市场特定机构投资人发行,只在特定机构投资人范围内流通转让。

资产支持票据由企业基础资产产生的现金流作为还款支持。

项目收益票据的发行主体为非金融企业,在银行间债券市场发行,募集资金用于项目建设且以项目产生的经营性现金流为主要偿债来源。

3. 公司债券

公司债券的发行主体为上市公司或非上市公众公司,经证监会核准,在交易所债券市场公开或非公开发行,在证券交易所上市交易或在全国中小企业股份转让系统转让。

4. 可转换公司债券

可转换公司债券的发行主体为境内的上市公司,在一定期限内(不得早于自发行之日起 6 个月)依据约定条件可以转换成股份,期限为 3～5 年。可转换公司债券在交易所债券市场发行、交易,在中国证券登记结算有限责任公司登记托管。其中,可分离债券是认股权和债券分离交易的可转换公司债券,期限最短为 1 年。

5. 中小企业私募债券

中小企业私募债券的发行主体为境内中小微型企业,面向交易所债券市场合格投资者非公开发行,只在合格投资者范围内转让。

(六) 资产支持证券

资产支持证券包括信贷资产支持证券、企业资产支持证券两种。信贷资产支持证券主要在银行间债券市场发行和交易,也可跨市场发行和交易。企业资产支持证券的发行主体为券商,以券商集合理财计划形式出现,基础资产为信贷资产以外的其他资产、收费权等。企业资产支持证券在交易所市场发行和交易。

(七) 熊猫债券

熊猫债券是境外机构在中国境内发行的人民币债券,目前发行人主要是国际开发机构和境外银行。熊猫债券在银行间债券市场发行、交易。

(八) 同业存单

同业存单是存款类金融机构法人在银行间市场上发行的记账式定期存款凭证,是货币市场工具。同业存单采用电子化方式通过外汇交易中心公开或定向发行,投资和交易主体为同业拆借市场成员、基金管理公司等。同业存单中的固定利率存单的期限包括 1 个月、3 个月、6 个月、9 个月和 1 年;浮动利率存单的期限包括 1 年、2 年和 3 年。

根据中国证券登记结算有限责任公司的数据,2018 年,我国债券发行市场中,规模最大的品种依次是公司债券、地方政府债券、国债、政策银行债券。本书没有考虑同业存单,因为同业存单属于短期融资工具,而且其规模迅速膨胀给金融领域带来许多问题,金融监管当局正在对其进行整治。2018年我国债券发行结构见图1-3。

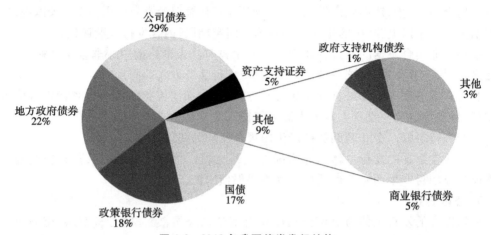

图1-3　2018年我国债券发行结构

注:公司债券数据来自中国人民银行,其中包括公司债券、企业债券、可转换债券等。

从余额来讲,2018年我国债券市场的余额为76万亿元,具体结构见图1-4。

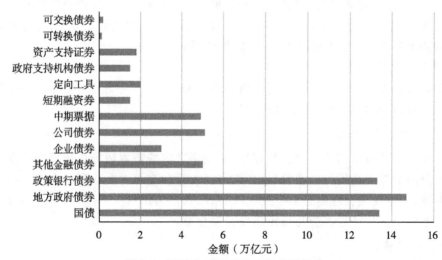

图1-4　2018年我国债券市场存量结构

我国债券市场的发展壮大、债券品种的不断推陈出新,与我国经济的日益壮大密不可分,也与债券的发行监管体制有很大的关系。我国有多个部委参与债券的发行管理,势力范围以及审批权力的竞争促使近年来我国债券品种创新不断提速,债券市场体量也在迅速扩张。债券多头监管也存在严重的问题,其中之一是我国难以建设一个高效的、有机的、统一的债券市场。

我国债券发行监管权力的分布见表1-8。

表 1-8　我国债券发行监管

监管机构	监管事项
人民银行	银行间债券市场；中央银行票据、金融债券、证券公司短期融资券、非金融企业债务融资工具、信贷资产支持证券、熊猫债券、同业存单等（其中，银行间市场非金融企业债务融资工具的发行注册由人民银行主管的交易商协会进行行业自律性监管）
财政部	国债、地方政府债券、熊猫债券
发改委	企业债券、熊猫债券、铁道债券
证监会	交易所市场、全国中小企业股份转让系统（新三板）；公司债券、证券公司短期融资券、可转换债券、可交换债券、企业资产支持证券、熊猫债券
银保监会	银行业机构发行的金融债券、信贷资产支持证券；保险公司次级定期债务、保险公司金融债券
外管局	熊猫债券

二、债券在基本特征方面的创新

债券除有面值之外，还有三个特征：期限、票面利率、内含期权。我国债券市场在后面这三个特征上有了非常显著的创新，这样我国债券市场的品种变得丰富多彩，满足了不同投资者对不同债券的需求，进而让融资者更容易获得融资，提升了我国债券市场在投融资方面的效率。

（一）在期限方面的创新

2005 年之前，我国债券市场基本上都是中长期债券。2005 年，我国发行了 3 个月期的短期国债，同年又颁布了《短期融资券管理办法》，允许企业在银行间市场发行 1 年以下的融资工具，无须担保，且可以滚动发行。

2008 年，我国在银行间市场推出了中期票据。中期票据更多地体现了中期的特征，期限基本上在 3 年至 5 年，有时也可长达 10 年。

2009 年，我国财政部发行了 50 年期的债券。

2010 年，我国推出了超短期融资券业务，允许企业发行 7 天、14 天、21 天，最长 270 天的融资券。超短期融资券的发行规模不受净资产 40% 的红线限制。

2013 年，我国允许发行永续债券。永续债券是指没有明确到期日的债券，与优先股一样，属于介于传统债券和股票之间的混合证券。永续债券按期支付利息，但没有明确到期日，不享有剩余财产分配权。作为对投资者不能收回本金的补偿，永续债券的利息通常是递升的，整体上会高于普通债券的利息，并且发行人一般会在债券发行一段时间后拥有赎回权，这也提高了债券被赎回的可能性。永续债券在满足一定条件时可计入发行人的权益，能够帮助发行人改善资产负债结构与财务指标。永续债券对于资本支出较大、负债率较高，但资产优良、资产使用期限很长的企业，特别是电力、交通运输、市政建设等行业的企业有重要意义。从投资者的角度看，永续债券具有期限长、票息相对较高等特点，对于保险、基金等偏好于长期投资的投资者有很强的吸引力。

(二) 在票面利率方面的创新

在我国的债券市场中,过去发行的债券基本上都是固定利率的,而且到期一次性还本付息。而现在纯正的附息债券非常普遍。付息频率有1年1次的,也有1年2次的。

2008年,国家开发银行发行了累进利率且嵌入投资者选择权的债券。

我国也有标准意义上的浮动利率债券,参考利率过去基本上都是1年期储蓄存款利率。2007年6月,国家开发银行发行以上海同业拆借利率(SHIBOR)为基准的5年期浮动利率金融债券。现在许多债券的浮动利率定价都以SHIBOR为基准。

在我国,浮动利率债券基本上都是利率基准前置。但2004年5月,第一只利率基准后置定价法债券由国家开发银行发行,期限为7年,半年付息1次,每个付息日前第5个工作日为债券票面利率的调整基准日。

2009年6月,汇丰银行(中国)在中国香港地区发行了首个10亿元规模的2年期人民币债券,这是外资银行首次发行人民币债券,也是金融机构首次在港发行挂钩SHIBOR的浮动利率人民币债券。

2017年11月,深圳能源集团发行的债券的票面利率,由固定利率加上浮动利率构成,固定利率根据市场询价结果,由发行人与主承销商按照国家有关规定协商一致,并在存续期限内保持不变,浮动利率与加权煤炭价格指数Q挂钩。这是中国指数联动债券的创新。指数联动债券,顾名思义,债券的利率与某些指数相关联。其中,被关联的指数包括股票价格指数、通货膨胀率、黄金价格指数、煤炭价格指数等。

(三) 在嵌入选择权方面的创新

我国在嵌入选择权方面的创新体现在两个方面:与股票相连,与债券相连。

1. 与股票相连选择权的债券创新

第一,可转换债券。我国第一只可转换债券是1992年由深圳宝安集团发行的。1995年,南玻可转换债券附带可回售条款。2001年,中国证监会颁布了《上市公司发行可转换债券实施办法》,从此可转换债券在我国实现较快发展。2006年,我国推出了分离交易的可转换债券。本质上,分离交易的可转换债券是债券融资与股票融资的混合品种,与普通可转换债券的区别在于债券与期权的分离交易。分离交易的可转换债券没有赎回条款,有利于发行公司通过业绩提升实现转股目标;分离交易的可转换债券也不设重设条款,避免了发行人不断修正转股价给投资者带来的损失。

第二,可交换债券。可交换债券的发行主体是上市公司股东,其把所持有的上市公司股票作为交换权利给予债券投资人。可交换债券的期限最短为1年,最长为6年。创新这一债券的动因是为了缓解"大小非"解禁给股票市场带来的冲击。"大小非"指的是股权分置改革前持有非流通股的大股东,一般来说,我们把持有非流通股数量超过5%的股东称为"大非",把持有非流通股数量小于5%的股东称为"小非"。随着股权分置改革的完成,"大小非"所持有的这些非流通股可以在二级市场上卖出,这就是"大小非"解禁。解禁推出瞬间有大量的股票解除流通限制,会给股票价格带来很大的冲击。

2. 与债券相连选择权的债券创新

我国第一只投资人有回卖选择权的债券是2001年由国家开发银行发行的。该债券的期限为 10 年,1 年支付 1 次利息,投资者可以选择在第 5 年付息后以面值回卖给发行人。

习题

一、思考题

1. 固定收益证券市场在金融市场中扮演什么角色?
2. 固定收益证券的种类为什么那么多? 创新的出发点在哪里?
3. 固定收益证券的风险主要体现在什么地方?
4. 中国债券市场的结构特征是什么?
5. 中国近些年的债券市场创新体现在哪里?
6. 债券的计价应该遵循什么样的原则?
7. 哪些因素会影响证券的流动性?
8. 债券的利息支付方式有哪几种?
9. 债券在期限方面的创新体现在哪些方面?
10. 债券在选择权方面的创新体现在什么地方?

二、计算题

1. 3 年后收到的 1 000 元,现在的价值是多少? 假设利率是 10%,在下列的情形之下:
   (1) 按年计算复利
   (2) 按半年计算复利
   (3) 按季度计算复利
   (4) 按月计算复利
   (5) 按天计算复利
   (6) 连续计算复利

2. 今天投资 1 000 元,8 年后肯定可以获得 2 000 元,请计算在下列情形下的年收益率:
   (1) 按年计算复利
   (2) 按半年计算复利
   (3) 按季度计算复利
   (4) 按月计算复利
   (5) 按天计算复利
   (6) 连续计算复利

3. 下列计息方式的利率,相当于连续计算复利方式下多高的利率?
   (1) 复利 4%,年计息
   (2) 复利 20%,年计息
   (3) 复利 20%,季计息
   (4) 复利 20%,月计息

4. 考虑以下三种借款利率：连续利率10%；年化单利利率10.10%，按月计算复利；年化单利利率10.2%，按半年计算复利。如果你打算借入资金一年，请问你选择哪种借款利率？

5. 考虑下列问题：

美国政府债券的票面利率为9.125%，2006年12月31日到期。2006年9月16日报价（2006年9月17日结算）：买入价101：23，卖出价101：25。问：这种债券相应买入和卖出的收益率是多少？

国库券在2006年12月31日到期，2006年9月17日结算的报价按照收益率方式给出，买入和卖出收益率分别为2.88%和2.86%。问：两种债券的报价中是否存在套利机会？（提示："买入"和"卖出"是从交易者的角度出发，投资者以"买入价"卖出，以"卖出价"买入。）

6. 某公司本打算发行固定利率为9%的债券，面值为5 000万元，但由于市场的变化，改成发行浮动利率和逆浮动利率两种债券，其中浮动利率债券的面值为3 000万元，逆浮动利率债券的面值为2 000万元，浮动利率债券的利率按照下面的公式确定：

$$1 \text{个月的 LIBOR} + 3\%$$

假定债券都是按照面值发行，请根据以上信息确定逆浮动利率债券的利率确定方法，并给出浮动利率债券与逆浮动利率债券的顶和底。

7. 一个债券的面值为5 000元，当前的价格为98.25元。请计算投资者购买该债券需支付的金额。

8. 假定一个浮动利率债券（半年支付1次利息）的利率确定日是每年的1月1日。利率的计算标准是LIBOR+1.25%。如果LIBOR是6.5%，请计算该债券半年支付的利率水平。

第二章

到期收益率与总收益分析

- 到期收益率
- 到期收益率曲线与折现方程
- 收益率溢价
- 持有收益率与总收益分析
- 再投资收益率风险

在债券分析中,到期收益率是一个很重要的指标。尽管该指标不能成为债券选择的标准,但作为价格指标,到期收益率有很多用途。由于收益率通常以年为单位,而债券利息不一定是按照年来支付的(有很多债券是按半年来支付利息的,住房抵押贷款支持证券等证券则是按月来支付利息的),因此,为了适应习惯,人们建立了约当收益率(Equivalent Yield)指标。为了能真正比较收益率的高低,人们又建立了年实际收益率(Effective Annual Yield)指标。

由各种无风险的零息债券到期收益率构成了一条非常重要的曲线——到期收益率曲线。有了到期收益率曲线,我们可以得到对应于每一个时点的折现因子,从而得到折现方程,那么,非含权无风险证券的定价问题就迎刃而解了。有了到期收益率曲线,我们也可以给不含权但有风险的债券定价,此时要考虑到违约风险溢价和流动性溢价等。到期收益率曲线对于含权证券定价也提供了重要的基准,那就是可以通过到期收益率曲线构建现代的利率期限结构,如二项式树图。现代利率期限结构可以用来给含权证券定价。

构建到期收益率曲线有许多方法,其中包括函数估计法、样条函数法、迭代法、统计方法等。

不同债券的到期收益率会有较大的差别,其中体现了违约风险、流动性风险、税收的不同待遇等。比较、分析甚至预测收益率溢价,对于固定收益证券投资有很大的作用。

在债券投资分析中,有一种朴实而重要的分析方法,叫总收益分析。意思是说,在投资期期末,投资者的总收入能够达到多少。这就需要对再投资收益率进行假设。由于不同债券的票面利率不一样,因此,债券总收益受再投资收益率的影响程度也不一样。

本章分为五节。第一节介绍到期收益率以及相关概念;第二节介绍到期收益率曲线与折现方程;第三节阐述收益率溢价;第四节介绍持有收益率与总收益分析;第五节分析再投资收益率风险。

第一节 到期收益率

一、到期收益率的概念

(一) 一般债券的到期收益率

到期收益率是固定收益证券投资的一个重要价格指标,它是假定投资者持有证券一直到偿还期期末的收益率。

对于一般固定收益证券而言,如果利息是1年支付1次,那么到期收益率这样计算:

$$P_0 = \sum_{t=1}^{n} \frac{C}{(1+y)^t} + \frac{F}{(1+y)^n} \tag{2-1}$$

其中,

y 为到期收益率;

C 为一年所获得的利息；

P_0 为当期价格；

F 为固定收益证券的期末偿还价格；

n 表示偿还期。

例 2-1 一个债券的期限为 5 年，票面利率为 5%，面值为 100 元，1 年支付 1 次利息，目前的价格为 95.7876 元。求该债券的到期收益率。

$$95.7876 = \sum_{t=1}^{5} \frac{100 \times 5\%}{(1+y)^t} + \frac{100}{(1+y)^5}$$

$$y = 6\%$$

实际上，只要我们知道一个证券每年的现金流量和在时点 0 的价格，我们就能计算出它的到期收益率。

例 2-2 有一个金融工具，当前的价格为 7 704 元。该证券有以下年收益：

时间点	承诺年收益
1	2 000 元
2	2 000 元
3	2 500 元
4	4 000 元

如果利息是 1 年支付 1 次，那么到期收益率的计算如下：

$$7\ 704 = \frac{2\ 000}{(1+y)} + \frac{2\ 000}{(1+y)^2} + \frac{2\ 500}{(1+y)^3} + \frac{4\ 000}{(1+y)^4}$$

$$y = 12\%$$

（二）约当收益率

如果债券不是 1 年支付 1 次利息，而是更为普遍的 1 年支付 2 次利息，那么到期收益率的计算公式为

$$P_0 = \sum_{t=1}^{n} \frac{C}{(1+y/2)^t} + \frac{F}{(1+y/2)^n} \tag{2-2}$$

其中，

y 为到期收益率；

C 为半年所获得的利息；

t 为付息日距时点 0 的时间间隔（多少个半年）；

P_0 为当期价格；

F 为固定收益证券的期末偿还价格；

n 表示到期日距时点 0 有多少个半年。

此时得到的到期收益率 y，属于约当收益率。很明显，约当收益率是按照单利方法计算出来的年收益率。

例 2-3 一个债券的期限为 5 年，票面利率为 5%，面值为 100 元，1 年支付 2 次利息，目前的价格为 104.4913 元。求该债券的到期收益率。

$$104.4913 = \sum_{t=1}^{10} \frac{100 \times 2.5\%}{(1+y/2)^t} + \frac{100}{(1+y/2)^{10}}$$

$$y/2 = 2\%$$

$$y = 4\%$$

约当收益率是债券价格最普通的表示方式。如果约当收益率为 4%，那么在半年付息 1 次的情况下，半年到期收益率就是 2%。如果约当收益率为 6%，在按月付息的情况下，月到期收益率就是 0.5%。

（三）年实际收益率

年实际收益率是指考虑到各种复利的情况下，债券 1 年的收益率。如果半年的收益率为 2%，那么 1 年的实际收益率是多少呢？应该是 4.04%，即

$$(1+2\%)^2 - 1 = 4.04\%$$

如果月收益率为 1%，那么年约当收益率是多少？年实际收益率又是多少呢？
年约当收益率为 12%，即

$$1\% \times 12 = 12\%$$

年实际收益率为 12.6825%，即

$$(1+1\%)^{12} - 1 = 12.6825\%$$

（四）零息债券的到期收益率

零息债券的到期收益率很容易计算。
如果 1 年支付 1 次利息，那么零息债券到期收益率的计算公式为

$$P_0 = \frac{F}{(1+y)^n} \tag{2-3}$$

其中，
y 为到期收益率；
P_0 为当期价格；
F 为期末偿还价格；
n 表示偿还期。

如果 1 年支付 2 次利息，那么零息债券到期收益率的计算公式为

$$P_0 = \frac{F}{(1+y/2)^n} \tag{2-4}$$

其中，
y 为约当到期收益率；
P_0 为当期价格；
F 为期末偿还价格；
n 表示偿还期共包括多少个半年。
此时，债券年实际收益率为 $(1+y/2)^2 - 1$。
如果 1 个月支付 1 次利息，那么零息债券到期收益率的计算公式为

$$P_0 = \frac{F}{(1+y/12)^n} \tag{2-5}$$

其中,

y 为约当到期收益率;

P_0 为当期价格;

F 为期末偿还价格;

n 表示偿还期包括多少个月。

(五) 至第一回购日的到期收益率

有些可回购债券,计算到期收益率的意义通常不大,因为该债券有很大的机会被回购,因此投资者不可能持有至偿还期。对于这类债券,计算至第一回购日的收益率会显得更有意义。至第一回购日的到期收益率的计算公式为

$$P_0 = \sum_{t=1}^{n} \frac{C}{(1+y/2)^t} + \frac{Q}{(1+y/2)^n} \qquad (2\text{-}6)$$

其中,

C 表示利息;

Q 表示回购价格;

y 为约当到期收益率;

P_0 为当期价格。

例 2-4 债券的期限为 20 年,面值为 100 元,现在的价格为 105 元,票面利率为 6%,1 年支付 2 次利息。5 年后可以按面值回购,计算该债券的到期收益率和至第一回购日的到期收益率。

$$105 = \sum_{t=1}^{40} \frac{100 \times 3\%}{(1+y/2)^t} + \frac{100}{(1+y/2)^{40}}$$

$$y/2 = 2.79\%$$

$$y = 5.58\%$$

所以到期收益率为 5.58%(约当收益率)。

$$105 = \sum_{t=1}^{10} \frac{100 \times 3\%}{(1+y/2)^t} + \frac{100}{(1+y/2)^{10}}$$

$$y/2 = 2.43\%$$

$$y = 4.86\%$$

所以至第一回购日的到期收益率为 4.86%。

二、到期收益率的缺陷分析

(一) 到期收益率的假定

到期收益率的计算包括以下四个假定:

(1) 投资者持有证券至偿还期;

(2) 全部现金流量如约实现,即不存在违约风险;

(3) 再投资收益率等于到期收益率,即利率的期限结构呈水平状;

(4) 没有回购条款,即证券发行人不能在偿还期到来之前回购证券。

(二) 对假定的分析

以上四个假定都很苛刻。对于短期债券，投资者持有至偿还期还可以理解，而长达 10 年、20 年甚至 30 年的债券，投资者持有至偿还期就很难理解。正因为如此，投资者也许更为关注的是持有期间的收益率，而不是到期收益率。

有些债券，即使投资者想持有到期，都没有多大的机会，因为许多长期债券都设有回购条款。对于这类债券，投资者计算到期收益率的意义本来就不大。

除国债之外，债券都存在着违约风险，只是程度不一而已。因此，现金流量就不是如约实现的。

最为重要的是，如果不是零息的，那么债券就必然有利息的支付，有些债券的本金也是逐年偿还的，因此再投资收益率的高低，在很大程度上会影响债券的实际收益率。通常情况下，再投资收益率不会等于到期收益率本身。因为即使到期收益率不发生变化，只要到期收益率曲线不是水平的，那么随着时间的推移，再投资收益率就一定会偏离债券最初计算出来的到期收益率。

由于到期收益率的计算公式（1 年支付 1 次利息）为

$$P_0 = \sum_{t=1}^{n} \frac{C_t}{(1+y)^t} + \frac{F}{(1+y)^n}$$

因此，该公式可以调整为

$$P_0(1+y)^n = C_1(1+y)^{n-1} + C_2(1+y)^{n-2} + \cdots + C_{n-1}(1+y)^1 + C_n + F$$
$$= \sum_{t=1}^{n} C_t(1+y)^{n-t} + F$$

这一公式说明，到期收益率的计算假定了各期现金流量的再投资都按照到期收益率本身来获得收益。

例 2-5 一个债券的期限为 5 年，票面利率为 8%，面值为 100 元，1 年支付 1 次利息，目前的价格为 100 元。到期收益率为：1 年期 5%，2 年期 6%，3 年期 7%，4 年期 8%，5 年期 8.5%（如图 2-1 所示）。

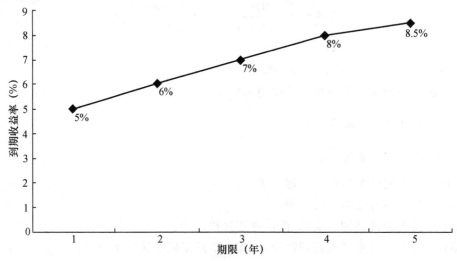

图 2-1　到期收益率曲线

该债券的到期收益率恰好为 8%,因为

$$100 = \sum_{t=1}^{5} \frac{8}{(1+y)^t} + \frac{100}{(1+y)^5}$$

$$y = 8\%$$

这也意味着再投资收益率为 8%,因为

$$100(1+8\%)^5 = 8(1+8\%)^4 + 8(1+8\%)^3 + 8(1+8\%)^2 + 8(1+8\%)^1 + 8 + 100$$

即使市场利率根本不发生变化,再投资收益率一般也不会等于到期收益率 8%。例如,1 年之后,投资者得到利息 8 元,他的投资期还剩下 4 年,他选择 4 年期零息债券的收益率为 8%,碰巧等于到期收益率;2 年之后,他剩余的投资期为 3 年,而对应于 3 年的收益率是 7%;3 年后,他剩余的投资期为 2 年,收益率为 6%;4 年后,他只能按照 1 年期零息债券的收益率 5%获得收益。如果到期收益率曲线不发生变化,那么投资者在第 5 年年底的总收益率为 7.87%,而不是到期收益率 8%。

$$100(1+y\%)^5 = 8(1+8\%)^4 + 8(1+7\%)^3 + 8(1+6\%)^2 + 8(1+5\%)^1 + 8 + 100$$

$$= 146.0730$$

$$y = 7.87\%$$

事实上,市场利率一定会发生变化,到期收益率曲线一定会移动,因此,再投资收益率几乎不会等于到期收益率,从而使投资者实现的收益率与到期收益率会有差别。

由于到期收益率不能真实地反映固定收益证券投资收益,因此,到期收益率不应该成为衡量投资收益的客观指标。但需指出的是,到期收益率可以用来衡量证券的价格,这一价格衡量标准要比债券的绝对价格好得多。

熟悉公司财务的读者懂得,在单个项目投资分析中,内部收益率(Internal Rate of Return,IRR)与净现值(Net Present Value,NPV)是等价的。无论是内部收益率还是净现值,都假定再投资的收益率等于到期收益率本身。为什么在产业投资中,内部收益率是投资决策的好指标,而在债券投资中到期收益率指标就不是投资决策的好指标呢?其中最为关键的就是再投资收益率能否等于到期收益率(内部收益率)本身。在项目投资中,由于项目产生的现金流可以用于本项目,因此,假定再投资收益率等于内部收益率是有一定道理的。而债券投资则不然,债券产生的利息不可能再用来购买原债券。事实上,即使是项目投资,如果项目容纳再投资的规模有限,也不能假定内部收益率等于到期收益率,因此,内部收益率指标要做出调整,用调整了的内部收益率来替代。

(三)合理定价时,债券的到期收益率也不一定相等[①]

一个附息债券,可以理解为零息债券的复合物。而由一串利息流构成的零息债券,可以称为年金债券(Annuity Bond),它是票面利率极大情况下的债券。例如,一个附息债券的期限为 5 年,面值为 100 元,票面利率为 8%,半年支付 1 次利息。这一债券可以拆分

---

① 参见 Stephen M. Schaefer,"The Problems with Redemption Yields",*Financial Analysts Journal*,33(4),1977,pp.59-67。

为两个债券,一个是年金债券,期限为5年,每半年都有4元的现金流入,共有10个点的现金流入,另一个是5年的零息债券,面值是100元,用表2-1来表示。

表 2-1 年金债券的拆分

时间点	0	0.5	1	1.5	2	2.5	3	3.5	4	4.5	5
年金债券		4	4	4	4	4	4	4	4	4	4
零息债券		0	0	0	0	0	0	0	0	0	100
附息债券		4	4	4	4	4	4	4	4	4	104

n期年金债券的价格完全取决于零息债券的到期收益率,也就是即期利率R_1,$R_2,\cdots,R_n$。所以,年金债券的到期收益率也就取决于$R_1,R_2,\cdots,R_n$。给定到期收益率曲线,即给定零息债券的到期收益率,那么年金债券的到期收益率曲线也就可以得到了。例如,假定即期利率1年为5%,2年为6%,3年为6.5%,4年为7%,5年为7.3%,那么2年至5年期年金债券的(1年1次现金流量)到期收益率可以很容易计算出来,如表2-2和图2-2所示。

表 2-2 即期利率与年金债券的到期收益率

时间点	即期利率 (%)	现金流量 (元)	现值 (元)	年金债券的价值 (元)	年金债券的到期收益率 (%)
1	5	100	95.238		5
2	6	100	89.000	184.238	5.6517
3	6.5	100	82.785	267.023	6.0563
4	7	100	76.290	343.312	6.4062
5	7.3	100	70.307	413.620	6.6743

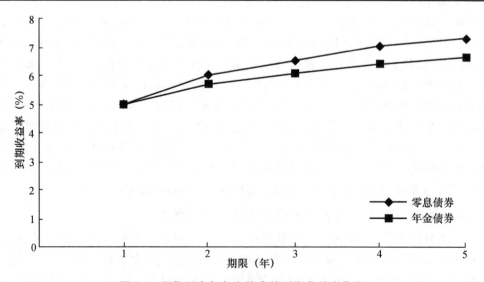

图 2-2 即期利率与年金债券的到期收益率曲线

从上例可以看出,如果零息债券的到期收益率曲线或者说即期利率曲线是向右上方倾斜的,那么年金债券的到期收益率曲线也向右上方倾斜,并且居于即期利率曲线的下方。

读者可以验证下面的结论：如果即期利率曲线向右下方倾斜，那么年金债券的到期收益率曲线也向右下方倾斜，但居于即期利率曲线的上方；如果即期利率曲线先上升后下降，那么年金债券的到期收益率曲线也先上升后下降，但最初居于即期利率曲线的下方，与即期利率曲线相交后，居于即期利率曲线的上方。

例 2-6 前面的附息债券期限为 5 年，面值为 100 元，票面利率为 8%，半年支付 1 次利息。这一附息债券由两个证券来构成。其中一个是年金债券，期限为 5 年，每半年产生 4 元的现金，共有 10 个点的现金流入；另一个是 5 年的零息债券，面值是 100 元。该附息债券的到期收益率一定介于 5 年期年金债券的到期收益率和 5 年期零息债券的到期收益率之间。

实际上，年金债券可以被理解为票面利率极大化的债券，零息债券是票面利率最小化的债券，因此，一般附息债券可以被理解为这两种债券的合成品，附息债券的到期收益率是这两种债券到期收益率的某种平均。既然如此，附息债券的到期收益率一定介于这两种债券的到期收益率之间。而且，票面利率（例如 1%）越低，年金债券的权重越小，该附息债券的到期收益率越靠近零息债券；票面利率越高（例如 5%），年金债券的权重就越大，附息债券的到期收益率就越靠近年金债券，如图 2-3 所示。

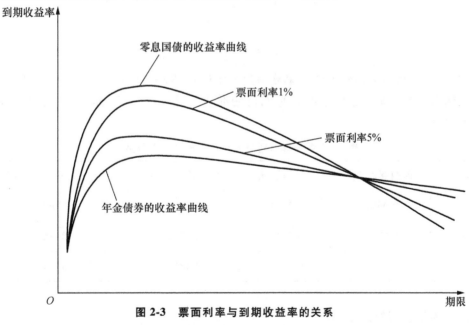

图 2-3 票面利率与到期收益率的关系

在图 2-3 中，我们可以看出，当即期利率曲线与年金债券的到期收益率曲线相交时，各种票面利率的附息债券的到期收益率都相等，并且等于即期利率和年金债券的到期收益率。

当即期利率 R_n 与年金债券的到期收益率相等时，就意味着

$$a_n = \sum_{i=1}^{n} d_i = \frac{1}{(1+R_1)} + \frac{1}{(1+R_2)^2} + \cdots + \frac{1}{(1+R_n)^n}$$

另外，

$$a_n = \frac{1}{(1+R_n)} + \frac{1}{(1+R_n)^2} + \cdots + \frac{1}{(1+R_n)^n}$$

等式两边同时乘以$(1+R_n)$，得

$$(1+R_n) \times a_n = (1+R_n)\left[\frac{1}{(1+R_n)} + \frac{1}{(1+R_n)^2} + \cdots + \frac{1}{(1+R_n)^n}\right]$$

$$(1+R_n) \times a_n = 1 + \frac{1}{(1+R_n)} + \frac{1}{(1+R_n)^2} + \cdots + \frac{1}{(1+R_n)^{n-1}}$$

两式相减

$$a_n \times R_n = 1 - \frac{1}{(1+R_n)^n}$$

$$R_n = \frac{1-d_n}{a_n}$$

其中，

$$d_n = \frac{1}{(1+R_n)^n}$$

$$a_n = \sum_{i=1}^{n} d_i$$

例如，当零息债券的到期收益率分别为 1 年期 6.58%、2 年期 12%、3 年期 10% 时，只要偿还期是 3 年，那么各种票面利率的附息债券的到期收益率都一样，都是 10%，如表 2-3 所示。

表 2-3　各种票面利率的附息债券的到期收益率

时间点	即期利率 R_n	折现因子 d_n	年金债券的价格 a_n	年金债券的到期收益率 y_n
1	0.0658	0.9383	0.9383	0.0658
2	0.1200	0.7972	1.7355	0.1000
3	0.1000	0.7513	2.4868	0.1000

由于满足上面的条件，即

$$\frac{1-d_3}{a_3} = \frac{1-0.7513}{2.4868}$$

$$= 0.1$$

$$= R_3$$

所以在偿还期为 3 年的情况下，各种票面利率的债券的到期收益率都是 10%，举例如表 2-4 所示。

表2-4 不同票面利率债券的到期收益率都相等情况的举例

	现金流量(元)			价格(元)	到期收益率(%)
	时点1	时点2	时点3		
票面利率5%	5	5	105	87.5640	10
票面利率6%	6	6	106	90.0508	10
票面利率7%	7	7	107	92.5376	10
票面利率8%	8	8	108	95.0244	10
票面利率10%	10	10	110	100.0000	10

从前面的分析中,我们可以得到下面的结论,当然这一结论从图2-3中看得更清楚:不同偿还期债券的到期收益率会有较大的差别。差别产生的原因主要有两个:

第一,即期利率曲线不是水平的。如果即期利率曲线是水平的,那么如果债券都合理定价,那么相同偿还期的债券的到期收益率都相等,并且等于对应于这一期限的即期利率。但只要即期利率曲线不是水平的,年金债券的到期收益率就不等于即期利率,因此,附息债券的到期收益率也不等于即期利率。

第二,票面利率不同。票面利率不同,债券之间的现金流量结构就不一样,因此,在即期利率曲线不是水平的时,各种票面利率债券的到期收益率就会有差别,而且票面利率差别越大,引起到期收益率的差别就越大。

以上结论又可以说明这样的问题:既然在合理定价的情况下,相同期限债券的到期收益率也不一样,那么,就不应该简单根据到期收益率的高低来判断哪一种债券更好。

(四) 到期收益率难以计算

尽管现在有了计算机,到期收益率的计算已经容易多了,但到期收益率的计算相对于其他收益指标还是比较困难的。我们都知道,只有当一个收益指标或者风险指标很容易计算时,该指标才会被更多的投资者接受;否则,该指标就不会受人们喜欢。

例如,在股票投资中,单个股票收益率计算出来后,一个股票组合的收益率就很容易计算出来。因为股票组合的收益率是单个股票收益率的加权平均,权数是投资比重。正因为如此,股票期望收益指标被投资者广泛使用。

又如,股票的风险指标之一是股票收益率的方差,而单个股票收益率的方差就不大好算,股票组合的方差就更难算,因为股票组合的方差不等于单个股票方差的加权平均,而取决于股票组合所构成的协方差矩阵。如果股票数量较少,工作量还不会很大,但市场中股票数量很多,比如1 000只,协方差矩阵就会有100万个因子。这一工作量是巨大的。正因为如此,股票收益率的方差就不被更多的投资者使用。而股票系统风险β值却是一个好的风险指标。除β值反映股票的系统风险,而非系统风险可以通过股票组合分散掉,因此股票组合的系统风险更为重要之外,股票组合的β值容易计算也是其中一个理由。因为股票组合的β值是单个股票β值的加权平均,权数是投资比重。因此,在知道单个股票的β值后,计算股票组合的β值就是轻而易举的事情。

回过头来,固定收益证券的利率风险指标包括持续期和凸性等。这些风险指标之所以被投资者广泛使用,一方面是因为这些指标很重要,另一方面是因为债券组合的持续期或者凸性,就是根据单个债券持续期或者凸性的加权计算的。读者在后面的章节中就会看到这一点。

一般情况下,债券组合的到期收益率不等于单个债券到期收益率的加权平均。而计算债券组合的到期收益率,必须根据现金流量和债券价格信息,因此比较难以计算。

例 2-7 到期收益率曲线是 1 年期 5%,2 年期 6%,3 年期 7%,4 年期 8%,5 年期 8.5%。有两个债券 A 和 B,面值都是 100 元,期限都是 5 年,票面利率分别为 10% 和 5%。A 债券的价格为 107.09 元,B 债券的价格为 86.80 元。可以计算出 A 债券的到期收益率为 8.214%,B 债券的到期收益率为 8.336%,如表 2-5 所示。

表 2-5 单个债券的到期收益率的计算

时点	A 债券的现金流量(元)	B 债券的现金流量(元)	即期利率
0	−107.09	−86.80	
1	10	5	0.050
2	10	5	0.060
3	10	5	0.070
4	10	5	0.080
5	110	105	0.085
到期收益率(%)	8.214	8.336	

一项投资中仅包含 A、B 两个债券,每个债券各买一张,因此 A 和 B 的投资比重为 55.23% : 44.77%。按照传统的计算方法,组合投资的收益率是单个证券收益率的加权平均,那么组合的收益率为 8.269%。而实际上,组合的到期收益率仍然要通过现金流来计算,计算结果为 8.271%,如表 2-6 所示。

表 2-6 债券组合的到期收益率的计算

时点	A 债券的现金流量(元)	B 债券的现金流量(元)	组合的现金流量(元)
0	−107.09	−86.80	−193.89
1	10	5	15.00
2	10	5	15.00
3	10	5	15.00
4	10	5	15.00
5	110	105	215.00
到期收益率(%)	8.214	8.336	8.271

当组合中债券的到期期限比较接近时,误差不是很大;但当到期期限相差较大时,误差就会加大。例如,B 债券的票面利率还是 5%,但到期时间为 3 年。根据即期利率,可以计算出该债券的价值为 94.92 元,则到期收益率为 6.932%,如表 2-7 所示。

表 2-7　通过加权平均计算出来的到期收益率所产生的误差

时点	A 债券的现金流量（元）	B 债券的现金流量（元）	组合的现金流量（元）	加权平均计算的结果
0	-107.09	-94.92	-202.01	
1	10	5	15.00	
2	10	5	15.00	
3	10	105	115.00	
4	10	0	10.00	
5	110	0	110.00	
到期收益率(%)	8.214	6.932	7.736	7.612

同样一项投资组合也包括两个债券,投资比重为 53.01%∶46.99%。用传统的加权平均法计算出来的组合的收益率为 7.612%,而通过现金流计算出来的到期收益率则为 7.736%。

第二节　到期收益率曲线与折现方程

一、到期收益率曲线的作用

到期收益率曲线是指各种期限的无风险零息债券的到期收益率所构成的曲线。这条曲线也被称为即期利率(Spot Rate)曲线,或者利率期限结构(Term Structure of Interest Rates)。

由于各种债券都可以计算出到期收益率,因此每一种债券都会有自己的到期收益率曲线,但只有无风险零息债券的到期收益率曲线最为重要,因此,通常意义上讲的到期收益率曲线就专指零息债券的到期收益率曲线。

到期收益率曲线在金融市场中有着非常重要的作用,包括以下几个方面:

(一) 给其他证券定价

1. 给无风险的其他证券定价

由于有了无风险零息债券的到期收益率,因此就可以给无风险的附息债券定价。1 年付息 1 次的附息债券的定价公式为

$$V_0 = \sum_{t=1}^{n} \frac{C}{(1+y_t)^t} + \frac{F}{(1+y_n)^n} \tag{2-7}$$

其中,

y 为零息债券的到期收益率;

n 代表偿还期;

t 代表年限;

C 为年利息;

F 为面值。

例 2-8 假定有一种国债,面值为 1 000 元,票面利率为 5%,期限为 3 年,1 年付息 1 次,那么该国债的现金流量为

```
              50        50      50+1 000
    |─────────|─────────|─────────|
    0         1         2         3 年
```

这种债券相当于三个零息债券的组合,其一面值为 50 元,期限为 1 年;其二面值为 50 元,期限为 2 年;其三面值为 1 050 元,期限为 3 年。因此,这种国债的价值一定等于这三个零息债券价值之和。所以,只要能够计算出每种零息债券的价值,将这三个零息债券的价值加起来,就可以得到该国债的价值。假定零息债券的到期收益率为 1 年 4.17%,2 年 5.41%,3 年 5.57%,那么本例中的国债的价值为 985.42 元,计算过程如表 2-8 所示。

表 2-8 附息债券的价值计算

时点	现金流量(元)	零息债券的到期收益率(%)	现值(元)
0			
1	50	4.17	48.00
2	50	5.41	45.00
3	1 050	5.57	892.42
合计			985.42

半年付息 1 次的附息债券的定价公式为

$$V_0 = \sum_{t=1}^{2n} \frac{C/2}{(1+y_t/2)^t} + \frac{F}{(1+y_n/2)^{2n}} \tag{2-8}$$

其中,$C/2$ 为半年的利息。

有了零息债券的到期收益率,只要能够知道特殊现金流量证券的现金流量,就可以为该债券定价。其中,年复利情况下的计算公式为

$$V_0 = \sum_{t=1}^{n} \frac{C_t}{(1+y_t)^t} \tag{2-9}$$

半年复利情况下的计算公式为

$$V_0 = \sum_{t=1}^{2n} \frac{C_t}{(1+y_t/2)^t} \tag{2-10}$$

其中,C_t 为半年获得的现金流量。

月复利情况下的计算公式为

$$V_0 = \sum_{t=1}^{12n} \frac{C_t}{(1+y_t/12)^t} \tag{2-11}$$

其中,C_t 为月获得的现金流量。

2. 给有风险的其他证券定价

由于存在着违约风险,因此证券的收益率中必须要包含违约风险溢价。本章后面介

绍收益率溢价时,有一个重要的概念叫静态利差 y_{ss}。如果已经计算出某种债券的违约风险溢价——静态利差 y_{ss},那么根据债券定价的原理,就可以计算出这一债券的价格。

$$P_0 = \sum_{t=1}^{n} \frac{C_t}{(1+y_t+y_{ss})^t} + \frac{F}{(1+y_n+y_{ss})^n} \quad (2-12)$$

例如,已知即期利率曲线为:1 年期 5%,2 年期 6%,3 年期 7%,4 年期 8%,5 年期 8.5%。有一个债券,可以称之为债券 A,面值为 100 元,期限为 5 年,票面利率为 10%,静态利差为 1.5%,那么,债券 A 的价值为 101.129 元,如表 2-9 所示。

表 2-9 到期收益率曲线、静态利差与有风险债券的定价

时点	现金流量(元)	即期利率	加上静态利差后的利率	折现因子	现值(元)
0					
1	10	0.050	0.065	0.9390	9.390
2	10	0.060	0.075	0.8653	8.653
3	10	0.070	0.085	0.7829	7.829
4	10	0.080	0.095	0.6956	6.956
5	110	0.085	0.100	0.6209	68.301
合计					101.129

3. 给固定收益证券的衍生产品定价

固定收益证券有很多衍生产品,包括基于固定收益证券的期权、期货、远期等。衍生产品的定价,也要基于到期收益率曲线。例如,在给利率的顶和底定价时,需要借助利率期限结构,只是该利率期限结构不是一条曲线,而是二项式利率树图。但二项式树图也是根据即期利率曲线得到的。本书在后面的章节中,将用很大的篇幅分析固定收益证券衍生产品的定价问题,读者自然会了解到期收益率曲线在定价中的重要作用。

(二)寻找套利机会

既然根据到期收益率曲线能够给债券定价,而且债券又有交易市场,那么,一旦债券的交易价格偏离理论价值,就会产生套利机会。所谓套利,是一点风险都不承担的获利行为。用"空手套白狼"这句俗语形容会比较贴切。本书第三章分析债券合成与分解时,将介绍一些债券投资中如何寻找套利机会的例子。

(三)预测未来即期利率

利率是变化的,即使在官定利率的情况下利率也不是一成不变的。这里说的利率是指到期收益率。利率变化会给投资者带来很大的风险,因此,规避利率风险就成为固定收益证券投资中一个非常重要的课题。如果能够预测利率的未来走势,从事主动式的投资管理,自然可以获得更大的收益。一般情况下,未来利率的变化与当期利率曲线有很大的关系。在金融领域中,利率有一个很重要的特点,叫均值反转。也就是说,如果市场利率过高,均值反转的力量会把过高的利率拉下来;而如果利率过低,均值反转的力量会把利率托起来。这种现象,就像船舶航行在汹涌的大海上,重力和浮力会让它基本稳定在吃水线附近。

国际上的著名商业银行及投资银行都分析和预测利率的变化。当然,影响利率变化的因素有很多,但到期收益率曲线本身是研究利率未来变化的重要因素。

二、即期收益率曲线与折现方程

(一) 多种类型的到期收益率曲线

由于到期收益率曲线是指证券收益率与到期期限之间的关系,而证券的种类有很多,因此有多种类型的到期收益率曲线。例如,票面利率为5%的到期收益率曲线,票面利率为8%的到期收益率曲线,等等。在前面一节中,我们已经探讨了债券票面利率与到期收益率曲线之间的关系。按照债券违约风险的不同,有国债的到期收益率曲线和公司债券的到期收益率曲线之分。按照债券流动性的不同,有刚发行债券(On-the-run)的到期收益率曲线和已发行债券(Off-the-run)的到期收益率曲线之分。在中国,债券可以在交易所交易,也可以在银行间债券市场交易,两者的流动性不同,因此可以有交易所债券的到期收益率曲线和银行间债券的到期收益率曲线之分。

(二) 即期收益率曲线

在众多的到期收益率曲线中,有一条极为重要的收益率曲线——即期收益率曲线。即期收益率曲线,也被称为零息债券的到期收益率曲线。

例如,有三个债券,都是零息债券,到期时间分别为1年、2年、3年,价格分别为96元、90元、85元,到期收益率分别为4.17%、5.41%、5.57%。如果按照每半年付息1次的惯例计算出约当到期收益率,则三个零息债券的到期收益率分别为4.12%、5.34%和5.49%,如表2-10所示。

表2-10 零息债券的到期收益率曲线

到期时间(年)	价格(元)	到期收益率(%)
1	96	4.12
2	90	5.34
3	85	5.49

(三) 折现方程

固定收益证券的现金流量是确定的,这为投资者计算其价值带来了方便。但计算未来现金流量的现值时需要使用折现因子,而折现因子与即期利率密切相关。因此,当有了即期利率曲线或者零息债券的到期收益率曲线之后,计算一般固定收益证券的价值也就轻而易举了。

折现因子表示在某一特定时期后的1元钱,相当于在时点0的价值。设 d_t 为折现因子,那么 d_t 就表示在 t 期期末支付1元钱的零息债券的当期价值。我们用 y_t 表示期限为 t 的到期收益率。例如,y_5 代表5年期的零息债券的到期收益率。t 通常用年来表示。例如,3个月表示为0.25(3/12),10天表示为0.0274(10/365)。

折现因子与实际到期收益率的关系,可以用下面的公式表示:

第二章 到期收益率与总收益分析

$$d_t = \frac{1}{(1+y_t)^t} \quad (2\text{-}13)$$

由于可以按连续复利的办法计算利息,因此有

$$d_t(e^{t \times y_t}) = 1$$

$$d_t = e^{-t \times y_t}$$

$$y_t = \ln\left[\left(\frac{1}{d_t}\right)^{\frac{1}{t}}\right]$$

或者

$$y_t = \frac{\ln\left(\frac{1}{d_t}\right)}{t} \quad (2\text{-}14)$$

除非特别说明,本书的折现因子都是按照年复利或者半年复利,而不是按照连续复利来计算的。

当得出各时间长度的折现因子之后,我们可以画出折现因子图或写出折现函数。例如,假定市场中各种零息债券的到期收益率和折现因子如表2-11所示。

表 2-11 到期收益率和折现因子

期限(年)	到期收益率(%)	折现因子
1/365	4.2387	0.9999
0.5	4.4181	0.9786
1	4.5056	0.9569
1.5	4.5914	0.9349
2	4.6753	0.9127
2.5	4.7574	0.8903
3	4.8377	0.8679
4	4.9927	0.8229
5	5.1404	0.7783
6	5.2807	0.7344
7	5.4136	0.6914
8	5.5391	0.6497
9	5.6570	0.6094
10	5.7675	0.5708
11	5.8705	0.5339
12	5.9659	0.4989
13	6.0537	0.4658
14	6.1340	0.4345
15	6.2067	0.4052
16	6.2718	0.3778
17	6.3292	0.3523

（续表）

期限（年）	到期收益率(%)	折现因子
18	6.3790	0.3285
19	6.4212	0.3065
20	6.4557	0.2862
21	6.4826	0.2674
22	6.5017	0.2501
23	6.5133	0.2343
24	6.5171	0.2198
25	6.5133	0.2065
26	6.5017	0.1944
27	6.4826	0.1834
28	6.4557	0.1735
29	6.4212	0.1645
30	6.3790	0.1564

图 2-4 和图 2-5 分别表示到期收益率和折现因子（图中刻度及其数值仅为示意）。

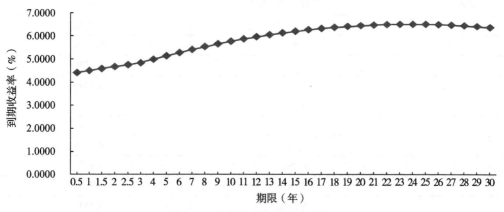

图 2-4　给定的到期收益率曲线

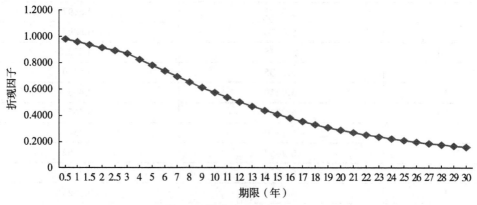

图 2-5　计算出来的折现因子

前面已经说明,有了零息债券的到期收益率曲线,就可以给其他债券定价。同样,有了折现方程,当然也可以给任何期限和任何票面利率的债券定价,即

$$P = \sum_{t=1}^{n} d_t \times C_t \qquad (2-15)$$

其中,C_t 为债券在第 t 期获得的现金流量。

将 $d_t = \dfrac{1}{(1+y_t)^t}$ 代入公式(2-15),则

$$P = \frac{C_1}{(1+y_1)^1} + \frac{C_2}{(1+y_2)^2} + \cdots + \frac{C_n}{(1+y_n)^n} \qquad (2-16)$$

公式(2-16)也就是公式(2-7)。

而传统上计算债券价值的公式,也就是公式(2-1)为

$$P = \frac{C}{(1+y)^1} + \frac{C}{(1+y)^2} + \cdots + \frac{C+F}{(1+y)^n} \qquad (2-17)$$

这两个计算公式有很大的不同。首先,现金流量有差别。债券的现金流不一定与传统债券的现金流一致,各期现金流之间可以有很大的差别。其次,也更重要的是,传统计算债券价值的公式中,假定各种收益的再投资收益率都等于到期收益率本身,这意味着,到期收益率曲线是水平的,而且不变。这种假定并不现实,所以在新的债券定价公式中到期收益率曲线不一定水平。

三、折现因子的求取

为了计算债券的价值,必须首先知道各种期限零息债券的到期收益率。如果市场中没有某些期限的零息债券,如何计算对应于这一期限的折现因子呢?这是一个非常现实也很重要的问题。例如,市场中有四种零息债券,期限分别为 1 年、2 年、3 年、4 年,到期收益率分别为 4.5056%、4.6753%、4.8377%、4.9927%,折现因子分别为 0.9569、0.9127、0.8679、0.8229。市场中也有一种期限为 6 年的零息债券,其到期收益率为 5.2807%,折现因子为 0.7344。现在的问题是,市场中有一种期限为 5 年的附息债券,如何给这 5 年期的债券定价呢?

由于该 5 年期债券在时点 1、2、3、4、5 都有现金流入,而对应于时点 1、2、3、4 都有折现因子,但时点 5 没有折现因子,因此,如何求取折现因子 d_5 就成为计算 5 年期债券的关键。折现因子的求取通常有以下几种方法:

(一) 函数估计法

为解决这一问题,需要假定折现曲线具有某种函数形式,然后再根据折现因子的数据估计出函数的参数。例如,假定折现曲线为三次多项式,即

$$d_t = 1 + at + bt^2 + ct^3 \qquad (2-18)$$

这类函数必须满足一个常识性的条件,即 $d_0 = 1$,也就是说,时点 0 的 1 元钱,价值就是 1 元钱。很明显,本函数符合这一条件。

根据前面的资料,可以得到下面的方程:

$$d_3 = 0.8679 = 1 + 3a + 9b + 27c$$

$$d_4 = 0.8229 = 1 + 4a + 16b + 64c$$
$$d_6 = 0.7344 = 1 + 6a + 36b + 216c$$

得

$$a = -0.04233$$
$$b = -0.000815$$
$$c = 0.00008194$$

则

$$d_5 = 1 + 5a + 25b + 125c$$
$$= 1 - 5 \times 0.04233 - 25 \times 0.000815 + 125 \times 0.00008194$$
$$= 0.7782$$

前面介绍的到期收益率曲线或者折现曲线的平滑方法，通常在解决个别以年为单位的到期收益率时是比较实用的。由于市场中找到各种年期的到期收益率比较容易，因此用各种平滑办法得到其他年期的到期收益率是比较可行的。

在得到各种年期的到期收益率后，也有多种办法得到各种月期的到期收益率。最简单的办法是假定各种月期的到期收益率在 12 个月内是线性变化的。例如，期限为 1 年的到期收益率为 4.5056%，期限为 2 年的到期收益率为 4.6753%，假定在这一年内各种月期的到期收益率是线性递增的，呈现如下规律：

$$y = 4.5056\% + \frac{t}{12}(4.6753\% - 4.5056\%)$$
$$= 4.5056\% + 0.01414 \times t$$

其中，t 为月份，t 介于 0 和 12 之间。

我们可以利用这一公式计算每个月的到期收益率。

由于到期收益率曲线不一定呈现某一特定的函数形式，因此，通常情况下用一种函数来描述整个到期收益率曲线是不合适的。对于不同阶段的到期收益率曲线，要用不同的平滑办法。

（二）样条函数方法

1. 多项式样条法[①]

多项式样条法由 McCulloch 提出，它的主要思想是将贴现函数用分段的多项式函数来表示。在实际应用中，多项式样条函数的阶数一般取为 3，从而保证贴现函数及其一阶和二阶导数都是连续的。于是我们用下式表示期限为 t 的贴现函数 $B(t)$：

$$B(t) = \begin{cases} B_0(t) = d_0 + c_0 t + b_0 t^2 + a_0 t^3, & t \in [0, n] \\ B_n(t) = d_1 + c_1 t + b_1 t^2 + a_1 t^3, & t \in [n, m] \\ B_m(t) = d_2 + c_2 t + b_2 t^2 + a_2 t^3, & t \in [m, 20] \end{cases} \quad (2\text{-}19)$$

其中，n、m 是样条函数的节点。为了满足贴现函数及其导数的连续性，我们有

[①] J. Huston McCulloch, "Measuring the Term Structure of Interest Rates", *The Journal of Business*, 44, 1971, pp.19-31.

$$B_0^{(i)}(n) = B_n^{(i)}(n)$$
$$B_n^{(i)}(m) = B_m^{(i)}(m) \quad (2\text{-}20)$$
$$B_0(0) = 1$$

在上面的式子中，$i=0,1,2$ 分别表示对相应函数的导数阶数。利用以上约束条件，我们可以将样条函数中的参数减少到 5 个并取为 a_0, b_0, c_0, a_1 和 a_2。将贴现函数用这些参数表示，有

$$B(t) = \begin{cases} B_0(t) = 1 + c_0 t + b_0 t^2 + a_0 t^3, & t \in [0, n] \\ B_n(t) = 1 + c_0 t + b_0 t^2 + a_0 [t^3 - (t-n)^3] + \\ \quad a_1 (t-n)^3, & t \in [n, m] \\ B_m(t) = 1 + c_0 t + b_0 t^2 + a_0 [t^3 - (t-n)^3] + \\ \quad a_1 [(t-n)^3 - (t-m)^3] + a_2 (t-m)^3, & t \in [m, 20] \end{cases} \quad (2\text{-}21)$$

这些参数可以通过用贴现函数所计算的债券价格拟合市场价来确定。

2. 指数样条法[①]

考虑到贴现函数基本上是一个随期限增加而指数下降的函数，欧德里希·A. 瓦西塞克(Oldrich A. Vasicek)和 H. 吉福德·方(H. Gifford Fong)提出了指数样条法，将贴现函数用分段的指数函数来表示。期限结构的估计，是根据市场上可以观测到的债券成交价格，在市场上找出一条曲线，将每个债券的每笔现金流用曲线的点进行贴现，使得债券的实际成交价格和利用曲线估计出来的价格之间的误差最小。

对于债券市场当日实现交易的每一个债券 j，存在一个函数 $D(t)$，使得

$$B(t)_j = \sum_{i=1}^{n} C_{j,i} \cdot D(t_{j,i}) + \varepsilon_j$$

其中，

$B(t)_j$ 为债券 j 的全价；

$C_{j,i}$ 为债券 j 预计的未来第 i 期的现金流；

$D(t_{j,i})$ 为折现因子，

$$D(t_{j,i}) = e^{-R(t_{j,i}) \cdot t_{j,i}}$$

ε_j 为债券 j 价格拟合的误差项。

考虑到贴现函数基本上是一个随期限增加而指数下降的函数，指数样条法也将贴现函数用分段的指数函数来表示：

$$D(t) = \begin{cases} D_0(t) = d_0 + c_0 e^{-\alpha t} + b_0 e^{-2\alpha t} + a_0 e^{-3\alpha t}, & m \in [0, t_1] \\ D_1(t) = d_1 + c_1 e^{-\alpha t} + b_1 e^{-2\alpha t} + a_1 e^{-3\alpha t}, & m \in [t_1, t_2] \\ D_2(t) = d_2 + c_2 e^{-\alpha t} + b_2 e^{-2\alpha t} + a_2 e^{-3\alpha t}, & m \in [t_2, 20] \end{cases}$$

其中，t_1 和 t_2 是指数样条函数的节点，为满足贴现函数及其导数的连续性，有

$$D_0^{(i)}(t_1) = D_1^{(i)}(t_1)$$

[①] Oldrich A. Vasicek, H. Gifford Fong, "Term Structure Modeling Using Exponential Splines", *Journal of Finance*, 37(2), 1982, pp.339-348.

$$D_1^{(i)}(t_2) = D_2^{(i)}(t_2)$$
$$D_0(0) = 1$$

上面式子中 $i=0,1,2$ 分别表示对相应函数的导数阶数。利用这三个约束条件，我们可以把样条函数中的参数减少到 6 个，进一步得到

$$D(t) = \begin{cases} D_0(t) = 1 + c_0(e^{-\alpha t} - 1) + b_0(e^{-2\alpha t} - 1) + a_0(e^{-3\alpha t} - 1), t \in [0, t_1] \\ D_1(t) = 1 + c_0(e^{-\alpha t} - 1) + b_0(e^{-2\alpha t} - 1) + a_0[e^{-3\alpha t} - (e^{-\alpha t} - e^{-\alpha t_1})^3 - 1] + \\ \quad a_1(e^{-\alpha t} - e^{-\alpha t_1})^3, t \in [t_1, t_2] \\ D_2(t) = 1 + c_0(e^{-\alpha t} - 1) + b_0(e^{-2\alpha t} - 1) + a_0[e^{-3\alpha t} - (e^{-\alpha t} - e^{-\alpha t_1})^3 - 1] + \\ \quad a_1[(e^{-\alpha t} - e^{-\alpha t_1})^3 - (e^{-\alpha t} - e^{-\alpha t_2})^3] + a_2(e^{-\alpha t} - e^{-\alpha t_2})^3, t \in [t_2, 20] \end{cases}$$

这样得到需要估计的几个参数：a_0, b_0, c_0, a_1, a_2 和 α。

(三) 迭代法

当零息债券无法得到，或者这些债券的流动性特别差，致使到期收益率难以成为其他债券的定价标准时，使用迭代法（Bootstrapping）得到到期收益率曲线是最常用的方法。

迭代法是把附息债券转化为各期现金流，把各个现金流看成是不同期限的债券，并需要知道一个最短期限的收益率。从这一最短收益率开始进行迭代，最后推出所有时期的收益率。该种方法分为两步：

第一步，搜集关于 6 个月、12 个月、18 个月等债券价格与票面利率的信息；

第二步，计算到期收益率，从最短到最长。

例 2-9 有如表 2-12 所示的债券，要计算 6 个月期的到期收益率。

表 2-12 债券的基本信息

到期时间(月)	票面利率(%,半年支付)	价格(元,面值 100)
6	7.5	99.473
12	11	102.068
18	8.75	99.41
24	10.125	101.019

根据 6 个月期债券的价格和票面利率，可以计算 6 个月期的到期收益率。

$$99.473 = \frac{103.75}{1 + y_1}$$

$$y_1 = 4.3\% (8.6\%)$$

括号中的数字 8.6% 是约当收益率。

根据 1 年期债券的价格和票面利率，再根据已经得到的 6 个月期的到期收益率，可以计算 1 年期的到期收益率。

$$102.068 = \frac{5.5}{1 + 0.043} + \frac{105.5}{(1 + y_2)^2}$$

$$y_2 = 4.4\% (8.8\%)$$

同理，可以得到其他期限的到期收益率。

$$94.41 = \frac{4.375}{1+0.043} + \frac{4.375}{(1+0.044)^2} + \frac{104.375}{(1+y_3)^3}$$

$$y_3 = 4.6\%(9.2\%)$$

$$y_4 = 4.8\%(9.6\%)$$

可以用矩阵法来求解各期的到期收益率。

$$\begin{bmatrix} 103.75 & 0 & 0 & 0 \\ 5.5 & 105.5 & 0 & 0 \\ 4.375 & 4.375 & 104.375 & 0 \\ 5.0625 & 5.0625 & 5.0625 & 105.0625 \end{bmatrix} \begin{bmatrix} d_1 \\ d_2 \\ d_3 \\ d_4 \end{bmatrix} = \begin{bmatrix} 99.473 \\ 102.068 \\ 99.410 \\ 101.019 \end{bmatrix}$$

一般情况下,

$$Md = P \tag{2-22}$$

$$d = M^{-1}P \tag{2-23}$$

其中,

M 代表现金流量矩阵;

d 代表折现因子向量;

P 为价格向量。

迭代法的实用性比较强,所需要的债券数目比较少,这是该种方法的优点。迭代法有以下缺点:

第一,迭代法需要知道最开始时期的利率,一般使用半年期或者1年期无息国债的收益率。如果没有的话,用其他利率代替或者进行其他处理都会影响估计的精度。

第二,迭代法需要有到期期限不同的各种债券,这样才能估计出一个合理的利率期限结构。如果债券市场期限结构并不健全,债券品种不全,就只能做一些人为的假设来弥补。

第三,迭代法本身的缺陷。市场上的债券品种很多,使用迭代法很难利用市场上所有的债券品种,也没有利用包含在债券价格中的其他信息。

第四,使用迭代法尽管把附息债券假设成零息债券的合成物,但毕竟不是一个个可以单独交易的零息债券,即使有套利机会产生,如果实现套利机会不容易的话,附息债券定价也会在零息债券定价之上产生一定的偏离。这样,通过迭代法得到的到期收益率曲线就会存在一定的问题。

(四) 统计方法

从理论上说,采用统计方法估计到期收益率曲线比较精确,能包括比较全的信息,但是条件严格,数据量要求比较大。下面介绍典型的线性回归方法。

假设市场没有套利机会,价格就反映了所有的信息,即

$$P_{0,j} = C_{0,j} + C_{1,j}d_{1,j} + C_{2,j}d_{2,j} + \cdots + C_{n,j}d_{n,j} \tag{2-24}$$

其中,

$P_{0,j}$ 为第 j 种债券的价格;

$C_{t,j}$ 为第 j 种债券在 t 时期的现金流;

$d_{t,j}$ 为第 j 种债券在 t 时期的折现因子。

由于所有债券的折现率都相同,因此有

$$d_{t,j} = d_{t,i}$$

由于时点 0 的现金流的流入为 0,因此必须有

$$C_{0,j} = 0$$

由于折现因子必然小于或等于 1,因此

$$d_{t,j} \leqslant 1$$

这样可以得到一个有约束的回归方程

$$P = CD$$

其中,

C 为各种债券的现金流矩阵;

D 为折现因子向量;

P 为价格向量。

这是一个有约束的最小二乘回归方程,约束条件为我们刚才在上面提到的条件。这样,如果我们知道的是债券的价格和现金流,就可以估计出折现因子,从而估计出各个时期的即期利率,最后得出利率期限结构。

估计模型为

$$P_{0,j} = C_{1,j}d_{1,j} + C_{2,j}d_{2,j} + \cdots + C_{n,j}d_{n,j} + e_j \tag{2-25}$$

其中,e_j 为第 j 种债券估计的残差,假设其服从正态分布。

统计方法的缺点在于:

第一,统计方法要求有比较多的数据样本。如果市场上交易的债券品种和规模都很小,使用统计方法的效果就会受到影响。

第二,如果债券发行和到期的日期都比较分散,那么债券现金流的数据很难直接用来模拟。

第三节 收益率溢价

不同债券之间的到期收益率有一定的差别。衡量收益率之差或者收益率溢价有多种方法,包括绝对利差、相对利差、静态利差等。影响收益率溢价的因素有很多,包括违约风险、流动性风险、税收待遇等。收益率溢价这一指标能够帮助投资者选择固定收益证券。

一、基本概念

不同债券的到期收益率之差,被称为收益率溢价,或者简称利差(Yield Spread)。利差的计量有多种表达方式。

(一)绝对利差与相对利差

1. 绝对利差

绝对利差,顾名思义,就是某一债券到期收益率与某一基准收益率之差。例如,某个 5 年期债券的到期收益率为 6%,而 5 年期国债的到期收益率为 4%,那么绝对利差或者利差就是 2%。

2. 相对利差

相对利差表示的是绝对利差相对于基准收益率的倍数。计算公式为

$$相对利差 = (A 债券的到期收益率 - B 基准收益率) / B 基准收益率 \qquad (2-26)$$

例如，某个 5 年期债券 A 的到期收益率为 6%，而 5 年期国债 B 的到期收益率为 4%，那么相对利差为 0.5，即

$$相对利差 = (6\% - 4\%)/4\% = 0.5$$

3. 收益率比率

收益率比率为某一债券的到期收益率与某一基准收益率之比，即

$$收益率比率 = A 债券的到期收益率 / B 基准收益率 \qquad (2-27)$$

例如，某个 5 年期债券 A 的到期收益率为 6%，而 5 年期国债 B 的到期收益率为 4%，那么收益率比率为 1.5。

（二）市场间利差与市场内利差

固定收益证券市场可以划分为多个子市场，例如，在美国，固定收益证券市场可以分为政府债券、政府机构债券、市政债券、公司债券、住房抵押贷款支持证券、资产支持证券、外国债券等子市场。不同子市场之间可比债券到期收益率之差被称为市场间利差。例如，5 年期公司债券的到期收益率为 6%，而 5 年期国债的到期收益率为 3.5%，那么市场间利差为 2.5%。同样，10 年期公司债券的到期收益率为 8%，而 10 年期住房抵押贷款支持证券的到期收益率为 7%，这样，两者的利差为 1%。

市场内利差是指在共同的子市场内不同类别债券的到期收益率之差。例如，刚刚发行的 5 年期国债的到期收益率为 3.5%，而早就发行了但偿还期还剩 5 年的债券的到期收益率为 4%。这样，两者的利差为 0.5%。又比如，AAA 债券的到期收益率为 6%，而 BBB 债券的到期收益率为 9%，这样，两者的利差为 3%。

（三）信用利差

债券信用水平不同，到期收益率也不同。这种单纯由信用风险或者违约风险引起的利差，叫信用利差。

（四）税后收益率与等税收益率

有些证券是免税的，有些则必须纳税；有些投资者是免税的，更多的则必须纳税；有些投资者收入高且纳税税率高，有些投资者收入低且纳税税率低。税收问题很复杂，但分析利差时，又不得不考虑税收对收益率的影响。

投资者千差万别，税率档次差别也很大，因此本书无法全面分析该问题，仅对一般情况做些分析。这需要建立两个概念：税后收益率与等税收益率。

税后收益率是指相同投资者购买不同证券纳税之后的收益率，税后收益率的计算公式为

$$税后收益率 = 税前收益率 \times (1 - 边际税率) \qquad (2-28)$$

例如，投资国债的利息是免税的，而一般公司债券的利息税为 20%，这样，投资公司债券的税后收益率就是

$$公司债券税后收益率 = 税前收益率 \times (1 - 20\%) = 0.8 \times 税前收益率$$

与税后收益率相近的概念是等税收益率，即把免税债券收益率还原为纳税前的收益

率,计算公式为

$$等税收益率 = 免税收益率 / (1-边际税率) \tag{2-29}$$

例如,在我国,购买国债的利息免税。假定国债的到期收益率为5%,由于一般债券的利息税为20%,因此国债的等税收益率就相当于6.25%。

(五) 静态利差

利差仅仅比较了在相同偿还期情况下,某一证券与基准证券(主要是国债)的收益率差别,但由于该证券的现金流量与用来比较的国债的现金流量有着很大的不同,因此,这样的比较没有多大的意义。例如,同样都是10年期限,国债的票面利率为2%,而公司债券的票面利率为10%。由于公司债券的现金流量相对而言更靠前,因此,简单比较利差就忽略了现金流量的影响。

正确的方法则必须考虑现金流量。假定一种公司债券的期限为30年,那么该债券将向投资者提供30个不同时间点的现金流量。因此,可以在市场上找到30个零息国债,而且这些国债产生的现金流量与该公司债券的现金流量完全一致。那么,该公司债券的价值将等于其现金流量现值之和。如果该公司债券的现金流量是无风险的,那么,其价值将等于前面30个零息国债的现值之和。但由于该公司债券存在着违约风险,因此,其价值要低于国债组合的价值。这一价值会反映在价格上,表现为该公司债券的价格将低一些。但价格到底低多少,可以用静态利差(Static Spread)这一指标来反映。

静态利差是指假定投资者持有债券至偿还期,债券所实现的收益会在国债到期收益曲线之上高多少个基点。静态利差不是公司债券到期收益率与国债到期收益率简单相减,而是反映债券到期收益率曲线超过国债到期收益率曲线的程度。静态利差也被称为Z-利差,Z代表Zero,是指波动率为零时的利差。波动率为零的意思是利率变化没有任何其他可能,变化确定无疑。

静态利差的计算公式为

$$P_0 = \sum_{t=1}^{n} \frac{C_t}{(1+r_t+r_{ss})^t} + \frac{F}{(1+r_n+r_{ss})^n} \tag{2-30}$$

用图形来表示会更为清楚,如图2-6所示。

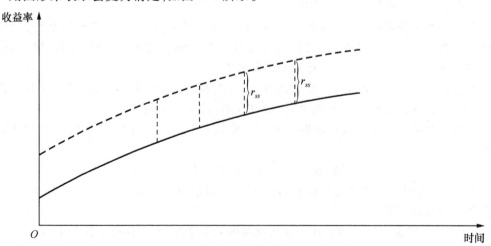

图2-6 静态利差

例 2-10 某公司债券的票面利率为 8%，1 年支付 1 次利息，期限为 5 年，价格为 103.71 元，到期收益率为 7.09%。国债的到期收益率，也就是即期收益率给定，如表 2-13 所示。则其静态利差是多少？

由于把到期收益率曲线平行提升 300 个基点，计算出来的债券价格刚好是 103.71 元，这样就找到了静态利差为 3%，如表 2-13 和图 2-7 所示。

表 2-13 静态利差的计算

	即期收益率(%)	现金流量(元)	z-100	z-200	z-300
1	4.51	8	7.66	7.58	7.51
2	4.68	8	7.30	7.16	7.03
3	4.84	8	6.94	6.75	6.56
4	4.99	8	6.58	6.34	6.10
5	5.14	108	84.06	80.17	76.50
			112.54	108.00	103.71

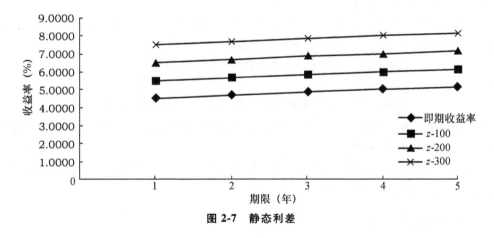

图 2-7 静态利差

静态利差与绝对利差是不同的。例如，在上例中，静态利差为 3%，而债券的到期收益率为 7.09%，而无风险债券的到期收益率为 5.10%（读者可以自己计算一下在到期收益率曲线给定时，5 年期无违约风险债券的到期收益率），这样，绝对利差为 1.99%。

静态利差与绝对利差间的差距取决于以下几个因素：

第一，到期收益率曲线的形状。到期收益率曲线越是陡峭，静态利差与绝对利差间的差距就会越大。如果到期收益率曲线是水平的，那么静态利差与绝对利差两者将不会有什么差别。

第二，票面利率。一个债券的票面利率越高，静态利差与绝对利差间的差距就会越大。

第三，偿还期。一个债券的偿还期越长，静态利差与绝对利差间的差距也会越大。

第四，本金偿还的结构。如果证券本金不是一次性偿还，而是分期偿还，或者不规则地偿还，那么静态利差与绝对利差间的差距也会变大。

(六)选择权调整后的利差

由于利差没有考虑到某些债券的含权属性,因此,该指标存在一定的问题。也就是说,一个公司债券的到期收益率为8%,而同期国债的收益率为6%,看上去有2个百分点的利差,但如果该公司债券是含权的,比如,可以提前回购这一债券,那么这2个百分点的利差也许完全属于选择权的价值。这样,就不会有选择权调整后的利差了。

为了考虑证券的含权性,需要计算选择权调整后的利差(Option-adjusted Spread,OAS)。选择权调整后的利差是将含权债券价值与市场价格之间的差别转化为收益率之差,也就是说,选择权调整后的利差就是通过模型计算出来的含权债券价值与其市场价格相等时的那个收益率之差。但收益率之差或者升水的基准是什么?这一基准是用来定价的国债即期(到期)收益率曲线。由于计算选择权价值应该使用二项式模型,此时利率曲线就成为利率的二项式树图。投资者可以用国债的即期(到期)收益率来构建利率树图,这样,选择权调整后的利差加上信用贴水,就可以反映债券的定价是高还是低。

上面这段话,大家理解起来会有些困难。本书在分析含权证券时,会进一步阐述选择权调整后的利差这一概念。

对于含权债券而言,由于可以计算静态利差,也可以计算选择权调整利差,因此,就可以计算选择权的价值。以基点形式表现的选择权价值为

$$\text{选择权价值(基点)} = \text{静态利差} - \text{选择权调整后的利差} \tag{2-31}$$

或者

$$\text{选择权调整后的利差} = \text{静态利差} - \text{选择权价值(基点)} \tag{2-32}$$

例如,某一债券的静态利差为300个基点,选择权的价值为200个基点,这样,选择权调整后的利差为100个基点。

选择权调整后的利差是投资者尽力追求的指标。选择权调整后的利差越大,表明在其他条件不变的情况下,投资者的投资回报越高。

二、利差的影响因素

影响利差的因素有很多,其中包括违约风险、流动性风险、税收待遇、市场利率的绝对水平、债券的偿还期等。

违约风险越大,利差就会越大。很明显,AAA债券相对于国债的利差,一定会小于AA债券相对于国债的利差。

流动性越强,利差就会越小。由于刚刚发行的债券的流动性最强,而已经发行的债券的流动性降低,因此,已发行债券相对于刚刚发行的债券就会有利差。假定公司债券与国债的违约风险相同,但由于公司债券的流动性不如国债,因此,公司债券相对于国债而言,也会有利差。

税收待遇越低,利差会越大,因为投资者关心的是扣除税收之后的收益率。

一般情况下,当市场利率水平较高时,绝对利差就会比较大;而当市场利率处于低位时,绝对利差就会比较小。此时,相对利差的概念就会说明一定的问题。

在一般情况下,到期收益率曲线向右上方倾斜,因此,债券的偿还期越长,到期收益率越高,利差就会越大。

除了以上因素,影响利差的因素还包括债券含权与否、含权的程度等。

第四节 持有收益率与总收益分析

前面分析了到期收益率指标的若干问题,结论是在一般情况下到期收益率不能作为投资指导的指标,而只能成为衡量价格高低的指标。衡量债券投资在一个投资期内实现的收益率的指标为持有收益率,而要计算持有收益率通常要估计未来的再投资收益率。

一、持有收益率

持有收益率(Holding Period Return,HPR)是指在某一投资期内实现的收益率。这一收益率取决于三个来源,一是获得的利息,二是利息再投资获得的收益,三是资本利得或者资本损失。

如果投资期为一个单期,则持有收益率的计算很容易。

$$P_{t+1} + C_{t+1} = P_t(1 + \text{HPR}_t)$$

$$1 + \text{HPR}_t = \frac{P_{t+1} + C_{t+1}}{P_t} \tag{2-33}$$

$$\text{HPR}_t = \frac{P_{t+1} - P_t + C_{t+1}}{P_t}$$

其中,

HPR_t 为第 t 期的持有收益率;

P_t 为债券发行或购买时的价格;

P_{t+1} 为债券到期日或者出售的价格;

C_{t+1} 为时点 $t+1$ 获得的利息。

例 2-11 假设某投资者在 2019 年 1 月 1 日购买了一张债券,面值为 1000 元,价格为 800 元,票面利率为 6%,每半年支付 1 次利息,利息支付日为 1 月 1 日和 7 月 1 日。该投资者将这张债券于 7 月 1 日售出,价格为 803 元,则持有收益率为

$$\begin{aligned}\text{HPR}_t &= \frac{P_{t+1} - P_t + C_{t+1}}{P_t} \\ &= \frac{803 - 800 + 0.03 \times 1\,000}{800} \\ &= 4.125\%\end{aligned}$$

由于持有期为半年,因此按年计算的约当持有收益率为 8.25%。

如果持有期较长,或者现金流量的形成与前面的不同,那么持有收益率的计算公式也应该做出调整。假定投资者在 2020 年 1 月 1 日出售了债券,价格为 805 元,持有期刚好为 1 年。由于债券是半年支付 1 次利息的,因此持有收益率应该按照下面的方法计算:

$$P_{t+2} + C_{t+2} + C_{t+1}(1 + \text{HPR}_t) = P_t(1 + \text{HPR}_t)^2$$

$$805 + 30 + 30(1 + \text{HPR}_t) = 800(1 + \text{HPR}_t)^2$$

得
$$\text{HPR}_t = 4.06\%$$
则约当持有收益率为 8.12%。

读者已经注意到,在上面计算持有收益率时,假定第一笔利息的再投资收益率与要计算的持有收益率相等。这与计算到期收益率时的假定是一样的。这同样会产生问题,因为一般情况下再投资收益率很难等于想要计算的持有收益率。如果持有期不是很长,则误差不会太大;如果持有期很长,那么误差就会很大。这样一来,就必须改变这样的假定。为了计算持有收益率,需要估计再投资收益率。

二、总收益分析

由于债券投资获得收益的来源有三个,因此我们对这三个来源进行分解。

首先,计算全部利息收入累积到投资期期末的总价值。

我们利用年金等式确定全部利息收入累积到期末时的价值,公式为

$$C\left[\frac{(1+y)^n - 1}{y}\right] \tag{2-34}$$

其中,

C 为利息支付(半年);

n 为至偿还期或者出售债券时利息支付次数;

y 为半年基础上的再投资收益率(我们先假定各期的再投资收益率都是 y)。

其次,计算利息的利息。

利息总价值中,全部静态利息之和为 nC。因此,利息的利息为

$$C\left[\frac{(1+y)^n - 1}{y}\right] - nC \tag{2-35}$$

最后,计算资本利得,即

$$P_n - P_0 \tag{2-36}$$

例 2-12 分解平价债券投资收益。某投资者购买一张平价债券,面值为 1 000 元,当然价格也是 1 000 元;偿还期为 7 年,票面利率为 9%(半年支付 1 次利息)。已知到期收益率为 9%。

如果到期收益率为 9%,即每半年的收益率为 4.5%确定无疑,那么在到期日,累计收入为 1 852 元,即

$$1\,000 \times (1.045)^{14} = 1\,852$$

所以,投资收益就是 852 元 (1 852−1 000)。

分解如下:

(1) 利息加上利息的利息为 852 元。

$$45 \times \left[\frac{(1.045)^{14} - 1}{0.045}\right] = 852$$

(2) 利息的利息为 222 元(852−14×45)。

(3) 资本利得为 0。因为是平价债券,期末偿还价格即面值,这与购买价格相等。

因此,利息的利息占总收益的 26%(222/852)。收入中的 26% 是有风险的,这一风险就是再投资收益率的风险。也就是说,如果市场利率发生变化,利息的利息就会发生变化,从而影响投资者实现的收益率。

例 2-13 分解折价债券。某人投资于一种债券,该债券的期限为 20 年,票面利率为 7%(半年支付 1 次利息),价格为 816 元(面值为 1 000 元),到期收益率为 9%。

已知到期收益率为 9%,则每半年的收益率为 4.5%,那么在到期日,累计收入为 4 746 元,即

$$816 \times (1.045)^{40} = 4\,746$$

因此,总收益为 4 746-816=3 930(元)。

我们做以下分解:

(1) 利息加上利息的利息为 3 746 元。

$$35 \times \left[\frac{(1.045)^{40} - 1}{0.045}\right] = 3\,746$$

(2) 利息的利息为 2 346 元(3 746-40×35)。

(3) 资本利得为 184 元(1 000-816 元)。

也就是:总利息 1 400 元,利息的利息 2 346 元,资本利得 184 元,总和 3 930 元。我们简单看一看就会得知,该债券的主要收益是利息的利息,因此,利率的变化,进而再投资收益率的变化将在很大程度上影响投资者实现的收益率。

例 2-14 分解溢价债券。某人投资于期限为 20 年的债券,票面利率为 8%(半年支付 1 次利息),价格为 1 231.15 元(面值为 1 000 元),到期收益率为 6%。

如果 6% 的到期收益率,即每半年 3% 的收益率确定无疑,那么在到期日,累计收入为 4 016.05 元,即

$$1\,231.15 \times (1.03)^{40} = 4\,016.05$$

因此,总收益为 4 016.05-1 231.15=2 784.9(元)。

我们做以下分解:

(1) 利息加上利息的利息为 3 016.05 元。

$$40 \times \left[\frac{(1.03)^{40} - 1}{0.03}\right] = 3\,016.05$$

(2) 利息的利息为 1 416.05 元(3 016.05-40×40)。

(3) 资本损失为 231.15 元(1 000-1 231.15)。

也就是:总利息 1 600 元,利息的利息 1 416.05 元,资本损失 231.15 元,总和 2 784.9 元。该债券的重要收益来源是利息的利息,因此,再投资收益率的变化将在很大程度上影响持有收益率。

三、总收益的敏感性分析

市场利率的变化对总收益的影响非常大,这里用敏感性分析的方法说明这一道理。

例 2-15 某人投资于一张债券,债券期限为 20 年,票面利率为 7%(半年支付 1 次利息),购买价格为 816 元(面值为 1 000 元),到期收益率为 9%。但假定购买之后,再投

资收益率降为 6%（半年 3%），则对总收益的影响如何？

（1）利息加上利息的利息为 2 639 元。

$$35 \times \left[\frac{(1.03)^{40} - 1}{0.03}\right] = 2\,639$$

（2）利息的利息为 1 239 元（2 639−40×35）。

（3）资本利得为 184 元（1 000−816）。

此时，全部利息 1 400 元，利息的利息 1 239 元，资本利得 184 元，总收益 2 823 元。读者可以计算此时该债券的持有收益率为 7.6%，明显低于 9%的到期收益率。

第五节　再投资收益率风险

一、债券投资中的均衡利率

在分析再投资收益率风险之前，我们先介绍均衡利率（Break-even Rate）的计算。

假设一个投资者正在考虑选择一个合适的债券期限。如果他选择的期限过长，他会担心市场利率上升引起债券价格过大幅度的下降，这对他当然是不利的。为了指导他的选择，该投资者最好能够知道未来利率会发生怎样的变化。假定该投资者将以持有期相同的零息债券的收益率作为基准，此时要分析的问题就是期限更长的债券实现的收益率，是否高于这一零息债券的到期收益率。

假定投资者在时点 0 投资 1 元钱，购买期限为 H 的零息债券，那么他在期末的财富将是

$$1 \times (1 + y_H)^H$$

相应地，假定投资者在时点 0 投资 1 元钱，购买期限为 T 的零息债券，在时点 H 出售这一债券，那么他在期末的财富将是

$$\frac{1 \times (1 + y_T)^T}{(1 + y_{T-H})^{T-H}} \tag{2-37}$$

其中，

$1 \times (1 + y_T)^T$ 代表投资 1 元钱购买期限为 T 的零息债券在偿还期期末的总价值；

$\dfrac{1}{(1 + y_{T-H})^{T-H}}$ 代表从 H 到 T 期的折现因子。

我们要计算折现因子多大或者均衡利率是多少时才能让投资者购买 T 期的债券与直接购买 H 期的零息债券获得同样的收益。也就是

$$\frac{1 \times (1 + y_T)^T}{(1 + y_{T-H})^{T-H}} = 1 \times (1 + y_H)^H$$

$$(1 + y_{T-H})^{T-H} = \frac{(1 + y_T)^T}{(1 + y_H)^H} \tag{2-38}$$

$$y_{T-H} = \left[\frac{(1 + y_T)^T}{(1 + y_H)^H}\right]^{\frac{1}{T-H}} - 1$$

如果从 H 期到 T 期的到期收益率刚好由上式确定,那么购买长期债券与购买短期债券获得了相同的收益。投资者可以比较长期债券和短期债券到期收益率的大小,也可以直接比较$(1+Y_{T-H})$与 H 期零息债券到期收益率的大小,分析未来利率的变化有多大,投资于长期债券是否还相对有利。

二、再投资收益率风险

在理论上,再投资收益率风险相当复杂。本节以零息债券为例,分析再投资收益率风险。

第一,在到期收益率曲线向右上方倾斜时,如果再投资收益率不上升,即按照现在收益率曲线所对应的收益率获得收益,那么,投资于长期零息债券更为有利。假如到期收益率曲线还是本书表 2-11 给出的,其中 1~5 年的收益率如下:

$$y_1 = 4.5056\%$$
$$y_2 = 4.6753\%$$
$$y_3 = 4.8377\%$$
$$y_4 = 4.9927\%$$
$$y_5 = 5.1404\%$$

例如,投资者的投资期为 2 年,该投资者有多种投资选择:第一是连续投资两个 1 年期零息债券;第二是直接购买 2 年期零息债券;第三是购买 3 年或 3 年以上的零息债券,在第 2 年年底出售。

在 2 年后,第一种投资选择给投资者带来的收益是 1.0921(即 1.045056^2);第二种选择给投资者带来的收益是 1.0957(即 1.046753^2);第三种选择机会有很多,结果也各不相同,以选择 5 年期债券、2 年后出售为例,投资者的收益为 1.1151(即 $1.051404^5/1.048377^3$)。这说明,在到期收益率曲线向右上方倾斜而又不发生变化的情况下,投资长期债券会获得更多的收益。

第二,在到期收益率曲线向右上方倾斜时,即使未来再投资收益率上升,但只要不超过一定的幅度,投资于长期证券还是相对有利的。例如,2 年后,到期收益率曲线平行上升,只要上升幅度不超过 0.3112%,选择 5 年期债券依然有利。

前面介绍了均衡利率的计算,在本例中,平衡点为 5.4516%,即

$$y_{T-H} = \left[\frac{(1+y_T)^T}{(1+y_H)^H}\right]^{\frac{1}{T-H}} - 1$$

$$y_{5-2} = \left[\frac{(1+y_5)^5}{(1+y_2)^2}\right]^{\frac{1}{5-2}} - 1$$

$$= \left[\frac{(1+0.051404)^5}{(1+0.046753)^2}\right]^{\frac{1}{3}} - 1$$

$$= 5.4516\%$$

也就是说,在时点 2,如果 3 年期零息债券的到期收益率不超过 5.4516%,那么选择

5年期债券的收益率,就不会低于2年期债券的收益率。

第三,假定其他因素不发生变化,长期债券与基准债券的收益率溢价越大,均衡利率就越高,这一长期债券给投资者带来的收益就越大。

例如,同样还是5年期零息债券,投资者还是持有2年,不同的是5年期债券的收益率为6.1404%。2年期债券的收益率还是4.6753%,那么平衡点将变成7.1285%。

$$y_{5-2} = \left[\frac{(1+y_5)^5}{(1+y_2)^2}\right]^{\frac{1}{5-2}} - 1$$

$$= \left[\frac{(1+0.061404)^5}{(1+0.046753)^2}\right]^{\frac{1}{3}} - 1$$

$$= 7.1285\%$$

此时购买5年期债券并持有2年的收益更大了。

第四,如果到期收益率曲线为水平的,那么该曲线在未来向上移动,即再投资收益率上升,投资于长期证券的收益将低于短期证券。如果到期收益率曲线为水平的,那么各种期限的远期利率或者说均衡利率都相等,都等于各种证券的到期收益率本身。由于远期利率是两种零息债券到期收益率的加权平均,既然各期零息债券的收益率都相等,其加权平均值也必然等于这一收益率。如果到期收益率曲线是水平的,那么收益率曲线向上移动,就会使得长期债券的收益低于短期债券;相反,到期收益率曲线向下移动会导致长期债券的收益率高于短期债券。例如,到期收益率曲线平行,各期都是6%。如果到期收益率曲线在1年之后平行上升1个百分点,达到7%,那么,购买2年期零息债券获得的收益率还是每年6%。连续购买2个1年期债券,实现的年收益率为6.5%。而投资于5年期债券获得的收益率为4.5175%[即$(1.06^5/1.07^3)^{1/2}-1$]。

第五,如果到期收益率曲线向下倾斜,要使长期债券获得与短期债券相同的收益,市场利率必须下降。例如,1年、2年、3年期零息债券的到期收益率为8%、7%、6%。如果投资期为1年,那么持有1年期零息债券至偿还期的收益率为8%。持有3年期零息债券共1年时间的收益率,取决于1年后该债券的出售价格。如果到期收益率曲线不变,那么2年期债券的收益率为7%,该3年期债券在1年后的出售价格为$0.8734\left(即\frac{1}{1.07^2}\right)$,而在时点0购买3年期零息债券的价格为$0.8396\left(即\frac{1}{1.06^3}\right)$,投资收益率为4.02% $\left(即\frac{0.8734-0.8396}{0.8396}\right)$,远远低于直接购买1年期零息债券的收益。

为了让购买3年期债券与购买1年期债券获得相同的收益,必须有

$$\frac{x - 0.8396}{0.8396} = 8\%$$

$$x = 0.9086$$

此时均衡收益率即2年期零息债券的收益率降为5.02%。

第六,如果到期收益率曲线不是单调上升或下降,那么即使长期证券的到期收益率

低于短期证券,在利率上升的环境中,长期证券的持有收益率也可能超过短期证券。例如,1 年、2 年、3 年期零息债券的到期收益率分别为 8.1%、7.9%、8%。1 年后 2 年期债券的均衡收益率为 7.95% $\left[\text{即}\left(\frac{1.08^3}{1+8.1\%}\right)^{\frac{1}{2}}-1\right]$。这说明,1 年后,当 2 年期的远期利率为 7.95% 时,在时点 0 购买 1 年期债券和 3 年期债券的收益率相等。而如果到期收益率曲线不变,即 1 年后 2 年期零息债券的到期收益率还是 7.9%,那么 3 年期债券的价格会更高一些,投资者的收益率会高于 8.1%。

第七,只要利率期限结构不是水平的,尽管该曲线不发生变动,投资者在偿还期前出售债券,他的持有收益率也不会等于到期收益率。前面的例子已经说明了这一问题。

即使 5 年期债券的收益率为 6%,3 年期债券的收益率为 5.5%,收益率之差为 0.5%,购买 5 年期债券的收益也只有 13.97%(即 $1.06^5/1.055^3-1$)。

即使 5 年期债券的收益率为 6%,3 年期债券的收益率为 4%,收益率之差高达 2%,购买 5 年期债券的收益也只有 18.97%(即 $1.06^5/1.04^3-1$)。

上例说明,长期债券价格上升的幅度很大。从另一个角度来说,长期债券的风险更大。

第八,即使到期收益率曲线向上倾斜,并且不发生变化,最高到期收益率的债券也不一定实现最高的持有收益率。

例如,根据本书表 2-11 给出的收益率:

$$y_1 = 4.5056\%$$
$$y_{16} = 6.2718\%$$
$$y_{17} = 6.3292\%$$
$$y_{23} = 6.5133\%$$
$$y_{24} = 6.5171\%$$

假定利率期限结构在 1 年内不发生变化,那么,持有 17 年期债券在 1 年内的收益率为 7.252%,即

$$1.063292^{17}/1.062718^{16}-1=7.252\%$$

持有 24 年期债券在 1 年内的收益率为 6.605%,即

$$1.065171^{24}/1.065133^{23}-1=6.605\%$$

在本例中,24 年期债券的到期收益率高于 17 年期债券的到期收益率,但如果到期收益率曲线不变,17 年期债券的持有收益率会更高一些。

第九,在到期收益率曲线不发生变化时,对于局部上升的到期收益率曲线而言,持有收益率要高于到期收益率;而对于局部下降的到期收益率曲线而言,持有收益率会低于到期收益率。

在图 2-4 给出的到期收益率曲线中,到期收益率在期限 0～24 年是上升的。假定投资期仅为 1 年,如果到期收益率曲线不变,那么期限为 0～24 年的债券的持有收益率都会高于其到期收益率。而期限为 24～30 年的债券的到期收益率是下降的。因此,如果投资期为 1 年,并假定到期收益率曲线不变,那么 25～30 年期债券的持有收益率会低于

其到期收益率。例如,30 年期债券的到期收益率为 6.3790%,而持有 1 年的收益率为 5.162%,即

$$1.063790^{30}/1.064212^{29} - 1 = 5.162\%$$

习题

一、思考题

1. 分析固定收益证券投资中到期收益率指标的优点和缺点。

2. 假定某公司债券的期限为 5 年,级别为 A,到期收益率为 8%,在柜台交易。而 5 年期国债的到期收益率为 5%,该国债在交易所交易。国债利息是免税的。请从本例出发,分析影响利差的因素。

3. 利率变化导致再投资收益变化,请指出其中 5 个一般性结论。

4. 折现因子通常有哪些求取的方法?各自的优缺点是什么?

5. 投资者有两种投资,甲种投资期为半年,收益率为 20%;乙种投资期为 3 个月,收益率为 15%。能否简单判断乙种投资比甲种投资的收益高?为什么?

二、计算题

1. 假定到期收益率曲线是水平的,都是 5%。一个债券的票面利率为 6%,1 年支付 1 次利息,期限为 3 年。如果到期收益率曲线平行上升 1 个百分点,请计算债券价格的变化。

2. 假定某债券的面值为 100 元,期限为 3 年,票面利率为年 6%,1 年支付 2 次利息。请计算债券本息累积到第 3 年年底的总价值(再投资收益率为半年 3%)。

3. 假定某债券面值为 100 元,期限为 3 年,票面利率为年 6%,1 年支付 2 次利息,投资者购买价格为 103 元。请计算在再投资收益率为年 4% 的情况下投资者的年收益率。

4. 一个投资者按 85 元的价格购买了面值为 100 元的 2 年期零息债券。投资者预计这两年的通货膨胀率将分别为 4% 和 5%。请计算该投资者购买这张债券的真实到期收益率。

5. 一个债券的期限为 5 年,票面利率为 5%,面值为 100 元,1 年支付 2 次利息,目前的价格为 105 元。求该债券的到期收益率和年有效收益率。

6. 一个债券的期限为 20 年,面值为 100 元,现在的价格为 110 元,票面利率为 6%,1 年支付 2 次利息,5 年后可以按面值回购。计算该债券的到期收益率和至第一回购日的到期收益率。

7. 一张美国国库券,2020 年 11 月 23 日到期,在 2020 年 10 月 16 日的报价为贴现率 2.83%。给定一年为 365 天。则 1 万美元的国库券的购买成本是多少?这一投资的到期收益率(连续利率)是多少?

8. 某投资者购买一张债券,面值为 1 000 元,价格为 1 100 元,偿还期为 8 年,票面利率为 8%(1 年支付 2 次利息)。求该债券的到期收益率,并分解到期收益率的构成(利息、利息的利息、资本利得)。

9. 假定利率期限结构是水平的,为 10%(按年复利计息)。假设你可以按这一利率借

入和贷出资金。市场上有另外三种无风险债券出售,其价格都是 100 元。债券 A 是 2 年期零息债券,在 2 年后支付 550 元。债券 B 和 C 都是 1 年期零息债券。债券 B 在 1 年后支付 225 元,债券 C 在 1 年后支付 450 元(请注意,水平的利率期限结构是由政府零息债券得到的,与债券 A、B 和 C 无关)。

(1) 计算每个债券的年到期收益率(按年复利计息)。请说明该到期收益率并不是一个可靠的投资决策指标。也就是,请说明具有最高到期收益率的债券并不是被低估得最多的债券。

(2) 一个可能的投资策略是买入债券 A 和 C,另一个策略是买入债券 B 和 C。计算这两个组合的到期收益率(按年复利计息)。

(3) 比较这两个投资组合,并且说明到期收益率并不是一个可靠的投资决策指标。同时请说明,可以通过加总各个组成成分的净现值来获得组合的净现值,而组合的到期收益率并不等于其各个成分的到期收益率的简单加权平均。

10. 当期的平价到期收益率[①]如下:

到期日	平价到期收益率(%)
1	10
2	15
3	20
4	23
5	25

假设为年平价到期收益率,按年复利计息。

利用上面提供的信息,计算以下债券在零期的价格,该债券获得的现金流如下:
$C_1 = 10$ 元,$C_2 = 10$ 元,$C_3 = 110$ 元,其中 C_t 是在第 t 期获得的现金收入。

11. 一张 90 天的短期国库券的交易价格为 4.25%,投资者可以用 30 天的回购交易来融资,回购利率为 4%。请计算该笔交易中的短期国库券所产生的未来 60 天的均衡利率。

三、判断题

1. 假设现在是第 0 年,买卖债券没有交易成本,没有违约风险。另外,忽略税收。债券给其持有者带来的现金收入为每年 1 次。假设为年到期收益率,按年复利计息。r_t 是到期日为 t 的零息债券的到期收益率。a_t 是到期日为 t 的年金债券的到期收益率,该债券每年年底支付 1 元。$y_t(k)$ 是到期日为 t 的附息债券的到期收益率,该债券 1 年支付 1 次利息,票面价值为 100 元(票面利率为 k,利息支付从第一年年底开始)。

假设对于期限为 1~30 年的任何零息债券和年金债券,你都可以进行买卖。

请判断如下命题是对还是错,并做出解释:

(1) 如果 $r_t > a_t > y_t(k)$,则一定存在套利机会。

(2) 如果 $r_t > y_t(k) > a_t$,则不存在套利机会。

---

① 平价到期收益率是指证券价格等于面值时的到期收益率。

（3）假设不存在套利机会。考虑任意两个具有相同到期日的债券，如果其到期收益率相同，那么到期日与此相同的任何债券都具有相同的到期收益率。

（4）假设不存在套利机会。长期年金债券的到期收益曲线一定趋于水平。

（5）假设不存在套利机会。任何债券的到期收益率都相等是可能的，而不论其到期日和票面利率为多少。

（6）假设不存在套利机会。利率的期限结构（或者即期利率曲线）向上倾斜，在到期日一次性支付1 978.92元的零息债券的到期收益率要低于r_t。

（7）假设不存在套利机会。利率的期限结构（或者即期利率曲线）向上倾斜，那么任何债券的到期收益率曲线要么水平，要么向上倾斜。

（8）假设不存在套利机会。平价到期收益率曲线要么和零息债券或者年金债券的到期收益率曲线重合，要么在两者之间。

（9）假设不存在套利机会。如果一个债券在第一年支付100元，在第二年支付50元，考虑其到期收益率。则该到期收益率要么落在零息债券或者年金债券的到期收益率曲线之上，要么落在两者之间。

（10）假设不存在套利机会，并且利率期限结构（或者即期利率曲线）不是水平的。则年金债券的到期收益率曲线可以穿过即期利率曲线不止一次。

2. 同样一个债券用约当收益率来报价，同时也基于月收益率来报价（折算成年收益率），约当收益率要高一些。请判断对错，并做出解释。

第三章

零息债券与附息债券分析

- 零息债券
- 债券合成
- 寻找套利机会
- 债券价格的时间效应——θ值

零息债券是不支付利息的债券,是全部债券中最简单也最基本的一种。附息债券是多种零息债券的合成物。不仅附息债券,而且其他所有非含权的固定收益证券,都是零息债券的合成物。因此,分析零息债券是分析附息债券的基础。

本章分为四节。第一节阐述零息债券,第二节讨论债券合成,第三节分析如何寻找套利机会,第四节探讨债券价格的时间效应——θ 值。

第一节 零息债券

一、零息债券的定义

零息债券是到期一次偿还本金和利息的债券,是一种极端的折现债券。零息债券的英文名称很多,其中包括:CATS、LIONS、STRIPS、TIGRS、ZEROS。

零息债券的现金流量非常简单。有些零息债券直接告诉投资者不支付利息,而有些零息债券告诉投资者支付利息,却是在偿还期期末支付利息。在计息方式上,有的零息债券按照单利计息,有的按照复利计息。不论采用哪种计息方式,只要符合零息债券的定义,即到期一次性支付本金和利息,就都属于零息债券。

二、复制的零息债券

零息债券有很独特的地方,那就是没有再投资风险。如果再没有违约风险,那么投资者就一定欢迎这类债券。但中长期国债很少属于零息债券。为了满足投资者的需要,中介机构在附息国债的基础上创造出零息债券。本书将之称为复制的零息债券。

假设有一个 10 年期附息国债,票面利率为 6%,1 年支付 1 次利息,总面值为 10 亿元人民币。其现金流量如图 3-1 所示。

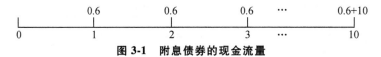

图 3-1 附息债券的现金流量

该债券的现金流量相当于 10 个零息债券的现金流量,前 9 个零息债券的面值都是 0.6 亿元人民币,期限分别为 1 年、2 年,直到 9 年。第 10 个零息债券的期限为 10 年,面值为 10.6 亿元人民币。

中介机构就以这一附息债券为依托,发放 10 个零息债券。而且零息债券的到期时间与附息国债的利息支付时间一一对应。由于这些零息债券完全由附息国债来支撑,不存在违约风险,且没有再投资收益率风险,另外,这些债券的流动性很强,因此,投资者很愿意购买和持有这些零息债券。零息债券的发行价格会稍高一些,这样中介机构就可以从中获得一定的收益。

在美国,这样的零息债券是通过一个特别的渠道来发行的,这个渠道被称为"登记了的本金和利息证券分开交易"(Separate Trading of Registered Interest and Principle Securities,Strips)渠道。所以,复制的零息债券也被称为 Strips。在英文中,Strip 也有脱光、剥离的意思。不知道在这里取名 Strips,是人们有意,还是碰巧。也许有意的成分比较大。

基于国债而复制的零息债券,被称为 Treasury Strips。其中,由国债利息复制的零息债券被称为 Coupon Strips,用"CI"表示,而由国债本金复制的零息债券被称为 Principle Strips,其中,如果本金来自国库票,则用"NP"表示(N 代表 Note),如果本金来自国库债,则用"BP"表示(B 代表 Bond)。之所以有这样的区分,是出于税收方面的原因。一个纳税主体若购买了 Treasury Strips,就必须按年支付利息税,即使其根本没有得到利息。这样,该机构持有这种证券,在偿还期到来之前其现金流量是负的。不同国家对本金和利息的税收待遇是不尽相同的。有些国家把投资于由本金复制的零息债券所产生的收益,定义为资本利得,享受优惠的税收待遇。

第二节 债券合成

附息债券是零息债券的合成物,也是年金债券与零息债券的合成物;零息债券也是附息债券的合成物。本节利用合成的概念把零息债券、附息债券、年金债券等非含权债券统一起来。这一合成的概念,有利于债券的定价和套利机会的寻找。

一、用零息债券复制附息债券

(一) 附息债券的现金流量

一般附息债券是指不含权的附息债券。例如,一个债券的面值为 100 元,票面利率为 6%,1 年支付 1 次利息,期限为 20 年。现金流量如图 3-2 所示。

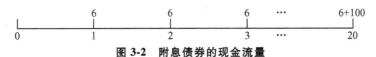

图 3-2 附息债券的现金流量

在利率期限结构由本书表 2-11 给定的情况下,该附息债券的价值为 98.12 元。具体方法是,将期限 20 年的附息债券分解为 20 个无风险的零息债券,期限分别为 1 年,2 年,…直至 20 年,零息债券的面值分别为 6,6,6,…,106。用数学公式表示为

$$V = \sum_{t=1}^{20} d_t \times C_t = 98.12$$

计算过程如表 3-1 所示。

表 3-1 附息债券的定价

期限(年)	到期收益率(%)	折现因子	现金流量(元)	现金流量现值(元)
1/365	4.2387	0.9999	0	0.00
0.5	4.4181	0.9786	0	0.00
1	4.5056	0.9569	6	5.74

(续表)

期限(年)	到期收益率(%)	折现因子	现金流量(元)	现金流量现值(元)
1.5	4.5914	0.9349	0	0.00
2	4.6753	0.9127	6	5.48
2.5	4.7574	0.8903	0	0.00
3	4.8377	0.8679	6	5.21
4	4.9927	0.8229	6	4.94
5	5.1404	0.7783	6	4.67
6	5.2807	0.7344	6	4.41
7	5.4136	0.6914	6	4.15
8	5.5391	0.6497	6	3.90
9	5.6570	0.6094	6	3.66
10	5.7675	0.5708	6	3.42
11	5.8705	0.5339	6	3.20
12	5.9659	0.4989	6	2.99
13	6.0537	0.4658	6	2.79
14	6.1340	0.4345	6	2.61
15	6.2067	0.4052	6	2.43
16	6.2718	0.3778	6	2.27
17	6.3292	0.3523	6	2.11
18	6.3790	0.3285	6	1.97
19	6.4212	0.3065	6	1.84
20	6.4557	0.2862	106	30.33
合计				98.12

（二）做市商如何确定附息债券的买入价与卖出价

在做市商的交易制度下，做市商按照买入价来购买，按照卖出价来出售。卖出价要稍高于买入价。其间的差异，就是做市商的利润来源。例如，假定做市商按照比标准到期收益率曲线高10个基点的价格购买零息债券，按照比标准到期收益率曲线低10个基点的价格出售零息债券，那么对于本例中的债券，做市商的报价如何呢？计算可得买入价为96.79元，卖出价为99.22元。计算过程如表3-2所示。

表3-2 做市商买入与卖出的报价

期限(年)	卖出收益率(%)	买入收益率(%)	卖出折现因子	买入折现因子	现金流量(元)	卖出价格(元)	买入价格(元)
1	4.4056	4.6056	0.9578	0.9560	6	5.75	5.49
2	4.5753	4.7753	0.9144	0.9109	6	5.49	5.47
3	4.7377	4.9377	0.8703	0.8654	6	5.22	5.19
4	4.8927	5.0927	0.8261	0.8198	6	4.96	4.92

(续表)

期限(年)	卖出收益率(%)	买入收益率(%)	卖出折现因子	买入折现因子	现金流量(元)	卖出价格(元)	买入价格(元)
5	5.0404	5.2404	0.7820	0.7746	6	4.69	4.65
6	5.1807	5.3807	0.7386	0.7302	6	4.43	4.38
7	5.3136	5.5136	0.6960	0.6868	6	4.18	4.12
8	5.4391	5.6391	0.6546	0.6448	6	3.93	3.87
9	5.5570	5.7570	0.6146	0.6043	6	3.69	3.63
10	5.6675	5.8675	0.5762	0.5654	6	3.46	3.39
11	5.7705	5.9705	0.5395	0.5284	6	3.24	3.17
12	5.8659	6.0659	0.5046	0.4933	6	3.03	2.96
13	5.9537	6.1537	0.4715	0.4601	6	2.83	2.76
14	6.0340	6.2340	0.4403	0.4289	6	2.64	2.57
15	6.1067	6.3067	0.4110	0.3996	6	2.47	2.40
16	6.1718	6.3718	0.3836	0.3722	6	2.30	2.23
17	6.2292	6.4292	0.3580	0.3467	6	2.15	2.08
18	6.2790	6.4790	0.3342	0.3230	6	2.00	1.94
19	6.3212	6.5212	0.3120	0.3011	6	1.87	1.81
20	6.3557	6.5557	0.2916	0.2808	106	30.91	29.77
合计						99.22	96.79

(三) 任意一种非含权债券的定价

任何确定的现金流都是零息债券的复合物。例如,有这样一个债券,期限为5年,年底产生的现金流量为第一年200万元,第二年300万元,第三年500万元,第四年250万元,第五年150万元。这是一种很特殊的债券。但对于银行、保险公司、社保基金等机构而言,这样的现金流是很正常的。

假如不考虑违约等风险,那么这种债券就可以按照零息债券的复合物来看待。其价格为1 221.58万元。计算过程如表3-3所示。

表3-3 不规则现金流的定价

期限(年)	到期收益率(%)	折现因子	现金流量(万元)	现值(万元)
1	4.5056	0.9569	200	191.38
2	4.6753	0.9127	300	273.80
3	4.8377	0.8679	500	433.93
4	4.9927	0.8229	250	205.73
5	5.1404	0.7783	150	116.75
合计				1 221.58

二、用附息债券复制零息债券

(一) 个案举例

附息债券是零息债券的组合,那么用零息债券自然可以构建出附息债券。但是否可以用附息债券构建零息债券呢?答案是可以的!

例 3-1 有下面三种附息债券(A、B、C)和一种零息债券(D),如表 3-4 所示。

表 3-4 三种附息债券和一种零息债券 单位:元

时间点	现金流量	A	B	C	D
0	$-P$	-100.47	-114.16	-119.31	-95.95
1	C_1	5	10	15	100
2	C_2	5	10	115	
3	C_3	105	110	0	

现在的问题是,如何用上述三种附息债券构建出一个面值为 100 元、期限为 1 年的零息债券?投资者应怎样投资?

我们可以将这一问题换成:确定 A、B、C 三种附息债券的投资量 N_A、N_B、N_C,使得投资组合的现金流量符合下面的要求:

$$5N_A + 10N_B + 15N_C = 100$$
$$5N_A + 10N_B + 115N_C = 0$$
$$105N_A + 110N_B + 0N_C = 0$$

解上面的方程,得

$$N_A = -25.3$$
$$N_B = 24.15$$
$$N_C = -1$$

计算的结果有两个特点:一是需要卖空,二是有小数点。但如果投资数额非常大,那么小数点也就不是一个问题。关于卖空,对一般的投资者而言,也许存在一定的问题,但对大的机构投资者而言,就不一定是个问题。

那么刚才合成出来的零息债券的成本是多少呢?

计算结果为 95.76 元,如表 3-5 所示。

表 3-5 计算结果

	A	B	C	
投资数量(个)	-25.3	24.15	-1	
每个债券的价格(元)	100.47	114.16	119.31	
价值(元)	-2 541.89	2 756.96	-119.31	95.76

由于复制出来的零息债券的成本为 95.76 元,而市场上已经有的零息债券的成本为 95.95 元,因此在不考虑交易成本的情况下,投资者选择复制零息债券而不是购买市场上

现成的零息债券会更为有利。不仅如此,如果投资者卖空市场上的零息债券,通过债券合成的办法购买"自己制造"的零息债券,那么通过每一张债券买和卖的交易,投资者可以获得 0.19 元的收益。如果把交易规模放大 1 万倍,投资者可以获得 1 900 元。放大得越多,他获得的收益就越多。这就是套利,投资者获利,但一点风险都不承担。

（二）构建合成债券的一般方法

令 C_{it} 为债券 i 在时点 t 产生的现金流量,在全部 Q 个时点上,有 Q 个产生不同现金流量的债券。一个债券由 Q 个债券组成,数量分别为 $N_1, N_2, \cdots, N_Q$。

投资者希望在时点 1 产生 W_1 的现金流量,在时点 2 产生 W_2 的现金流量,$\cdots$,在时点 Q 产生 W_Q 的现金流量。

因此,投资者可以构建

$$\begin{aligned} N_1 C_{11} + N_2 C_{21} + \cdots + N_Q C_{Q1} &= W_1 \\ N_1 C_{12} + N_2 C_{22} + \cdots + N_Q C_{Q2} &= W_2 \\ &\cdots \\ N_1 C_{1Q} + N_2 C_{2Q} + \cdots + N_Q C_{QQ} &= W_Q \end{aligned} \tag{3-1}$$

这是一个联立方程组,有 Q 个变量、Q 个方程,投资者知道了全部的 C_{it} 和 W_t,唯独不知道 N_i。

如果市场上有超过 Q 种债券,那么投资者可以实现期望现金流的机会更多,他可以用优化方法来求取。本章后面将举例说明利用线性规划的方法,求解在多种债券情况下如何复制任意现金流。

三、用年金债券与零息债券复制附息债券

（一）基于到期收益率比较不同附息债券

例 3-2 有三种债券,期限都是 10 年,面值都是 100 元,到期日也完全相同,这三种债券都在同一个时点支付利息。票面利率和价格如表 3-6 所示,问:哪种债券应该投资,或者不应该投资?

表 3-6 三种债券的票面利率和价格

债券	票面利率(%)	价格(元)
A	8	117.83
B	6	103.64
C	4	87.46

第二章我们讨论了到期收益率的问题,结论是不能简单地根据到期收益率的高低来决定债券的优劣。在本例中,因为有了债券的现金流量和价格,所以可以很容易地计算出债券的到期收益率,如表 3-7 所示。

表 3-7 到期收益率的计算

债券	票面利率(%)	价格(元)	到期收益率(%)
A	8	117.83	5.62
B	6	103.64	5.52
C	4	87.46	5.68

（二）通过模拟再投资收益率来评价债券的优劣

如果再投资收益率分别为 4%、6%、8%，那么可以分别计算出三种债券的总收益率（持有收益率），如表 3-8 所示。

表 3-8 总收益率   单位:%

债券	票面利率	再投资收益率		
		4	6	8
A	8	5.22	5.72	6.24
B	6	5.20	5.62	6.07
C	4	5.40	5.73	6.09

从表 3-8 中可以看出，B 债券的到期收益率最低，而且在给定再投资收益率的情况下，B 债券的持有收益率也都低于 A 债券和 C 债券。在再投资收益率为 4% 时，C 债券实现的持有收益率高于 A 债券；但在再投资收益率为 8% 时，A 债券实现的持有收益率高于 C 债券，原因是 A 债券的票面利率较高，可以获得较高的再投资收益。

根据再投资假定，可以得出的结论是，投资者不会选择 B 债券，而 A 债券和 C 债券之间的选择，则取决于对未来市场利率的预测。

（三）用年金债券与零息债券复制附息债券

前面分析了如何在债券合成方法中，把附息债券分解为若干个零息债券。实际上，我们可以把债券分解为年金债券和零息债券。由等额利息生成的现金流，我们称之为年金债券。例如，前面例子中的 A 债券，就是由期限为 10 年、每年现金流为 8 元的年金债券，再加上一个期限为 10 年、到期价值为 100 元的零息债券构成的。而 C 债券是由期限为 10 年、每年现金流为 4 元的年金债券，外加一个期限为 10 年、到期价值为 100 元的零息债券构成的。用数学公式表示如下：

$$117.83 = 8\sum_{t=1}^{10} d_t + 100 d_{10}$$

$$87.46 = 4\sum_{t=1}^{10} d_t + 100 d_{10}$$

两个等式相减，得

$$30.37 = 4\sum_{t=1}^{10} d_t$$

因此

第三章 零息债券与附息债券分析

$$7.5925 = \sum_{t=1}^{10} d_t$$

该等式的右边实际上是 10 年期的 1 元的年金的现值。这也意味着 10 年期零息债券的价值是 57.09 元。

现在我们用这样两个参数,来估计票面利率为 6% 的 B 债券的价值:

$$V_B = 6\sum_{t=1}^{10} d_t + 100 d_{10}$$
$$= 6 \times 7.5925 + 57.09$$
$$= 102.645$$

而现在 B 债券的报价是 103.64 元。B 债券的价值相对于 A 债券和 C 债券而言,高估了。

我们也许不知道 A、B、C 哪个债券定价不合理,但我们根据债券合成的办法,确实能够判断出某一个债券相对于其他两个债券而言定价是否合理。在本例中,投资者是不应该购买 B 债券的。这与到期收益率分析以及再投资收益率分析的结论是一致的。由于到期收益率分析有种种问题,因此不能成为债券判别的标准。而再投资收益率分析需要对利率变化进行预测。但把债券拆分成年金债券和零息债券,则可以给债券相对定价。这一分析结论是确定的,有很大的应用价值。

本节前面介绍了用市场中的债券来复制理想债券的方法,而对于票面利息恒定的债券而言,有两种方法来进行合成:

第一种方法,就是用前面的方法,即用零息债券进行组合;

第二种方法,就是用一组年金和单一零息债券来合成(年金的到期日、零息债券的到期日等于恒定票面利率债券的到期日)。

四、用年金债券、零息债券、远期利率复制附息债券

前面分析的 A、B、C 债券刚好有完全一致的到期日,因此可以顺利地进行相对定价分析。但有时债券的付息日相同,到期日却不同。例如,上例中的 A、B、C 债券的付息日完全一样,A 债券和 C 债券的到期日也一样,都是 10 年。但 B 债券的到期日是 11 年,比 A 债券和 C 债券多一年。如何用 A 债券和 C 债券给 B 债券定价呢?

我们根据 A 债券和 C 债券的现金流,可以得到 $\sum_{t=1}^{10} d_t$ 和 d_{10},而 B 债券相当于

$$V_B = 6\sum_{t=1}^{10} d_t + 106 d_{11}$$

如果能够通过某种远期协议,得到从第 10 期到第 11 期的远期利率 $_{10}f_{11}$,那么我们就能够得到 d_{11}。

$$d_{11} = d_{10} \times \frac{1}{(1 + {_{10}f_{11}})}$$

这样,B 债券的价值就可以按下面的方式计算:

$$V_B = 6\sum_{t=1}^{10} d_t + 106 d_{11}$$

$$= 6 \sum_{t=1}^{10} d_t + 106 \times d_{10} \times \frac{1}{(1 + {}_{10}f_{11})}$$

比如，B 债券的市场价格是 103.5 元，远期利率 $_{10}f_{11} = 6.5\%$。根据前面计算出来的 $\sum_{t=1}^{10} d_t$ 和 d_{10} 等信息，可以计算出 B 债券的价值：

$$V_B = 6 \times \sum_{t=1}^{10} d_t + 106 d_{11}$$

$$= 6 \times \sum_{t=1}^{10} d_t + 106 \times d_{10} \times \frac{1}{(1 + {}_{10}f_{11})}$$

$$= 6 \times 7.5925 + 106 \times 0.5709 \times \frac{1}{(1 + 6.5\%)}$$

$$= 102.377$$

而现在 B 债券的报价是 103.5 元。因此，B 债券的价值相对于 A 债券和 C 债券以及远期利率而言，高估了。

第三节 寻找套利机会

在不考虑债券违约风险的情况下，通过将债券现金流量分割成年金债券与零息债券两种，再根据这两种债券的价格给其他债券进行定价，就可以判断哪些债券的价值高估或低估了，从而找到套利方法。注意，套利活动也不承担价格风险。

一、套利的定义

套利是指利用证券定价之间的不一致进行资金转移，从中赚取无风险利润的行为。实现套利必须满足以下条件：

第一，存在价差。之所以能够套利，是因为一项资产在不同的市场上有不同的价格，或者相同市场上某项资产与其他相同资产或其衍生资产之间存在定价上的不一致。简单来讲，一物二价，就产生了套利机会。

第二，同时性和等额性。为了实现无风险利润，套利操作需要实施反向操作，同时买卖等额的资产，从资产的差价中赚取利润，这是套利操作的重要内容。套利区别于一般投资最主要的特点是，套利一点风险都不承担。如果一个投资者动用自己 1 元钱的资金，获得了 1 000 元，我们可以称之为收益高达 1 000 倍，但这不是套利。套利不动用自己的资本，而且自己的资本将不遭受任何损失。如果我们把套利理解为"空手套白狼"，也许更为贴切一些。

用现金流量图来表示，套利可以有以下方式，如图 3-3 至图 3-5 所示。

第一种情况：

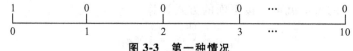

图 3-3 第一种情况

在时点 $1,2,\cdots,10$，投资者权益资金的现金流量都是 0，也就是说，他持有的资产所产生的现金流，与他应该支付的负债的现金流完全一致，不必动用自己的钱。但在时点 0，投资者却得到 1 元的净现金流量。这是套利。

第二种情况：

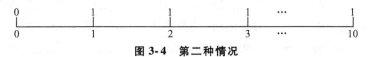

图 3-4 第二种情况

图 3-4 中，在时点 0，投资者通过融资的办法得到资金，全部用来购买某种无风险债券。也就是说，在时点 0，投资者不必动用自己的钱。但在时点 $1,2,\cdots,10$，投资者每期都获得 1 元的净现金流量。这也是套利。

你也许立即想到，如果你从银行按照每年 5% 的固定利率借来资金，全部用来购买债券，债券的票面利率为 6%，而且平价交易，那你不就可以获得这样的现金流了吗？不错，如果你购买的债券是无风险债券，并且从银行借来的资金利率是固定的，那这就是套利。但如果下面众多情形之中有一种发生，就不是套利。

（1）你购买的债券有违约风险，到时你可能得不到利息和本金；
（2）银行利率不是固定利率，而是浮动利率；
（3）债券不是平价交易，而是溢价交易，这使得你将来归还银行的本金与债券偿还给你的本金数额不相等；
（4）债券可以被提前回购。

第三种情况：

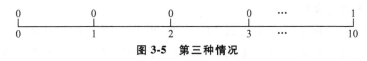

图 3-5 第三种情况

在时点 $0,1,2,\cdots,9$，投资者权益资金的现金流量都是 0，也就是说，投资者资产的现金流与其负债的现金流完全一致，他不必动用自己的钱。但在时点 10，投资者却得到 1 元的净现金流量。这也是套利。

二、套利机会的寻找

在此，本书用举例的办法来介绍套利机会的寻找。

例 3-3 假定到期收益率曲线向下倾斜，有效年收益率如下：

$$y_1 = 9.9\%$$
$$y_2 = 9.3\%$$
$$y_3 = 9.1\%$$

到期收益率是根据三个到期时间分别为 1 年、2 年、3 年的零息债券的价格计算出来的。已知票面利率为 11%、期限为 3 年的债券的价格为 102 元。问：是否存在套利机会？如果存在，如何得到这一机会？

由于债券的价格为 102 元，而价值应当是 104.69 元，因此，价值被明显低估！也就是

$$\frac{11}{1.099}+\frac{11}{1.093^2}+\frac{111}{1.091^3}=104.69>102$$

应如何通过套利获利？可以购买这一价值被低估的债券，出卖一组零息债券，该组零息债券的现金流量与所购买债券的现金流量相吻合，即卖空面值 11 元的 1 年期零息债券，卖空面值 11 元的 2 年期零息债券，卖空面值 111 元的 3 年期零息债券，这样，投资者当天就可以得到 104.69 元。与此同时，某投资者用 102 元购买价值被低估的债券。该投资者当天就可以得到 2.69 元。而未来的现金流入与现金流出完全吻合，这 2.69 元就是无风险收益。

例 3-4 在时点 0 有无风险债券 A 和 B。A 债券在时点 1、2、3 各支付 1 元，价格为 2.24 元。B 债券在时点 1 和 3 支付 1 元，在时点 2 支付 0 元，价格为 1.6 元。A、B 债券的相关信息如表 3-9 所示。

表 3-9　A、B 债券的现金流量　　　　　　　　　　　　单位：元

债券＼时点	0	1	2	3
A	2.24	1	1	1
B	1.6	1	0	1

问题：

（1）计算 2 年期零息债券的到期收益率。

（2）如果存在 C 债券，在时点 2 支付 1 元，价格为 0.74 元。如何获得 2 元的无风险收益？A、B、C 三个债券都可以卖空。

这两个问题都很容易回答。

由于要计算 2 年期零息债券的到期收益率，因此必须先构建一个 2 年期的零息债券。根据 A、B 两个债券的现金流量的分布，用 A 债券的现金流量减去 B 债券的现金流量，就可以得到 2 年期零息债券的现金流量，如表 3-10 所示。

表 3-10　2 年期零息债券的现金流量　　　　　　　　　单位：元

债券＼时点	0	1	2	3
A	2.24	1	1	1
B	1.6	1	0	1
A－B	0.64	0	1	0

由于

$$0.64(1+y_2)^2=1$$
$$y_2=25\%$$

因此，2 年期零息债券的到期收益率为 25%。

如何获得 2 元的无风险收益？很简单，卖空一张 C 债券，购买一张复制的债券（A－B），就可以获得 0.1 元。如果把这一交易放大 20 倍，投资者就可以获得 2 元的无风险收益。具体而言，卖空 20 张 C 债券，卖空 20 张 B 债券，买入 20 张 A 债券。

第三章 零息债券与附息债券分析

例 3-5 有三种无风险证券 A、B、C，它们的价格和现金流量如表 3-11 所示。

表 3-11 三种证券的价格和现金流量 单位:元

债券\时点	0	1	2
A	90	100	0
B	75	0	100
C	155	100	100

假定不允许卖空，请回答以下问题：

（1）是否有一组折现因子，与上述证券的价格相对应？

（2）张三想构建一个组合，该组合在时点 1 产生 200 元的现金流量，在时点 2 产生 100 元的现金流量，他应该如何选择？被选中的组合的成本是多少？

（3）张三如果想让组合在时点 1 多产生 100 元的现金流量，那么额外增加的 100 元的收益率（年复利）是多少？如果额外的现金流量发生在时点 2，情况又会怎样？

（4）李四想构建一个组合，该组合在时点 1 产生 100 元的现金流量，在时点 2 产生 200 元的现金流量，他应该如何选择？被选中的组合的成本是多少？

（5）李四如果想让组合在时点 1 多产生 100 元的现金流量，那么额外增加的 100 元的收益率（年复利）是多少？如果额外的现金流量发生在时点 2，情况又会怎样？

（6）二人收益率出现差别的主要原因是什么？

解答：

（1）如果存在一组折现因子，那么应该有下面的联立方程：

$$90 = 100d_1$$
$$75 = 100d_2$$
$$155 = 100d_1 + 100d_2$$

很显然，不存在与上述证券价格相匹配的一组折现因子。

（2）张三为了让组合在时点 1 产生 200 元的现金流量，在时点 2 产生 100 元的现金流量，共有两个选择：一是持有 1 张 A 债券和 1 张 C 债券；二是持有 2 张 A 债券和 1 张 B 债券。第一种选择的成本是 245 元，而第二种选择的成本是 255 元。因此，张三应该选择第一种方案，即持有 1 张 A 债券和 1 张 C 债券。

（3）张三如果想让组合在时点 1 多产生 100 元的现金流量，而且不能卖空，那么他应该持有另外 1 张 A 债券，价格是 90 元。年收益率为 11.11%，即

$$90(1 + y_1) = 100$$
$$y_1 = 11.11\%$$

张三为了在时点 2 产生额外 100 元的现金流量，他有两个选择：一是直接购买 1 张 B 债券，价格是 75 元；二是出售 A 债券，然后购买 C 债券。他之所以可以出售 A 债券，是因为他手里有。这不是卖空，而是调整自己的债券组合。这样的成本是 65 元（155-90）。所以，张三应该出售 A 债券，然后购买 C 债券。收益率为 24.03%，即

$$65(1+y_2)^2 = 100$$
$$y_2 = 24.03\%$$

（4）李四想构建一个组合，该组合在时点 1 产生 100 元的现金流量，在时点 2 产生 200 元的现金流量，他有两个选择：一是持有 1 张 B 债券和 1 张 C 债券，成本为 230 元；二是持有 1 张 A 债券和 2 张 B 债券，但成本为 240 元。因此，李四应该持有 1 张 B 债券和 1 张 C 债券。

（5）李四为了让组合在时点 1 多产生 100 元的现金流量，有两个选择：一是额外持有 1 张 A 债券，成本为 90 元；二是卖掉组合中的 B 债券，然后购买 C 债券，这样做的成本为 80 元（155-75）。当然，李四应该选择第二种。收益率为 25%，即

$$80(1+y_1) = 100$$
$$y_1 = 25\%$$

李四为了在时点 2 增加 100 元的现金流量，可以额外持有 1 张 B 债券，成本为 75 元。收益率为 $r = 15.47\%$，即

$$75(1+y_2)^2 = 100$$
$$y_2 = 15.47\%$$

（6）张三和李四的收益率曲线如图 3-6 所示。

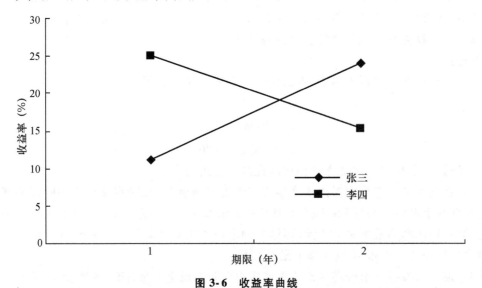

图 3-6 收益率曲线

二者的差别很大，主要是由于 C 债券的低定价。当把 C 债券放入一个组合中时，C 债券的低定价就会使得新组合的收益率增大。当只能用 A、B 债券来构建组合时，收益率就偏低。由于张三和李四的组合不同，利用 C 债券的方式也不同，因此其收益率曲线不同。

例 3-6 假定你是一个无风险套利者。现有四个债券，都没有违约风险，而且都在时点 3 或者之前到期。这四个债券的价格与现金流量的情况如表 3-12 所示。

表 3-12 四个债券的价格与现金流量   单位:元

时点 债券	0	1	2	3
A	100.2	10	10	110
B	93	100		
C	92.85	5	105	
D	110	15	15	115

问:是否存在套利机会?如果有,如何实现这一机会?

解答:如果这四个债券按照表 3-12 中的价格来交易,就存在着套利机会。我们可以通过折现因子的求取,给其他债券定价。如果定价的结果与市场价格不一致,那么就产生了套利机会。

B 债券属于 1 年期零息债券,通过计算,$d_1 = 0.93$。

$$93 = 100 \times d_1$$
$$d_1 = 0.93$$

C 债券是 2 年期附息债券,通过计算,$d_2 = 0.84$。

$$92.85 = 0.93 \times 5 + d_2 \times 105$$
$$d_2 = 0.84$$

A 债券是 3 年期附息债券,通过计算,$d_3 = 0.75$。

$$100.2 = 0.93 \times 10 + 0.84 \times 10 + d_3 \times 110$$
$$d_3 = 0.75$$

由于各个时点上的折现因子都已经得到,我们就可以给 D 债券定价,价格为 112.8 元。而市场价格却是 110 元,很明显 D 债券的定价偏低了,存在套利机会。

套利的办法是购买 D 债券,发行或者卖空 A、B、C 债券的某种组合,该组合的现金流量与 D 债券的现金流量完全一样,即

$$10N_A + 100N_B + 5N_C = 15$$
$$10N_A + 105N_C = 15$$
$$110N_A = 115$$

得

$$N_A = \frac{23}{22}$$
$$N_B = \frac{10}{231}$$
$$N_C = \frac{10}{231}$$

如果我们把规模放大 462 倍,则与 462 个 D 债券有相同的现金流量,需要卖空 483 个 A 债券、20 个 B 债券、20 个 C 债券。

例 3-7 假定你管理着一个退休基金账户,所有的资产都是随时可以交易的,现在的总规模是 11 000 万元。你的下属通过计算,可以精确地告诉你将来要支付多少金额。明

年没有人退休,当然不需要支付现金。但从后年开始,需要支付的金额迅速增加,具体数额如表3-13所示。

表3-13 支付的金额

时点	1	2	3	4
需支付的资金(万元)	0	2 000	4 500	8 000

你作为资产管理人,必须满足资金的支付。经过一番思考,你决定通过建立精确组合(Dedicated Portfolio)来免除风险。精确组合是指完全吻合负债现金流的资产组合。多余的资金可以购买股票等风险资产。根据零息债券的价格得到的折现因子如下:

$$d_1 = 0.9091$$
$$d_2 = 0.8000$$
$$d_3 = 0.7143$$
$$d_4 = 0.6250$$

问:每一种零息债券分别购买多少?

解答:零息债券的购买数量如表3-14所示。

表3-14 零息债券的购买数量

到期时间	零息债券的数量(个)	价格(万元)	成本(万元)
1	0	0.9091	0
2	2 000	0.8000	1 600
3	4 500	0.7143	3 214.35
4	8 000	0.6250	5 000
			9 814.35

假定不用零息债券构建这一精确组合,而只能依赖于下面四种债券,如表3-15所示。

表3-15 四种债券的价格及现金流量   单位:万元

债券	价格	现金流量			
		1	2	3	4
A	98.0874	11	11	111	
B	99.0805	12	12	12	112
C	104.4055	10	12	15	120
D	106.6940	35	35	35	35

问:如何构建组合?

解答:现在的问题,就是如何构建组合,使得组合的现金流量与负债的现金流量一致,即

$$11N_A + 12N_B + 10N_C + 35N_D = 0$$
$$11N_A + 12N_B + 12N_C + 35N_D = 2\,000$$
$$111N_A + 12N_B + 15N_C + 35N_D = 4\,500$$
$$112N_B + 120N_C + 35N_D = 8\,000$$

得到的结果如表 3-16 所示。

表 3-16 构建组合的结果　　　　　　　　　　　　　　单位:万元

债券	价格	债券数量	成本
A	98.0874	-5	-490.44
B	99.0805	-1 020.55	-101 116.60
C	104.4055	1 000	104 405.50
D	106.6940	65.76	7 016.20
			9 814.66

例 3-8 假定市场上存在 A、B、C、D、E 五种债券,这些债券的现金流量以及买入与卖出的价格如表 3-17 所示。

表 3-17 债券的现金流量以及买入与卖出的价格　　　　　　单位:元

债券	面值	价格		现金流量		
		卖出	买入	1	2	3
A	100	94.32	92.81	100		
B	100	91.41	89.97		100	
C	100	87.65	85.14			100
D	100	109.02	106.07	8	8	108
E	100	113.70	111.90	12	112	

投资者希望构建出一个债券组合,该组合在不同的时点至少产生如下现金流:时点 1 产生 50 元,时点 2 产生 200 元,时点 3 产生 160 元。

满足这一条件将有很多选择,但现在要求成本最低,即目标函数为

$$Z = 94.32 \times N_{Aa} + 91.41 \times N_{Ba} + 87.65 \times N_{Ca} + 109.02 \times N_{Da} +$$
$$113.7 \times N_{Ea} - 92.81 \times N_{Ab} - 89.97 \times N_{Bb} -$$
$$85.14 \times N_{Cb} - 106.07 \times N_{Db} - 111.9 \times N_{Eb}$$

其中,

N_{Aa}、N_{Ba}、N_{Ca}、N_{Da}、N_{Ea} 分别为投资者买入 A、B、C、D、E 债券的数量;

N_{Ab}、N_{Bb}、N_{Cb}、N_{Db}、N_{Eb} 分别为投资者卖出 A、B、C、D、E 债券的数量。

时点 1 的现金流量不少于 50 元,可以理解为

$$100 \times N_{Aa} + 8 \times N_{Da} + 12 \times N_{Ea} - 100 \times N_{Ab} - 8 \times N_{Db} - 12 \times N_{Eb} \geq 50$$

时点 2 的现金流量不少于 200 元,可以理解为

$$100 \times N_{Ba} + 8 \times N_{Da} + 112 \times N_{Ea} - 100 \times N_{Bb} - 8 \times N_{Db} - 112 \times N_{Eb} \geq 200$$

时点 3 的现金流量不少于 160 元,可以理解为

$$100 \times N_{Ca} + 108 \times N_{Da} - 100 \times N_{Cb} - 108 \times N_{Db} \geq 160$$

当然,所有债券的投资数量都不为负。

因此,规划问题为使下面的函数达到极小:

$$Z = 94.32 \times N_{Aa} + 91.41 \times N_{Ba} + 87.65 \times N_{Ca} + 109.02 \times N_{Da} +$$
$$113.7 \times N_{Ea} - 92.81 \times N_{Ab} - 89.97 \times N_{Bb} -$$
$$85.14 \times N_{Cb} - 106.07 \times N_{Db} - 111.9 \times N_{Eb}$$

约束条件为

$$100 \times N_{Aa} + 8 \times N_{Da} + 12 \times N_{Ea} - 100 \times N_{Ab} - 8 \times N_{Db} - 12 \times N_{Eb} \geq 50$$

$$100 \times N_{Ba} + 8 \times N_{Da} + 112 \times N_{Ea} - 100 \times N_{Bb} - 8 \times N_{Db} - 112 \times N_{Eb} \geq 200$$

$$100 \times N_{Ca} + 108 \times N_{Da} - 100 \times N_{Cb} - 108 \times N_{Db} \geq 160$$

$$N_{Aa}、N_{Ba}、N_{Ca}、N_{Da}、N_{Ea}、N_{Ab}、N_{Bb}、N_{Cb}、N_{Db}、N_{Eb} \geq 0$$

我们用 Excel 求解线性规划问题,得到 $Z = 369.48$ 元。

此时

$$N_{Aa} = 0.38, \quad N_{Ba} = 1.88, \quad N_{Da} = 1.48$$

$$N_{Ca} = N_{Ea} = N_{Ab} = N_{Bb} = N_{Cb} = N_{Db} = N_{Eb} = 0$$

由于这一问题比较复杂,因此结果并非一目了然。也许第一眼看上去,直接购买三个零息债券,购买数量分别为 $N_{Aa} = 0.5, N_{Ba} = 2, N_{Ca} = 1.6$,也可以满足未来三个时点的现金流量要求。但这样一来,购买成本是 370.22 元,比最优解高出 0.74 元。

$$Z = 0.5 \times 94.32 + 2 \times 91.41 + 1.6 \times 87.65$$
$$= 370.22$$

例 3-9 假定债券买卖没有交易成本。市场上存在 A、B、C、D、E 五种债券,这些债券只按一个价格买卖。债券现金流量与价格如表 3-18 所示。

表 3-18 债券现金流量与价格   单位:元

债券	面值	价格	现金流量		
			1	2	3
A	100	95.690	100		
B	100	91.270		100	
C	100	86.790			100
D	100	103.215	6	6	106
E	100	109.966	10	110	

投资者希望构建一个套利组合,该组合在时点 1、2、3 产生的现金流量都是 0,而在时点 0 投资者可以获得 1 元的套利收益。如果 D 债券的价格是 100 元,情况又会如何呢?

因此,规划问题为使下面的函数达到极小:

$$Z = 95.69 \times N_A + 91.27 \times N_B + 86.79 \times N_C +$$
$$103.215 \times N_D + 109.966 \times N_E$$

约束条件为

$$100 \times N_A + 6 \times N_D + 10 \times N_E = 0$$

$$100 \times N_B + 6 \times N_D + 110 \times N_E = 0$$

$$100 \times N_C + 106 \times N_D = 0$$

$$Z \geq -1$$

其中,$Z \geq -1$,是限制了套利的总金额。套利者只要求 1 元的套利收益。

我们也取消了购买数量非负的限制,如果系数是负的,说明是卖空或者发行债券。

我们用 Excel 求解线性规划问题，得到 $Z=0$。

此时

$$N_A = N_B = N_C = N_D = N_E = 0$$

这是空的组合。也就是说，无法构建套利组合。实际上，读者可以观察，D、E 债券属于附息债券，而价格完全符合折现因子的要求。因此，不存在套利机会。

如果 D 债券的价格是 100 元，那么，规划问题变成使下面的函数达到极小：

$$Z = 95.69 \times N_A + 91.27 \times N_B + 86.79 \times N_C + 100 \times N_D + 109.966 \times N_E$$

约束条件为

$$100 \times N_A + 6 \times N_D + 10 \times N_E = 0$$
$$100 \times N_B + 6 \times N_D + 110 \times N_E = 0$$
$$100 \times N_C + 106 \times N_D = 0$$
$$Z \geq -1$$

其中，$Z \geq -1$，说明套利者只要求 1 元的套利收益。

同样，我们也取消了购买数量非负的限制，即债券可以卖空。

我们用 Excel 求解线性规划问题，得到 $Z=-1$。

此时

$$N_A = -0.17$$
$$N_B = 0$$
$$N_C = -0.33$$
$$N_D = 0.311$$
$$N_E = -0.017$$

很明显，该组合的构建是通过卖空 A、C、E 债券而购买 D 债券实现的。实际上，读者可以察觉 D 债券的定价偏低了。通过卖空其他证券而购买这一低定价的证券，可以获得无风险收益。最简单来讲，卖空三个零息债券而购买 D 债券就可以获得套利收益。要实现不同的套利规模，只需要调整套利组合的规模即可。

例 3-10 假定债券买卖有交易成本，该成本体现在买价与卖价的差别上。市场上存在 A、B、C、D、E 五种债券，这些债券只按一个价格买卖。债券现金流量与价格的三种情况如表 3-19 所示。

表 3-19 债券现金流量与价格的三种情况　　　　　　　　　　　　　　　　　单位：元

第一种情况							
债券	面值	价格			现金流量		
		无交易成本	卖出	买入	1	2	3
A	100	95.690	96.490	94.890	100		
B	100	91.270	92.070	90.470		100	
C	100	86.790	87.590	85.990			100
D	100	103.215	104.159	102.271	6	6	106
E	100	109.966	110.926	109.006	10	110	

（续表）

债券	面值	价格			现金流量		
		无交易成本	卖出	买入	1	2	3
第二种情况							
A	100	95.690	96.490	94.890	100		
B	100	91.270	92.070	90.470		100	
C	100	86.790	87.590	85.990			100
D	100	100.215	101.159	99.271	6	6	106
E	100	109.966	110.926	109.006	10	110	
第三种情况							
A	100	95.690	96.490	94.890	100		
B	100	91.270	92.070	90.470		100	
C	100	86.790	87.590	85.990			100
D	100	102.815	103.759	101.871	6	6	106
E	100	109.966	110.926	109.006	10	110	

投资者希望构建一个套利组合，该组合在时点1、2、3产生的现金流与E债券完全相同，但复制成本低于E债券，从而产生不高于1元的套利收益。

第一种情况：

规划问题为使下面的函数达到极小：

$$Z = 96.49 \times N_{Aa} + 92.07 \times N_{Ba} + 87.59 \times N_{Ca} +$$
$$104.159 \times N_{Da} - 94.89 \times N_{Ab} - 90.47 \times N_{Bb} -$$
$$85.99 \times N_{Cb} - 102.271 \times N_{Db}$$

约束条件为

$$100 \times N_{Aa} + 6 \times N_{Da} - 100 \times N_{Ab} - 6 \times N_{Db} = 10$$
$$100 \times N_{Ba} + 6 \times N_{Da} - 100 \times N_{Bb} - 6 \times N_{Db} = 110$$
$$100 \times N_{Ca} + 106 \times N_{Da} - 100 \times N_{Cb} - 106 \times N_{Db} = 0$$
$$Z - 110.926 \geqslant -1$$
$$N_{Aa}、N_{Ba}、N_{Ca}、N_{Da}、N_{Ab}、N_{Bb}、N_{Cb}、N_{Db} \geqslant 0$$

其中，$Z-110.926 \geqslant -1$，是限制了套利的总金额。套利者复制债券组合的成本比单独购买E债券至多便宜1元。

我们用Excel求解线性规划问题，得到$Z=110.926$。

具体的交易情况为

$$N_{Aa} = 0.1$$
$$N_{Ba} = 1.1$$
$$N_{Ab} = N_{Bb} = N_{Ca} = N_{Cb} = N_{Da} = N_{Db} = 0$$

这表明,复制债券组合的最低成本为 110.926 元,而直接购买 E 债券的价格也是 110.926元。说明不存在套利机会。实际上,每种附息债券都是合理定价的,此时构建套利组合的条件是不具备的。

第二种情况:

规划问题为使下面的函数达到极小:

$$Z = 96.49 \times N_{Aa} + 92.07 \times N_{Ba} + 87.59 \times N_{Ca} + \\ 101.159 \times N_{Da} - 94.89 \times N_{Ab} - 90.47 \times N_{Bb} - \\ 85.99 \times N_{Cb} - 99.271 \times N_{Db}$$

约束条件为

$$100 \times N_{Aa} + 6 \times N_{Da} - 100 \times N_{Ab} - 6 \times N_{Db} = 10$$
$$100 \times N_{Ba} + 6 \times N_{Da} - 100 \times N_{Bb} - 6 \times N_{Db} = 110$$
$$100 \times N_{Ca} + 106 \times N_{Da} - 100 \times N_{Cb} - 106 \times N_{Db} = 0$$
$$Z - 110.926 \geqslant -1$$
$$N_{Aa}、N_{Ba}、N_{Ca}、N_{Da}、N_{Ab}、N_{Bb}、N_{Cb}、N_{Db} \geqslant 0$$

求解的结果为

$$Z = 109.93$$

这比直接购买 E 债券节省了大约 1 元。

具体的交易如下:

$$N_{Aa} = 1.00$$
$$N_{Ab} = 1.32$$
$$N_{Ba} = 1.66$$
$$N_{Bb} = 0.98$$
$$N_{Ca} = 1.58$$
$$N_{Cb} = 8.99$$
$$N_{Da} = 8.00$$
$$N_{Db} = 1.01$$

之所以能够产生套利,是因为 D 债券的定价明显偏低。

第三种情况:

规划问题为使下面的函数达到极小:

$$Z = 96.49 \times N_{Aa} + 92.07 \times N_{Ba} + 87.59 \times N_{Ca} + \\ 103.759 \times N_{Da} - 94.89 \times N_{Ab} - 90.47 \times N_{Bb} - \\ 85.99 \times N_{Cb} - 101.871 \times N_{Db}$$

约束条件为

$$100 \times N_{Aa} + 6 \times N_{Da} - 100 \times N_{Ab} - 6 \times N_{Db} = 10$$

$$100 \times N_{Ba} + 6 \times N_{Da} - 100 \times N_{Bb} - 6 \times N_{Db} = 110$$

$$100 \times N_{Ca} + 106 \times N_{Da} - 100 \times N_{Cb} - 106 \times N_{Db} = 0$$

$$Z - 110.926 \geq -1$$

$$N_{Aa}、N_{Ba}、N_{Ca}、N_{Da}、N_{Ab}、N_{Bb}、N_{Cb}、N_{Db} \geq 0$$

求解的结果为

$$Z = 110.926$$

这表明,复制债券组合的最低成本为110.926元,而直接购买E债券的价格也是110.926元,说明不存在套利机会。实际上,尽管D债券的定价有些偏低,但交易成本的存在消除了套利机会。也就是说,债券定价不合理,有可能产生套利机会;但能否实现这一机会,必须考虑交易成本的大小。

具体的交易如下:

$$N_{Aa} = 0.1$$

$$N_{Ba} = 1.1$$

$$N_{Ab} = N_{Bb} = N_{Ca} = N_{Cb} = N_{Da} = N_{Db} = 0$$

三、实现套利的困难

对于相同品种的国债而言,不同市场中的价格差价大于交易成本时,投资者可以在价格低的市场以低价买入国债,在价格高的市场以高价卖出国债,赚取无风险收益。但当交易成本大于价差时,套利机会就不存在了。而此时价差的存在是正常的。在我国,实现套利机会的困难主要表现在以下方面:

1. 两个市场债券的流动性不同

因为银行间债券市场和交易所债券市场的流动性存在差异,因此,从获利的角度来讲,用流动性差的债券替换流动性好的债券,就可以获得更大的收益。在我国,即应该用流动性最差的银行间市场的债券替换深圳证券交易所的债券,或者用这两个市场的债券替换上海证券交易所的债券。但由于流动性不同,投资者变现的难度加大。尽管套利在理论上与流动性没有关系,而且因为投资者一直持有某种债券,而该种债券所产生的现金流量完全可以抵补投资者负债的现金流量,但因为流动性降低了,因此投资者未来的选择余地减少了,而这对其是不利的。

2. 两个市场的容量不同

如果从事套利的规模超过市场所能承受的量,则国债的市场价格会由此发生一定幅度的变化,从而使套利面临一定的风险。也就是说,市场价格看上去较低,但如果市场容量很小,投资者对一个金融产品的交易额相对较大,就会迅速大幅度改变价格,这样也许事先认为存在的套利机会,瞬间就会消失。交易所市场容量比较小,比较适合规模较小的投资者,而对于大的机构投资者而言,吸引力则不是很大。

3. 市场准入的限制

由于国家对于两个市场的准入都有一定的限制,因此,有资格同时进出银行间债券市场和交易所债券市场的投资者当然更有套利机会。但大部分的金融机构和非金融机构都不能同时进入银行间市场和交易所市场,因而跨市套利的机会没有被频繁地使用。

4. 债券与资金的单向流动

市场只允许资金从银行间市场流向交易所市场,相应地,债券从交易所市场流向银行间市场,相反的交易则不被允许。债券与资金在两个市场间的单向流动,导致两个市场间债券的交易价格出现差异,同券不同价、同券不同收益。

第四节 债券价格的时间效应——θ 值

一、时间效应——θ 值的定义

θ 值反映的是到期收益率曲线不发生变化的情况下,债券价格变化的时间效应。这一时间效应可以理解为持有期无穷小时债券价格的升值水平。

由于零息债券只有偿还期期末的一笔现金流量,零息债券的价格随着时间的推移将逐渐逼近面值。在到期收益率曲线不发生变化的情况下,零息债券在很短时间内的价格变化——θ 值,相当于折现函数在某一时点上的负斜率。

二、θ 值的图形解释

θ 值可以理解为时间在变,而到期收益率曲线不变的情况下,零息债券价格上涨的程度。本节以前面的折现函数(表 2-11)为例来说明。在时间间隔很长,例如 10 年的情况下,零息债券价格变化的幅度很大(见图 3-7);在时间间隔为 5 年的情况下,零息债券价格的变化较大(见图 3-8);在时间间隔只有 1 年的情况下,零息债券价格的变化也较小(见图 3-9);而在时间间隔很短时,零息债券价格的变化更小(见图 3-10)。故 θ 值的大小,与时间间隔密切相关,它可以理解为折现方程的斜率。

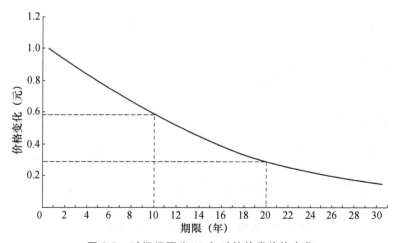

图 3-7 时间间隔为 10 年时的债券价格变化

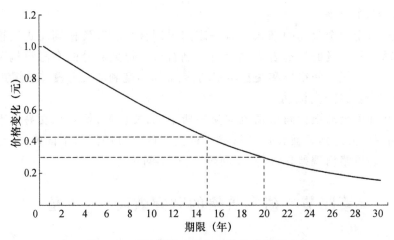

图 3-8　时间间隔为 5 年时的债券价格变化

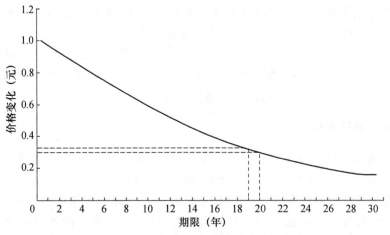

图 3-9　时间间隔为 1 年时的债券价格变化

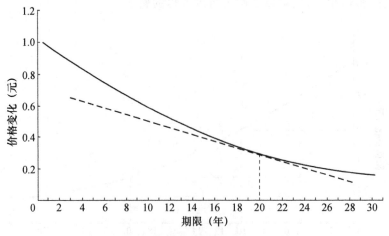

图 3-10　时间间隔很短时的债券价格变化

从以上这四个图形中,我们可以得出这样的结论:在到期收益率曲线不发生变化的情况下,零息债券价格的变化与折现函数有很大的关系。零息债券的 θ 值,在折现函数的不同点上有所不同,因为折现函数不是一条直线,而是一条曲线,各点上的斜率是不同的。

三、θ 值的近似求法

由于零息债券价格的瞬间变化难以计量,即求取 $\theta = \dfrac{\mathrm{d}P}{\mathrm{d}t}$ 是很不容易的,因此,我们可以用近似的办法来求取,即 $\theta = \dfrac{\Delta P}{\Delta t}$。

如果能够得到间隔很短的到期收益率曲线,那么可以计算在那样短的时间内零息债券价格的时间效应,计算公式为

$$\theta_t = \dfrac{P_{t+\Delta} - P_{t-\Delta}}{2 \times \Delta} \tag{3-2}$$

其中,θ_t 为期限为 t 的债券价格的时间效应,P 为债券的价格,Δ 为时间变化。

例 3-11 到期收益率和折现因子如表 3-20 所示。

表 3-20 到期收益率和折现因子

期限(年)	即期收益率(%)	折现因子
1/365	4.2387	0.9999
0.5	4.4181	0.9786
1	4.5056	0.9569
1.5	4.5914	0.9349
2	4.6753	0.9127
2.5	4.7574	0.8903
3	4.8377	0.8679
4	4.9927	0.8229
5	5.1404	0.7783
6	5.2807	0.7344
7	5.4136	0.6914
8	5.5391	0.6497
9	5.6570	0.6094
10	5.7675	0.5708
11	5.8705	0.5339
12	5.9659	0.4989
13	6.0537	0.4658
14	6.1340	0.4345
15	6.2067	0.4052

一个零息债券将在12年后支付1元,利用前面给定的折现函数,$d_{12}=0.4989$,即该债券的价格是0.4989元,那它在1年内的价值增值或者说资本利得是多少?我们可以借助于其他时点上的折现因子,近似求得该12年期的零息债券在1年内的价值增值——θ_{12}。

$$\theta_{12} = \frac{d_{11} - d_{13}}{13 - 11} = \frac{0.5339 - 0.4658}{2} = 0.03405$$

而根据给定的折现函数,该债券过了1年,即偿还期还有11年时,价格为0.5339元,价格上升了0.035元。这与我们计算出来的 $\theta_{12} = 0.03405$ 有一定的误差。但如果有间隔更短的到期收益率曲线的资料,我们就可以大大提高估算的精度。例如,我们有如表3-21所示的到期收益率。

表 3-21 到期收益率

期限(年)	到期收益率(%)	折现因子
10	5.7675	0.5708
11	5.8705	0.5339
11.6	5.9002	0.5143
11.9	5.9645	0.5019
11.95	5.9650	0.5004
11.99	5.9658	0.4992
12	5.9659	0.4989
12.01	5.9660	0.4986
12.05	5.9670	0.4977
12.1	5.9700	0.4958
12.4	5.9805	0.4866
13	6.0537	0.4658
14	6.1340	0.4345
15	6.2067	0.4052

根据这样的折现因子,我们求取时点12的时间效应——θ_{12}。(这种算法较多,但时间间隔越短,应该越精确。)

$$\theta_{12} = \frac{d_{11.6} - d_{12.4}}{12.4 - 11.6} = \frac{0.5143 - 0.4866}{0.8} = 0.034625$$

$$\theta_{12} = \frac{d_{11.9} - d_{12.1}}{12.1 - 11.9} = \frac{0.5019 - 0.4958}{0.2} = 0.0305$$

$$\theta_{12} = \frac{d_{11.95} - d_{12.05}}{12.05 - 11.95} = \frac{0.5004 - 0.4977}{0.1} = 0.027$$

$$\theta_{12} = \frac{d_{11.99} - d_{12.01}}{12.01 - 11.99} = \frac{0.4992 - 0.4986}{0.02} = 0.03$$

我们根据图 2-4 给定的到期收益率曲线，求出各时点近似的 θ 值，如表 3-22 所示。

表 3-22 折现因子与 θ 值

期限(年)	到期收益率(%)	折现因子	θ 值
1/365	4.2387	0.9999	—
0.5	4.4181	0.9786	0.04312
1	4.5056	0.9569	0.04374
1.5	4.5914	0.9349	0.04422
2	4.6753	0.9127	0.04458
2.5	4.7574	0.8903	0.04481
3	4.8377	0.8679	0.04487
4	4.9927	0.8229	0.04477
5	5.1404	0.7783	0.04429
6	5.2807	0.7344	0.04346
7	5.4136	0.6914	0.04234
8	5.5391	0.6497	0.04099
9	5.6570	0.6094	0.03944
10	5.7675	0.5708	0.03775
11	5.8705	0.5339	0.03595
12	5.9659	0.4989	0.03408
13	6.0537	0.4658	0.03217
14	6.1340	0.4345	0.03026
15	6.2067	0.4052	0.02835
16	6.2718	0.3778	0.02648
17	6.3292	0.3523	0.02465
18	6.3790	0.3285	0.02289
19	6.4212	0.3065	0.02119
20	6.4557	0.2862	0.01957
21	6.4826	0.2674	0.01802
22	6.5017	0.2501	0.01656
23	6.5133	0.2343	0.01519
24	6.5171	0.2198	0.01389
25	6.5133	0.2065	0.01267
26	6.5017	0.1944	0.01153
27	6.4826	0.1834	0.01046
28	6.4557	0.1735	0.00946
29	6.4212	0.1645	0.00853
30	6.3790	0.1564	—

四、θ 值变化图

对于给定的折现函数,短期债券的时间效应——θ 值是很重要的,因为短期债券的时间效应很强,很难发生资本损失,即使在利率发生较大变化的时候也是如此。

根据表 3-23 的数据,我们刻画出 θ 值的变化图(Theta Profile),如图 3-11 所示。从图中可以看到,债券价格的时间效应与偿还期有很大的关系。偿还期越短,时间效应越强;偿还期越长,时间效应越弱。

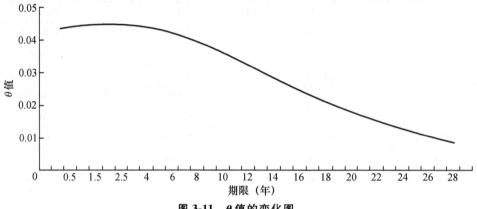

图 3-11 θ 值的变化图

五、得到 θ 近似值的意义

读者可以思考,为什么在分析债券利率风险时有比较精确的持续期的计算公式?主要是因为现金流确定的债券的价格风险,即利率发生一个微小的变化,债券价格就会发生多大的变化能够借助数学中的导数方法计算出来,而在分析因为时间的一个微小的变化,债券价格会发生多大的变化时,用导数方法来计算却是很难的。由于时间变化引起债券价格变化没有一个简单的等式可以利用,因此只能通过求取折现方程的斜率来近似求得 θ 值,这实属无奈之举。

另外,为了计算债券的价格,我们需要一个一般的方法来描述未来的利率期限结构,而描述利率期限结构——也就是构建折现方程,则需要很多额外的假定,许多假定并不现实。也就是说,构建利率期限结构本身没有一个简单的模型可以利用。正因为如此,采取近似的办法求得 θ 值也是必要的。

利用近似的方法求得 θ 值,也有好的一面,那就是这种方法不依赖于某个特定的模型。大家将会看到,在计算金额持续期时,有一个通用的模型,而近似求取 θ 值的方法则更为通用。

六、零息债券的时间-价格变化图与 θ 值

零息债券的时间-价格变化图(Time Profile)是指在到期收益率曲线不发生变化的情况下,随着时间的推移,零息债券价格的变动趋势。零息债券的时间-价格变化图,本质上是折现函数以右边纵轴作 180 度翻转而成的图形。例如,有了前面的折现函数(见

图 3-12),就可以轻易得到时间-价格变化图(见图 3-13)。实际上,时间-价格变化图的斜率就是 θ 值。

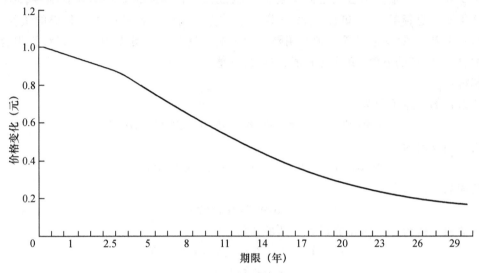

图 3-12 折现函数图

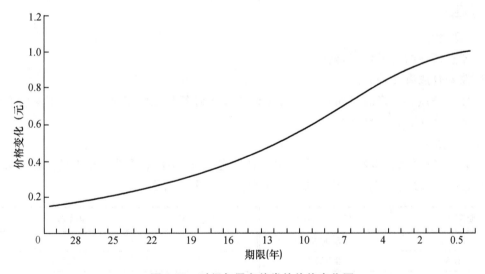

图 3-13 时间与零息债券的价格变化图

七、债券组合的时间效应——θ 值

一般债券组合的时间效应,就是组合中包含的零息债券时间效应的加权总和,权数是单个零息债券的数量,即

$$\theta_P = \sum W_i \cdot \theta_i \tag{3-3}$$

其中,

θ_P 为债券组合的时间效应;

θ_i 为零息债券 i 的时间效应；

W_i 为零息债券 i 的数量。

例 3-12 一个债券组合由下列零息债券构成：10 个单位的 2 年期零息债券，5 个单位的 9 年期零息债券，3 个单位的 29 年期零息债券。组合中包括的单一种类的负债，是 7 个单位的 20 年期零息债券。利率期限结构为本书表 2-11 给定的结构。请计算组合中权益的价值、资产的 θ 值、负债的 θ 值、权益的 θ 值。

解答：

该组合的权益价值为

$$10\times0.9127+5\times0.6094+3\times0.1645-7\times0.2862=10.6641$$

资产的 θ 值为

$$10\times0.04458+5\times0.03944+3\times0.00853=0.66859$$

负债的 θ 值为

$$7\times0.01957=0.13699$$

权益的 θ 值为资产的 θ 值减去负债的 θ 值，即

$$权益的\ \theta\ 值 = 0.66859 - 0.13699$$
$$= 0.5316$$

习题

一、思考题

1. 零息债券的主要特点是什么？
2. 债券合成有几种方法？
3. 什么是债券价格的时间效应？为什么在市场利率不发生变化的时候，不同债券在相同的时间里价格上升的幅度不同？

二、计算题

1. 有一张面值为 1 000 元、期限为 20 年的附息债券，票面利率为 8%，1 年支付 1 次利息，利息分别于时点 $1,2,\cdots,20$ 支付。到期收益率如下表所示。

期限（年）	到期收益率（%）	期限（年）	到期收益率（%）
1/365	8.0000		
0.5	8.0825	10.5	9.3672
1.0	8.1632	11.0	9.4132
1.5	8.2422	11.5	9.4575
2.0	8.3194	12.0	9.5000
2.5	8.3950	12.5	9.5408
3.0	8.4688	13.0	9.5799
3.5	8.5408	13.5	9.6172
4.0	8.6111	14.0	9.6528
4.5	8.6797	14.5	9.6866
5.0	8.7465	15.0	9.7188

(续表)

期限(年)	到期收益率(%)	期限(年)	到期收益率(%)
5.5	8.8116	15.5	9.7491
6.0	8.8750	16.0	9.7778
6.5	8.9366	16.5	9.8047
7.0	8.9965	17.0	9.8299
7.5	9.0547	17.5	9.8533
8.0	9.1111	18.0	9.8750
8.5	9.1658	18.5	9.8950
9.0	9.2188	19.0	9.9132
9.5	9.2700	19.5	9.9297
10.0	9.3194	20.0	9.9444

上表中的到期收益率是按年计算复利的收益率。

(1) 求出这种债券在时点 0、0.5、1 的全价(假定你在时点 1 购买债券,该期的利息支付给卖者)。

(2) 假定到期收益率曲线平行向下移动 100 个基点,即 $r_1 = 7.1632\%$,$r_2 = 7.3194\%$,等等。求出该债券在时点 0、0.5、1 的全价(假定你在时点 1 购买债券,该期的利息支付给卖者)。

(3) 假定到期收益率曲线平行向上移动 100 个基点,即 $r_1 = 9.1632\%$,$r_2 = 9.3194\%$,等等。求出该债券在时点 0、0.5、1 的全价(假定你在时点 1 购买债券,该期的利息支付给卖者)。

(4) 总结上面三个小问题的答案,创建一个三维柱形图。z 轴代表债券全价,x 轴和 y 轴代表 1 年期利率和时间长度。

1 年期利率	时间长度(年)		
	0	0.5	1
7.1632%			
8.1632%			
9.1632%			

2. 下表是关于三种无违约风险债券交易价格和现金流量的情况。所有债券都在时点 2 或者在此之前到期。

单位:元

债券	今天的价格	时点 1 的现金流量	时点 2 的现金流量
A	905	1 000	0
B	800	0	1 000
C	955	100	1 100

如果你可以卖空,那么这些债券的价格存在套利机会吗? 如果存在,你该怎样利用这个机会?

3. 附息债券 A 的面值为 1 000 元,期限为 2 年,票面利率为 10%,1 年支付 1 次利息。该债券的价格为 1 100 元。有两个零息债券 B 和 C,面值都是 100 元。债券 B 的期限为 1 年,价格为 96 元。债券 C 的期限为 2 年,价格为 93 元。请问附息债券的定价是否合理? 如果不合理,请构建一个套利组合。

4. 有下面三种债券:

债券	票面利率(%)	期限(年)	价格(元,面值100)
A	6	5	100
B	3	5	94
C	5	5	99

请分析这三种债券的定价是否合理。如果不合理,请说明理由。

5. 有四种债券,每种都是无违约风险的政府债券。下表第一栏给出了每种债券的当前价格。同样,你能在此价格下买空和卖空债券。剩余各栏给出了债券在第一年、第二年、第三年年末所产生的现金流量。所有债券都在第三年年末或者之前到期。

单位:元

债券	价格	第一年现金流量	第二年现金流量	第三年现金流量
A	100.20	10	10	110
B	93.00	100	0	0
C	92.85	5	105	0
D	121.20	20	20	120

以上债券的价格是否存在套利机会? 如果存在,你该怎样利用这个机会?

6. 假定你管理着一个退休基金账户,所有的资产都是随时可以交易的,现在的总规模是 11 000 万元。你的下属通过计算,可以精确地告诉你将来要支付多少金额。明年没有人退休,当然不需要支付现金。但从后年开始,需要支付的金额迅速增加,具体数额如下:

时点	1	2	3	4
需支付的资金(万元)	270	470	548	612

你作为资产管理人,必须满足资金的支付。经过一番思考,你决定通过建立精确组合来免除风险。多余的资金可以购买股票等风险资产。根据零息债券的价格得到的折现因子如下:

时点	1	2	3	4
折现因子	0.9091	0.8000	0.7143	0.6250

问:每一种零息债券分别购买多少?

如果假定没有零息债券构建这一精确组合,而只能依赖于下面四种债券,应如何构建?

单位:元

债券	价格	现金流量			
		1	2	3	4
A	98.7	11	111		
B	103.5	12	12	112	
C	87.9	8	8	8	108
D	110.7	36	36	36	36

7. 有下面四种债券,所有债券都在第五年年末到期,期末现金流 K 分别如下:

单位:元

债券	价格	K_1	K_2	K_3	K_4	K_5
A	650	100	150	200	250	300
B	850	100	100	100	100	1 100
C	250	0	0	0	0	500
C	2 300	600	650	700	750	800

请问:(1) 是否可以用 A、B、C 三个债券合成 D 债券?

(2) 相对于其他三个债券,D 债券的价格是否合理?如果不合理,可否获得套利收益?

8. 你的公司对外发行了 2 年期的债券,本金为 100 元,票面利率为 10%。有另外一家公司刚刚收购了你的公司,因此需要对已经发行的债券作偿还保证性的安排,即找到相关资产,其净现金流与你公司发行的债券的现金流完全吻合。下表是市场上三种债券的现金流 K 与报价。

单位:元

债券	发行价格	做市商的卖价	现金流 K_1	现金流 K_2
A	0.85	0.9	1	0
B	0.75	0.8	0	1
C	1.55	1.6	1	1

你的公司只能从上述三种债券中选择两个,请问你的投资策略是怎样的,即每种债券的投资数量是多少?

9. 假定市场上存在 A、B、C、D、E 五种债券,这些债券的现金流量以及买入与卖出的价格如下:

单位:元

债券	面值	价格		现金流量		
		卖出	买入	1	2	3
A	100	93.32	91.81	100		
B	100	90.41	88.97		100	
C	100	86.65	84.14			100
D	100	108.02	105.07	8	8	108
E	100	112.70	110.90	12	112	

投资者希望构建一个债券组合,该组合在不同的时点至少产生如下现金流:时点1产生50元,时点2产生200元,时点3产生160元。满足这一条件将有很多选择,但现在要求成本最低。应如何构建组合(不允许卖空)?

21世纪经济与管理规划教材

金融学系列

第四章

持续期与凸性

- 影响债券价格-利率敏感性的因素
- 持续期
- 凸性
- 持续期免疫与避险

在债券风险中,价格风险是非常重要的内容。衡量价格风险主要采用持续期和凸性两个指标。持续期有金额持续期、比率持续期、修正持续期、有效持续期、关键利率持续期等,利用持续期指标可以分析在到期收益率曲线平行移动和非平行移动情况下,债券价格的变化。凸性有金额凸性、比率凸性、修正凸性和有效凸性等指标。凸性的引入可以弥补持续期指标的不足,使我们更精确地衡量债券价格风险。

持续期和凸性指标绝不是用来计算债券价格的,而是用来衡量价格风险的。这两个指标可以广泛地应用在组合免疫和避险上。组合免疫是让资产的价格风险与负债的价格风险相同,使得组合自身的权益价值不受市场利率变化的影响。组合避险是指为了避免组合中某种流动性较差的资产的价格风险,而出售另外一种流动性较好的债券,间接规避组合中流动性较差的那种资产的价格风险。

本章分为四节,第一节介绍影响债券价格-利率敏感性的因素,第二节介绍持续期,第三节介绍凸性,第四节分析持续期免疫与避险。

第一节　影响债券价格-利率敏感性的因素

一、利率与债券价格的关系

简单来讲,债券价格与市场利率是相反的关系:利率越高,债券价格越低;利率越低,债券价格越高。用图形来表示则更为直观,可如图 4-1 所示。

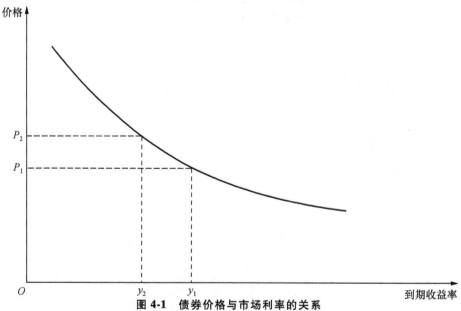

图 4-1　债券价格与市场利率的关系

例 4-1　有一个债券的期限为 10 年,面值为 100 元,票面利率为 6%,1 年支付 2 次利息。到期收益率曲线如表 4-1 所示。

表 4-1 给定的到期收益率曲线

期限(年)	到期收益率(%)	期限(年)	到期收益率(%)
0.5	4.4181	5.5	5.2106
1.0	4.5056	6.0	5.2807
1.5	4.5914	6.5	5.3472
2.0	4.6753	7.0	5.4136
2.5	4.7574	7.5	5.4764
3.0	4.8377	8.0	5.5391
3.5	4.9152	8.5	5.5981
4.0	4.9927	9.0	5.6570
4.5	5.0666	9.5	5.7123
5.0	5.1404	10.0	5.7675

请计算:

(1) 该债券当前的价格;

(2) 当到期收益率曲线分别平行下降 0.25%、0.5%、1% 时,债券的当前价格;

(3) 当到期收益率曲线分别平行上升 0.25%、0.5%、1% 时,债券的当前价格;

(4) 到期收益率曲线不发生变化,该债券在时点 0.5、1、1.5、2 的价格;

(5) 当到期收益率曲线分别平行下降 0.25%、0.5%、1% 时,该债券在时点 0.5、1.0、1.5、2.0 的价格;

(6) 当到期收益率曲线分别平行上升 0.25%、0.5%、1% 时,该债券在时点 0.5、1.0、1.5、2.0 的价格;

(7) 绘制债券价格与到期收益率、时间变化之间的关系图。

解答:(1) 债券的当前价格为 103.29 元。计算过程如表 4-2 所示。

表 4-2 债券价格的计算过程

期限(年)	到期收益率(%)	折现因子	现金流(元)	现值(元)
0.5	4.4181	0.9786	3	2.94
1.0	4.5056	0.9569	3	2.87
1.5	4.5914	0.9349	3	2.80
2.0	4.6753	0.9127	3	2.74
2.5	4.7574	0.8903	3	2.67
3.0	4.8377	0.8679	3	2.60
3.5	4.9152	0.8454	3	2.54
4.0	4.9927	0.8229	3	2.47
4.5	5.0666	0.8006	3	2.40
5.0	5.1404	0.7783	3	2.33
5.5	5.2106	0.7563	3	2.27
6.0	5.2807	0.7344	3	2.20
6.5	5.3472	0.7128	3	2.14
7.0	5.4136	0.6914	3	2.07

（续表）

期限（年）	到期收益率(%)	折现因子	现金流（元）	现值（元）
7.5	5.4764	0.6704	3	2.01
8.0	5.5391	0.6497	3	1.95
8.5	5.5981	0.6294	3	1.89
9.0	5.6570	0.6094	3	1.83
9.5	5.7123	0.5899	3	1.77
10.0	5.7675	0.5708	103	58.79
合计				103.29

我们省略计算过程，直接给出问题（2）至问题（6）的结果，如表4-3所示。

表 4-3　各种情况下的债券价格

利率波动（%）	当前价格（元）	过了0.5年的价格（元）	过了1年的价格（元）	过了1.5年的价格（元）	过了2年的价格（元）
-1.00	111.15	111.07	110.95	110.81	110.63
-0.50	107.13	107.19	107.23	107.25	107.24
-0.25	105.18	105.32	105.43	105.53	105.59
0.00	103.29	103.49	103.67	103.84	103.98
0.25	101.44	101.70	101.94	102.18	102.39
0.50	99.63	99.95	100.26	100.56	100.84
1.00	96.14	96.57	96.99	97.42	97.83

用曲面图形来表示，如图4-2所示。

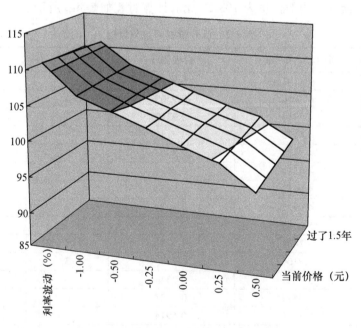

图 4-2　利率波动、时间变化与债券价格

二、基点价值与价格波动的收益率价值

为了便于分析债券价格与到期收益率之间的关系,人们建立了基点价值与价格波动的收益率价值这两个概念。

基点价值(Price Value of a Basis Point)是所要求的到期收益率变动一个基点所对应的债券价格的变化额。这一概念是把债券的相对价格(到期收益率的高低)转化为绝对价格(债券金额的大小),反映的是债券价格与市场利率之间的敏感性。

例 4-2 一个债券的期限为 5 年,票面利率为 9%(半年支付 1 次利息),价格为 100元。求该债券的基点价值。

$$P = \sum_{t=1}^{10} \frac{4.5}{(1+4.505\%)^t} + \frac{100}{1.04505^{10}} = 99.9604$$

基点价值 = 100 − 99.9604 = 0.0396

价格波动的收益率价值(Yield Value of a Price Change),是指债券价格发生一定金额的变化(在美国,通常是 1 美元的 1/32)所对应的到期收益率变化的幅度。这一概念是把债券的绝对价格(债券金额的大小)转化为相对价格(到期收益率的高低)。

例 4-3 一个债券的期限为 5 年,票面利率为 9%(半年支付 1 次利息),收益率为9%,对应的价格为 100 元。求该债券价格波动的收益率价值。

$$100\frac{1}{32} = \sum_{t=1}^{10} \frac{4.5}{(1+y/2)^t} + \frac{100}{(1+y/2)^{10}}$$

$$y = 8.992\%$$

价格波动的收益率价值 = 9% − 8.992% = 0.008%。

三、影响价格-利率敏感性的主要因素[①]

有很多因素影响债券的价格-利率敏感性。这些因素主要包括偿还期、票面利率、利率水平等。通常有以下规律:

第一,一般情况下,假定其他因素不变,偿还期越长,债券的价格-利率敏感性越强。但随着偿还期的延长,敏感性增强的速度在减慢。

例如,15 年期、10 年期、5 年期三种债券相比,市场利率的相同变化,引起 15 年期债券价格的波动,要大于 10 年期债券价格的变化;而 10 年期债券价格的波动,要大于 5 年期债券价格的波动。但是 10 年期相对于 5 年期,15 年期相对于 10 年期而言,前者的价格波动率之差,要大于后者。

例 4-4 假设有三种债券(A、B、C),基本情况如表 4-4 所示。

---

① 曹凤岐、刘力、姚长辉,《证券投资学》(第三版),北京大学出版社 2013 年版,第 193—196 页。

表 4-4 债券价格与偿还期的关系

	A	B	C
年利息(元,1年支付1次)	90	90	90
面额(元)	1 000	1 000	1 000
风险	无	无	无
偿还期(年)	5	10	15
到期收益率(%)	9	10	11
价格(元)	1 000	938.55	856.18
新到期收益率(%)	8.1	9	9.9
新的价格(元)	1 035.84	1 000	931.15
价格波动幅度(%)	+3.58	+6.55	+8.76

假定每种债券对应的到期收益率都下降10%,分别达到8.1%、9%、9.9%。债券的新价格变成1 035.84元、1 000元、931.15元。价格波动幅度分别为3.58%、6.55%、8.76%。因此,偿还期越长,价格波动幅度越大。

另外,10年期和5年期债券价格波动率之差为2.97%(6.55%-3.58%),而15年期与10年期债券价格的波动率之差则为2.21%(8.76%-6.55%)。所以,期限增加,价格波动率下降。

第二,假定其他因素不变,票面利率越低,债券的价格-利率敏感性越强。但市场利率同样幅度的上升与下降,引起债券价格波动的幅度却是不同的。利率下降引起债券价格上升的幅度,要大于同样幅度的利率上升引起债券价格下降的幅度。

例如,票面利率为5%的债券与票面利率为10%的债券相比,市场利率的相同变化引起票面利率为5%的债券价格的变化,要大于票面利率为10%的债券价格的变化。

例 4-5 有下面两种债券(A和B),基本情况如表4-5所示。

表 4-5 票面利率与债券价格波动

	A	B
年利息(1年支付1次)	60	100
面额(元)	1 000	1 000
风险(年)	无	无
偿还期(年)	10	10
到期收益率(%)	12	12
价格(元)	660.98	886.99
第一种情况		
新的到期收益率(%)	13	13
新的价格(元)	620.16	837.21
价格波动幅度(%)	-6.18	-5.61
第二种情况		
新的到期收益率(%)	11	11
新的价格(元)	705.52	941.95
价格波动幅度(%)	+6.74	+6.20

假定两种债券的到期收益率都上升1个百分点,都从12%上升到13%。债券的新价格变成620.16元和837.21元。价格波动幅度分别为-6.18%和-5.61%。因此,票面利率低的债券,利率波动的幅度要更大一些。

又假定两种债券的到期收益率都下降1个百分点,都从12%下降到11%。债券的新价格变成705.52元和941.95元。价格波动的幅度分别为6.74%和6.20%。而前面的分析表明,市场利率上升1个百分点,引起债券价格下降的幅度分别为6.18%和5.61%。所以,有这样的结论:市场利率同样幅度的上升与下降,所引起的债券价格的波动幅度是不同的。利率下降引起债券价格上升的幅度,要大于同样幅度的利率上升引起债券价格下降的幅度。

第三,假定其他因素不变,市场利率水平越低,债券的价格-利率敏感性越强。

假定有下面的债券A,如表4-6所示。

表4-6 债券信息

	债券A
年利息(元,1年支付1次)	60
面额(元)	1 000
风险	无
偿还期(年)	10
到期收益率(%)	6
价格(元)	1 000

到期收益率分别在6%、5%、4%、3%、2%的情况下,利率有25个基点的变化,债券价格波动的幅度是不同的,而且在市场利率越低的情况下,同样幅度的利率变化,引起的债券价格波动的幅度越大,如表4-7和图4-3所示。

表4-7 市场利率与债券价格的敏感性

到期收益率(%)	价格(元)	波动率(%)
2.00	1 359.30	
2.25	1 332.48	-1.97
3.00	1 255.91	
3.25	1 231.62	-1.93
4.00	1 162.22	
4.25	1 140.19	-1.90
5.00	1 077.22	
5.25	1 057.22	-1.86
6.00	1 000.00	
6.25	981.82	-1.82

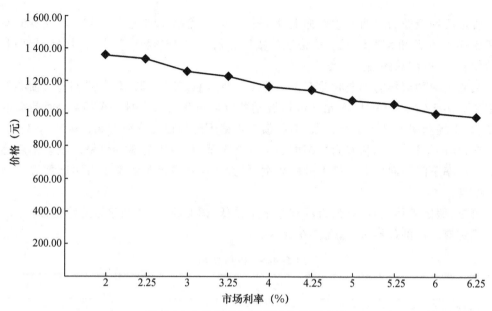

图 4-3 市场利率与债券价格的敏感性

为了更清楚地说明我们的结论,我们再举一个例子。

例 4-6 有四个债券,每个债券的到期收益率都为 9%,半年支付 1 次利息。价格分别为 100 元、100 元、84.175 元和 63.1968 元。偿还期、票面利率与债券价格的关系如表 4-8 所示。

表 4-8 偿还期、票面利率与债券价格的关系

新收益率(%)	基点变化	9%,5 年	9%,20 年	5%,5 年	5%,20 年
6	-300	12.8	34.67	13.73	39.95
8	-100	4.06	9.9	4.35	11.26
8.9	-10	0.4	0.93	0.42	1.05
9.01	1	-0.04	-0.092	-0.042	-0.14
9.5	50	-1.95	-4.44	-2.09	-5.01
10	100	-3.86	-8.58	-4.13	-9.64
12	300	-11	-22.6	-11.9	-25.1

从表 4-8 中可以看出前面分析得出的结论:偿还期越长,价格风险越高;票面利率越低,价格风险越高;利率下降引起债券价格上升的幅度,大于同样幅度的利率上升引起债券价格下降的幅度。

第二节 持 续 期

一、金额持续期

(一) 定义与数学解释

持续期(Duration)是债券价格风险的重要指标。金额持续期是指市场利率发生 1 个

百分点的变化,债券价格变化的金额。

如果到期收益率曲线呈水平状,那么债券价格为

$$P = \sum_{t=1}^{n} \frac{C_t}{(1+y)^t}$$

如果到期收益率发生微小的变化,债券价格的变化为

$$dP = \sum_{t=1}^{n} \frac{-t \cdot C_t}{(1+y)^{t+1}} \cdot dy$$

$$= -\frac{1}{1+y} \sum_{t=1}^{n} \frac{t \cdot C_t}{(1+y)^t} \cdot dy$$

如果到期收益率曲线不是水平的,债券价格的计算公式为

$$P = \sum_{t=1}^{n} C_t \cdot d_t$$

$$P = \sum_{t=1}^{n} \frac{C_t}{(1+y_t)^t}$$

如果到期收益率有一个微小的变化,债券价格的变化应该是债券价格的全导数。

$$dP = \sum_{t=1}^{n} \frac{-t \times C_t}{(1+y_t)^{t+1}} \cdot dy_t \tag{4-1}$$

如果到期收益率曲线是平行移动的,即各期利率都波动 dy,那么

$$dP = \sum_{t=1}^{n} \frac{-t \cdot C_t}{(1+y_t)^{t+1}} \cdot dy \tag{4-2}$$

我们把 $\frac{1}{1+y}$ 当成共同的因子,从上式中提出来。当然,这种处理不符合严格的数学推导,但为了建立一个简单的金额持续期的概念,我们不做严格的数学推导,而是求取债券价格变化的近似等式。

$$dP = \sum_{t=1}^{n} \frac{-t \cdot C_t}{(1+y_t)^{t+1}} \cdot dy$$

$$dP \approx \frac{1}{1+y} \sum_{t=1}^{n} \frac{-t \cdot C_t}{(1+y_t)^t} \cdot dy \tag{4-3}$$

$$dP = -\frac{1}{1+y} \sum_{t=1}^{n} t \cdot V(C_t) \cdot dy$$

其中,

$$V(C_t) = \frac{C_t}{(1+y_t)^t}$$

这样,在到期收益率曲线不是水平的时候,估计市场利率发生微小的变化引起债券价格变化的等式,与到期收益率曲线为水平的情况下估计债券价格变化的等式是相同的。

我们可以用金额持续期(Dollar Duration)来反映市场利率变化 1 个百分点引起的债券价格变化的数额,即

$$\Delta_{\text{金额}} = \sum t \cdot \frac{C_t}{(1+y)^t} = \sum t \cdot V(C_t) \tag{4-4}$$

其中,

$\Delta_{金额}$ 为金额持续期;

t 为现金流量距离时点 0 的长度;

$V(C_t)$ 为债券的现金流量的现值。

由于

$$dP \approx -\frac{1}{1+y} \cdot \sum_{t=1}^{n} t \cdot V(C_t) \cdot dy$$

$$\Delta P \approx -\frac{1}{1+y} \cdot \sum_{t=1}^{n} t \cdot V(C_t) \cdot \Delta y$$

因此

$$\Delta P = -\frac{1}{1+y} \cdot \Delta_{金额} \cdot \Delta y \tag{4-5}$$

为了与债券价格的计算公式相匹配,债券的金额持续期的计算更应该为

$$\Delta_{金额} = \sum t \cdot \frac{C_t}{(1+y_t)^t} = \sum t \cdot V(C_t) = \sum t \cdot C_t \cdot d_t \tag{4-6}$$

(二) 持续期的几何解释

持续期的几何解释可如图 4-4 所示。

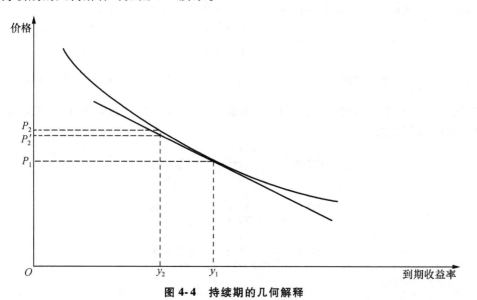

图 4-4 持续期的几何解释

如果用短期利率 y 表示到期收益率,目前的短期利率为 y_1,价格为 P_1。当市场利率下降到 y_2 时,债券的时间价格应该上升到 P_2,但通过金额持续期的计算,债券的价格上升到 P_2'。债券的实际价格与估计价格之间的差距为 P_2P_2'。当市场利率的变化不是很大的时候,债券的时间价格与利用持续期估计的债券价格之间的误差不大。但是,当市场利率波动较大时,二者之间的误差就会很明显。这也说明了利用持续期估计债券价格风险的局限。

另外，从图 4-4 可以看出，债券的实际价格与基于持续期的估计价格之间的关系在利率上升与下降时是相同的，也就是说，无论市场利率是上升还是下降，债券的实际价格都要高于估计价格。这说明有一股力量在推动着债券的实际价格，使得实际价格比单单利用持续期来估计的价格要高。这一力量就是凸性。我们将在后面做详细阐述。

例 4-7 有一个 20 年期的附息债券，面值为 100 元，票面利率为 10%，1 年支付 1 次利息。到期收益率如本书表 2-11 所给定的，那么，该债券的金额持续期为 15.5。经济含义是，如果到期收益率曲线平行移动 1 个百分点，那么债券的价格将波动 15.5 元，如表 4-9 所示。之所以是 15.5 元，而不是 1 550 元，道理很简单，是因为市场利率波动 1 个百分点，因此要用 1 550 除以 100，才能得到金额持续期。

表 4-9 金额持续期的计算

期限(年)	到期收益率(%)	折现因子	现金流量(元)	现值(元)	t 倍现值(元)
1	4.5056	0.9569	10	9.57	9.57
2	4.6753	0.9127	10	9.13	18.25
3	4.8377	0.8679	10	8.68	26.04
4	4.9927	0.8229	10	8.23	32.92
5	5.1404	0.7783	10	7.78	38.92
6	5.2807	0.7344	10	7.34	44.06
7	5.4136	0.6914	10	6.91	48.40
8	5.5391	0.6497	10	6.50	51.97
9	5.6570	0.6094	10	6.09	54.85
10	5.7675	0.5708	10	5.71	57.08
11	5.8705	0.5339	10	5.34	58.73
12	5.9659	0.4989	10	4.99	59.87
13	6.0537	0.4658	10	4.66	60.55
14	6.1340	0.4345	10	4.35	60.84
15	6.2067	0.4052	10	4.05	60.79
16	6.2718	0.3778	10	3.78	60.45
17	6.3292	0.3523	10	3.52	59.89
18	6.3790	0.3285	10	3.29	59.14
19	6.4212	0.3065	10	3.07	58.24
20	6.4557	0.2862	110	31.48	629.57
价格				144.46	1 550.11
金额持续期					15.50

如果是 1 年支付 2 次利息的附息债券，那么金额持续期的计算为

$$P = \sum_{t=1}^{n} \frac{C_t}{(1+y/2)^t}$$

$$dP = \sum_{t=1}^{n} \frac{-t \cdot C_t}{2 \times (1+y/2)^{t+1}} \cdot dy$$

$$dP = -\frac{1}{1+y/2} \sum_{t=1}^{n} \frac{t \cdot C_t}{2 \times (1+y/2)^t} \cdot dy$$

$$\Delta_{金额} = \sum_{t=1}^{n} \frac{t \cdot C_t}{2 \times (1+y/2)^t} \cdot dy$$

$$\Delta_{金额} = \frac{1}{2} \times \sum t \cdot V(C_t) \cdot dy \tag{4-7}$$

例 4-8 有一个 5 年期的债券，票面利率为 6%，1 年支付 2 次利息。到期收益率如表 4-10 所示。

表 4-10 债券的到期收益率(%)

期限(年)	到期收益率(%)
0.5	4.4181
1.0	4.5056
1.5	4.5914
2.0	4.6753
2.5	4.7574
3.0	4.8377
3.5	4.9122
4.0	4.9927
4.5	5.0711
5.0	5.1404

通过计算，该债券的金额持续期为 4.58，如表 4-11 所示。

表 4-11 1 年支付 2 次利息债券的金额持续期

利息时段	到期收益率(%)	折现因子	现金流量(元)	现值(元)	t 倍现值(元)
1	4.4181	0.9784	3	2.94	2.94
2	4.5056	0.9564	3	2.87	5.74
3	4.5914	0.9342	3	2.80	8.41
4	4.6753	0.9117	3	2.74	10.94
5	4.7574	0.8891	3	2.67	13.34
6	4.8377	0.8664	3	2.60	15.60
7	4.9122	0.8438	3	2.53	17.72
8	4.9927	0.8210	3	2.46	19.70
9	5.0711	0.7982	3	2.39	21.55
10	5.1404	0.7759	103	79.91	799.14
价格				103.91	915.07
金额持续期					4.58 (915.07/200)

其中时段 1 的折现因子 0.9784 是这样计算出来的：

$$\frac{1}{(1 + 4.4181\%/2)^1} = 0.9784$$

时段 2 的折现因子 0.9564 是这样计算出来的：

$$\frac{1}{(1 + 4.5056\%/2)^2} = 0.9564$$

以此类推。

（三）利率变化幅度与金额持续期估计的准确性

前面通过金额持续期的几何分析,可以得出这样的结论:当市场利率变化很小时,利用金额持续期可以相对准确地估计出债券价格的变化;而当市场利率变化较大时,利用金额持续期估计的债券价格与债券的实际价格存在较大的差距。

例如,有一个 20 年期的附息债券,面值为 100 元,票面利率为 6%,1 年支付 1 次利息。到期收益率依然是表 2-11 给定的。该债券的金额持续期为 11.59,现价为 98.12 元。计算过程如表 4-12 所示。

表 4-12 计算过程

期限(年)	到期收益率(%)	折现因子	现金流量(元)	现值(元)	t 倍的现值(元)
1	4.5056	0.9569	6	5.741	5.741
2	4.6753	0.9127	6	5.476	10.952
3	4.8377	0.8679	6	5.207	15.621
4	4.9927	0.8229	6	4.938	19.750
5	5.1404	0.7783	6	4.670	23.349
6	5.2807	0.7344	6	4.406	26.437
7	5.4136	0.6914	6	4.148	29.038
8	5.5391	0.6497	6	3.898	31.184
9	5.6570	0.6094	6	3.657	32.909
10	5.7675	0.5708	6	3.425	34.247
11	5.8705	0.5339	6	3.204	35.239
12	5.9659	0.4989	6	2.993	35.920
13	6.0537	0.4658	6	2.795	36.329
14	6.1340	0.4345	6	2.607	36.502
15	6.2067	0.4052	6	2.431	36.472
16	6.2718	0.3778	6	2.267	36.273
17	6.3292	0.3523	6	2.114	35.934
18	6.3790	0.3285	6	1.971	35.483
19	6.4212	0.3065	6	1.839	34.944
20	6.4557	0.2862	106	30.334	606.677
价格				98.1209	1 159.0030
金额持续期					11.59

假定到期收益率曲线平行上升 1 个基点,债券价格将下降到 98.01 元,下降幅度为 0.11 元。相似地,如果到期收益率曲线平行下降 1 个基点,债券价格将上升 0.11 元,达到

98.23元。

而根据金额持续期,也可以计算债券价格的波动[没有考虑$1/(1+y)$的影响]。由于金额持续期为11.59,即表示到期收益率曲线平行下降1个百分点,债券价格变化的数额为11.59元。那么,到期收益率变化1个基点,债券价格的变化应该为0.116元(11.59×0.01)。因此,在市场利率波动很小的时候,通过金额持续期来估计债券价格的变化,有很高的精度。

当市场利率波动较大时,用金额持续期估计债券价格会产生一定的误差。例如,假定到期收益率曲线平行上升10个基点,债券价格将下降到97.04元,下降幅度为1.08元。相似地,如果到期收益率曲线平行下降10个基点,债券价格将上升1.1元,达到99.22元。而通过金额持续期估计债券价格的波动为1.16元(11.59×0.1)。可见,估计的价格与债券的实际价格产生了一定的误差。

但当市场利率变化的幅度很大时,用金额持续期估计债券价格会产生较大的误差。例如,到期收益率曲线平行上升100个基点,可以根据债券价格的计算公式,得到债券的新价格为88.02元,下降10.1。如果到期收益率曲线平行下降100个基点,则债券的实际价格应该为109.96元,上升11.84元。而通过金额持续期估计的债券价格波动为11.59元(11.59×1)。可见,估计的价格与债券的实际价格产生了较大的误差。

如果到期收益率曲线平行上升200个基点,债券的实际价格为79.38元,下降18.74元。如果到期收益率曲线平行下降200个基点,则债券的实际价格为123.91元,上升25.79元。而通过金额持续期估计的债券价格波动为23.18元(11.59×2)。可见,估计的价格与债券的实际价格误差更大。

二、比率持续期

为了分析1个百分点的利率波动对债券价格波动幅度所造成的影响,需要建立债券价格波动率这一指标,该指标可以用比率持续期Ω来表示。

由于

$$\frac{\Delta P}{P} \cdot \frac{1}{\Delta y} = -\frac{1}{1+y} \cdot \Delta_{金额} \cdot \Delta y \cdot \frac{1}{P} \cdot \frac{1}{\Delta y} = -\frac{1}{1+y} \cdot \Delta_{金额} \cdot \frac{1}{P}$$

因此将比率持续期定义为Ω,并且

$$\Omega = \frac{\Delta_{金额}}{P} \tag{4-8}$$

比率持续期在很多固定收益证券书籍中被称为麦考利持续期(Macauly Duration)。之所以有这样的称谓,是因为弗雷德里克·麦考利(Frederick Macauly)在持续期方面的贡献。[①]

接前面1年支付1次利息债券的例子,由于金额持续期为15.5,而债券价格为144.46元,因此,比率持续期为10.73%,即

---

① Frederick R. Macauly, *Some Theoretical Problems Suggested by the Movement of Interest Rates, Bond Yields, and Stock Prices in the U.S. Since 1856*, New York: National Bureau of Economic Research, 1938.

$$\Omega = \frac{\Delta_{金额}}{P} = \frac{15.5}{144.46} = 10.73\%$$

经济含义是,如果到期收益率曲线平行移动 1 个百分点,那么债券价格将发生 10.73% 的波动。

再接前面 1 年支付 2 次利息债券的例子,由于金额持续期为 4.58,而债券价格为 103.91 元,因此,比率持续期为 4.41%,即

$$\Omega = \frac{\Delta_{金额}}{P} = \frac{4.58}{103.91} = 4.41\%$$

经济含义是,如果到期收益率曲线平行移动 1 个百分点,那么债券价格将发生 4.41% 的波动。

有些书籍把比率持续期的经济含义理解为加权平均的回收期,这样的理解有些问题。从简单的数学分析中我们可以清楚地得到结论,比率持续期是债券价格受市场利率波动影响的程度。

在债券中,零息债券的比率持续期是债券期限本身。

因为

$$\Omega = \frac{\Delta_{金额}}{P}$$
$$= \frac{\sum t \cdot V(C_t)}{P}$$
$$= \frac{t \cdot V(C_t)}{P}$$
$$= \frac{t \cdot V(C_t)}{V(C_t)}$$
$$= t$$

例如,有 20 个零息债券,我们可以很容易求出这些债券的比率持续期,如表 4-13 所示。

表 4-13 零息债券比率持续期的计算

期限(年)	到期收益率(%)	折现因子	t 倍现值(元)	Ω(%)
1	4.5056	0.9569	0.9569	1
2	4.6753	0.9127	1.8253	2
3	4.8377	0.8679	2.6036	3
4	4.9927	0.8229	3.2917	4
5	5.1404	0.7783	3.8915	5
6	5.2807	0.7344	4.4061	6
7	5.4136	0.6914	4.8397	7
8	5.5391	0.6497	5.1974	8
9	5.6570	0.6094	5.4848	9
10	5.7675	0.5708	5.7079	10
11	5.8705	0.5339	5.8731	11

（续表）

期限（年）	到期收益率（%）	折现因子	t 倍现值（元）	Ω(%)
12	5.9659	0.4989	5.9867	12
13	6.0537	0.4658	6.0549	13
14	6.1340	0.4345	6.0837	14
15	6.2067	0.4052	6.0787	15
16	6.2718	0.3778	6.0455	16
17	6.3292	0.3523	5.9890	17
18	6.3790	0.3285	5.9138	18
19	6.4212	0.3065	5.8240	19
20	6.4557	0.2862	5.7234	20

零息债券的比率持续期等于期限本身,附息债券的比率持续期则一定小于期限本身;而票面利率越高,比率持续期与期限的差距会越大。这与我们在前面阐述的债券价格-利率敏感性的结论是一致的。这一结论很简单,却很重要。这说明零息债券的价格风险非常高,而附息债券的价格风险相对于零息债券而言会略低一些。

三、修正持续期

修正持续期在比率持续期的基础上考虑短期利率的影响。我们将修正持续期定义为

$$D_M = \frac{\Omega}{1+y} \tag{4-9}$$

如果半年支付 1 次利息,那么

$$D_M = \frac{\Omega}{1+y/2} \tag{4-10}$$

例 4-9 一个债券的金额持续期为 15.5,债券价格为 144.46 元,1 年期利率为 4.5056%,请计算修正持续期。

先计算比率持续期

$$\Omega = \frac{15.5}{144.46} = 10.73\%$$

再计算修正持续期

$$D_M = \frac{\Omega}{1+y} = \frac{10.73\%}{1+4.5056\%} = 10.27\%$$

例 4-10 一个债券 1 年支付 2 次利息,金额持续期为 4.58,债券价格为 103.91 元,1 年期利率为 4.5056%,请计算修正持续期。

先计算比率持续期

$$\Omega = \frac{4.58}{103.91} = 4.41\%$$

再计算修正持续期

$$D_M = \frac{\Omega}{1+y/2} = \frac{4.41\%}{1+4.5056\%/2} = 4.31\%$$

四、有效持续期

由于持续期的定义是债券价格相对于市场利率的敏感性,而在固定收益证券家族中,有些证券(例如住房抵押贷款支持证券)的现金流量是不确定的,这使得市场利率发生变化后,折现率以及现金流量都发生了变化,证券价格发生怎样的变化则是很复杂的。这一变化就很难用价格对市场利率简单求导数来估计,也就是说,由于现金流量的不确定,我们无法使用标准的持续期公式。为了估计这类证券价格受利率波动影响的程度,我们可以使用有效持续期的概念。有效持续期的定义如下:

$$D_{\text{effective}} = \frac{P_- - P_+}{y_+ - y_-} \bigg/ P = \frac{P_- - P_+}{2 \times \Delta y \times P} \tag{4-11}$$

其中,

P_- 为到期收益率下降 Δy 时债券的价格;

P_+ 为到期收益率上升 Δy 时债券的价格;

P 为债券目前的价格;

Δy 为到期收益率波动的基点。

从公式的数学含义中我们也可以得出这样的结论:有效持续期也是表明在市场利率发生微小的变化后,债券价格发生了多大幅度的变化。

有效持续期可以用几何图形进行解释,如图4-5所示。

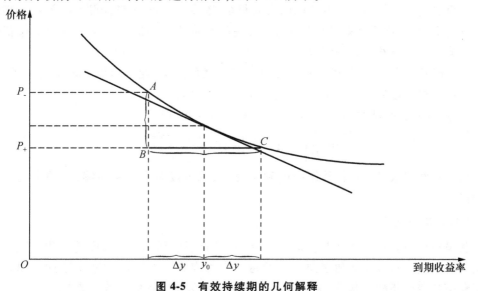

图4-5 有效持续期的几何解释

在图4-5中,AB 相当于 $P_- - P_+$,而 BC 相当于 $2\Delta y$,AB/BC 相当于市场利率的一个微小的变化引起债券价格多大金额的变化,而这一金额的变化再除以债券价格 P_0,就相当于比率持续期的概念。

例4-11 一个债券的期限为20年,票面利率为9%,1年支付1次利息,该债券属于非含权债券。该债券的价格为150元,到期收益率为6%。在到期收益率分别上升或下降20个基点的情况下,债券价格分别为145元或156元。请计算该债券的有效持续期。

有效持续期的计算结果为 18.33%，计算过程如下：

$$D_{\text{effective}} = \frac{P_- - P_+}{2 \times \Delta y \times P} = \frac{156 - 145}{2 \times 0.2 \times 150} = 18.33\%$$

五、关键利率持续期

（一）传统持续期指标的不足

无论是金额持续期、比率持续期还是修正持续期，都假定到期收益率曲线平行移动。学者们考察美国债券市场得到的结论是，到期收益率曲线在绝大多数情况下是平行移动的，但有5%的情况是变陡的，有3%～4%的情况呈现蝴蝶状变化，即长期利率和短期利率上升，而中期利率下降。

如果到期收益率曲线不是平行移动的，应用传统的持续期指标就会产生问题。解决这一矛盾的工具，是使用关键利率持续期。

传统的持续期指标主要是为了分析非含权证券的，而由于含权证券的现金流量与市场利率有关，含权证券的价格风险也不能简单使用传统持续期指标。关键利率持续期会有助于解决这一问题。

（二）关于持续期的一般方法

持续期最本质的含义是，市场利率发生一个微小的变化，引起债券价格发生怎样的变化。而引起债券价格发生变化的因素有很多，有些因素与利率有很大的关系。当市场利率发生变化后，这些因素也会发生变化，进而影响债券的价格。典型的因素包括债券的现金流量以及债券违约程度等。

从一般意义上讲，债券价格的变化受很多因素的影响，假定市场利率平行移动，并且同时假定债券现金流量不发生变化，有时会显得有些过分。

债券价格波动，从数学上讲，是多个变量的全导数，即

$$\frac{dP}{P} = \frac{1}{P}\left[\frac{\partial P}{\partial f_1}\Delta f_1 + \frac{\partial P}{\partial f_2}\Delta f_2 + \cdots + \frac{\partial P}{\partial f_n}\Delta f_n\right]$$

如果这些因素只包括各种期限的利率，那么就可以引出利率持续期、关键利率持续期等概念。

（三）几个概念

利率持续期。利率持续期（Rate Duration）是指即期利率一定幅度的变化导致债券价格变化的金额。对应即期利率曲线上的每一点都存在一个即期利率持续期。如果全部即期利率都变化相同的基点，那么债券价格变化的总金额就是金额持续期。

关键利率持续期。关键利率持续期（Key Rate Duration）是指关键即期利率一定幅度的变化所产生的债券价格的变化。托马斯·霍（Thomas Ho）定义了11个关键利率。这些关键利率包括 3 个月、1 年、2 年、3 年、5 年、7 年、10 年、15 年、20 年、25 年、30 年期的利率。当得到关键利率持续期后，其他利率持续期可以用线性回归估计得到。

当得到关键利率持续期后，我们就可以根据到期收益率曲线的预期结果，对债券或者债券组合的风险进行评价。

例 4-12 有三个关键利率,期限分别为 2 年、16 年、30 年。由于关键利率持续期就是零息债券的持续期,而零息债券的期限就是关键利率的期限,因此有两个债券组合,如表 4-14 所示。

表 4-14 两个债券组合

组合	2 年期债券	16 年期债券	30 年期债券
A	50	0	50
B	0	100	0

$$D_2 = 2$$
$$D_{16} = 16$$
$$D_{30} = 30$$

则组合 A 的关键利率持续期

$$D_2 = (50/100) \times 2 = 1$$
$$D_{16} = 0$$
$$D_{30} = (50/100) \times 30 = 15$$
$$D_A = 16$$

而组合 B 的关键利率持续期

$$D_2 = 0$$
$$D_{16} = (100/100) \times 16 = 16$$
$$D_{30} = 0$$
$$D_B = 16$$

当市场利率平行移动的时候,组合 A 和组合 B 没有什么区别。比如说,全部即期利率下降 10 个基点,那么两个组合价值变化的情况如下所示。

组合 A:2 年期关键利率下降 10 个基点,组合价值上升 0.1%;30 年期关键利率下降 10 个基点,组合价值上升 1.5%。因此,总共上升 1.6%,这与使用组合持续期($D_A = 16$)来计算的结果相同。

组合 B:16 年期关键利率下降 10 个基点,组合价值上升 1.6%。总共上升 1.6%,这与使用有效持续期($D_B = 16$)来计算的结果相同。

当市场利率不是平行移动的时候,组合 A 和组合 B 就会产生很大的区别。比如说,2 年期即期利率上升 10 个基点,30 年期即期利率下降 10 个基点。此时,两个组合价值变化的情况如下所示。

组合 A:2 年期关键利率上升 10 个基点,组合价值下降 0.1%;30 年期即期利率下降 10 个基点,组合价值上升 1.5%。总共上升 1.4%,这与使用有效持续期($D_A = 16$)计算出来的结果不同。

组合 B:没有变化!

再比如,2 年期即期利率下降 10 个基点,30 年期即期利率上升 10 个基点。此时,两个组合价值变化的情况如下所示。

组合 A：2 年期即期利率下降 10 个基点，组合价值上升 0.1%；30 年期即期利率上升 10 个基点，组合价值下降 1.5%。总共下降 1.4%，与使用有效持续期（$D_A = 16$）计算出来的结果不同。

组合 B：没有变化！

六、债券组合的持续期

（一）组合的金额持续期

当得到各种债券的金额持续期之后，可以用下面的方法求得一个组合的金额持续期。

$$\Delta_{\text{组合金额}} = \sum N_i \cdot \Delta_{i\text{金额}} \tag{4-12}$$

其中，N_i 为第 i 种债券的投资数量，$\Delta_{i\text{金额}}$ 为第 i 种债券的金额持续期。

N_i 可以是负数。当 N_i 为负数时，表明这种债券不是投资者的资产，而是负债。也就是说，投资者通过发行这种债券筹措资金，并投资于其他债券。

（二）组合的比率持续期

得到各种债券的比率持续期之后，可以用下面的方法求得一个组合的比率持续期。

$$\Omega_{\text{组合}} = \sum \omega_i \cdot \Omega_i \tag{4-13}$$

其中，ω_i 为第 i 种债券的投资比重，Ω_i 为第 i 种债券的比率持续期。

例 4-13 有一个组合由三种债券构成。A 债券的期限为 5 年，票面利率为 10%；B 债券的期限为 15 年，票面利率为 8%；C 债券的期限为 30 年，票面利率为 14%。三种债券都是 1 年支付 1 次利息。这三种债券的其他信息如表 4-15 所示。

表 4-15 债券信息

债券	价格（元）	到期收益率（%）	面值（元）	市场价值（元）	比率持续期
A	100.00	10	100	100.00	3.86
B	84.63	10	200	169.20	8.05
C	137.86	10	300	413.58	9.17

该组合的投资比重分别为

$$\omega_1 = 14.6\%$$
$$\omega_2 = 24.8\%$$
$$\omega_3 = 60.6\%$$

组合的比率持续期为

$$\Omega_{\text{组合}} = \sum \omega_i \cdot \Omega_i = 0.146 \times 3.86 + 0.248 \times 8.05 + 0.606 \times 9.17$$
$$= 8.12$$

其经济含义是，如果市场利率上升 1 个百分点，该债券组合的价值将下降 8.12%。

第三节 凸 性

一、金额凸性

(一)金额凸性的定义与由来

凸性是债券价格变化曲线的曲度,也就是说,凸性是利率一个微小的变化而引起的债券持续期的变化比率。金额凸性是指利率一个微小的变化而引起的债券价格的额外变化,这一额外变化是基于持续期引起债券价格变化的。

凸性直接来自泰勒扩展序列公式。根据泰勒扩展序列公式,债券价格的变化可以用下式来表示:

$$\Delta P = \frac{\partial P}{\partial y} \cdot \Delta y + \frac{1}{2!} \cdot \frac{\partial^2 P}{\partial y^2} \cdot (\Delta y)^2 + \frac{1}{3!} \cdot \frac{\partial^3 P}{\partial y^3} \cdot (\Delta y)^3 + \cdots$$

如果只取该等式的前两项,那么债券价格的变化可以近似地表示为

$$\Delta P \approx \frac{\partial P}{\partial y} \cdot \Delta y + \frac{1}{2} \cdot \frac{\partial^2 P}{\partial y^2} \cdot (\Delta y)^2 \tag{4-14}$$

在到期收益率曲线为水平的情况下,债券价格为

$$P = \sum_{t=1}^{n} \frac{C_t}{(1+y)^t}$$

所以

$$\frac{\partial P}{\partial y} = -\frac{1}{1+y} \cdot \Delta_{金额}$$

$$\frac{\partial^2 P}{\partial y^2} = \sum_{t=1}^{n} \frac{t \cdot (t+1) \cdot C_t}{(1+y)^{t+2}} = \frac{1}{(1+y)^2} \cdot \sum_{t=1}^{n} t \cdot (t+1) \cdot V(C_t)$$

定义金额凸性

$$\Gamma = \sum_{t=1}^{n} t \cdot (t+1) \cdot V(C_t) \tag{4-15}$$

则

$$\frac{\partial^2 P}{\partial y^2} = \frac{1}{(1+y)^2} \cdot \Gamma$$

因此

$$\Delta P = -\frac{1}{1+y} \cdot \Delta_{金额} \cdot \Delta y + \frac{1}{2} \cdot \frac{1}{(1+y)^2} \cdot \Gamma \cdot (\Delta y)^2 \tag{4-16}$$

在到期收益率曲线不是水平的情况下,债券价格为

$$P = \sum_{t=1}^{n} \frac{C_t}{(1+y_t)^t}$$

如果定义 y 为短期利率,可以有

$$\frac{\partial P}{\partial y} \approx -\frac{1}{1+y} \cdot \Delta_{金额}$$

$$\frac{\partial^2 P}{\partial y^2} = \sum_{t=1}^{n} \frac{t \cdot (t+1) \cdot C_t}{(1+y_t)^{t+2}} \approx \frac{1}{(1+y)^2} \cdot \sum_{t=1}^{n} t \cdot (t+1) \cdot V(C_t)$$

同样,定义金额凸性为 Γ

$$\Gamma = \sum_{t=1}^{n} t \cdot (t+1) \cdot V(C_t)$$

则

$$\frac{\partial^2 P}{\partial y^2} = \frac{1}{(1+y)^2} \cdot \Gamma$$

因此

$$\Delta P = -\frac{1}{1+y} \cdot \Delta_{\text{金额}} \cdot \Delta y + \frac{1}{2} \cdot \frac{1}{(1+y)^2} \cdot \Gamma \cdot (\Delta y)^2$$

有了凸性,投资者就可以相对准确地分析市场利率变化引起债券价格变化的幅度。

(二) 金额凸性的经济含义

金额凸性的经济含义,是由于凸性特征的存在,引起债券价格的额外变化。

例 4-14 有一个 20 年期的附息债券,面值为 100 元,票面利率为 6%,1 年支付 1 次利息。到期收益率曲线如本书表 2-11 给定,请计算该债券的金额凸性。计算过程如表 4-16 所示。

表 4-16 金额凸性的计算

期限(年)	到期收益率(%)	折现因子	现金流量(元)	现值(元)	t 倍的现值(元)	$t(t+1)$ 倍的现值(元)
1	4.5056	0.9569	6	5.74	5.74	11.48
2	4.6753	0.9127	6	5.48	10.95	32.86
3	4.8377	0.8679	6	5.21	15.62	62.49
4	4.9927	0.8229	6	4.94	19.75	98.75
5	5.1404	0.7783	6	4.67	23.35	140.10
6	5.2807	0.7344	6	4.41	26.44	185.06
7	5.4136	0.6914	6	4.15	29.04	232.31
8	5.5391	0.6497	6	3.90	31.18	280.66
9	5.6570	0.6094	6	3.66	32.91	329.09
10	5.7675	0.5708	6	3.42	34.25	376.72
11	5.8705	0.5339	6	3.20	35.24	422.86
12	5.9659	0.4989	6	2.99	35.92	466.96
13	6.0537	0.4658	6	2.79	36.33	508.61
14	6.1340	0.4345	6	2.61	36.50	547.53
15	6.2067	0.4052	6	2.43	36.47	583.56
16	6.2718	0.3778	6	2.27	36.27	616.64
17	6.3292	0.3523	6	2.11	35.93	646.81
18	6.3790	0.3285	6	1.97	35.48	674.17
19	6.4212	0.3065	6	1.84	34.94	698.88
20	6.4557	0.2862	106	30.33	606.68	12 740.21

(续表)

期限(年)	到期收益率(%)	折现因子	现金流量(元)	现值(元)	t 倍的现值(元)	t(t+1)倍的现值(元)
总和				98.12	1 159.00	19 655.75
债券价值				98.12		
金额持续期					11.59	
金额凸性						1.97

那么,该债券的金额持续期为 11.59。经济含义是,如果到期收益率曲线平行移动 1 个百分点,那么债券价格将波动 11.59 元。而该债券的金额凸性为 1.97。经济含义是,如果到期收益率曲线平行下降 1 个百分点,那么债券价格因为凸性的存在,除在持续期作用下而上升 11.59 元之外,还要上涨 0.985 元。之所以是 0.985 元,而不是 9 850 元,很明显,因为市场利率波动 1 个百分点。1 个百分点的平方,就是万分之一。所以,要用 9 850 除以 10 000,才能得到金额凸性。

(三) 1 年 2 次或多次付息的情况

如果是 1 年支付 2 次利息的附息债券,那么金额凸性的计算为

$$P = \sum_{t=1}^{n} \frac{C_t}{(1+y/2)^t}$$

$$\frac{\partial^2 P}{\partial y^2} = \frac{1}{4} \times \sum_{t=1}^{n} \frac{t \cdot (t+1) \cdot C_t}{(1+y/2)^{t+2}}$$

$$= \frac{1}{4} \times \frac{1}{(1+y/2)^2} \cdot \sum_{t=1}^{n} t \cdot (t+1) \cdot V(C_t)$$

定义金额凸性

$$\Gamma = \frac{1}{4} \times \sum_{t=1}^{n} t \cdot (t+1) \cdot V(C_t) \tag{4-17}$$

相应地,如果是 1 年多次支付利息,比如 1 年支付 12 次利息(如住房抵押贷款支持证券),那么金额凸性的计算为

$$P = \sum_{t=1}^{n} \frac{C_t}{(1+y/n)^t}$$

$$\frac{\partial^2 P}{\partial y^2} = \frac{1}{n^2} \times \sum_{t=1}^{n} \frac{t \cdot (t+1) \cdot C_t}{(1+y/n)^{t+2}}$$

$$= \frac{1}{n^2} \times \frac{1}{(1+y/n)^2} \cdot \sum_{t=1}^{n} t \cdot (t+1) \cdot V(C_t)$$

定义金额凸性

$$\Gamma = \frac{1}{n^2} \times \sum_{t=1}^{n} t \cdot (t+1) \cdot V(C_t) \tag{4-18}$$

例如,住房抵押贷款支持证券是 1 年支付 12 次利息,那么金额凸性的计算为

$$\Gamma_{MBS} = \frac{1}{144} \times \sum_{t=1}^{n} t \cdot (t+1) \cdot V(C_t) \tag{4-19}$$

例 4-15 有一个 5 年期的债券,票面利率为 6%,1 年支付 2 次利息。到期收益率如表 4-17 所示。

表 4-17 债券的到期收益率

期限(年)	到期收益率(%)
0.5	4.4181
1.0	4.5056
1.5	4.5914
2.0	4.6753
2.5	4.7574
3.0	4.8377
3.5	4.9122
4.0	4.9927
4.5	5.0711
5.0	5.1404

通过计算,该债券的金额凸性为 0.24,如表 4-18 所示。经济含义是,如果市场利率波动 1 个百分点,那么债券价格除由于持续期作用而发生的改变之外,还要额外增加 0.24 元。

表 4-18 1 年支付 2 次利息情况下金额持续期的计算

期限(年)	到期收益率(%)	折现因子	现金流量(元)	现值(元)	t 倍现值(元)	t(t+1)倍的现值(元)
0.5	4.4181	0.9784	3	2.94	2.94	5.87
1.0	4.5056	0.9564	3	2.87	5.74	17.22
1.5	4.5914	0.9342	3	2.80	8.41	33.63
2.0	4.6753	0.9117	3	2.74	10.94	54.70
2.5	4.7574	0.8891	3	2.67	13.34	80.02
3.0	4.8377	0.8664	3	2.60	15.60	109.17
3.5	4.9122	0.8438	3	2.53	17.72	141.76
4.0	4.9927	0.8210	3	2.46	19.70	177.33
4.5	5.0711	0.7982	3	2.39	21.55	215.52
5.0	5.1404	0.7759	103	79.91	799.14	8 790.59
总和				103.91	915.07	9 625.80
债券价值				103.91		
金额持续期					4.58 (=915.07/200)	
金额凸性						0.24 (=9 625.8/40 000)

(四)凸性的几何解释

从图 4-6 可以看出,考虑到凸性的作用之后,债券价格的估计值已经很接近债券的实际价格了。另外,凸性是个好东西,也就是说,因为凸性的存在,在市场利率下降时,债券的价格会上升,但上升的幅度比单单通过持续期估计的价格上升的幅度大;而如果市场利率上升,债券的价格会下降,但下降的幅度要小于单单通过持续期估计的价格下降的幅度。因此,一个债券或者债券组合的凸性越大,给投资者带来的好处也就越大。

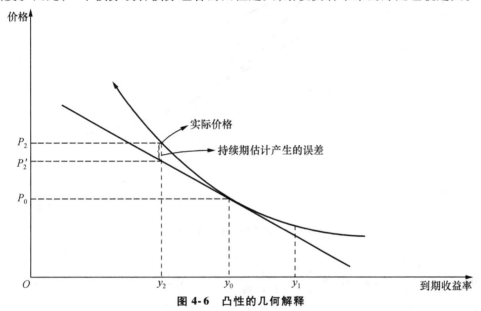

图 4-6 凸性的几何解释

有些证券的凸性是负的,比如一些含权证券(如可回购债券),这种证券的价格受两个力量的影响:一个是当市场利率下降时,折现因子增大,价值上升;另一个是当市场利率下降到一定地步时,回购的可能性增大,债券价格有下降的可能。这两个力量综合的结果,使得在市场利率下降到一定幅度时,债券价格凸性变成负数。在几何图形中表现为债券价格曲线的某一段呈现凹向原点,而不再是凸向原点,如图 4-7 所示。

(五)金额凸性的引入与债券价格估计的精确性

金额凸性的引入可以大大提高债券价格估计的精确性。但本书必须强调:引入持续期和凸性概念,绝不是为了计算债券的价格,而是为了债券投资的风险管理。

例 4-16 前面计算了一个债券的金额持续期和金额凸性。该债券是 20 年期的附息债券,面值为 100 元,票面利率为 6%,1 年支付 1 次利息。计算结果是,该债券的价格为 98.12 元,金额持续期为 11.59,金额凸性为 1.97。我们来验证一下金额凸性的引入对于提升债券价格估计精确性的作用。

如果到期收益率曲线平行上升 200 个基点,则债券的实际价格为 79.38 元,下降 18.74 元。如果到期收益率曲线平行下降 200 个基点,则债券的实际价格为 123.91 元,上升 25.79 元。而通过金额持续期估计的债券价格波动为 23.18 元(11.59×2)。可见,估计的价格与债券实际价格的误差更大。但当引入金额凸性后,结果就会发生变化。当到期收益率曲线下降 200 个基点时,利用持续期和凸性两个指标估计债券价格的波动,结果为 25.788 元,与实际的价格波动 25.79 元基本一致。

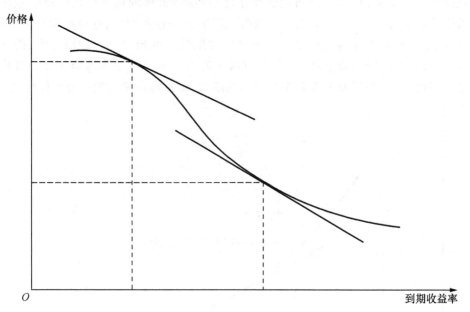

图 4-7 含权证券的凸性特征

$$\Delta P = -\frac{1}{1+y} \cdot \Delta_{金额} \cdot \Delta y + \frac{1}{2} \cdot \frac{1}{(1+y)^2} \cdot \Gamma \cdot (\Delta y)^2$$

$$= -\frac{1}{1+4.5056\%} \times 11.59 \times (-2) + \frac{1}{2} \times \frac{1}{(1+4.5056\%)^2} \times 1.97 \times (-2)^2$$

$$= 25.788$$

如果到期收益率曲线平行上升 200 个基点,利用持续期和凸性两个指标估计债券价格的波动为 18.57 元,与实际的价格波动 18.74 元非常接近。

$$\Delta P = -\frac{1}{1+4.5056\%} \times 11.59 \times 2 + \frac{1}{2} \times \frac{1}{(1+4.5056\%)^2} \times 1.97 \times 2^2$$

$$= -18.57$$

二、比率凸性

比率凸性是指,由于凸性的作用,在市场利率波动 1 个百分点的情况下债券价格发生多少个百分点的波动,计算公式如下:

1 年支付 1 次利息的情况下,

$$\Gamma_{Ratio} = \frac{1}{P} \cdot \sum_{t=1}^{n} t \cdot (t+1) \cdot V(C_t) \tag{4-20}$$

1 年支付 2 次利息的情况下,

$$\Gamma_{Ratio} = \frac{1}{4P} \cdot \sum_{t=1}^{n} t \cdot (t+1) \cdot V(C_t) \tag{4-21}$$

1 年支付 12 次利息的情况下,

$$\Gamma_{\text{Ratio}} = \frac{1}{144P} \cdot \sum_{t=1}^{n} t \cdot (t+1) \cdot V(C_t) \tag{4-22}$$

1 年支付 n 次利息的情况下,

$$\Gamma_{\text{Ratio}} = \frac{1}{n^2 P} \cdot \sum_{t=1}^{n} t \cdot (t+1) \cdot V(C_t) \tag{4-23}$$

例 4-17　有一个 5 年期的债券,票面利率为 6%,1 年支付 2 次利息,该债券的价格为 103.91 元。经过计算,该债券的金额凸性为 0.24,求该债券的比率凸性。

由于

$$\Gamma = \frac{1}{n^2} \times \sum_{t=1}^{n} t \cdot (t+1) \cdot V(C_t)$$

因此

$$\sum_{t=1}^{n} t \cdot (t+1) \cdot V(C_t) = \Gamma n^2$$

又由于

$$\begin{aligned}
\Gamma_{\text{Ratio}} &= \frac{1}{4P} \cdot \sum_{t=1}^{n} t \cdot (t+1) \cdot V(C_t) \\
&= \frac{1}{4P} \cdot \Gamma n^2 \\
&= \frac{0.24 \times 2^2}{4 \times 103.91} \\
&= 0.23\%
\end{aligned}$$

三、修正凸性

修正凸性是考虑到短期利率大小对比率凸性的影响,具体而言,

1 年支付 1 次利息的情况下,

$$\Gamma_{\text{Modified}} = \frac{1}{(1+y)^2} \cdot \frac{1}{P} \cdot \sum_{t=1}^{n} t \cdot (t+1) \cdot V(C_t) \tag{4-24}$$

1 年支付 2 次利息的情况下,

$$\Gamma_{\text{Modified}} = \frac{1}{(1+y/2)^2} \cdot \frac{1}{4P} \cdot \sum_{t=1}^{n} t \cdot (t+1) \cdot V(C_t) \tag{4-25}$$

1 年支付 12 次利息的情况下,

$$\Gamma_{\text{Modified}} = \frac{1}{(1+y/12)^2} \cdot \frac{1}{144P} \cdot \sum_{t=1}^{n} t \cdot (t+1) \cdot V(C_t) \tag{4-26}$$

1 年支付 n 次利息的情况下,

$$\Gamma_{\text{Modified}} = \frac{1}{(1+y/n)^2} \cdot \frac{1}{n^2 P} \cdot \sum_{t=1}^{n} t \cdot (t+1) \cdot V(C_t) \tag{4-27}$$

当得到修正持续期和修正凸性后,债券价格的波动率就可以按照公式(4-28)来

计算:

$$\frac{\Delta P}{P} = -D_m \cdot \Delta y + \frac{1}{2} \cdot \Gamma_m \cdot (\Delta y)^2 \tag{4-28}$$

四、有效凸性

有些证券,特别是含权证券,很难用数学上的二阶导数来估计凸性的大小,因为包括本金在内的现金流量也属于利率路径依赖,不可能用一个简单的数学等式来估计债券的价格,因此价格受利率的影响,也就很难用数学上的一阶导数和二阶导数来估计。为了解决这一问题,人们建立了有效持续期和有效凸性的概念。前面介绍了有效持续期的定义,这里介绍有效凸性的定义(见图 4-8)。

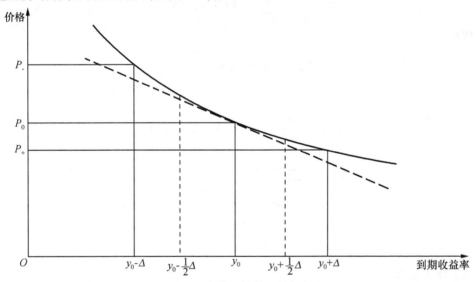

图 4-8 有效凸性的几何解释

有效凸性的定义为

$$\Gamma_{\text{effective}} = \frac{P_+ + P_- - 2P_0}{2P_0(\Delta y)^2} \tag{4-29}$$

有效凸性的几何含义如下:P_+ 为利率上升 Δ 时的价格,P_- 为利率下降 Δ 时的价格,$P_+ + P_- - 2P_0$ 为弯度,却是由 2Δ 引起的,利率发生 1 个单位 Δ 的变化,引起的弯曲程度为 $\frac{1}{2}(P_+ + P_- - 2P_0)$。实际上,根据泰勒扩展公式,由凸性引起的债券价格波动为 $\frac{1}{2}\frac{d^2P}{dy^2}$,而 $\frac{d^2P}{dy^2}$ 可以理解为利率发生变化引起持续期发生怎样的变化。在利率分别为 $y_0 - \frac{1}{2}\Delta$ 和 $y_0 + \frac{1}{2}\Delta$ 时,$D_1 = \frac{P_- - P_0}{\Delta}$,$D_2 = \frac{P_0 - P_+}{\Delta}$,在利率为 y_0 时,凸性 $\Gamma = \frac{D_1 - D_2}{\Delta} = \frac{\frac{P_- - P_0}{\Delta} - \frac{P_0 - P_+}{\Delta}}{\Delta} = \frac{P_+ + P_- - 2P_0}{\Delta^2}$。这样,我们就可以理解有效凸性的来历了。

需要提及的是，有效凸性是受到标准凸性的计算公式的启发而得出的，因此，利率变化单位是$(\Delta y)^2$。有了有效凸性的指标，就可以近似地求取一个债券的凸性的大小，而不管这一债券是不是含权证券。此时债券价格的波动可以通过公式(4-30)来估计：

$$\frac{\Delta P}{P} = - D_{\text{effective}} \cdot \Delta y + \Gamma_{\text{effective}} \cdot (\Delta y)^2 \qquad (4-30)$$

该等式与前面的债券价格波动等式有所不同，前面的等式为

$$\frac{\Delta P}{P} = - D_m \cdot \Delta y + \frac{1}{2} \cdot \Gamma_m \cdot (\Delta y)^2 \qquad (4-31)$$

不同之处在于，当采用有效凸性时，没有了系数 1/2，而当采用修正凸性时，则有系数 1/2。之所以存在这样的差别，是因为有效凸性是根据凸性的本质意义而估计出来的，而修正凸性则是通过债券价格对市场利率的二阶导数推导出来的。这一点读者要特别注意。

例 4-18 有这样一个债券，到期收益率与债券价格的对应关系如表 4-19 所示。

表 4-19 债券的到期收益率与债券价格

到期收益率(%)	债券价格(元)
6.0	134.67
6.2	131.84
5.8	137.59

请估计当到期收益率从 6% 上升到 8% 时债券价格的波动幅度。

$$D_{\text{effective}} = \frac{V_- - V_+}{2V_0(\Delta y)}$$

$$= \frac{137.59 - 131.84}{2 \times 134.67 \times 0.002}$$

$$= 10.67$$

$$\Gamma_{\text{effective}} = \frac{V_+ + V_- - 2V_0}{2V_0(\Delta y)^2}$$

$$= \frac{137.59 + 131.84 - 2 \times 134.67}{2 \times 134.67 \times (0.002)^2}$$

$$= 83.53$$

$$\frac{\Delta P}{P} = - D_{\text{effective}} \cdot \Delta y + \Gamma_{\text{effective}} \cdot (\Delta y)^2$$

$$= - 10.67 \times 0.02 + 83.53 \times 0.02^2$$

$$= - 0.18$$

五、债券组合的凸性

（一）债券组合的金额凸性

债券组合的金额凸性是组合资产金额凸性的加权总和，权数是单个债券的数量，即

$$\Gamma_{金额} = \sum_{t=1}^{n} N_i \Gamma_i \tag{4-32}$$

N_i 可以是负数。当 N_i 为负数时,表明这种证券不是投资者的资产,而是负债。

(二) 债券组合的比率凸性

当得到各种债券的比率凸性后,可以用下面的方法求得一个组合的比率凸性。

$$\Gamma_{组合} = \sum \omega_i \Gamma_{i,\text{Ratio}} \tag{4-33}$$

其中,ω_i 为第 i 种证券的投资比重,$\Gamma_{i,\text{Ratio}}$ 为第 i 种证券的比率凸性。

六、凸性的特征

凸性衡量的是价格-收益率曲线弯曲的程度。凸性一般具有以下特征:

第一,非含权债券的凸性都是正数,因此凸性的存在改善了债券价格的风险状况。也就是说,当市场利率上升时,债券价格下跌,但没有持续期估计得那么严重;而当市场利率下降时,债券价格上升,但上升的幅度要大于持续期估计的水平。因此,布鲁斯·J. 格兰蒂尔(Bruce J. Grantier)写了一篇名为"Convexity and Bond Performance: The Benter the Better"的文章。①固定收益证券管理中存在着努力实现组合凸性最大化的动机。②但当一个组合全部由一般固定收益证券构成时,来自凸性的额外利益的机会较少。含权证券的凸性特征与传统固定收益证券不同,这也给投资者利用这些证券的凸性进行组合管理提供了机会。

第二,凸性会随着到期收益率的提高而减小。这一点,我们从价格-收益率曲线的几何图形上就可以看出来。从数学上讲,由于到期收益率的提高,折现率提高,折现因子减小。而现金流量与 $t(t+1)$ 都是恒定的,因此,折现因子与现金流量以及 $t(t+1)$ 的乘积减小,乘积之和当然减小,金额凸性减小。

第三,在给定到期收益率和修正持续期的情况下,票面利率越低的债券,凸性越小。这将引入 Barbell 与 Bullets 两种投资策略的比较。在大多数情况下,Barbell 的策略会更好一些。本章后面将用案例分析的方式阐述这一问题。

第四,实际上,债券的凸性与时间效应是一对矛盾。当债券的凸性效应大时,时间效应就比较小;而当凸性效应较小时,时间效应就比较大。因此,不能简单地说凸性越大越好。本章后面将对此展开讨论。

第四节 持续期免疫与避险

一、持续期与平衡点

平衡点是指债券投资者面临的价格风险与再投资收益率风险刚好相等,因而投资者

---

① Bruce J. Grantier, "Convexity and Bond Performance: The Benter the Better", *Financial Analyst Journal*, 44(6), 1988, pp.79-81.

② 参见 Liringston G. Douglas, *Bond Risk Analysis: A Guide to Duration and Convexity*, New York Institute of Finance, 1990.

所获得的收益基本稳定,而不管利率如何发生变化。

例 4-19　一个投资者在时点 0 购买票面利率为 7% 的债券,价值为 1 000 元。该债券的期限为 10 年,1 年支付 1 次利息。投资期为 7.5 年。我们可以得到结论,不管在时点 0 市场利率发生了怎样的变化,在时点 7.5 投资者累积的财富将大致相等。

我们可以计算该债券的比率持续期,大约为 7.5,如表 4-20 所示。

表 4-20　债券比率持续期的计算

期限(年)	到期收益率(%)	折现因子	现金流量(元)	现值(元)	t 倍现值(元)
1	7.0000	0.9346	7	6.54	6.54
2	7.0000	0.8734	7	6.11	12.23
3	7.0000	0.8163	7	5.71	17.14
4	7.0000	0.7629	7	5.34	21.36
5	7.0000	0.7130	7	4.99	24.95
6	7.0000	0.6663	7	4.66	27.99
7	7.0000	0.6227	7	4.36	30.51
8	7.0000	0.5820	7	4.07	32.59
9	7.0000	0.5439	7	3.81	34.27
10	7.0000	0.5083	107	54.39	543.93
				100.00	751.52
价格				100.00	
比率持续期					7.51

我们也可以计算在时点 7.5 投资者的总财富。

假定在时点 0 利率为 7%:

$$70(1.07)^{6.5} + 70(1.07)^{5.5} + \cdots + 70(1.07)^{0.5} +$$

$$\frac{70}{1.07^{0.5}} + \frac{70}{1.07^{1.5}} + \frac{1\ 070}{1.07^{2.5}}$$

$$= 626.6 + 1\ 034.4 = 1\ 661$$

假定在债券购买(时点 0)后,利率立即降到 4%:

$$70(1.04)^{6.5} + 70(1.04)^{5.5} + \cdots + 70(1.04)^{0.5} +$$

$$\frac{70}{1.04^{0.5}} + \frac{70}{1.04^{1.5}} + \frac{1\ 070}{1.04^{2.5}}$$

$$= 563.8 + 1\ 104.7 = 1\ 668.5$$

如果在债券购买(时点 0)后,利率立即上升到 10%:

$$70(1.1)^{6.5} + 70(1.1)^{5.5} + \cdots + 70(1.1)^{0.5} +$$

$$\frac{70}{1.1^{0.5}} + \frac{70}{1.1^{1.5}} + \frac{1\ 070}{1.1^{2.5}}$$

$$= 696.5 + 970.6 = 1\ 667.1$$

为什么投资者在投资期期末累积的财富基本相等呢? 主要原因在于投资者面临的

价格风险被再投资风险抵消了。

二、免疫

(一) 免疫的定义

免疫(Immunization),顾名思义,就是打预防针,目的是让肌体不受某些病毒的侵害。债券投资的免疫,其目的就是让来自投资组合的收益满足负债的偿还,而在投资之后不必再增加额外的资本。简单地讲,债券投资免疫就是使资产和负债的现金流量相吻合(Cash Matching)。在不特别限制投资选择的情况下,免疫的目标比较容易实现。

通常情况下,免疫的主体包括退休基金、寿险公司、商业银行等。

退休基金和寿险公司的负债期限很长,这些机构要实现免疫,就是要让其资产的期限也很长。在债券投资理论中,就是通过让资产的持续期与负债的持续期相等,来确保权益资本价值的稳定。

商业银行的负债期限很短,而如果资产期限较长的话,就会面临利率风险。而在利率环境不稳、变化方向莫测的情况下,商业银行最好是采取免疫的策略,让资产的持续期与负债的持续期相等,进而实现免疫。

退休基金、寿险公司、商业银行要进行免疫,并不是说它们始终都要免疫。免疫是为了预防某种不利情况的发生。如果能够预测未来利率的变化趋势,就不需要免疫,需要的是积极的主动投资策略,从而实现更大的收益。如果能够判断利率变化,但不知道利率往什么方向变,那就需要进行免疫。如果一个机构什么都不知道,最好的办法就是采取被动的投资策略,持有债券到偿还期。

(二) 免疫的步骤

免疫通常有以下四个步骤:

(1) 找到负债的持续期;

(2) 选择一个组合,其持续期等于前面提到的负债的持续期;

(3) 选择每个证券投资的数量,使得组合的现值等于负债的现值;

(4) 在市场利率发生变化,或者负债偿还、组合中的短期债券到期等情况发生后,要调整投资组合。

投资者可以从修正持续期、比率持续期、金额持续期出发,来寻找免疫的策略。但无论利用哪种持续期,资产与负债持续期的定义都要保持一致!下面分别以修正持续期、比率持续期、金额持续期为出发点,举例说明免疫策略。

例 4-20 单一负债的免疫。假定一个投资者 10 年后必须偿还 1 931 元。到期收益率曲线是水平的,为 10%。负债的现值为 745 元,即

$$1\,931/1.1^{10} = 745$$

负债的持续期为 10。债券的期限为 20 年,面值为 1 000 元,票面利率为 7%(1 年支付 1 次利息),价格为 745 元。持续期大约为 10。那么,投资者可以选择这一债券实现负债的免疫。因为在利率发生变化后,这一债券的价值足以满足负债的价值。换句话说,投资者可以随时卖掉手里的债券,偿还负债。市场利率变化对债券和投资者负债的影

响,如表 4-21 所示。

表 4-21 到期收益率曲线在投资后立即发生变化对债券以及负债价值的影响

到期收益率(%)	债券价值(元)	负债价值(元)
4	1 409	1 305
6	1 115	1 078
8	902	895
10	745	745
12	627	622
14	536	521
16	466	438

当然,假定利率不是一次性变化,而是这样变化:

(1) 利率立即降到 4%,并一直保持 9 年;

(2) 在 9.5 年后利率上升到 16%。

读者们可以计算出,组合与负债不能很好地匹配了。但这样就能证明免疫这种策略不行了吗?当然不能!一旦市场利率发生变化,组合就得重新进行免疫。

在利率变化后,债券价格 P 与持续期 D 分别为

$$P = \sum_{t=1}^{20} \frac{70}{1.04^t} + \frac{1\,000}{1.04^{20}} = 1\,408$$

$$D = \left[\sum_{t=1}^{20} \frac{t \times 70}{1.04^t} + \frac{1\,000 \times 20}{1.04^{20}} \right] \Big/ 1\,408 = 12.71$$

为了重新进行免疫,投资者需要出售原来的债券,再买回持续期为 10 的新债券或者债券组合。

例 4-21 用债券组合对一组负债进行免疫,而且要找到最高到期收益率的债券组合来对一组已知负债进行免疫。一组负债如下:第一年年末支付 100 元,第二年年末支付 200 元,第三年年末支付 50 元。

解答: 第一步,根据到期收益率曲线计算出负债的现值和持续期,从而得到免疫曲线(Immunization Curve),如表 4-22 所示。

表 4-22 计算负债的现值和持续期

内部收益率(%)	现值(元)	持续期	修正持续期
6	314.32	1.833	1.729
7	308.96	1.830	1.710
8	303.75	1.826	1.691
9	298.69	1.822	1.672
10	293.76	1.818	1.653

第二步,分析哪些债券可以用来构建组合。对于每一种债券,都计算出到期收益率和持续期,如表 4-23 所示。

表 4-23 计算到期收益率和持续期

利率(%)	期限(年)	价值(元,面值 100)	到期收益率(%)	比率持续期	修正持续期
8.0	1	101.41	6.5	1.000	0.939
6.7	2	100.73	6.3	1.937	1.822
9.0	5	107.34	7.2	4.268	3.981
8.5	8	102.87	8.0	6.148	5.692

第三步,画出债券的免疫曲线,如图 4-9 所示。该图可以告诉我们哪种债券组合可以产生最高的收益率。1 年期债券与 8 年期债券的组合或许能产生最高的到期收益率。当然,也有其他组合,例如 1 年期债券和 5 年期债券组合。

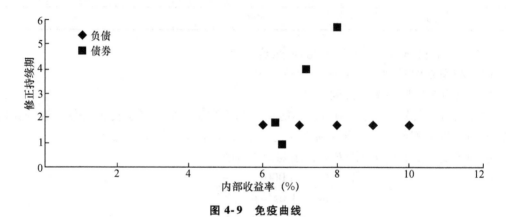

图 4-9 免疫曲线

当确定了用哪种债券来进行组合后,剩下的事情就是决定每种债券投资的数量,使得组合的现值等于负债的现值,同时,组合的持续期与负债的持续期相等。

根据已知的到期收益率,负债修正持续期大约为 1.7;1 年期债券和 8 年期债券的组合权重为

$$0.939X + 5.692(1-X) = 1.7$$

得

$$X = 0.84$$

这意味着 84% 的资金投资于 1 年期债券,而 16% 的资金投资于 8 年期债券。

例 4-22 我们假设 1 年期债券的票面利率为 6%,1 年支付 1 次利息;4 年期债券的票面利率为 8%,1 年支付 1 次利息。即期利率(折现率)为 10%。投资者的负债是 5 年期分期付款,每年支付 100 元。问:如何对负债进行免疫?

解答:计算出负债的金额持续期,如表 4-24 所示。

表 4-24 负债的持续期计算

时间点	现金流	折现因子	现值(元)	t 倍现值(元)
0	0	1	0	0
1	100	0.9091	90.91	90.91

(续表)

时间点	现金流	折现因子	现值(元)	t倍现值(元)
2	100	0.8264	82.64	165.29
3	100	0.7513	75.13	225.39
4	100	0.6830	68.30	273.21
5	100	0.6209	62.09	310.46
总计			379.07	1 065.26

所以,负债的持续期为 2.81,即

$$D_{负债} = 1\,065.26/379.07 = 2.81$$

1 年期债券的比率持续期为 1,而 4 年期债券的比率持续期为 3.57,如表 4-25 所示。

表 4-25 4 年期债券的比率持续期

时间点	现金流	折现因子	现值(元)	t倍现值(元)
1	8	0.9091	7.27	7.27
2	8	0.8264	6.61	13.22
3	8	0.7513	6.01	18.03
4	108	0.6830	73.77	295.58
总计			93.66	334.10

$$D_{4年} = 334.10/93.66 \approx 3.57$$

构建一个方程组,计算 1 年期和 4 年期债券的投资比重,即

$$\omega_1 + \omega_2 = 1$$
$$1 \times \omega_1 + 3.57 \times \omega_2 = 2.81$$

得

$$\omega_1 = 0.296$$
$$\omega_2 = 0.704$$

由于负债的现值为 379.07 元,所以 112.20 元投资于 1 年期债券,266.87 元投资于 4 年期债券。

例 4-23 假定到期收益率如本书表 2-11 所给定的。目前,投资者的资产包括 305 个单位的 3 年期零息债券,面值为 11 522.06 元。投资者的负债包括 300 个单位的 20 年期附息债券。该附息债券的面值为 10 000 元,票面利率为 6.162%。投资者希望持有这个 20 年期的附息债券,但愿意调整 3 年期零息债券的头寸。投资者也愿意购买或者发行 20 年期的零息债券,该 20 年期零息债券的面值为 34 940.6 元。问:如何调整使投资者可以实现免疫?

解答:根据表 2-11 给定的到期收益率,可以计算这些债券的价格:

$$P_3 = 11\,522.06 \times 0.8679 = 10\,000$$
$$P_{20} = 34\,940.6 \times 0.2862 = 10\,000$$
$$P_{20c} = \sum_{t=1}^{20} 616.19 \times d_t + 10\,000 \times 0.2862 = 10\,000$$

投资者期初的资产负债表如下:

资产	负债
305 个 3 年期零息债券，价值 305 万元	300 个单位的 20 年期附息债券，价值 300 万元
	权益 5 万元

单个债券的金额持续期分别为

$$\Delta_3 = \frac{3 \times 10\,000}{100} = 300$$

$$\Delta_{20} = \frac{20 \times 10\,000}{100} = 2\,000$$

$$\Delta_{20C} = \frac{1}{100}\sum_{t=1}^{20} t \times V(C_t) = 1\,175$$

可以计算投资者权益在初始状态下的金额持续期为 -261 000 元，即

$$305 \times 300 - 300 \times 1\,175 = -261\,000(\text{元})$$

为了让组合资产与负债在持续期上匹配，并且要保证权益价值，建立下面的策略：

资产的价值-负债的价值 = 50 000

资产的金额持续期-负债的金额持续期 = 0

即

$$10\,000N_3 + 10\,000N_{20} - 300 \times 10\,000 = 50\,000$$

$$300N_3 + 2\,000N_{20} - 300 \times 1\,175 = 0$$

得到

$$N_3 = 151.5$$

$$N_{20} = 153.5$$

所以，投资者拥有 3 年期零息债券的数量为 151.5 个单位，价值为 151.5 万元；拥有 20 年期零息债券的数量为 153.5 个单位，价值为 153.5 万元。调整后的债券组合构成为

资产	负债
151.5 个单位的 3 年期零息债券，价值 151.5 万元 153.5 个单位的 20 年期零息债券，价值 153.5 万元	300 个单位的 20 年期附息债券，价值 300 万元
	权益 5 万元

三、避险

（一）避险的定义

避险（Hedging）是指利用一种证券为另外一种证券的价格变化提供保护，相当于给一个证券找一个"保镖"。在证券市场中，有些证券的流动性较差，或者出于各种各样的原因，投资者不想出售这种证券，但他又担心这种证券的价格下降，给他带来损失。投资者有一种办法，就是卖空市场中流动性高的另外一种证券。如果市场利率上升，证券的价格就会下降。投资者持有的那种证券价格下降了，他当然遭受了损失。但他卖空另外

一种证券会给他带来收益。这样一来,投资者的总体收益就得到了保证。当然,投资者实现避险的方法有很多,包括利用一些衍生金融工具等。

(二) 利用持续期避险

例 4-24 给做市商的资产组合避险。一公司债券做市商在某交易日末尾,拥有 5 年期的公司债券,面值为 100 万元,票面利率为 6.9%(半年支付 1 次利息),价格为平价。该债券的流动性很差,因此出售该债券会遭受很大的损失。而隔夜持有该债券也有很大的风险,因为如果市场利率上升,该债券的价格就会下降。投资者卖空流动性很强的国债来避险。具体情况是,市场中有下面的债券:

10 年期,利率为 8% 的国债,价格 $P=1\,109.0$ 元(面值 1 000 元);

3 年期,利率为 6.3% 的国债,价格 $P=1\,008.1$ 元(面值 1 000 元)。

问:

(1) 为了避险,该做市商应该卖空多少 10 年期国债?如果卖空 3 年期国债,应卖空多少?

(2) 如果所有债券的到期收益率一夜之间上升 1%,该做市商在了结自己的卖空头寸之后,自己的交易结果如何?

(3) 如果他要卖空这两种国债,那么 10 年期国债和 3 年期国债各卖空多少?

解答:

为了回答问题(1),我们进行以下的操作:

第一,找到被避险债券的修正持续期;

第二,找到卖空债券的修正持续期;

第三,找到避险系数(Hedge Ratios)。

对于 5 年期公司债券而言,票面利率为 6.9%,平价交易。因此,$y=6.9\%$,修正持续期 $D_m=4.1688$;

对于 10 年期国债而言,票面利率为 8%,价格为 1 109.0 元。因此,$y=6.5\%$,修正持续期 $D_m=7.005$;

对于 3 年期国债而言,票面利率为 6.3%,价格为 1 008.1 元。因此,$y=6.00\%$,修正持续期 $D_m=2.700$。

设 10 年期国债的卖空数量为 z,则

$$7.005 \times z = 1\,000\,000 \times 4.1688$$

得

$$z = 595\,117.8$$

设 3 年期国债的卖空数量为 y,则

$$2.700 \times y = 1\,000\,000 \times 4.1688$$

得

$$y = 1\,544\,000$$

对问题(2)的回答如下:

做市商在了结卖空头寸后的交易结果如下:5 年期公司债券的到期收益率上升到 7.9%,价格下降到 959.344 元(面值 1 000 元)。投资者损失了 40 656 元,即

$$1\,000\,000 \times (1-0.959344) = 40\,656(元)$$

10 年期国债的到期收益率上升到 7.5%,价格下降到 1 034.74 元(面值 1 000 元)。相当于原来价格的 93.3%(1 034.74/1 109.0)。卖空 10 年期国债实现的收益为 39 765.7 元,即

$$(1-0.933)\times 595\ 117.8 = 39\ 872.9(元)$$

3 年期国债的到期收益率上升到 7%,价格为 981.35 元(面值 1 000 元)。相当于原来价格的 97.3%(981.35/1 008.1)。卖空 3 年期国债实现的收益为 40 891 元,即

$$(1-0.973)\times 1\ 544\ 000 = 41\ 688(元)$$

对问题(3)的回答如下:

设 x 为 10 年期国债卖空的比重,那么,为了避险,资产和负债的持续期应该相等,即

$$7.005x + 2.7(1-x) = 4.1688$$

得

$$x = 34.12\%$$
$$1 - x = 65.78\%$$

也就是说,10 年期国债卖空的比重为 34.12%,价格为 34.12 万元;3 年期国债卖空的比重为 65.78%,价格为 65.78 万元。

四、持续期与凸性在投资组合风险管理中的应用

假定其他因素都一样,凸性被认为是好的,对投资者是有价值的。固定收益证券管理中存在着努力实现组合凸性最大化的动机。① 一般债券的凸性是个正数,因此,凸性的存在改善了债券价格的风险状况。含权证券的凸性特征与传统固定收益证券不同,这也给投资者利用这些证券的凸性进行组合管理提供了机会,见例 4-25。

如何获得这一利益呢?

一般情况下,假定其他因素都一样,一次性支付策略(Bullet Payment Strategy)的凸性要小于杠铃式支付策略(Barbell Payments Strategy)——现金流量两头分布的凸性,因此,Barbell 策略会给投资者带来凸性利益。

在给定到期收益率和修正持续期的情况下,票面利率越低,凸性越小。零息债券的票面利率最低,凸性最小。因此,假定其他条件一样,为获得大的凸性,投资者应该选择票面利率高的债券或者债券组合。

例 4-25 Bullet 策略与 Barbell 策略。有以下三种国债,均为平价交易,如表 4-26 所示。

表 4-26 三种国债的信息

债券	票面利率(%)	偿还期(年)	收益率(%)	修正持续期 D_m	修正凸性 Γ_m
A	8.50	5	8.50	4.00	19.81
B	9.50	20	9.50	8.88	124.20
C	9.25	10	9.25	6.43	55.45

---

① 参见 Bruce J. Grantier,"Convexity and Bond Performance: The Benter the Better",*Financial Analyst Journal*,44(6),1988,pp.79-81;Livingston G. Douglas,*Bond Risk Analysis: A Guide to Duration and Convexity*,New York Institute of Finance,1990。

有两种国债组合策略：

第一，只投资于国债 C（Bullet 策略）；

第二，投资于国债 A 和 B。组合的持续期等于 C。也就是 50.2% 投资于国债 A，49.8% 投资于国债 B，因为

$$0.502 \times 4.00 + 0.498 \times 8.88 = 6.43$$

组合经理期望在市场利率变化后，Barbell 策略表现得好一些，所以该经理或许愿意舍弃一点收益率，从而获得较大的凸性。Bullet 策略的到期收益率为 9.25%，而 Barbell 策略的到期收益率大约等于 8.998%，因为

$$0.502 \times 8.5\% + 0.498 \times 9.5\% = 8.998\%$$

需要说明的是，债券组合的到期收益率一般不等于债券到期收益率的加权平均，但在债券到期收益率差别不大的情况下，用组合现金流计算的到期收益率与用加权平均方法计算的到期收益率不会有太大的差别。

我们计算在到期收益率曲线平行移动、变陡、变得平缓三种情况下 Bullet 策略相对于 Barbell 策略的优劣。其中，变得平缓的意思是 5 年期到期收益率比平行移动多涨 25 个基点，而 20 年期到期收益率比平行移动少涨 25 个基点。变陡的意思是 5 年期到期收益率比平行移动少涨 25 个基点，而 20 年期到期收益率比平行移动多涨 25 个基点。具体结果如表 4-27 所示。

表 4-27　Bullet 策略与 Barbell 策略的比较　　　　　　　　　　单位：%

利率波动	平行移动	变平缓	变陡
-5.00	-7.19	-10.69	-3.89
-4.00	-4.00	-6.88	-1.27
-3.50	-2.82	-5.44	-0.35
-2.00	-0.59	-2.55	1.25
-1.00	0.06	-1.54	1.57
0.00	0.25	-1.06	1.48
2.00	-0.31	-1.18	0.49
2.75	-0.73	-1.46	-0.05
3.00	-0.88	-1.58	-0.24
3.75	-1.39	-1.98	-0.85

表中的数字是指在 6 个月的持有期内，Bullet 策略的收益率减去 Barbell 策略的收益率。如果为负数，说明 Bullet 策略较差；如果为正数，则说明 Bullet 策略较好。

在表 4-27 中，Barbell 策略在一般情况下要好于 Bullet 策略，因为 Barbell 策略更能够获得凸性利益。但 Barbell 策略不是永远好于 Bullet 策略，在利率变化比较小而且到期收益率曲线变陡的情况下，Bullet 策略会更好些。因为凸性越大，时间效应越小。后面会说明这一问题。为了更清晰地说明哪种策略更好，我们用图 4-10 来表示。

上面的例子表明，在组合资产的持续期与负债的持续期相等而资产的凸性大于负债的凸性时，不管市场利率发生什么样的变化，组合资产的价值绝不会小于负债的价值；而

且利率变化的幅度越大(不管是向哪个方向变化),组合资产的价值超过负债的价值就越多。只有在利率不发生变化时,资产价值才与负债价值相等。原因是,组合资产的凸性大于负债的凸性,说明在市场利率下降时,资产价值的上升会超过负债价值的上升;而当市场利率上升时,资产价值的下降幅度小于负债价值的下降幅度。正因为如此,组合资产的凸性越大,对投资者就越有利。

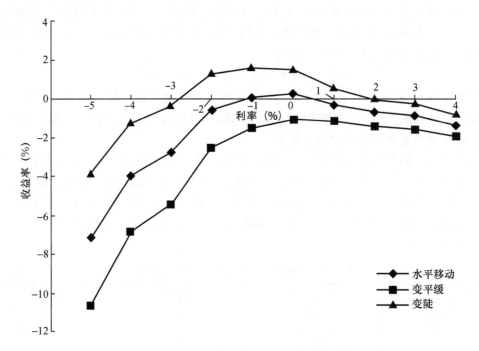

图 4-10 Bullet 策略与 Barbell 策略的比较

注:图中各曲线表示的是 Bullet 策略的收益率减去 Barbell 策略的收益率。

上例说明,仅仅考虑持续期是不够的,由于市场利率随时会发生变化,因此在组合资产的持续期等于负债的持续期的前提下,应争取让组合的凸性极大。

在追求凸性极大化的同时,也就产生了免费午餐的问题。这种机会存在吗?事实上,当一个组合仅仅由债券构成时,获得来自凸性的额外利益的机会的确存在,但相对较少。聪明的投资者会想方设法寻找这种宝贵的机会。由于金融衍生工具的出现,并且被不断地创造出来,利用凸性进行资产管理的机会大增。理由很简单,利率期货和期权的凸性与传统证券的凸性不同,人们也就有了更多的机会利用这些衍生工具。

在追求凸性极大化并获得凸性利益的同时,也就产生了一个问题,即利率曲线平行移动是不是现实的。由于存在凸性利益,因此就存在套利机会,而套利机会的存在意味着市场是不完善的,故在完善的市场中凸性利益应该是不存在的,因此利率曲线平行移动应该是不存在的。结论就是凸性利益在水平的利率曲线结构中是存在的,而在利率曲线结构不是水平的前提下,凸性利益与时间效应损失共生,因此在市场均衡的情况下,凸性利益也可以存在。

我们在第三章介绍过债券价值的时间效应。而前面分析凸性利益时,我们只是假定在确定了一个债券组合后,市场利率立即发生变化或者不发生变化,没有考虑时间效应。如果确定了资产组合,并且组合的凸性超过负债的凸性,在未来相当长的时间里市场利率不发生变化,组合资产与负债的价值会随着时间的变化而变化,但变化的结果如何呢?

前面已经说过,实际上,债券的凸性与时间效应是一对矛盾。当债券的凸性效应较大时,时间效应就比较小;而当凸性效应较小时,时间效应就比较大。因此,不能简单地说凸性越大越好,见例 4-26。

例 4-26 假定到期收益率如本书表 2-11 所示。折现因子与债券的时间效应 θ 值可以计算出来,如表 4-28 所示。

表 4-28 给定的到期收益率曲线与时间效应 θ 值

期限(年)	到期收益率(%)	折现因子	θ 值	期限(年)	到期收益率(%)	折现因子	θ 值
1/365	4.24	0.9999		14	6.13	0.4345	0.03026
0.5	4.42	0.9786	0.04312	15	6.21	0.4052	0.02835
1	4.51	0.9569	0.04374	16	6.27	0.3778	0.02648
1.5	4.59	0.9349	0.04422	17	6.33	0.3523	0.02465
2	4.68	0.9126	0.04458	18	6.38	0.3285	0.02289
2.5	4.76	0.8903	0.04481	19	6.42	0.3065	0.02119
3	4.84	0.8679	0.04487	20	6.46	0.2862	0.01957
4	4.99	0.8229	0.04477	21	6.48	0.2674	0.01802
5	5.14	0.7783	0.04429	22	6.50	0.2501	0.01656
6	5.28	0.7344	0.04346	23	6.51	0.2343	0.01519
7	5.41	0.6914	0.04234	24	6.52	0.2198	0.01389
8	5.54	0.6497	0.04099	25	6.51	0.2065	0.01267
9	5.66	0.6094	0.03944	26	6.50	0.1944	0.01153
10	5.77	0.5708	0.03775	27	6.48	0.1834	0.01046
11	5.87	0.5339	0.03595	28	6.46	0.1735	0.00946
12	5.97	0.4989	0.03408	29	6.42	0.1645	0.00853
13	6.05	0.4658	0.03217	30	6.38	0.1564	

有下面五种债券,基本情况如表 4-29 所示。

表 4-29 五种债券的基本情况

债券	偿还期(年)	面值(元)	价格(元)
A	2	10 957.90	10 000
B	14	23 014.96	10 000
C	18	30 441.40	10 000
D	30	63 938.62	10 000
E	16	26 469.03	10 000

我们构建三个组合:Barbell、Bullet、Ladder(阶梯式组合)。Barbell 由 0.5 个单位的债券 A 和 0.5 个单位的债券 D 组成;Bullet 由 0.5 个单位的债券 B 和 0.5 个单位的债券 C 组成;Ladder 由债券 A、B、C、D 组成,每种债券都是 0.25 个单位。

假定到期收益率曲线发生平行移动,具体而言,到期收益率曲线分别平行移动 0.1%、0.2%、0.5%、1%、2%、3%、4%、5%……与此同时,时间也在流逝。时间分别流逝 0 年、0.5 年、1 年、1.5 年、2 年。

投资者的资产就是上面三个组合,投资者的负债就是债券 E。投资者在构建上述组合的时候权益为 0,因为发行的债券或者说负债为 1 万元,而资产组合的价值也是 1 万元。

请刻画出三种组合在不同情况下的权益变化情况。

解答:第一步,计算每个债券以及每个债券组合的金额持续期和 θ 值。计算结果如表 4-30 所示。

表 4-30 单个债券与三种组合的金额持续期和 θ 值

债券	金额持续期	金额凸性	θ 值
A	200	6	483.67
B	1 400	210	696.43
C	1 800	342	696.80
D	3 000	930	545.40
E	1 600	272	700.90
Barbell	1 600	468	514.53
Bullet	1 600	276	696.62
Ladder	1 600	372	605.58

第二步,估计债券或者债券组合的价格变化,采用的公式为

$$\Delta P \approx -\Delta_{金额} \times \Delta y + \frac{1}{2} \times \Gamma_{金额} \times (\Delta y)^2 + \theta \times t \quad (4-34)$$

Barbell、Bullet、Ladder 的具体情况可如表 4-31、表 4-32、表 4-33 所示。

表 4-31 Barbell

利率波动(%) \ 时点	0	0.5	1	1.5	2
−5	2 450	2 356.82	2 263.63	2 170.45	2 077.26
−4	1 568	1 474.82	1 381.63	1 288.45	1 195.26
−3	882	788.82	695.63	602.45	509.26
−2	392	298.82	205.63	112.45	19.26
−1	98	4.82	−88.37	−181.56	−274.74
−0.50	24.5	−68.69	−161.87	−255.06	−348.24
−0.20	3.92	−89.27	−182.45	−275.64	−368.82

(续表)

时点 利率波动(%)	0	0.5	1	1.5	2
−0.10	0.98	−92.21	−185.39	−278.58	−371.76
0	0	−93.19	−186.37	−279.56	−372.74
0.10	0.98	−92.21	−185.39	−278.58	−371.76
0.20	3.92	−89.27	−182.45	−275.64	−368.82
0.50	24.5	−68.69	−161.87	−255.06	−348.24
1	98	4.81	−88.37	−181.56	−274.74
2	392	298.82	205.63	112.45	19.26
3	882	788.82	695.63	602.45	509.26
4	1 568	1 474.82	1 381.63	1 288.45	1 195.26
5	2 450	2 356.82	2 263.63	2 170.45	2 077.26

表 4-32　Bullet

时点 利率波动(%)	0	0.5	1	1.5	2
−5	50	47.86	45.72	43.58	41.44
−4	32	29.86	27.72	25.58	23.44
−3	18	15.86	13.72	11.58	9.44
−2	8	5.86	3.72	1.58	−0.56
−1	2	−0.14	−2.28	−4.42	−6.56
−0.50	0.5	−1.64	−3.78	−5.92	−8.06
−0.20	0.08	−2.06	−4.20	−6.34	−8.48
−0.10	0.02	−2.12	−4.26	−6.40	−8.54
0	0	−2.14	−4.28	−6.42	−8.56
0.10	0.02	−2.12	−4.26	−6.40	−8.54
0.20	0.08	−2.06	−4.20	−6.34	−8.48
0.50	0.5	−1.64	−3.78	−5.92	−8.06
1	2	−0.14	−2.28	−4.42	−6.56
2	8	5.86	3.72	1.58	−0.56
3	18	15.86	13.72	11.58	9.44
4	32	29.86	27.72	25.58	23.44
5	50	47.86	45.72	43.58	41.44

表 4-33　Ladder

时点 利率波动(%)	0	0.5	1	1.5	2
−5	1 250	1 202.34	1 154.68	1 107.02	1 059.36
−4	800	752.34	704.68	657.02	609.36

（续表）

时点 利率波动(%)	0	0.5	1	1.5	2
−3	450	402.34	354.68	307.02	259.36
−2	200	152.34	104.68	57.02	9.36
−1	50	2.34	−45.32	−92.98	−140.64
−0.50	12.5	−35.16	−82.82	−130.48	−178.14
−0.20	2	−45.66	−93.32	−140.98	−188.64
−0.10	0.5	−47.16	−94.82	−142.48	−190.14
0	0	−47.66	−95.32	−142.98	−190.64
0.10	0.5	−47.16	−94.82	−142.48	−190.14
0.20	2	−45.66	−93.32	−140.98	−188.64
0.50	12.5	−35.16	−82.82	−130.48	−178.14
1	50	2.34	−45.32	−92.98	−140.64
2	200	152.34	104.68	57.02	9.36
3	450	402.34	354.68	307.02	259.36
4	800	752.34	704.68	657.02	609.36
5	1 250	1 202.34	1 154.68	1 107.02	1 059.36

通过图形可以更清晰地看出三种组合在不同时点的损益情况，如图 4-11、图 4-12、图 4-13、图 4-14、图 4-15 所示。

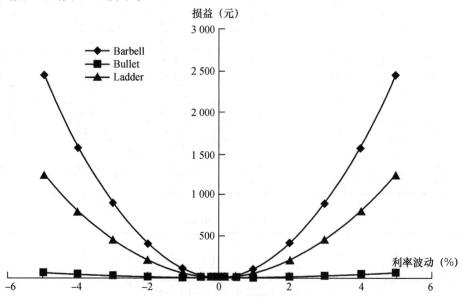

图 4-11 在时点 0,各种组合的损益情况

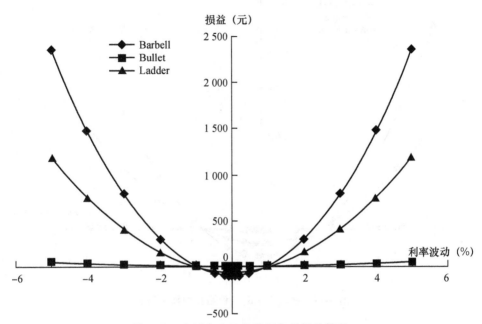

图 4-12　在时点 0.5,各种组合的损益情况

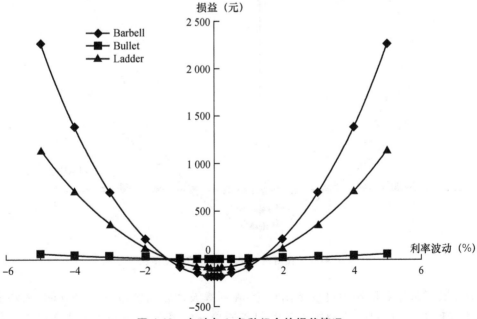

图 4-13　在时点 1,各种组合的损益情况

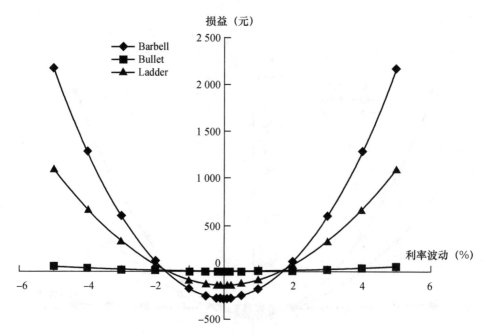

图 4-14 在时点 1.5,各种组合的损益情况

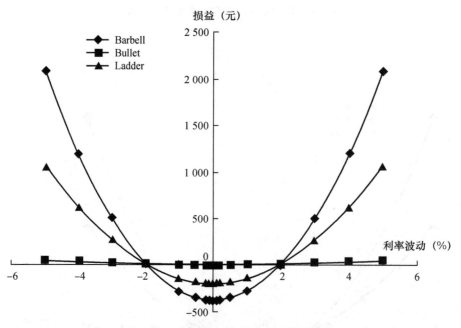

图 4-15 在时点 2,各种组合的损益情况

从上面的表格和图形中可以得出结论:在利率波动较大的情况下,Barbell 策略要好于其他两种策略;在利率波动较小且时间流逝较长的情况下,Bullet 策略会好于其他策略,但都要损害净权益。这说明,凸性效应不是绝对的,它与时间效应是一对矛盾统一体!

五、凸性的引入与利率风险规避的理论阐释①

持续期效应、凸性效应和时间效应是存在一定的平衡关系的。能否将市场利率变化对债券价格的影响与债券价格的时间效应连接起来呢?这在理论上是可行的。

假定利率的随机过程是无套利机会的。而债券价格可以表示为利率 r 和时间 t 的函数。利率的随机过程可以用随机微分方程来表示,即

$$dr(t) = \mu_r[r(t),t]dt + \sigma_r[r(t),t]d\omega(t) \tag{4-35}$$

其中,μ_t 为利率 $r(t)$ 单位时间变化的期望值;

σ_t 为单位时间利率变化的标准差;

$d\omega(t)$ 是一个正态分布的随机变量,其均值为 0,方差为 dt。

假定债券价格是利率 $r(t)$ 和时间 t 的可微函数,那么债券价格也可以用类似的随机微分方程来描述。

$$dP[r(t),t]/P[r(t),t] = \mu_P[r(t),t]dt + \sigma_P[r(t),t]d\omega(t) \tag{4-36}$$

其中,μ_P 是债券单位时间的期望收益率,σ_P 是单位时间债券收益率的标准差,而且

$$\mu_P = \left[\frac{1}{2} \cdot \sigma_r^2 \cdot \frac{\partial^2 P}{\partial r^2} + \mu_r \cdot \frac{\partial P}{\partial r} + \frac{\partial P}{\partial t}\right] / P \tag{4-37}$$

$$\sigma_P = \left[\sigma_r \cdot \frac{\partial P}{\partial t}\right] / P \tag{4-38}$$

由于描述利率变化与债券价格变化的微分方程中都包含了相同的随机变量 $d\omega(t)$,因此,债券价格变化与市场利率变化是完全相关的。由于这种完全相关性,单位标准差所产生的风险溢价——风险价格对于全部的债券而言一定相等,否则就会出现套利机会,因此

$$\frac{\mu_P[r(t),t]dt - r(t)}{\sigma_P[r(t),t]} = \lambda[r(t),t] \tag{4-39}$$

其中,$\lambda[r(t),t]$ 是对于全部证券而言共同的风险价格,将 μ_P、σ_P 的表达式代入 $\lambda[r(t),t]$ 的表达式,得到

$$\frac{1}{2} \cdot \sigma_r^2 \cdot \frac{\partial^2 P}{\partial r^2} + [\mu_r - \lambda \cdot \sigma_r]\frac{\partial P}{\partial r} + \frac{\partial P}{\partial t} - rP = 0 \tag{4-40}$$

这一微分方程看上去很复杂,实际上可以用持续期、凸性和时间效应来表示,即

$$\frac{\partial P}{\partial r} = -\frac{1}{1+r} \cdot \Delta_{金额}$$

$$\frac{\partial P}{\partial t} = \theta$$

$$\frac{1}{2} \cdot \frac{\partial^2 P}{\partial r^2} = \frac{1}{2} \cdot \frac{1}{(1+r)^2} \cdot \Gamma$$

因此,债券价格就与持续期、凸性和时间效应建立了如下关系:

---

① 参见 Peter O. Christensen and Bjame G. Sorensen, "Duration, Convexity and Time Value", *Journal of Portfolio Management*, 20(2), 1994, pp.51-60。

$$\frac{1}{2} \cdot \sigma_r^2 \cdot \frac{\Gamma}{(1+r)^2} - [\mu_r - \lambda \cdot \sigma_r] \frac{\Delta_{金额}}{(1+r)} + \theta - rP = 0 \qquad (4\text{-}41)$$

由于债券避险策略是资产的持续期等于负债的持续期,因此,为了规避资产凸性和时间效应风险,应该有

$$\frac{1}{2}\sigma_r^2 \frac{1}{(1+r)^2}(\Gamma_{资产} - \Gamma_{负债}) = \theta_{负债} - \theta_{资产} \qquad (4\text{-}42)$$

也就是说,资产与负债的持续期相等,那么当资产的凸性大于负债的凸性时,负债的时间效应要大于资产的时间效应,并且有明确的配比关系。

在一个给定的时间内,资产和负债组合的收益依赖于利率波动幅度。如果利率波动幅度大,那么尽管资产与负债产生了净的时间性损失,但资产的凸性收益将超过负债的凸性损失,并最终让整个组合获得正的收益。

如果资产与负债的凸性固定,且资产的凸性大于负债的凸性,那么资产负债时间价值的差额就是利率波动的函数。具体而言,利率变化越大,即利率的方差 σ_r^2 越大,凸性的净贡献也就越大,因此时间价值差($\theta_{负债} - \theta_{资产}$)也就越大,即一个方面的较大收益会被另一个方面的较大损失抵消。

六、关于持续期、凸性与风险管理的基本结论

第一,如果资产组合与负债的持续期相等,凸性也相等,那么资产与负债的时间效应也应该相等。因此,不管利率发生怎样的变化,投资者在整个时间段内,都可以满足债权人的权益。也就是说,投资者不仅规避了利率变化的风险,也规避了利率不变的风险。

第二,通常要不断调整债券组合,以使资产的持续期等于负债的持续期。但在凸性也互相匹配时,由于资产的持续期与负债的持续期受利率变化的影响是相同的,因此可以减少上述调整。

第三,当持续期匹配,凸性也匹配的时候,资产组合与负债应该是非常相似的,即使利率是随机波动的,资产和负债也可以实现免疫。

第四,当投资者对利率的未来趋势有了自己的判断之后,他希望让自己的资产组合存在一定的风险,那么凸性可以成为持续期的一个重要补充和辅助。例如,投资者可以根据利率预测设置一个大的或者小的组合持续期,这样,他可以利用瞬时的利率变化来获利。但大的凸性使得投资者在利率下降时获得更大的收益,而在利率上升时,损失却在下降。当然,这一策略要求投资者能够对利率的未来趋势做出判断。

第五,当投资者只能判断未来利率会发生变化,但不知道是上升还是下降时,凸性也是有用的。如果投资者预期利率波动很大,他就可以选择凸性大的组合,因为大的凸性将使投资者获得的收益超过时间价值损失。如果投资者就是要规避利率风险,他当然应该选择持续期小的组合。相反,当投资者认为市场利率稳定,或者变化不会很大时,他应该选择一个凸性小的组合,让其资产与负债的综合凸性为负,这样他就可以获得较大的时间价值。

第六,一般债券的凸性都是正的,因此选择资产进行组合时利用凸性进行风险管理的余地并不大,但有些资产,特别是利率衍生工具的凸性可能是负的。这些债券和工具,

可以被投资者应用于资产组合中。

习题

一、思考题

1. 请说明影响债券价格利率敏感性的主要因素。
2. 实现负债免疫的原则是什么？什么情况下要调整资产组合？
3. 什么是避险？什么情况下应该避险？
4. 凸性是免费午餐吗？凸性与债券的时间效应是什么关系？
5. 为什么在一般情况下，Barbell 策略要好于 Bullet 策略？

二、计算题

1. 一个债券当前的价格为 102.5 元，如果利率上升 0.5 个百分点，价格下降到 100 元；如果利率下降 0.5 个百分点，价格上升到 105.5 元。请计算该债券的有效持续期。

2. 一个债券当前的价格为 102.5 元，如果利率上升 0.5 个百分点，价格下降到 100 元；如果利率下降 0.5 个百分点，价格上升到 105.5 元。请计算该债券在利率下降 1 个百分点时的价格。

3. 一个 6 年期浮动利率债券，半年支付 1 次利息。假定到期收益率曲线是水平的，为 6%。请说明该债券的比率持续期是接近 0.3 还是 0.5，抑或是 0.6。

4. 一个债券的持续期为 5.47，价格为 98.63 元。请估计在市场利率上升 2 个百分点时债券价格的变化。

5. 投资者目前的资产负债情况如下：

资产	负债
200 个单位的 3 年期零息债券，价值 20 000 元	185 个单位的 20 年期附息债券，价值 18 500 元
	权益 1 500 元

根据目前的利率期限结构，计算这些债券的金额持续期，结果如下：

债券	金额持续期
3 年期零息债券	3
20 年期零息债券	20
20 年期附息债券	9

投资者的目标是用持续期避险，即组合的金额持续期为 0。他希望持有 20 年的附息债券，但愿意调整 3 年期零息债券的头寸。投资者也愿意购买或者发行 20 年期的零息债券（价格也是 100 元）。请问该投资者应该如何调整自己的资产和负债？

6. 已知当 1 年期零息债券的连续复利到期收益率为 5.02% 时，该债券的价格为 51.60 元。当 1 年期零息债券的连续复利到期收益率为 4.98% 时，该债券的价格为 51.98 元。那么，当 1 年期零息债券的连续复利到期收益率为 5.00% 时，该债券的金额持续期近似为多少？

7. 已知当 1 年期零息债券的连续复利到期收益率为 5.02% 时,该债券的价格为 51.60元。当 1 年期零息债券的连续复利到期收益率为 5.06% 时,该债券的价格为 51.40 元。那么,当 1 年期零息债券的连续复利到期收益率为 5.04% 时,该债券的金额持续期近似为多少?

8. 利用题目 6 和题目 7 中的信息,当 1 年期零息债券的连续复利到期收益率为 5.02% 时,该债券的凸性近似为多少?

9. 当前,1 年期零息债券的连续复利到期收益率为 14%。考虑三个金融债券:

a. 2 年期零息债券,在到期日支付 1 000 元,当前价格为 770.05 元。其金额持续期为 15.4210,金额凸性为 0.41。

b. 4 年期零息债券,在到期日支付 1 000 元,当前价格为 645.04 元。其金额持续期为 25.7615,金额凸性为 1.04。

c. 7 年期零息债券,在到期日支付 1 000 元,当前价格为 573.21 元。其金额持续期为 39.9846,金额凸性为 2.90。

d. 一家金融公司的资产负债表中,资产包括 1 000 份 2 年期零息债券和 250 份 4 年期零息债券,负债为 1 300 份 7 年期零息债券。

问:

(1) 只使用关于金额持续期的信息,近似刻画资产负债表资产净值与利率的关系图。你只需考虑横轴上的三个点,即 1 年期零息债券的连续复利到期收益率分别为 11%、14% 和 17%。

(2) 只使用关于金额持续期和金额凸性的信息,近似刻画资产负债表资产净值的关系图。你只需考虑横轴上的三个点,即 1 年期零息债券的连续复利到期收益率分别为 11%、14% 和 17%。

10. 一家公司 3 年后要支付 2 000 万元,7 年后要支付 1 000 万元。你是该公司的财务总监,要确保未来的现金支付,你需要构建一个资产组合,其中可供选择的资产包括下面两种债券:

a. 2 年期零息债券,价格为 82.645 元(面值为 100 元);

b. 10 年期零息债券,价格为 38.554 元(面值为 100 元)。

请计算:

(1) 资产组合的价格是多少?

(2) 每种债券投资多少?

(3) 如果利率突然上升,你构建的组合是赢还是亏,抑或是无所谓?

11. 有下面三种债券:

偿还期(年)	票面利率(1 年支付 1 次利息)	价格(元,面值 100)
1	0	94.300
3	9.5	105.403
3	0	80.496

(1) 请构建 3 年期的即期利率曲线。收益率用年有效收益率表示。

(2) 请计算暗含的远期利率 $_0f_{1,2}$, $_0f_{2,3}$。

(3) 在时点 0，你订立了一个远期合约。合约规定，在时点 1，你购买票面利率为 8%（1 年支付 1 次利息）、期限为 2 年的债券，总面值为 100 万元。请计算在无套利情况下的远期价格。

(4) 在时点 0，你投资 100 万元购买了期限为 3 年、票面利率为 9% 的债券（年付息），并打算在时点 2 卖掉。在出售债券时，你得到了利息，也就是说，利息的支付还剩下 1 次。利用前面计算的结果，计算在持有债券 2 年内，你的持有收益率是多少。[提醒：先计算出债券购买的面值，然后计算在时点 2 债券的价格，根据你投资的总收益（利用远期利率计算投资收益），再计算你的持有收益率。]

(5) 计算期限为 3 年、票面利率为 7% 的债券的修正持续期。

(6) 估计在利率平行移动 1 个百分点时，该债券的价格波动比率。

(7) 对于债券价格的实际波动，你预期比题目(6)的计算结果高还是低？为什么？

三、判断如下命题正确与否，并做简要解释

1. 对于某个特定的债券，假设其 $\Delta_{金额}=550$ 元，$\Gamma_{金额}=-20$ 元。如果利率期限结构向上平行移动 20 个基点，资本损失近似为 110.40 元。

2. 如果 $\Gamma_{金额}$ 在当前的利率水平为零，那么价格利率曲线为常斜率的直线。

3. $\Gamma_{金额}$ 是凸性利率曲线斜率的相反数。

4. 对于给定的证券，假设其 $\Delta_{金额}=500$ 元，$\Gamma_{金额}=100$ 元。如果对于所有到期期限，利率期限结构向上移动 1 个基点，新的持续期将近似为 400。

5. 考虑一个债券远期合约。合约到期时，该债券的价格为其面值 100 元，到时空头方将交付该债券。如果远期价格为 100 元，那么对于该合约的多头来讲，$\Gamma_{金额}$ 为零。

6. 考虑一个债券远期合约。合约到期时，该债券的价格为其面值 100 元，到时多头方将收到该债券。如果远期价格为 110 元，那么 $\Gamma_{金额}$ 小于零。

7. 考虑标准的远期合约，一般来讲，对于远期合约的空头，$\Gamma_{金额}$ 等于零。

第五章

互 换

- 互换的基本概念与互换的种类
- 互换的利益来源与互换市场的发展
- 互换的定价
- 互换的风险
- 宝洁公司的案例

互换是交易双方交换现金流的行为。这种简单的交易方式有深刻的经济学动机,那就是可以降低交易双方的融资成本,并降低各自的风险。经过多年,尤其是最近几年的发展,互换业务在全球得到了空前的发展。不论是互换的规模,还是互换的种类,都有了长足的进步。

互换业务起源于货币互换,发展于利率互换。互换的定价原理是把一个互换分拆成两个部分:一部分是资产,它给投资者带来现金流;另一部分是负债,让投资者支付现金流。投资者两种不同方向的现金流的价值,就是一个互换的价值。

由于普通的利率互换是固定利率与浮动利率的互换,因此,互换的定价就是计算什么样的固定利率,让投资者在建立互换协议的时候不必支付或者收取现金。由于浮动利率债务在利息确定日的价值为其面值本身,因此,互换的定价也就是计算什么情况下固定利率现金流的价值与互换面值相等。在计算价值的时候,折现因子是按照利率期货的价格计算出来的。因此,利率期货对于互换的定价有很大的帮助。

货币互换也可以理解为两种债券的组合,互换的价值也就是两种不同方向(资产与负债)债券价值的差额。货币互换也可以理解为远期合约的组合。有多少期限,就有多少个远期合约的组合。

互换也有风险,包括价格风险和违约风险。著名的宝洁(P&G)公司就在互换协议的交易中有过惨痛的教训。

第一节 互换的基本概念与互换的种类

一、互换的基本概念

互换从本质上讲是非常简单的,但把多个互换放在一起也许会变得很复杂。互换(Swap)就是两个或更多当事人按照商定条件,在约定的时间内,交换现金流的合约。一般情况下,签订一份互换合约,不需要支付费用。比如固定利率与浮动利率的互换。甲方本来应该支付固定利率给债权人,乙方本来应该支付浮动利率给债权人,但甲、乙双方签订协议,双方调换现金流的支付方式,甲方现在支付浮动利率,而乙方支付固定利率。这类互换也被称为普通互换或大众型互换。普通互换常常作为复杂交易的基本组成元素。在复杂的互换中会有多个互换同时发生,而且有时包括融资,甚至会嵌入期权。

二、互换的种类

互换虽然历史较短,但创新出来的品种却很多。除了传统的利率互换和货币互换,一大批新的互换品种不断涌现。

(一) 利率互换

利率互换(Interest Rate Swap),是指双方同意在未来的一定期限内,根据同种货币的相同名义本金交换现金流,其中一方的现金流根据浮动利率计算出来,而另一方的现金流根据固定利率计算出来。

在普通互换中,固定利率支付者被称为买了互换(Buy the Swap),他建立了互换的多头,支付固定利率,收取浮动利率。而浮动利率支付者被称为卖了互换(Sell the Swap),他建立了互换的空头,支付浮动利率,收取固定利率。

利率互换以名义本金为基础,名义本金是指交易的名义本金额,只是用来计算利息的,本金并不真的发生互换。例如,一个互换合约规定名义本金为 500 万美元。每个月交换的利息就是 500 万美元产生的固定利息和浮动利息。在互换市场中,名义本金通常是 500 万美元的倍数。在一般情况下,互换的名义本金不会低于 100 万美元。

利率互换的标准期限是 1 年、2 年、3 年、4 年、5 年、7 年与 10 年。30 年与 50 年的互换交易也较常见。利率互换市场很灵活,会派生出许多特殊类型的交易。当然,交易类型越特殊,交易价格就越高。典型的利率互换如表 5-1 所示。

表 5-1 利率互换举例

名义本金	10 000 000 美元
到期日	2027-05-15
交易日	2019-05-08
生效日	2019-05-15
清算日	生效日
固定利率支付方	
固定利率	6.50%
支付频率	半年
计算日期规则	30/360
定价日	交易日
浮动利率支付方	
浮动利率指数	6 个月的 LIBOR
利差	无
支付频率	半年
计算日期规则	实际/360
定价日	交易日
首次利息	6 个月的 LIBOR,用来计算清算日的价值
定价的信息来源	路透社监控货币汇率服务(Reuter Monitor Money Rates Service)

在构建上述互换协议后,互换双方未来现金流的支付就可以刻画出来,如表 5-2 所示。

表 5-2 互换双方的利息支付

日期	固定利率支付方支付的利率	浮动利率支付方支付的利率
2019-11-15	3.25%	LIBOR
2020-05-15	3.25%	LIBOR
…	…	…
2027-05-15	3.25%	LIBOR

其中,固定利率支付方每期支付的利息都是固定的,为 32.5 万美元,即
$$1\,000\times 6.5\%\times 6\times(30/360)=32.5(万美元)$$

浮动利率支付方的利息支付与浮动利率参照指数有关。假如在 2020 年 5 月 15 日这一天,6 个月的 LIBOR 为 4.75%。由于从 2020 年 5 月 15 日到 2020 年 11 月 15 日,共有 184 天,因此在 2020 年 11 月 15 日这一天,利息支付额为 24.2778 万美元,即
$$1\,000\times 4.75\%\times 184/360=24.2778(万美元)$$

(二) 货币互换

货币互换(Currency Swap)是将一种货币的本金和固定利息与另一货币的等价本金和固定利息进行交换。

货币互换的主要原因是双方在各自国家中的金融市场上具有比较优势,这样可以达到降低融资成本的目的,同时也可以规避汇率风险。

(三) 其他互换

由于互换实际上是现金流的交换,而计算或确定现金流的方法有很多,因此互换的种类就有很多。除了上述最常见的利率互换和货币互换,其他主要的互换品种如下所示:

(1) 参照基的互换(Basis Swap)。在普通的利率互换中,互换一方支付固定利率,另一方支付浮动利率。而在参照基的互换中,双方都是支付浮动利率,只是两种浮动利率的参照利率不同,如一方为 3 个月的 LIBOR,另一方以另外的到期收益率,比如 1 年期国债的收益率为基准。

(2) 交叉货币利率互换(Cross-currency Interest Rate Swap)。交叉货币利率互换是利率互换和货币互换的结合,它是以一种货币的固定利率交换另一种货币的浮动利率。

(3) 差额互换(Differential Swap)。差额互换是对两种货币的浮动利率的现金流量进行交换,只是两种利息的现金流量均按同种货币的相同名义本金计算。比如互换一方按 6 个月期美元 LIBOR,名义本金为 1 000 万美元来支付利息;另一方按 6 个月期德国马克的 LIBOR 减去 1.90% 的浮动利率,名义本金同样为 1 000 万美元来支付利息。

(4) 本金增长型互换(Accreting Swap)、本金减少型互换(Amortizing Swap)和过山车型互换(Roller-coaster Swap)。在标准的互换中,名义本金是不变的,而在这三种互换中,名义本金是可变的。其中,本金增长型互换的名义本金在开始时较小,而后随着时间的推移逐渐增大。本金减少型互换则正好相反,其名义本金随时间的推移逐渐变小。近年来,互换市场又出现了一种特殊的减少型互换——指数递减比率互换(Index Amortizing Rate Swap),有时又称作指数化本金互换(Indexed Principal Swap),其名义本金减少的幅度取决于利率水平,利率越低,名义本金减少的幅度越大。过山车型互换的名义本金则在互换期内时而增大,时而变小。

(5) 可延长型互换(Extendable Swap)和可赎回型互换(Puttable Swap)。在标准的互换中,期限是固定的。而可延长型互换的一方,有权在一定限度内延长互换期限;可赎回型互换的一方,有权提前中止互换。

(6) 总收益互换(Total Return Swap)。总收益互换是一方主体把相关债券的全部经

济利益转给另外一方,而由后者提供相应的收益。全部经济利益包括债券的利息、费用、价格上的波动,以及信用风险损失等。总收益的接受方,承受了全部经济风险,包括市场风险和信用风险。总收益的提供方,通常是债券的拥有者,放弃了债券的市场风险和信用风险,而接受了交易对手的信用风险。

(7) 零息互换(Zero-coupon Swap)。零息互换是固定利息多次支付的现金流量,被一次性的支付取代。该一次性的现金支付,可以在互换期初,也可以在期末。

(8) 利率后期确定型互换(Back-set Swap)。在涉及浮动利率的普通互换中,浮动利率每次都是在计息期开始之前确定的。利率后期确定型互换的浮动利率,则每次都是在计息期结束之后确定的。

(9) 远期互换(Forward Swap)。远期互换,也称为延期互换(Deferred Swap),是指互换生效日是在未来某一确定时间开始的互换。

(10) 互换期权(Swaption)。互换期权,在本质上属于期权而不是互换,该期权标的物为互换。利率互换期权,本质上是把固定利率转换为浮动利率,或把浮动利率转换为固定利率的权利。

(11) 权益型互换(Equity Swap)。权益型互换,是将股票指数产生的红利和资本利得与固定利率或浮动利率交换。投资组合管理者可以用股票互换把债券投资转换成股票投资,反之亦然。

(12) 信用互换(Credit Swap),也被称为信用违约互换(Credit Default Swap),产生于20世纪90年代,是目前被广泛使用的一种信用衍生产品。信用互换的买方定期向卖方支付固定金额(通常为相关债券面值的一定比例),而卖方只有在违约事件(Credit Events)发生时,才会有支付行为。信用互换违约事件的含义在信用互换协议中会有详细的阐述,一般指相关实体或相关债券的发行人发生违约、破产,或进行债务重组。对于买方而言,信用互换是通过定期向卖方支付固定费用而得到的一种保障,即在未来某一时刻,买方因违约事件的发生而遭受损失时,可从信用互换的卖方那里得到偿付。买方在违约事件发生时可获得的补偿数额,在信用互换确认书或标准协议中要明确规定。

第二节　互换的利益来源与互换市场的发展

一、互换的利益来源

(一) 降低风险、增加收益是互换的两个利益来源

从经济学的角度来看,互换的主要原因有两个:一是互换双方通过互换可以降低利率风险,二是互换双方分别在固定利率和浮动利率市场上具有比较优势。

在风险方面,汇率和利率风险对收益构成了极大的威胁,也对金融机构和非金融机构的权益资本产生了很大的影响,而互换为消除汇率和利率的不利影响带来了可能。在收益和成本方面,通过在世界性的货币市场和资本市场上利用各种形式的套利机会,为市场主体增加收益提供了机会。又由于某些金融监管当局的管制,某些金融交易变得非常困难,甚至是根本不可能的。但是,由于世界各国的金融管制程度和范围都是不同的,

因此促进了互换交易在不同国家之间的进行。

（二）对利率互换的利益来源的阐释

利率互换交易所产生的套利机会，可以用国际贸易中的比较优势理论来解释。假定有两个主体：一个是 AAA 级别的银行，另一个是 BBB 级别的公司。由于银行有较高的资信，因此在发行任何金融工具时，该银行都有绝对优势。例如，有如表 5-3 所示的情况。

表 5-3　融资的比较优势与互换

	BBB 公司	AAA 银行	优势
融资目标	固定利率融资	浮动利率融资	
固定利率	14%	11.625%	2.375%
浮动利率	LIBOR+0.5%	LIBOR+0.25%	0.250%
套利潜力			2.125%

BBB 公司希望得到固定利率的负债，因为该公司的资产是长期性的；而 AAA 银行的资产是浮动利率的资产，因此希望筹措浮动利率的负债。由于 AAA 银行的资信很高，因此在长期和短期的金融市场上，它相对于 BBB 公司而言，都有绝对优势。这一绝对优势在固定利率市场上为 2.375 个百分点，而在浮动利率市场上为 0.25 个百分点。如果从比较优势的观点来看，AAA 银行在固定利率市场上有比较优势，而 BBB 公司在浮动利率市场上有比较优势。因此，如果根据国际贸易比较优势的理论，AAA 银行应该专门从事固定利率的"生产"，而 BBB 公司应该专门从事浮动利率的"生产"。用互换的术语来讲，AAA 银行应该筹集固定利率的债务而让 BBB 公司来偿还，BBB 公司应该筹集浮动利率的债务而让 AAA 银行来偿还。

在互换交易中，套利潜力可以用 AAA 银行与 BBB 公司之间的相对优势来比较，即 2.125 个百分点。利率的套利潜力构成了利率互换交易给交易双方带来的总利益，这一利益一定要由交易双方来分享。由于利率互换交易是协商性的交易，因此双方分享的比例自然由双方协商确定。图 5-1 是 AAA 银行与 BBB 公司达成的一种利率互换交易。

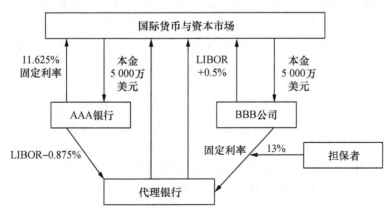

图 5-1　利率互换过程

在图 5-1 中,AAA 银行 5 000 万美元 5 年期的固定利率债务与 BBB 公司的浮动利率债务进行互换。互换协议需要双方 10 个以半年为期的利息支付。该互换可以使交易双方降低融资成本。AAA 银行的净利益是 1.125 个百分点,即如果 AAA 银行自己发行浮动利率债务,它要支付 LIBOR+0.25% 的利率,但现在由 BBB 公司来发行浮动利率债务,利率为 LIBOR+0.5%。利率互换并不意味着 AAA 银行按 LIBOR+0.5% 替 BBB 公司支付利息,原因是 AAA 银行的资信比 BBB 公司的资信高很多。协议的结果是 AAA 银行按 LIBOR-0.875% 的利率替 BBB 公司支付利息。因此 AAA 银行的净利益就是 1.125 个百分点(0.25%+0.875%)。那么,BBB 公司的净利益一定是 1 个百分点,因为两者的总净利益为 2.125 个百分点。具体而言,BBB 公司要按照 11.625% 的固定利率替 AAA 银行支付利息,并且还要替 AAA 银行支付浮动利率中那个固定的部分,即 1.375%(0.5%+0.875%),因此 BBB 公司支付的固定利率就是 13%(11.625%+1.375%)。而 BBB 公司要发行固定利率债务的话,利率为 14%,所以,它的净利益为 1 个百分点。

利率互换还需要其他的中介主体。第一个中介是一家代理银行,该银行作为两个交易主体的中介,负责处理两者的应付利息和利息的实际偿还。一般情况下,只有两者的应付利息都交给了代理银行,代理银行才会把利息支付给真正的债权人。第二个中介是在伦敦设立分支机构的另一家银行,该银行一直采用钉住利率,即按 LIBOR 从事存贷业务。前面的代理银行就是从这家银行得到关于 LIBOR 的数值的。第三个中介是担保机构。由于 BBB 公司的资信比 AAA 银行低很多,因此为了提高 BBB 公司的信誉,BBB 公司需要找一家银行给自己提供担保。由于 BBB 公司每半年应该支付 3 250 000 美元(50 000 000×13%/2)的利息,因此担保银行需要开出总价值为 32 500 000 美元(3 250 000×10)的不可撤销的信用证。当然,BBB 公司要为此支付一定的费用,费用率假定为 0.125%,那么第一年的担保费为 40 625 美元。

如果经过一段时间后,BBB 公司的信用级别已经上升到 AA 级,而 AAA 银行的级别下降到 AA 级,那么这两个主体的资信等级就相同了,这时,AAA 银行就不会要求 BBB 公司再提供银行担保了,因此 BBB 公司的担保费也就节省下来了。

(三)对货币互换利益来源的阐释

同样的道理,货币互换的主要原因是双方在各自国家中的金融市场上具有比较优势。假定英镑和美元汇率为 1 英镑=1.5 美元。A 公司想借入 5 年期的 1 000 万英镑借款,B 公司想借入 5 年期的 1 500 万美元借款。但由于 A 公司的信用等级高于 B 公司,两国金融市场对 A、B 两个公司的熟悉程度不同,因此市场向它们提供的固定利率也不同。

从表 5-4 可以看出,A 公司的借款利率均比 B 公司低,即 A 公司在两个市场上都具有绝对优势,但绝对优势的大小不同。A 公司在美元市场上的绝对优势为 2%,在英镑市场上的绝对优势只有 0.4%。这就是说,A 公司在美元市场上有比较优势,而 B 公司在英镑市场上有比较优势。这样,双方就可利用各自的比较优势来借款,然后通过互换得到自己想要的资金,并通过分享互换收益(1.6%)降低筹资成本。

表 5-4　市场向 A、B 公司提供的借款利率　　　　　　　　　　　　　　　单位:%

	美元	英镑
A 公司	8.0	11.6
B 公司	10.0	12.0

注:本表中的利率均为 1 年计算 1 次复利的利率。

于是,A 公司以 8%的利率借入 5 年期的 1 500 万美元借款,B 公司以 12.0%的利率借入 5 年期的 1 000 万英镑借款。然后,双方先进行本金的交换,即 A 公司向 B 公司支付 1 500 万美元,B 公司向 A 公司支付 1 000 万英镑。

假定 A、B 公司商定双方平分互换收益,则 A、B 公司都将使筹资成本降低 0.8%,即双方最终的实际筹资成本分别为:A 公司支付 10.8%的英镑利率,而 B 公司支付 9.2%的美元利率。

这样,双方就可根据借款成本与实际筹资成本的差异,计算各自向对方支付的现金流,进行利息互换,即:A 公司向 B 公司支付 10.8%的英镑借款的利息计 108 万英镑,B 公司向 A 公司支付 8.0%的美元借款的利息计 120 万美元。经过互换,A 公司最终的实际筹资成本降为 10.8%的英镑借款利息,而 B 公司最终的实际筹资成本变为 8.0%的美元借款利息加 1.2%的英镑借款利息。若汇率水平不变的话,B 公司最终的实际筹资成本相当于 9.2%的美元借款利息。若担心未来汇率水平变动,B 公司可以通过购买美元远期或期货来规避汇率风险。

在贷款期满后,双方要再次进行借款本金的互换,即 A 公司向 B 公司支付 1 000 万英镑,B 公司向 A 公司支付 1 500 万美元。到此,货币互换结束。若不考虑本金问题,上述货币互换的流程可如图 5-2 所示。

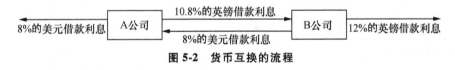

图 5-2　货币互换的流程

由于货币互换涉及本金互换,因此当汇率变动很大时,双方就将面临一定的信用风险。当然这种风险仍比单纯的贷款风险低得多。

一个公司在不同市场之间的比较竞争优势,绝不意味着市场是无效率的。信息不对称理论应该能够解释这一现象的存在。例如,高级别的欧洲公司在欧洲市场可以按照较低的利率融资,而同样高级别的美国公司在欧洲市场的融资成本就相对较高。不过,美国公司可以从美国银行那里获得较低利率的浮动利率贷款。这样,双方的互换就会给各自带来利益。

二、互换作用的具体分析

(一) 通过互换,交易双方都可获得理想的融资方式

前面在阐释利率互换与货币互换的利益来源时,都得到很清晰的结论:交易双方获得理想的融资,而且成本比预想中的要低。

（二）通过互换调整负债的偿还期

调整负债的偿还期有不少方法。公司可以回购固定利率债券，而后发行新的浮动利率债券。但这样做，成本一般较高。通过互换，公司的固定利率债务可以轻松地转换为浮动利率债务，而且成本较低。成本之所以低，是因为互换有着很高的流动性，而高流动性意味着很小的买卖差价。

例 5-1 A 银行在 2019 年 12 月 18 日的资产负债如下：

A 银行的资产负债表（2019 年 12 月 18 日）

资产		负债	
10 年期的按揭贷款	10 亿美元	3 个月的定期存款	9.5 亿美元
		权益	0.5 亿美元

假定：(1) 当期住房抵押贷款利率为固定利率 10%；(2) 3 个月的定期存款利率为 8%。

在上述前提下，在第一个 3 个月，2% 的利率被锁定了。而在后面的时间，银行将承受利率上涨的风险。为了规避这一风险，A 银行可以卖空欧洲美元期货，但更好的办法是利率互换。

假定在 2019 年 12 月 18 日，欧洲美元期货的报价如表 5-5 所示。

表 5-5　欧洲美元期货的报价

时间	报价（万美元）	有效利率（%）
2020-03	92.11	7.89
2020-06	92.05	7.95
2020-09	91.83	8.17
2020-12	91.84	8.16
2021-03	91.56	8.44
2021-06	91.50	8.50
2021-09	91.51	8.49
2021-12	91.49	8.51
2022-03	91.45	8.55
2022-06	91.48	8.52
2022-09	91.46	8.56
2022-12	91.45	8.55

注：本表的报价并非真实存在的，只是举例而已。

通过出售其中每一种期货合约中的一份，A 银行就可以锁定未来一段时间内 100 万美元的融资成本。这种策略被称为卖空一系列期货合约（Shorting a Strip of Futures）的策略。但出于下面的原因，卖空一系列期货合约并不是 A 银行好的避险策略：第一，期货合约的到期日与3个月的定期存款的到期日不一定相同；第二，一般不存在那么长的期货合约，可以让A银行锁定5～10年的存款利率。

替代出售利率期货合约，A银行可以通过利率互换来实现避险。利率互换合约条款可如下所示。

期限：10年

固定利率支付方：A银行

固定利率：8.65%

浮动利率：LIBOR

支付频率：半年

A银行通过这一互换协议，可以收取10%的固定利率的贷款利息来满足互换中的义务，而互换中收取的浮动利息，将被用来支付其负债——3个月的定期存款的利息。这样做的优点是明显的：

第一，用一个互换合约解决了本来需要几十个期货合约才能解决的问题；

第二，一下子解决了10年的问题，而利用期货合约解决不了5年以后的利率风险问题；

第三，在时间选择上更具灵活性。

当然，采用互换协议，也不是尽善尽美的，因为：① 贷款本金余额不断下降，而互换的名义本金在各期都是相同的；② 浮动利率支付与3个月到期的存款利息偿还在支付频率上不一致；③ 利率的参照系不同，又产生了一定的风险。

当然，如果能够签订分期偿还式的互换(Amortizing Swap)协议，就可以解决互换名义本金与贷款余额不一致的问题。但由于分期偿还式的互换协议的交易对手要难找些，成本略高。

三、互换市场的发展

（一）互换的产生与市场规模的扩张

互换市场的起源可以追溯到20世纪70年代末。当时的货币交易商为了逃避英国的外汇管制而开发了货币互换。在随后的两年中，互换市场规模很小，发展前景不明朗。这种不明朗的情况直到1981年才结束，当时所罗门兄弟公司促成了世界银行和IBM的一项货币互换，这被看成互换市场发展的里程碑。

世界银行与IBM间的互换的具体过程与内容如下：

1981年8月，所罗门兄弟公司安排了世界银行与IBM之间的货币互换，这一交易是信用套利的典范。成交时两个借款人都被评为AAA/Aaa级，虽然美元融资成本相同，但瑞士投资者对它们的看法不同，这一点促成了套利的可能，使世界银行获得了原本不可能得到的低廉的瑞士法郎与德国马克债务。

世界银行相对于IBM在欧洲货币上的发行频率低，使得前者必须对瑞士法郎与德国马克支付一定的升水，IBM的融资在瑞士与其他欧洲国家投资者中供不应求，它是一个家喻户晓的名字，并在其行业内占据主导，这一事实导致其德国马克的融资成本较低，如表5-6所示。

表 5-6 世界银行与 IBM 之间的货币互换背景

	5 年期固定利率(美元,%)	5 年期固定利率(德国马克,%)
IBM	16.80	10.90
IBRD	16.80	11.20
利差	0.00	0.30

美元的融资成本相同,但世界银行可以按 11.20% 的总成本发行德国马克债券,而 IBM 可以按 10.90% 的总成本发行德国马克债券,有差异,所以存在互换的基础。

IBM 在德国马克融资上有优势,所以可以由 IBM 出面发行德国马克债券。互换是这样安排的:世界银行对 IBM 支付 11.00% 的德国马克利率,从 IBM 那里收入 16.80% 的美元利率,同时对市场支付 16.80% 的美元利率,同时 IBM 向市场支付 10.90% 的德国马克利率(如图 5-3 所示)。

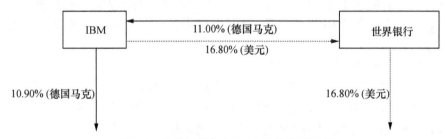

图 5-3 世界银行与 IBM 之间的货币互换

这一互换使得世界银行支付的实际利率为 11.00% 的德国马克利率(如表 5-7 所示),而原本支付的利率应该为 11.20% 的德国马克利率。

表 5-7 世界银行实际支付的利率   单位:%

债券发行中的美元成本	−16.80
互换中收入	16.80
互换中支出	−11.00
	−11.00

世界银行与 IBM 都从交易中获利。世界银行实行互换交易后获利,是因为它通过将借入的美元互换成德国马克所获得的固定利率,比自己发行欧洲马克债券的利率更低,由 11.20% 降到 11.00%。IBM 公司也获得了利益。IBM 从世界银行那里收到 11.00% 的德国马克利率,但按照 10.90% 的利率支付给债权人,从而得到 0.1 个百分点的利益。

之所以存在这种信用套利,是由投资者与贷款人对信用价格的看法不完全一致所致。换句话说,全球信用市场效率不高,而互换市场使借款人利用了这种低效率。目前不少机构照样利用这样的机会实现套利。

紧随着货币互换,利率互换也出现了,第一个利率互换于 1981 年出现在伦敦。1982 年,利率互换被引入美国。美国学生贷款营销协会进行了固定利率与浮动利率的互换,转换了其部分债务的利率特性。从那以后,互换市场迅速发展起来。根据国际互换与衍生品协会的统计,利率互换和货币互换的名义本金余额,从1987年年底的8 656亿美元达到2007年的400万亿美元,2011年达到近500万亿美元。

(二) 互换市场迅速发展的原因

互换市场的迅速发展与很多因素相关,其中包括互换合约标准化、交易主体不断丰富、对较低信用级别的主体越来越开放等。

1. 互换合约的标准化,加速了互换市场的发展

国际互换与衍生品协会(International Swaps and Derivatives Association, ISDA)成立于1985年。ISDA从其建立伊始,就致力于确定和减少衍生产品的风险来源及控制风险的工作。其最突出的成就,就是建立了ISDA主协议(ISDA Master Agreement)。ISDA主协议为衍生品交易提供了国际性的合约标准,降低了法律上的不确定性,成为业内广泛使用的权威性合约。

除了主协议,ISDA还推出了一系列相关文件和工具来规范不同类型的互换与衍生品交易;建立关于净扣(Netting)和抵押安排的相关制度;在计算银行资本时,让巴塞尔委员会认可净扣对于降低资本需求的作用;倡导稳健的风险管理等。

2. 做市商制度的建立,大大满足了互换需求

在互换市场发育之初,互换只发生在有交易意愿的双方之间。银行和投资银行作为经纪人和中介机构,通常只收取中介费,就像IBM和世界银行的互换中所罗门兄弟公司的角色一样。但随着市场的发展,银行和投资银行开始以互换交易商的身份出现,为客户报出双边互换价,并建立互换库,这一发展适应了大量的市场需求。表现在:

(1) 互换交易商可以很迅速地为客户找到交易对手,从而免去了许多麻烦。

(2) 如果互换交易商认为很难为某一个交易找到完全匹配的双方,还可以重新策划一个交易,这样就允许银行对互换进行"客户化"的改造,更加灵活地满足客户的需要。

(3) 互换交易商成为所有互换交易的交易对手,从而转移了信用风险,因为交易商显然比客户更能准确地评估交易对方的信用等级,也更能分散信用风险,结清交易的机会也更多。

(4) 降低了买卖价差,进一步刺激了客户的互换需求。互换市场现在已经是一个比较完善的交易商市场。当然,也还存在着一些活跃在交易商之间的经纪人,他们在通信网络上报价,使交易更为迅速和顺畅。交易经纪人的存在是现在许多场外交易市场,如外汇市场、美元债券市场和欧洲市场等的特征。当银行寻找与互换客户的利率匹配的对方时,不仅客户有货币与利率的风险,银行也承担风险。许多客户向多家银行同时表明其保值动机,因而常常有许多银行同时在寻找同一对象(互换对方),这会对价格产生影响。此外,银行意识到,如果不能应客户要求及时交易,生意就会被竞争对手抢走。建立互换库或持有未结清头寸,其好处立竿见影。对客户而言,互换意味着一旦做出规避风险的决定就可以及时达到目的;而对银行而言,这意味着可以按照最有竞争力的价格促成交易。

3. 汇率、利率风险的加大，导致对互换的需求急剧增加

在布雷顿森林体系崩溃以后，美元与德国马克自由浮动，中期货币风险几乎无法防范。20世纪70年代的石油价格冲击导致利率产生极大的不确定性。许多公司过去满足于只由与它们有业务往来的银行考虑利率和外汇，现在感到自己也有必要在风险管理中发挥积极的作用。这导致了对互换的大量需求。

计算技术的发展对互换交易也有很大的促进作用。一旦银行决定在货币互换市场上占有一席之地，逐日盯市地分析剩余风险就显得尤为重要，这一工作由计算机可以轻而易举地完成。

尽管互换市场发展迅速，但它也存在着自己的局限性：

首先，为了达成交易，互换合约的一方必须找到愿意与之交易的另一方。如果一方对期限或现金流等有特殊要求，他常常就会难以找到交易对手。在互换市场发展初期，互换市场的最终用户之间通常是直接进行交易。互换交易商的出现改善了这一状况，最终用户与互换交易商进行交易，提高了市场效率。

其次，由于互换是两个对手之间的合约，因此，如果没有双方的同意，互换合约是不能更改或终止的。

最后，对于期货和在场内交易的期权而言，交易所对交易双方都提供了履约保证，而互换市场中则没有人提供这种保证。因此，互换显然存在着信用风险。

四、互换的主要用户

在互换市场中，客户范围较广，主要有一国中央政府、企业、出口信贷机构、多边机构、银行等金融机构、经纪人等。

1. 中央政府

中央政府常常是债券市场的大客户，它们发行债券，也投资于债券。为了调整固定利率与浮动利率债务的比重，许多国家的中央政府利用互换市场开展利率风险管理业务。一国中央政府发行的债券一般情况下属于固定利率债券，那么，利用互换市场，可以将固定利率债券转换成浮动利率债券，并可以降低利息成本。在互换市场中，经常参与互换交易的国家包括奥地利、爱尔兰、比利时、意大利、加拿大、挪威、丹麦、瑞典、芬兰、新西兰等。

2. 企业

许多大企业利用互换管理利率风险，并将资产与负债配对，其方式与银行相似。一些企业也利用互换市场，探寻信用套利的机会。在国际互换市场中，参与互换的企业主要有麦当劳、英特尔、IBM、美孚、百事可乐、可口可乐、施乐、联合利华、吉列、福特、柯达、壳牌、通用汽车、英国电信、迪士尼、沃尔沃、斯堪的纳维亚航空公司等。

3. 出口信贷机构

出口信贷机构通过提供成本低廉的融资来扩大该国的出口。出口信贷机构一般会利用互换降低借款成本，节省下来的费用返还给借款人。互换市场使出口信贷机构能分散筹资渠道，使借款币种的范围更广。互换也使它们能管理利率、货币风险。

4. 多边机构

多边机构是由两个或两个以上的政府共同设立的。由于有政府的金融扶持,多边机构的资产负债表的状况通常良好。多边机构通常代表客户借款,因为它们能够按十分优惠的价格筹集资金,然后把节省下来的费用与客户分享。使用互换市场的多边机构如下:世界银行、欧洲投资银行、国际金融公司、北欧投资银行、欧盟、欧洲复兴与开发银行、亚洲开发银行等。

5. 银行等金融机构

使用互换市场的金融机构范围很广,包括商业银行、存款与贷款协会、保险公司、养老基金、储蓄银行、商人银行、投资银行与证券公司。在全世界,数以百计的商业银行与投资银行是互换市场的活跃分子,它们不仅自己进行交易,同时也代表自己的客户进行交易。银行利用互换的目的主要有:

（1）将互换作为交易工具、保值工具与做市工具。

（2）用互换实现对利率走势的预期,并从中获利。例如,如果某银行认为3年期利率与5年期利率的利差会增大,它就可以建立一个5年期互换多头的地位,即支付5年期的固定利率,收取5年期的浮动利率。

（3）用互换对其资产与负债进行匹配。如果客户提出的借款要求,在期限上与银行的资金并不匹配,那么,银行就可以通过另外举借期限适当的借款为客户提供融资,并利用互换调整银行的资产负债结构。

（4）将互换作为保值手段,向客户提供特殊的服务。例如,某融资管理人很希望买进特定期限的美元信用,但唯一可得的是日元,那么,用互换就可以将日元风险头寸转换为美元风险头寸。

6. 经纪人

经纪人充当中间人而不作为交易方。为了宣传自己在介绍银行与客户配对方面的能力,它们经常在路透社、桥讯财经等媒体上发布互换价格。一旦它们把支付方介绍给了收受方,而且双方达成了交易,它们就可以从双方那里都得到服务费。

第三节 互换的定价

在本节中,我们首先探讨互换与一系列金融工具的关系。通过将互换分解成一系列我们更加熟悉的金融工具,我们加深了对互换这种金融工具的理解,也为理解互换的定价原理奠定了基础。在此基础上,我们接着讨论互换的定价。

一、利率互换的定价

如果我们假设没有违约风险,利率互换就可以通过分解成一个债券的多头与另一个债券的空头来定价,也可以通过分解成一个远期利率协议的组合来定价。

（一）贴现率

在给互换和其他柜台交易市场上的金融工具定价的时候,现金流通常用LIBOR来贴现。这是因为LIBOR反映了金融机构的资金成本。这样做的隐含假设是,被定价的衍生工具的现金流的风险和银行同业拆借市场的风险相同。

(二) 运用债券组合给利率互换定价

考虑一个 2019 年 9 月 1 日生效的 3 年期的利率互换。该互换的名义本金是 1 亿美元。B 公司同意支付给 A 公司 5%的固定利息,同时 A 公司同意支付给 B 公司 6 个月 LIBOR 的利息,利息每半年支付 1 次,如图 5-4 所示。具体的现金流量如表 5-8 所示。

图 5-4 A 公司与 B 公司的利率互换

表 5-8 利率互换中 B 公司的现金流量表

日期	LIBOR(%)	收到的浮动利息 (百万美元)	支付的固定利息 (百万美元)	净现金流 (百万美元)
2019-09-01	4.20			
2020-03-01	4.80	+2.10	−2.50	−0.40
2020-09-01	5.30	+2.40	−2.50	−0.10
2021-03-01	5.50	+2.65	−2.50	+0.15
2021-09-01	5.60	+2.75	−2.50	+0.25
2022-03-01	5.90	+2.80	−2.50	+0.30
2022-09-01	6.40	+2.95	−2.50	+0.45

上述利率互换可以看成是两个债券的组合。虽然利率互换不涉及本金交换,但我们可以假设在合约的到期日,A 公司支付给 B 公司 1 亿美元的名义本金,同时 B 公司也支付给 A 公司 1 亿美元的名义本金。这不会改变互换双方的现金流,所以不会改变互换的价值。这样,利率互换可分解成:

(1) B 公司按 6 个月 LIBOR 的利率借给 A 公司 1 亿美元;

(2) A 公司按 5%的年利率借给 B 公司 1 亿美元。

换个角度看,就是 B 公司向 A 公司购买了一份 1 亿美元的浮动利率(LIBOR)债券,同时向 A 公司出售了一份 1 亿美元的固定利率(5%的年利率,每半年付息 1 次)债券。因此,对 B 公司而言,这个利率互换的价值就是浮动利率债券与固定利率债券价值的差,即

$$P_{\text{swap}} = P_{\text{fl}} - P_{\text{fix}} \tag{5-1}$$

其中,

P_{fix} 为互换合约中分解出的固定利率债券的价值;

P_{fl} 为互换合约中分解出的浮动利率债券的价值。

由于固定利率债券的价值为

$$P_{\text{fix}} = \sum_{i=1}^{n} C e^{-r_i t_i} + F e^{-r_n t_n} \tag{5-2}$$

其中,

t_i 为距第 i 次现金流交换的时间；

F 为利率互换合约中的名义本金额；

r_i 为到期日利率（此处为了方便，采用连续利率形式）；

C 为利息支付日的利息额。

又由于浮动利率债券在支付利息的那一刻价值为其本金 F，假设下一利息支付日应支付的浮动利息额为 k^*（这是已知的），那么在下一次利息支付前的一刻，浮动利率债券的价值为

$$P_{fl} = F + k^* \tag{5-3}$$

而距下一个利息支付日还有 t_1 的时间，那么浮动利率债券的价值应该为

$$P_{fl} = (F + k^*)e^{-r_1 t_1} \tag{5-4}$$

相反，当一个公司收入固定利率、支付浮动利率的时候，互换对该公司的价值为

$$P_{swap} = P_{fix} - P_{fl} \tag{5-5}$$

例 5-2 假设在一笔互换合约中，某一金融机构支付 6 个月的 LIBOR，同时收取 8% 的年利率（半年计算 1 次复利），名义本金为 1 亿美元。互换还有 1.25 年的期限。3 个月、9 个月和 15 个月的 LIBOR（连续计算复利）分别为 10%、10.5% 和 11%。上一次利息支付日的 6 个月 LIBOR 为 10.2%（半年计算 1 次复利）。在这个例子中，C = 400 万美元，k^* = 510 万美元，因此

$$P_{fix} = 400 \times e^{-0.1 \times 0.25} + 400 \times e^{-0.105 \times 0.75} + 10\,400 \times e^{-0.11 \times 1.25} = 9\,824(万美元)$$

$$P_{fl} = (10\,000 + 510) \times e^{-0.1 \times 0.25} = 10\,251(万美元)$$

因此，利率互换的价值为 -427 万美元，即

$$9\,824 - 10\,251 = -427(万美元)$$

如果银行持有相反的头寸，即收入浮动利率、支付固定利率，那么互换对银行的价值就是 427 万美元。

利率互换中，固定利率一般选择使互换初始价值为 0 的那个利率，因此，在最开始，固定利率支付额与浮动利率支付额的现值一定相等。由于浮动利率支付额的现值等于其面值，因此，固定利率支付额的现值也必须等于其面值。所以，让全部固定利率支付额的现值之和等于面值，就可以求出固定利率的大小。

令

$$F = \frac{cF}{(1+y_1)^1} + \frac{cF}{(1+y_2)^2} + \cdots + \frac{(1+c)F}{(1+y_N)^N}$$

很容易得到

$$c = \frac{1 - \dfrac{1}{(1+y_N)^N}}{\dfrac{1}{(1+y_1)^1} + \dfrac{1}{(1+y_2)^2} + \cdots + \dfrac{1}{(1+y_N)^N}} \tag{5-6}$$

其中，

F 为名义本金；

c 为固定利率；

y_i 为即期利率。

当然,在利率互换的有效期内,它的价值可能是负的,也可能是正的。

一般情况下,可以利用欧洲美元期货得到远期利率,再根据远期利率与即期利率的关系,计算出即期利率,即

$$(1 + y_1) = (1 +\,_{0,0}f_1)$$
$$(1 + y_2)^2 = (1 +\,_{0,0}f_1)(1 +\,_{0,1}f_1)$$
$$\cdots \tag{5-7}$$
$$(1 + y_N)^N = (1 +\,_{0,0}f_1)(1 +\,_{0,1}f_1)\cdots(1 +\,_{0,N-1}f_1)$$

其中,

$_{0,0}f_1$ 代表在时点 0,从 0 开始的单期远期利率;

$_{0,N-1}f_1$ 代表在时点 0,从 $N-1$ 开始的单期远期利率。

当然,在前面的章节中,我们得出结论:如果得到即期利率曲线,可以推导出远期利率。

(三)利用远期利率协议给利率互换定价

远期利率协议(FRA)是这样一笔合约,合约里事先确定将来某一时间一笔借款的利率。不过在 FRA 执行的时候,支付的只是市场利率与合约协定利率的利差。如果市场利率高于协定利率,贷款人支付给借款人利差;反之,由借款人支付给贷款人利差。所以,FRA 实际上可以看成一个用事先确定的利率来交换市场利率的合约。很明显,利率互换可以看成是一系列用固定利率交换浮动利率的 FRA 的组合。只要我们知道组成利率互换的每笔 FRA 的价值,就可以计算出利率互换的价值。

考虑表 5-8 中的 B 公司,在这个利率互换中,B 公司和 A 公司交换了 6 次现金流。第 1 次现金流交换在互换签订的时候就知道了,其他 5 次现金流的交换可以看成是一系列的 FRA。2020 年 9 月 1 日的现金流交换,可以看成是用 5% 的利率交换在 2020 年 3 月 1 日的 6 个月的市场利率的 FRA;2021 年 3 月 1 日的现金流交换,可以看成是用 5% 的利率交换在 2020 年 9 月 1 日的 6 个月的市场利率的 FRA,以此类推。

只要知道利率的期限结构,我们就可以计算出 FRA 对应的远期利率和 FRA 的价值,因此运用 FRA 给利率互换定价的步骤如下:

(1)计算远期利率;

(2)确定现金流;

(3)将现金流贴现。

例 5-3 假设在一笔互换合约中,某一银行支付 6 个月的 LIBOR,同时收取 6% 的年利率(半年计算 1 次复利),名义本金为 1 亿美元。互换还有 1.5 年的期限。6 个月、12 个月和 18 个月后到期的 6 个月的 LIBOR(半年计算 1 次复利)分别为 7%、7.2% 和 7.6%。在利息支付日刚刚支付的 6 个月的 LIBOR 为 6.6%(半年计算 1 次复利)。计算本笔互换的价值。

6 个月后要交换的现金流是已知的,银行是用 7% 的年利率交换 6% 的年利率。所以这笔交换对银行的价值是 -0.4831 百万美元,即

$$0.5\times100\times(6\%-7\%)\times\frac{1}{(1+7\%/2)}=-0.4831(百万美元)$$

为了计算12个月后那笔现金流交换的价值,我们必须先得到从现在开始6个月到12个月的远期利率,题目中给出的是7.2%。那么,1年的即期利率(有效利率)为7.226%,即

$$(1+7\%/2)(1+7.2\%/2)-1=7.226\%$$

那么,12个月后那笔现金流交换的价值为-0.5596百万美元,即

$$0.5\times100\times(6\%-7.2\%)\times\frac{1}{(1+7.226\%)}=-0.5596(百万美元)$$

同样,为了计算18个月后那笔现金流交换的价值,我们必须先得到从现在开始12个月到18个月的远期利率,题目中给出的是7.6%。那么1.5年的折现因子为0.8985,即

$$\frac{1}{(1+7\%/2)\times(1+7.2\%/2)\times(1+7.6\%/2)}=0.8985$$

所以,18个月后那笔现金流交换的价值为-0.7188百万美元,即

$$0.5\times100\times(6\%-7.6\%)\times0.8985=-0.7188(百万美元)$$

那么,作为远期利率协议的组合,这笔利率互换的价值为-1.7615百万美元,即

$$-(0.4831+0.5596+0.7188)=-1.7615(百万美元)$$

假如互换双方现在拟订互换协议,条件和本例相同,那么,多高的固定利率能够使得双方在此时谁也不用给谁钱呢?

$$c=\frac{1-\frac{1}{(1+y_N)^N}}{\frac{1}{(1+y_1)^1}+\frac{1}{(1+y_2)^2}+\cdots+\frac{1}{(1+y_N)^N}}$$

$$=\frac{1-0.8985}{\frac{1}{(1+3.5\%)}+\frac{1}{(1+3.5\%)(1+3.6\%)}+0.8985}$$

$$=3.6285\%$$

即每半年支付的固定利率为3.6285%,年固定利率为7.257%。

(四)利用欧洲美元给互换定价

单个欧洲美元期货,或者一连串的期货协议可以用来固化借贷的利率。例如,假定3月14日是3个月期的欧洲美元期货到期的日子。目前,欧洲美元定期存款利率都是8%。6个月期的期货合约正好3个月后到期(在6月14日),交易价格为92万美元。意思是3个月的收益率按年计算的话为8%。那么,未来6个月,数量为100万美元的借款的利率可以在今天锁定。办法是借入100万美元,同时卖出6个月期的期货,价格为92万美元。在6月14日,你支付2%的利息(8%的1/4)。假定3个月的利率上升到12%,那么第二个3个月(6—9月)滚动借入100万美元,你要支付3%,但是卖空欧洲美元期货使你获得收益,因而使得6—9月的借款利率还是8%。如果3个月的利率下降到4%,那么第二个3个月(6—9月)滚动借入100万美元,你要支付1%,但是卖空欧洲美元期

货使你遭受损失,因而使得6—9月的借款利率还是8%。因此,在3月14日,3—9月的6个月期的借款利率被锁定在8%。前3个月是3个月的现货,后3个月是用欧洲美元期货来保证的。

如果不用期货合约来避险,而是借入6个月的浮动利率资金,同时与其他机构进行互换,则你按季收取浮动利息,按季支付固定利率(年8%)。在6月14日,将不会有净现金流动,因为第一个3个月的浮动利率被确定为8%,而固定利率也是8%。你的现金流出是100万美元在3个月期的利息(2%)。在6月14日,3个月的LIBOR已经上升到12%了,因此你在9月14日将按照年12%的利率水平支付(3个月为100万美元的3%)。但是,在9月14日,你的互换协议使你收到12%的利息(年),刚好抵消你负债的成本。相应地,你按照8%的固定利率标准向你的互换交易对方支付。相反,在6月14日,3个月的LIBOR下降到4%了,在9月14日你将按照年4%的利率水平支付(3个月为100万美元的1%)。但是,在9月14日,你的互换协议使你收到4%的利息(年),刚好抵消你负债的成本。相应地,你依然按照8%的固定利率标准向你的互换交易对方支付。

互换与期货合约取得了完全相同的结果。因此我们可以推导出固定利率借款能够通过购买欧洲美元期货,或者参与固定对浮动的互换协议转化为浮动利率借款。因此,用欧洲美元期货来给互换定价也就是很自然的事了。同样可以理解,做市商利用欧洲美元期货给互换交易避险也是必然的。

例 5-4 一家公司希望与一个做市商进行一项互换交易,期间做市商按季收取固定利息,按季支付浮动利息。交易发生在2019年2月14日。有效日期(支付日、定价日)为2019年2月16日。互换的截止日期为2021年3月20日。互换支付日比国际货币市场(International Monetary Markets,IMM)欧洲美元期货的到期日晚2天。期货合约的到期日就是互换中浮动利率的再确定日。互换中的浮动利率要等于相应的期货合约暗含的利率。利率的计算按照实际/360的习惯规则进行,如表5-9所示。

表 5-9 期货价格、暗含远期利率与 IMM 互换利率

确定日	支付日	天数(天)	到期日的期货价格(元)	暗含远期利率(%)	折现因子
	2019-02-16				
2019-02-14	2019-03-16	28		3.35	0.9974
2019-03-14	2019-06-15	91	96.35	3.65	0.9883
2019-06-13	2019-09-21	98	96.02	3.98	0.9777
2019-09-19	2019-12-21	91	95.68	4.32	0.9671
2019-12-19	2020-03-15	84	95.28	4.72	0.9566
2020-03-13	2020-06-21	98	95.10	4.90	0.9440
2020-06-19	2020-09-20	91	94.86	5.14	0.9319
2020-09-18	2020-12-20	91	94.65	5.35	0.9195
2020-12-18	2021-03-20	91	94.39	5.61	0.9066

表中第一栏从2019-02-14开始,这一天是给第一笔付款确定浮动利率的日子,有效日为2019-02-16,截止日为2019-03-16。第一笔款的支付期不是3个月,而是1个月,在

固定收益证券中这叫残期（Stub Period）。这一期间浮动利率按照对应期限的现货利率来执行，本例中为 3.35%。

第二栏从 2019-03-16 开始，是第一个支付日，是计算折现因子的起始日。对于残期，由于利率为 3.35%，折现因子为 0.9974，即

$$\frac{1}{1+0.0335\times 28/360}=0.9974$$

第二个支付日为 2019-06-15，是根据 2019-03-14 到期的欧洲美元期货来确定的。

由于使用欧洲美元期货进行避险，即放 1 元钱在现货工具上，同时购买合适数量的期货，相当于购买了一个零息债券，因此，我们可以从现在到每一个支付日锁定利率。例如，你将 1 元钱放在 1 个月的现货工具上，通过购买 3 个月期的欧洲美元期货来锁定再投资收益率。那么，1 元将增加到 1.011856 元，即

$$(1+0.0335\times 28/360)(1+0.0365\times 91/360)=1.011856$$

所以，为了在 2012-06-14 这一时刻获得 1 元，你需要投入 0.9883 元，即

$$\frac{1}{(1+0.0335\times 28/360)(1+0.0365\times 91/360)}=\frac{1}{1.011856}=0.9883$$

这就是折现因子。同理，可以得到其他时点上的折现因子。

那么，互换如何定价呢？

互换的定价是指固定利率是什么水平才能确保有效日（起始日）的价值为零，即固定利率支付与浮动利率支付的价值相等。互换相当于你按照固定利率（浮动利率）借入一笔贷款，同时按照浮动利率（固定利率）借了出去。在本例中，做市商可被理解为购买了固定利率债券，发行了浮动利率债券，两种债券面值相等，都等于互换的名义本金额。两种债券从 2019-02-16 开始计算利息，并在 2021-03-20 到期。

在有效日（清算日），浮动利率债券的市场价值等于面值。

固定利率债券可以通过折现每 3 个月的支付数额以及到期价值来计算。每 3 个月固定利率支付的利息额是不同的，这与这一时期的天数有关。在本例中，固定利率是指按 360 天计算的单利是固定的，每一时期的利息量与实际天数相关。本例中，票面利息是未知数，而其他都是已知数，因此有

$$\begin{aligned}1\,000\,000\times R\times &\left[0.9974\times\left(\frac{28}{360}\right)+0.9883\times\left(\frac{91}{360}\right)+\right.\\&0.9777\times\left(\frac{98}{360}\right)+0.9671\times\left(\frac{91}{360}\right)+\\&0.9566\times\left(\frac{84}{360}\right)+0.9440\times\left(\frac{98}{360}\right)+\\&0.9319\times\left(\frac{91}{360}\right)+0.9195\times\left(\frac{91}{360}\right)+\\&\left.0.9066\times\left(\frac{91}{360}\right)\right]+0.9066\times 1\,000\,000=1\,000\,000\end{aligned}$$

$$R=4.64\%（在报价时，要乘以 365/360）$$

二、货币互换的定价

（一）利用债券组合给货币互换定价

在没有违约风险的条件下，货币互换也可以分解成债券的组合，但不是浮动利率债券和固定利率债券的组合，而是一份外币债券和一份本币债券的组合。

假设 A 公司和 B 公司在 2019 年 10 月 1 日签订了一份 5 年期的货币互换协议。如图 5-5 所示，合约规定：A 公司每年向 B 公司支付 5%的英镑利息，并向 B 公司收取 4%的美元利息。目前的汇率为 1 英镑=1.5 美元。因此，本金分别为 1 500 万美元和 1 000 万英镑。A 公司的现金流如表 5-10 所示。A 公司持有的互换头寸，可以看成是一份年利率为 4%的美元债券多头与一份年利率为 5%的英镑债券空头的组合。

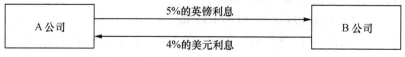

图 5-5　A 公司和 B 公司的货币互换流程图

表 5-10　货币互换中 A 公司的现金流量表

日期	美元现金流（万美元）	英镑现金流（万英镑）
2019-10-01	−1 500	+1 000
2020-10-01	+60	−50
2021-10-01	+60	−50
2022-10-01	+60	−50
2023-10-01	+60	−50
2024-10-01	+1 560	−1 050

如果我们定义 P_{swap} 为货币互换的价值，那么，对收入本币、付出外币的那一方而言，互换的价值为

$$P_{\text{swap}} = P_D - R_F P_F \tag{5-8}$$

其中，

P_D 是从互换中分解出来的本币债券的价值；

P_F 是从互换中分解出来的外币债券的价值；

R_F 是即期汇率（直接标价法）。

对付出本币、收入外币的那一方，互换的价值为

$$P_{\text{swap}} = R_F P_F - P_D \tag{5-9}$$

例 5-5　假设在美国和日本，利率期限结构是水平的。在日本是 2%，而在美国是 5%（都是年有效利率）。某一金融机构在一笔货币互换中每年收入日元，利率为 5%，同时支付美元，利率为 8%。两种货币的本金分别为 1 000 万美元和 120 000 万日元。这笔互换还有 3 年的期限，即期汇率为 1 美元=110 日元。如果以美元为本币，且金融机构收入美元、支付日元，那么

$$P_D = \frac{8\% \times 1000}{(1+5\%)} + \frac{8\% \times 1000}{(1+5\%)^2} + \frac{8\% \times 1000}{(1+5\%)^3} + \frac{1000}{(1+5\%)^3}$$

$$= 1\,081.70(万美元)$$

$$P_F = \frac{5\% \times 120\,000}{(1+2\%)} + \frac{5\% \times 120\,000}{(1+2\%)^2} + \frac{5\% \times 120\,000}{(1+2\%)^3} + \frac{120\,000}{(1+2\%)^3}$$

$$= 130\,381.98(万日元)$$

货币互换的价值为

$$P_{swap} = P_D - R_F P_F = 1\,081.70 - 130\,381.98/110 = -103.591(万美元)$$

(二) 利用远期合约的组合给货币互换定价

货币互换还可以分解成一系列远期合约的组合,货币互换中的每一次支付都可以用一笔远期外汇协议的现金流来代替。因此,只要能够计算货币互换中分解出来的每笔远期外汇协议的价值,就可以知道对应的货币互换的价值。

接上例,即期汇率为 1 美元 = 110 日元。因为美元和日元的年利差为 3%,根据汇率的利率平价理论,远期汇率

$$R_F = R_0 \times \frac{(1 + r_{日元})^t}{(1 + r_{美元})^t} \tag{5-10}$$

其中,

R_F 为美元对日元的远期汇率;

R_0 为美元对日元的即期汇率;

r 代表利率。

1 年后、2 年后和 3 年后的远期汇率分别为

$$R_{F1} = R_0 \times \frac{(1 + r_{日元})}{(1 + r_{美元})} = 110 \times \frac{1.02}{1.05} = 106.857$$

$$R_{F2} = R_0 \times \frac{(1 + r_{日元})^2}{(1 + r_{美元})^2} = 110 \times \frac{1.02^2}{1.05^2} = 103.804$$

$$R_{F3} = R_0 \times \frac{(1 + r_{日元})^3}{(1 + r_{美元})^3} = 110 \times \frac{1.02^3}{1.05^3} = 100.838$$

与利息交换等价的三份远期合约的价值分别为

$$(80 - 6\,000/106.857)/1.05 = 22.714(万美元)$$
$$(80 - 6\,000/103.804)/1.05^2 = 20.135(万美元)$$
$$(80 - 6\,000/100.838)/1.05^3 = 17.707(万美元)$$

与最终的本金交换等价的远期合约的价值为

$$(1\,000 - 120\,000/100.838)/1.05^3 = -164.153(万美元)$$

所以这笔互换的价值为 -103.597 万美元,即

$$-164.153 + 22.714 + 20.135 + 17.707 = -103.597(万美元)$$

这与利用债券组合定价的结果(-103.591 万美元)一致(有一点微小的误差是由计算中的四舍五入产生的)。

实际上,把互换理解为两个现金流相调换,就是把货币互换理解为两个债券组合;把互换理解为每一个时点上的金额相调换,则是把货币互换理解为远期利率协议的组合。

如果把货币互换理解为债券组合,那么很容易将其调整为远期合约的组合。
由于

$$P_{\text{swap}} = P_D - R_F P_F$$

因此

$$\begin{aligned}
P_{\text{swap}} &= \sum \frac{C_D \times F_D}{(1+r_{Dt})^t} + \frac{F_D}{(1+r_{Dn})^n} - R_F \left(\sum \frac{C_F \times F_F}{(1+r_{Ft})^t} + \frac{F_F}{(1+r_{Fn})^n} \right) \\
&= \left(\frac{C_D \times F_D - R_F \times C_F \times F_F \times \frac{(1+r_{D1})^1}{(1+r_{F1})^1}}{(1+r_{D1})^1} \right) + \left(\frac{C_D \times F_D - R_F \times C_F \times F_F \times \frac{(1+r_{D2})^2}{(1+r_{F2})^2}}{(1+r_{D2})^2} \right) + \cdots + \\
&\quad \frac{C_D \times F_D - R_F \times C_F \times F_F \times \frac{(1+r_{Dn})^n}{(1+r_{Fn})^n}}{(1+r_{Dn})^n} + \frac{F_D - R_F \times F_F \times \frac{(1+r_{Dn})^n}{(1+r_{Fn})^n}}{(1+r_{Dn})^n}
\end{aligned}$$

(5-11)

上式中, $R_F \times \frac{(1+r_{Dt})^t}{(1+r_{Ft})^t}$ 就是外币的远期汇率。

第四节 互换的风险

互换存在着风险,这如同大多数的金融交易一样。互换的风险主要有违约风险和价格风险。对于互换中介而言,规避违约风险当然要考察交易对手的信用级别,规避价格风险可以利用对冲互换、利用债券本身,也可以利用利率远期和期货等来实现。

一、违约风险

如果在互换中发生违约,未违约者也将不受互换合约的限制。但是,必须用当期的互换合约替代原来那个合约,一般来讲,会更昂贵些。

例 5-6 有下面的互换,如图 5-6 所示。

图 5-6 互换举例

该互换的名义本金为 3 000 万美元,期限为 5 年,每年在同一天互换。中介机构收取 LIBOR,也支付 LIBOR。中介机构按照目前 5 年恒定期限国债的到期收益率(10%)加 0.5%收取固定利息,按照 5 年恒定期限国债的到期收益率(10%)加 0.4%支付固定利息。假定 5 年期国债的到期收益率从 10%下降到 9.5%。问:

(1) 在不存在违约风险的前提下,利率下降对做市商或者互换中介产生了什么影响?

(2) 在公司 A 违约的情况下,对做市商又有什么影响?

(3) 在公司 B 违约的情况下,对做市商的影响又是什么?

解答：（1）在不存在违约的情况下，很明显，利率下降或上升对互换中介没有任何影响，因为按照固定利率支付的进和出都没有改变。

（2）如果公司 A 违约了，情况就不同了。做市商立即停止支付 LIBOR 给公司 A，但对公司 B 的义务依然需要履行，即收取 LIBOR，支付 10%+0.4% 的固定利率。为了替代原来与公司 A 的互换，该做市商必须按现行利率进行互换，即按照 9.50%+0.5% 收取固定利率。这项违约给做市商带来的损失大约为每年 0.50%，即 15 万美元。

（3）如果公司 B 违约了，做市商立即停止支付 10%+0.4% 的固定利率给公司 B，也收不到来自公司 B 的浮动利率 LIBOR。但做市商对公司 A 的义务依然需要履行，即支付 LIBOR，收取 10%+0.5% 的固定利率。为了替代原来与公司 B 的互换，该做市商要按现行利率进行互换，即按照 9.50%+0.5% 收取固定利率。这项违约不仅没有给做市商带来损失，反而给其带来利益，大约为每年 0.50%，即 15 万美元。

违约给互换中介带来损益的现值大小取决于何时发生违约、剩余的互换期限多长等。

在本例中，客户违约有可能给中介机构带来损失，也有可能给其带来利益。但问题是，当市场利率下降时，公司 A 是否比公司 B 更容易违约？如果公司 A 更容易违约，那么违约就会给互换中介带来损失。而一般情况下，在利率下降时，支付固定利率的客户更容易违约。

二、价格与利率风险

对互换中介而言，互换之所以存在着价格与利率风险，是因为在做市商找到交易对象，从而冲销其头寸之前，利率已经发生了变化。控制互换的利率风险的理想做法，是立即订立对冲互换，从而完全规避利率风险。但是，大多数做市商都有隔夜甚至长达几周的未被对冲的互换。这一风险经常利用期货市场或者债券市场来规避。

（一）利用债券市场来避险

例 5-7 假定互换中介与公司 B 建立如下互换关系，如图 5-7 所示。

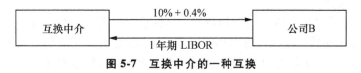

图 5-7 互换中介的一种互换

该互换的名义本金为 3 000 万美元，期限为 5 年，每年在同一天互换。中介机构收取 LIBOR，按照目前 5 年恒定期限国债的到期收益率（10%）加 0.4% 支付固定利息。但如果做市商或互换中介一时找不到交易对象来实现互换的对冲，做市商该如何操作呢？

做市商的办法有多种，其中之一是利用债券市场来规避互换风险。具体而言，做市商购买期限为 5 年、面值为 3 000 万美元的国债。由于 5 年期国债的到期收益率为 10%，那么，票面利率为 10% 的债券也一定是平价交易。这一债券可以用来避险，因为只要银行持有这种债券，就能确保银行在整个互换期间收取 10% 的固定利率（实际上是半年 5%）。

假设购买债券的资金来自出售 6 个月的国库券(价格为 3 000 万美元)的所得。

最开始,债券的购买价格为 3 000 万美元。由于 1 年支付 2 次利息,因此每次支付 150 万美元的利息。如果 5 年期债券的到期收益率下降到 9.5%,那么债券的价格为 3 058.62 万美元,即

$$P = \frac{150}{1.0475} + \frac{150}{1.0475^2} + \cdots + \frac{3\,150}{1.0475^{10}} = 3\,058.62(万美元)$$

这样,做市商持有债券获得了 58.62 万美元的利益。但我们要看到互换合约给做市商带来了损失。我们可以计算这一损失。做市商每 6 个月损失 7.5 万美元,即

$$3\,000 \times 0.5\%/2 = 7.5(万美元)$$

损失的现值为 58.62 万美元,即

$$P = \frac{7.5}{1.0475} + \frac{7.5}{1.0475^2} + \cdots + \frac{7.5}{1.0475^{10}} = 58.62(万美元)$$

做市商持有债券规避了互换合约的价格风险。

如果几天后做市商订立了对冲互换,那就不再需要由持有债券来规避互换的价格风险了。但有了对冲互换,做市商也得承受互换合约本身由利率下降而产生的损失,尽管这一损失由持有 5 年期债券获得价格上升的利益抵消了。

具体而言,假定 5 年期国债的到期收益率下降到 9.5%。互换利率差(Bid/Ask Spread on Swap)不变,即买入价 = T+0.40%,卖出价 = T+0.50%,如图 5-8 所示。

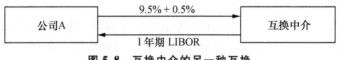

图 5-8 互换中介的另一种互换

银行在互换期间每年都要损失约 0.40%[(10%+0.40%)-(9.50%+0.50%)]。

寻找到对冲的互换后,做市商可以结束避险,卖掉 5 年期国债,买回 6 个月的国库券。读者要清楚,做市商买卖 5 年期国债获得的利益,比他在短期国库券上的先卖后买遭受的损失要大得多。

在实践中,利用债券为单一的互换避险,并不那么完美,理由是:第一,有些互换很难找到合适的债券来避险。第二,利率期限结构并不总是水平的。做市商购买长期债券,卖空短期债券,在利率下降但利率曲线变得更为陡峭的时候,在债券市场上的获利程度,与互换合约对冲后的损失程度不一定相当。第三,有些互换现金流不是稳定的,而是奇异的(Exotic),在市场上很难找到与之相对应的债券。

(二)为互换组合避险

假定一家银行作为互换的中介机构有以下义务:(1) 从公司 A 那里收取浮动利率,支付固定利率,为期 4 年;(2) 从公司 B 那里收取固定利率,支付浮动利率,为期 3 年。

如果单独考虑,那么该银行必须找到 4 年期的浮动利率支付者,找到 3 年期的固定利率支付者,或者用两种债券避险。

从组合的角度来看,这两个互换在前三年是相互冲销的。唯一不匹配的现金流是第四年,即收取浮动利率,支付固定利率。这一风险不难规避,办法有很多,包括利用单一

零息债券、远期互换、利率远期和利率期货等。

利用单一零息债券来规避互换的风险,是指现在购买一个4年期的零息债券,面值与互换的名义金额相同。在第三年年底时,如果市场利率下降,固定利率支付方将遭受损失,但市场利率下降,使得1年期的零息债券的价格上升,投资者出售债券可以获利。

利用远期互换来避险,意思是与某个投资者签订一个互换协议,该互换从第三年年底开始生效,期限为1年。银行在这一远期互换中收取固定利率,支付浮动利率。

投资者也可以利用利率远期或期货来规避互换合约的风险。其基本出发点是,由于许多债券的收益率的变化或多或少相一致,因此投资者可以利用远期、期货、互换等手段为其他投资避险。投资者利用流动性最高的市场工具,会大大节省交易成本。当投资者利用一种证券的期货合约为另外一种证券避险时,这种避险被称为交叉避险(Cross Hedge)。交叉避险有一定的价格风险,因为用于避险的期货合约的价格变化,与被避险的证券的价格变化不一定一致。利用同一证券的期货合约为该证券的现货避险,也存在着一定的风险,因为现货价格与期货价格的变动不一致,这种风险被称为基差风险(Basis Risk)。

第五节　宝洁公司的案例[①]

一、过程

1993年10—11月,美国信孚银行(Bankers Trust New York Corporation)向宝洁公司提出一种奇异互换(Exotic Swap),宝洁公司同意互换。该互换交易中,互换的名义金额为1亿美元,宝洁公司获得比市场水平高得多的固定利率,支付浮动利率的标准如下:

LIBOR+98×(恒定5年期国债的收益率/0.05-30年期国债的价格/100)

1994年1—2月,信孚银行向宝洁公司提出另外一种奇异互换,宝洁公司同意互换。这一互换的名义本金也是1亿美元,互换与德国政府债券有关,也与德国马克有关,但双方一直没有披露互换的具体内容,因此外界也不清楚。

1994年4月,宝洁公司披露在衍生品方面出现1.57亿美元的巨额亏损,宝洁公司的财务总监雷蒙德·梅因斯(Raymond Mains)被解职。

1994年10—11月,宝洁公司向美国法院起诉,控告信孚银行欺诈,并要求其赔偿1.3亿美元的损失,而信孚银行回应道,宝洁公司是成熟的投资者,在奇异互换方面有大量的经验。

1996年5月,宝洁公司与信孚银行达成和解,信孚银行向宝洁公司支付1.5亿美元。

二、分析

单就基于美国政府债券的互换而言,宝洁公司同意支付:

LIBOR+98×(恒定5年期国债的收益率/0.05-30年期国债的价格/100)

宝洁公司得到固定利率支付,当时大大高于市场水平。

---

① 资料来源:作者根据媒体报道整理得到。

第一种情况:如果恒定 5 年期国债的到期收益率为 5%,而 30 年期国债的价格为 100 美元,那么宝洁公司就支付 LIBOR。宝洁公司得到比市场水平高得多的固定利率。这对宝洁公司很有利。

第二种情况:各种期限的利率都下降。比如恒定 5 年期国债的收益率从 5%下降到 4%,30 年期债券的到期收益率由平价时的 6.5%下降到现在的 5.5%,债券价格从 100 美元上升到 114.61 美元。宝洁公司支付的利率为

$$LIBOR+98\times(0.04/0.05-114.61/100)=LIBOR-33.92\%$$

当然,宝洁公司高兴极了。

第三种情况:各种期限的利率都上升。比如恒定 5 年期国债的到期收益率从 5%上升到 6%,30 年期债券到期的收益率由平价时的 6.5%上升到 7.5%,债券价格则由 100 美元下降到 88.13 美元。宝洁公司支付的利率为

$$LIBOR+98\times(0.06/0.05-88.13/100)=LIBOR+31.2\%$$

结果对宝洁公司而言糟糕透顶,唯一的办法是求助法院。宝洁公司也正是在这样的情况下向法院起诉的,而两年后信孚银行与宝洁公司达成和解,信孚银行同意向宝洁公司支付 1.5 亿美元。

实际上,本项互换可以分解如下:

(1)标准的 1 亿美元的互换,宝洁公司收取固定利率,而支付浮动利率;

(2)1 亿美元的 98 倍的品种互换(Basis Swap)。宝洁公司支付恒定 5 年期国债的利率与 5%相除的价值,金额为 98 亿美元,而收入金额为 98 亿美元 30 年期债券的价格。

该互换是针对收益曲线的斜率以及长短期债券价格的。长期债券价格波动的幅度要比短期利率波动的幅度大。

高杠杆的互换,给投资者带来高风险!

宝洁公司为什么会做这样的事情呢?按理讲,宝洁公司属于产业公司,也许是因为自身负债的因素有调整债务期限从而进行利率互换的动机。但实际上,宝洁公司参与这一互换,与公司治理有很大的关系。公司盈利可以给公司管理者,包括交易的执行者带来很大的利益,因此,不管什么性质的盈利都成为管理者追求的对象。参与金融衍生品交易,本来最主要的目的是规避风险,而不少产业公司却用来增加利润。在这样的动机的驱使之下,获得巨额利益和出现巨额亏损也就不足为奇了。

为什么信孚银行会与宝洁公司和解呢?背后的原因有很多,我们不可能真正了解。但按照逻辑分析,我们认为,信孚银行也许真的会打赢这场官司。但赢了官司,也许会败了生意。信孚银行有很多客户,为了维持客户关系,特别是维持与在利率产品交易中的客户的关系,它采取了丢卒保车的策略。

习题

一、思考题

1. 互换有哪些种类?

2. 互换为什么会给双方带来好处?商业银行在其中扮演什么角色?

3. 互换的主要用户是哪些？
4. 互换的利率风险表现在什么地方？如何规避互换的利率风险？

二、计算题

1. 根据下面的内容计算暗含远期利率、折现因子，并确定互换比率（固定利率支付方的利率水平）。

确定日	支付日	天数（天）	到期日的期货价格（元）	暗含远期利率（%）	折现因子
	2014-02-16				
2014-02-14	2014-03-16	28		4.00	
2014-03-14	2014-06-15	91	95.25		
2014-06-13	2014-09-21	98	95.22		
2014-09-19	2014-12-21	91	94.88		
2014-12-19	2015-03-15	84	94.48		
2015-03-13	2015-06-21	98	94.30		
2015-06-19	2015-09-20	91	94.06		
2015-09-18	2015-12-20	91	93.25		
2015-12-18	2016-03-20	91	93.59		

2. 假设无论在美国还是日本，利率期限结构都是水平的。在日本是1%，而在美国是6%（都是年有效利率）。某一金融机构在一笔货币互换中每年收入日元，利率为4%，同时付出美元，利率为7%。两种货币的本金分别为1 000万美元和120 000万日元。这笔互换还有5年的期限，即期汇率为1美元=110日元。如果以美元为本币，且金融机构收美元、付日元，那么，请计算该互换相对于该金融机构的价值。

3. 有下面的互换：名义本金1亿元，互换期限为5年，6个月互换1次。做市商支付固定利率，为8%，同时收取浮动利率（按照6个月的LIBOR收取）。在很短的时间内，做市商无法冲销互换头寸。他想利用债券市场避险，因此购买面值为1亿元、期限为5年、票面利率为8%、平价交易的国债。购买债券的资金来自出售6个月的短期国库券，价格为1亿元（6个月的到期收益率为5%）。互换合约签订后，利率很快下降，其中5年期国债的到期收益率降到6%，6个月的短期国库券的到期收益率降到3%。请计算互换合约本身给做市商带来的损失。如果做市商一周后找到了互换对手，可以对冲前面的互换，并假定一周内利率不再发生变化，请具体分析做市商的避险效果受哪些因素的影响。

4. 某银行作为利率互换的中介，既做固定利率的支付方，也做浮动利率的支付方。它目前有两个互换，见下表：

互换1　银行支付固定利率

名义本金为4亿元人民币
期限为4年
支付6%的固定利率（半年支付1次利息）
收取浮动利率LIBOR，每半年确定1次

互换 2　银行支付浮动利率

名义本金为 4 亿元人民币
期限为 5 年
收取 6.25% 的固定利率（半年支付 1 次利息）
支付浮动利率 LIBOR，每半年确定 1 次

假定收益率曲线为水平的。

(1) 画图说明银行的互换头寸情况，简要说明互换给银行带来的好处。

(2) 解释银行承受的利率风险，即当利率瞬间发生变动时，银行的损益状况如何？

(3) 如果银行利用欧洲美元期货避险，银行应该持有欧洲美元期货的多头还是空头？

第六章

利率远期、期货与回购协议

- 利率远期与期货的基本概念
- 远期的定价原理
- 欧洲美元期货
- 美国国债期货
- 回购协议

第一节 利率远期与期货的基本概念

一、利率的远期合约

(一) 远期合约与远期利率

所谓远期合约,是指交易双方在未来时点上买卖某种资产(或商品)而签订的合约。一个远期合约规定了如下四项内容:

(1) 交付什么;

(2) 交付数量;

(3) 交付日期;

(4) 交付价格。

利率的远期合约,是交易双方关于利率产品未来交易达成的协议。由利率远期合约中标的证券的价格以及其他特征所决定的利率,被称为远期利率。例如,A 公司与 B 银行在 2019 年 12 月 31 日签订利率远期合约,规定 A 公司在 2020 年 6 月 30 日从 B 银行那里借入资金 1 亿元人民币,期限为 2 年,利率为 6%。在本例中,远期利率是给定的。

有时公司自己通过两笔债券的买卖锁定远期利率。例如,某公司于 2020 年 6 月 30 日购买 3 年期的零息债券,面值 100 万元,价值 85 万元。与此同时,卖空 1 年期的零息债券,价值 85 万元,面值 88 万元。该公司可以锁定 2021 年 6 月 30 日到 2023 年 7 月 1 日的投资收益率。具体而言,现金流量图如图 6-1 所示。

```
0 万元(85-85)     -88 万元                    100 万元
─────────────────────────────────────────────────────
0                 1              2              3
```

图 6-1 现金流量图(示例 1)

这两年的投资收益率为

$$(1 + {}_0y_{1,2})^2 = 100/88$$

$${}_0y_{1,2} = 6.6\%$$

其中, ${}_0y_{1,2}$ 的含义是,在时点 0 确定的,从时点 1 推后 2 期的利率。

如果公司反向操作,则可以锁定借入资金的利率。具体做法是,该公司于 2020 年 6 月 30 日卖空或者发行 3 年期的零息债券,面值 100 万元,价值 85 万元。与此同时,买入 1 年期的零息债券,价值 85 万元,面值 88 万元。该公司锁定 2021 年 6 月 30 日到 2023 年 7 月 1 日借入资金的利率。具体而言,现金流量图如图 6-2 所示。

```
0 万元(85-85)     +88 万元                    -100 万元
─────────────────────────────────────────────────────
0                 1              2              3
```

图 6-2 现金流量图(示例 2)

(二) 远期合约的多头与空头

远期合约中,多头购买金融资产。多头是承诺未来借钱给别人,也就是要购买债券、支付资金的那个主体。空头则出卖金融资产。空头承诺从别人那里借钱,或者说要出售债券或发行债券,而从多头那里得到资金。

利用远期合约进行避险,是为了降低现货市场中的风险而从事的交易。如果投资者在现货中处于多头或者说拥有商品,并且打算未来把它卖掉,而又担心价格下降给他带来损失,那么他可以作为远期合约中的空头,即出售远期合约,降低风险。例如,投资者拥有15年期的国债,而他明年必须卖掉它,则他现在就可以用远期合约固定住出售价格。

二、利率期货合约

利率期货合约是在交易所交易的标准化合约,它约定合约持有人在未来某一时刻按照一定的价格买进或者卖出一定数量的利率产品的权利与义务。

最初的期货交易是从远期交易发展而来的。最初的远期交易是双方口头承诺在某一时间交收一定数量的商品。后来随着交易范围的扩大,口头承诺逐渐被买卖契约代替。这种契约行为日益复杂化,需要有中间人担保,以便监督买卖双方按期交货和付款,于是便出现了远期合同交易所。为了适应商品经济的不断发展,1985年芝加哥谷物交易所推出了一种被称为"期货合约"的标准化协议,取代原先沿用的远期合同。这种标准化协议,允许合约转手买卖,并且保证金制度也逐步完善起来,于是一种专门买卖标准化合约的期货市场形成了,期货成为投资者的一种投资理财工具。

利率期货交易与利率远期合约是比较相似的金融衍生品,但是二者之间还是存在很大的区别:

第一,是否指定交易所。利率期货交易与利率远期交易的差别,在于利率期货交易必须在指定的交易所内进行。交易所必须能提供一个特定的集中场地。交易所也必须规范客户的买卖,并使交易在公平合理的价格下完成。交易所还必须保证让当时的买卖价格能及时并广泛传播出去,以使利率期货交易透明化。而利率远期市场组织较为松散,没有交易所,也没有集中交易的地点,并且交易方式也不是集中式的。

第二,合约是否标准化。利率期货合约是符合交易所规定的标准化合约,交易的利率产品数量、到期日、交易时间、交割品种都有严格而详尽的规定。而利率远期合约交易的利率产品数量、交割日期等,均由交易双方自行决定,没有固定的规格和标准。

第三,保证金与逐日结算。利率远期合约交易通常不缴纳保证金,合约到期后才结算盈亏。利率期货交易则不同,必须在交易前缴纳合约金额的一定比例作为保证金,并由清算公司进行逐日结算,如有盈余,可以支取。当有损失且账面保证金低于维持水平时,必须及时补足,这是避免交易所信用危机的一项极为重要的安全措施。

第四,头寸的结清。结清利率期货头寸的方法有两种:① 由对冲或反向操作结清原有头寸,即买卖与原头寸数量相等、方向相反的利率期货合约;② 采用现金或现货交割。利率远期合约由于是交易双方依各自的需要而达成的协议,因此,价格、数量、期限均无规范,倘若一方中途违约,通常不易找到下家来接替,除非提供更优惠的条件。

第五,交易的参与者。利率远期合约的参与者相对较少。而利率期货交易更具有大众意义,市场的流动性和效率都很高。参与交易的可以是银行、公司、财务机构、个人等。

第六，期货价格与远期价格的差别。期货交易在每日都要根据期货价格相对于前一日价格的变化进行清算。在合约的到期日，期货价格收敛于现货价格。在到期日之前最后一次清算结束之后，期货合约完全等同于一个远期合约，因此，在最后一个清算日，远期价格和清算价格必然相等。但是，在此之前，期货由于要进行逐日的清算，其价格和远期价格一般并不相等，而是有微小的差别。

第二节 远期的定价原理

一、远期定价的几个例子

例 6-1 假设有一幅名画，如果现在卖，价钱是 100 万美元。买主希望晚些时候支付。买卖双方拟订了一份远期协议，约定 6 个月后成交。该远期协议规定了购买价格和交付名画的日期，但 6 个月之内不必付钱和交画。问：卖主接受的最低价是多少？

第一种情况：保存画没有成本，也没有利益。

由于该画今天能卖 100 万美元，卖主将钱存入银行，利息（年利率 8%，半年利率 4%）为 4 万美元。卖主接受的远期价格最低为 104 万美元。

买主愿意支付的最高价是多少呢？买主先不支付 100 万美元，而是把钱存入银行，得到 4 万美元利息。因此，买主愿意支付的最高价为 104 万美元。

总之，买卖双方可以接受的远期价格为 104 万美元。而 104 万美元是这样计算的：

$$F = S(1 + t \times r)$$
$$= 100 \times (1 + 0.5 \times 8\%)$$
$$= 104$$

其中，

F 为远期价格；

S 为当期价格；

r 为年利率；

t 为远期交割距时点 0 的长度（年）。

第二种情况：保存画有利益——6 个月后，办画展能挣 1 万美元。

由于今天卖画可得 100 万美元，卖主将钱存入银行，半年的利息（年利率 8%，半年利率 4%）为 4 万美元。但少了办画展的收益 1 万美元。远期价格最低为 103 万美元。

$$F = S(1 + t \times r) - D$$
$$= 100 \times (1 + 0.5 \times 8\%) - 1$$
$$= 103$$

其中，D 为 6 个月后办画展的收益。

第三种情况：保存画有收益——3 个月后，办画展能挣 1 万美元。

由于该画今天能卖 100 万美元，卖主将钱存入银行，利息（年利率 8%，半年利率 4%）为 4 万美元。但少了办画展的收益 1 万美元，以及 3 个月的利息（200 美元）。远期价格最低为 102.98 万美元。

$$F = S(1 + t \times r) - D(1 + t_1 \times r)$$

$$= 100 \times (1 + 0.5 \times 8\%) - 1 \times (1 + 0.25 \times 8\%)$$
$$= 102.98$$

其中,t_1 为办画展挣钱至交割画的时间,本例中为 3 个月。

例 6-2 给国库券期货定价。假定一个投资者正在比较 9 个月后到期的国库券是现在卖还是 6 个月后卖。假定现在是 3 月。此时 6 个月(3—9 月)的利率为 5%,9 个月(3—12 月)的利率为 7%。投资者今天卖了 9 个月的国库券,价格为 93.46 元(100/1.07)。把钱存入银行,存期为 6 个月,总价值为 98.13 元(93.46×1.05)。

如果投资者建立一个远期空头,答应 9 月交付 12 月到期的国库券。远期价格不应该低于 98.13 元。

类似地,远期合约的买主在合约到期时才付钱。他可以把 93.46 元(100/1.07)存入银行,存期为 6 个月。6 个月后,他买 12 月到期的国库券。到 9 月的时候,他的钱已经达到 98.13 元(93.46×1.05)。

所以,远期的价格一定是 98.13 元,即
$$F = S(1 + t \times r) = 93.46 \times (1 + 5\%) = 98.13$$

例 6-3 有一个 20 年期的债券,面值为 100 元,价格为 100 元。票面利率为 8%,1 年支付 2 次利息,下一个付息日为 6 个月后。在期货合约中,该债券可以用来交付。交割日是 3 个月后。年利率为 4%。期货合约的价格应该是多少?

我们首先假定价格为 105 元,那么可以有下面的策略:

在时点 0,投资者从事现金与持有交易(Cash and Carry Trade)。

(1)卖这个期货合约,3 个月后交货,价格为 105 元;

(2)借 100 元钱,期限为 3 个月,年利率为 4%;

(3)用借来的钱,购买标的债券。

投资者 3 个月后:

(1)交付债券,得到 105 元(债券价格),以及 2 元的利息(年利率为 8%,3 个月简单计为 2 元),因此,收入 107 元(105+2);

(2)偿还借款本金 100 元,利息 1 元(年利率为 4%,3 个月简单计为 1 元),支出 101 元(100+1);

(3)总体看来,投资者得到无风险收益 6 元(107−101)。

如果期货合约的价格不是 105 元,而是 96 元,那么,投资者从事反向现金与持有交易(Reverse Cash and Carry Trade)也可以得到 3 元的收益。

投资者今天:

(1)买期货合约,价格 96 元;

(2)卖标的债券,得到 100 元;

(3)借给别人 100 元,期限为 3 个月,年利率为 4%。

投资者 3 个月后:

(1)买标的债券,支付 98 元(96+2);

(2)得到本息 101 元(100+1);

(3)总体核算下来,投资者可以获得套利收益 3 元(101−98)。

如果期货合约的价格为 99 元,将无法产生套利收益。而如果不是,将产生无风险套利的机会。

在一般情况下,远期的价格应该为

$$F = S + S \times t \times (r - c) \tag{6-1}$$

其中,

c 为当期(直接)收益率;

$(r-c)$ 为净融资成本。

当期收益率(Current Yield)是不考虑资本利得情况下债券投资的收益率。公式为

$$c = \frac{\text{Coupon}}{P_0} \tag{6-2}$$

其中,

c 为当期收益率;

Coupon 为票面利息;

P_0 为债券价格。

如果是按面值购买的债券,当期收益率就是票面利率。如果是溢价债券,当期收益率将低于票面利率。如果是折价债券,当期收益率将高于票面利率。

例 6-4 假定一个债券的面值为 100 元,票面利率为 8%。目前的价格为 90 元。那么,当期收益率为 8.89%,即

$$c = \frac{8}{90} = 8.89\%$$

二、远期的定价原理

为了计算利率远期的价格,我们需要对远期市场做出一些基本的假设。我们假设市场是完美的:

(1)市场不存在套利机会;

(2)没有交易成本;

(3)所有市场参与者的各种净交易利润的税率相同;

(4)所有市场参与者能够以无风险利率进行借贷;

(5)假设不存在违约风险;

(6)由于我们考虑的是金融期货,因此也不存在现货的贮藏成本与运输成本。

远期价格被定义为使得远期合约价值为零时的执行价格。远期合约在签订时,对双方都是公平的,作为一个零和博弈,谁也不用付钱给对方。也就是说,在时点 0,合约本身是没有价值的。

债券有零息债券,也有附息债券。基于附息债券的远期合约,在到期前,其标的资产也可能支付利息。标的资产是否支付利息对远期合约的定价是有影响的。因此,根据标的资产是否支付利息,我们需要区分几类情形分别讨论。

(一)基于零息债券的情形

由于零息债券没有利息,因此远期价格为

$$F = S_0 e^{rT} \tag{6-3}$$

其中,

r 为无风险利率,利率为连续利率;

S_0 为标的资产在时点 0 的价格;

T 为远期合约到期的时间。

我们可以采用构建无风险投资组合的方法进行论证。具体做法和前面举例中的现金与持有交易相同。具体是:投资者可以在当前时刻签订一个时点 T 远期合约的空头,合约的执行价格为 F;同时在现货市场上买入现货,价格为 S_0,资金是在市场上按照无风险利率借到的。

这笔交易在时点 0 的总成本为 0(记住,合约本身是不值钱的)。到了时点 T,合约到期,由于投资者是空头方,因此其收益为 $F-S_T$,其中,S_T 为零息债券在时点 T 的价值。而此时投资者持有的现货价值变成 S_T,那么在时点 T,该投资组合的总价值 $F-S_T$ 也应该是 0,否则就会产生套利收益。既然无风险利率为 r,那么

$$F = S_T = S_0 e^{rT} \tag{6-4}$$

(二) 基于附息债券的情形

如果远期合约基于附息债券,那么把在合约到期之前产生的利息收入的现值记作 I,则远期价格为

$$F = (S_0 - I) e^{rT} \tag{6-5}$$

(三) 基于附息债券,但知道附息债券的当期收益率

如果附息债券提供的当期(直接)收益率(连续利率)为 c,那么

$$F = S_0 e^{(r-c)T} \tag{6-6}$$

作为练习,我们把上面两个公式的论证过程留给读者。

三、远期价格不是一个点,而是一个区间

前面假定资金市场中投资者借入资金与借出资金的利率是相等的。但由于投资者本身的融资能力问题,他借入资金的成本要高于把资金借出去的收益。这样,利率远期的无套利价格就不是一个点,而是由两个点决定的一个区间。

例 6-5 假定一个 15 年期的债券,票面利率为 6%(1 年支付 2 次利息),面值为 100 元。该债券的下一个付息日是 6 个月之后。目前该债券的价格为 95 元。在期货合约中,该债券可以用来交易。投资者借入资金的年利率为 10%,借出资金的年利率为 4%。如果投资者参与期货交易,交割期为 6 个月。利率均采用单利。问:

(1) 该期货交易的合理价格区间是多少?

(2) 如果该债券的期货价格为 97 元,有无套利机会?

(3) 如何实现套利?

解答:

关于问题(1),投资者可以采取以下策略:卖空利率远期,借入资金,并购买债券;在 6 个月后还钱,交付债券。如果远期价格高于 96.75 元,该投资者就有机会获得无风险套利

收益。

由于当期收益率为 6.316%, 即

$$c = 6/95 = 6.316\%$$

因此,

$$F = S + S \times t \times (r - c)$$
$$= 95 + 95 \times 0.5 \times (10\% - 6.316\%)$$
$$= 96.75$$

投资者也可以采取以下策略:买入利率远期,卖空债券,把资金贷出去;在 6 个月后收回借款本息,按远期合约买债券,归还卖空的债券。如果远期价格低于 93.90 元,该投资者就有机会获得无风险套利收益。

由于当期收益率为 6.316%, 因此,

$$F = S + S \times t \times (r - c)$$
$$= 95 + 95 \times 0.5 \times (4\% - 6.316\%)$$
$$= 93.90$$

关于问题(2),如果债券远期价格为 97 元,则有套利机会。

关于问题(3),具体做法为

在时点 0:① 卖期货合约;② 借入资金 95 元;③ 买债券支付 95 元。

6 个月后:① 履行期货合约义务,交出债券;② 得资金 97 元、利息 3 元;③ 还 99.75 元。净收益 0.25 元。

我们可以证明在资金借贷利率不同的时候,无套利的远期价格为一个区间。

第一步,构建借入资金、买入现货、卖空期货的套利组合,如表 6-1 所示。

表 6-1 借入资金、买入现货、卖空期货的套利组合

头寸	时点 0 的现金流	时点 1 的现金流
买入现货	$-S_0$	S_T
期货空头	0	$F - S_T$
借入资金	$Fe^{-r_B T}$	$-F$
总量	$Fe^{-r_B T} - S_0$	0
无套利条件	$Fe^{-r_B T} - S_0 \leq 0$	

第二步,构建卖出现货、借出资金、买入期货的套利组合,如表 6-2 所示。

表 6-2 卖出现货、借出资金、买入期货的套利组合

头寸	时点 0 的现金流	时点 1 的现金流
卖空现货	S_0	$-S_T$
期货多头	0	$S_T - F$
借出资金	$-Fe^{-r_L T}$	F
总量	$-Fe^{-r_L T} + S_0$	0
无套利条件	$-Fe^{-r_L T} + S_0 \leq 0$	

综合以上两步的结论,得出无套利远期价格不是一个点而是一个区间的结论,即
$$e^{r_L T} S_0 \leq F \leq e^{r_B T} S_0 \tag{6-7}$$

四、选择权与利率远期的价格

在远期交易,特别是期货交易中,空头方要交付债券给多头方。如果空头方手里没有可以用来交付的债券,那么,他必须从市场上把债券买回来。如果空头方可以用于交付的债券的种类很少,多头方或者其他债券投资者就可以通过操纵债券价格,逼迫空头方用高价购买债券。用非正式的军事术语来讲,当我方能够清楚地判断敌方走哪条路时,我们就可以事先埋伏在那里,给敌方以致命的打击。

在期货交易中,多头方要支付现金,而投资者变现的途径很多,一般不容易出现逼迫多头方的情况。但由于空头方交付的是利率产品或者一般商品,市场中的"大鳄"们就可以单个或者联合起来抬高价格,从中渔利。

为了保证远期或期货市场的健康运行,就需要保护空头方。保护空头方的手段有很多,给予空头方更多的选择权是其中重要的方面。一般来讲,在美国国债期货市场中,空头方拥有以下选择权:

1. 交易品种选择权

交易品种选择权(Quality Delivery Option)是指,让空头方在交付哪种债券方面有选择权。他可以选择任何合格的债券来交付。所谓合格的债券,是指偿还期或至第一回购日的期限在15年以上的国债。美国国债过去有回购选择权,目前发行的国债都没有回购选择权。其中一个重要的理由,是要确保国债期货市场的健康发展——让空头方有更多种类的国债可以交付给多头方。

如果债券种类很多,市场参与者在一定时间内控制整个债券市场价格的可能性就很小,国债期货交易的空头方被保护的程度就高。从这一点出发,国债的现货市场成熟与否,在很大程度上决定了期货市场的成熟度。在一个不成熟的现货市场环境中建立期货市场,就很容易造成期货市场的剧烈波动。我国的"327国债期货事件"也充分说明了这一点。读者可以从本章第四节给出的关于"327国债期货事件"的案例中悟出这一道理。

2. 交付日选择权

交付日选择权(Delivery Option)是指,空头方可以在交付月份中选择最有利的日期来交付。具体而言,交付月包括3月、6月、9月、12月。假定交付月为3月,那么在3月份的所有营业日,空头方都可以把债券交付给多头方。这样就确保了空头方在一个月内选择对自己有利的营业日来交付债券。就算市场上存在一些市场操纵者,要把那么多的债券操纵那么长的时间,也是非常困难的。

3. 野卡选择权

野卡选择权(Wildcard Option)是指,期货价格在交割日的下午2点决定,交付债券的时间是当天下午4点。这样,空头方可以在下午2点至4点之间的任何时刻交付债券。而此时债券的现货市场还在营业。所以空头方可以选择等待,期盼价格下降后把债券买来交付出去。

由于空头方有这么多的选择权,远期或者期货在时点0的价格就不那么简单了,要

把这些选择权的价值计算出来,从原来的计算公式中减掉。之所以要减掉,是因为这些选择权属于远期或者期货的空头方——卖者,不属于多头方——买者。利率期货的定价为

$$F = S_0 e^{(r-c)T} - V_{o1} - V_{o2} - V_{o3} \tag{6-8}$$

其中,

V_{o1} 为交易品种选择权的价值;

V_{o2} 为交付日选择权的价值;

V_{o3} 为野卡选择权的价值。

第三节 欧洲美元期货

一、利率期货种类

利率期货是在20世纪70年代美国金融市场不稳定的背景下,为满足投资者规避利率风险的需求而产生的。利率波动使得金融市场上的借贷双方均面临利率风险,特别是越来越多的债券投资者急需规避风险、套期保值的工具。在此情形下,利率期货应运而生。1975年9月,美国芝加哥商品交易所(Chicago Mercantile Exchange, CME)首先推出了短期国库券、中长期国库券、商业银行定期存款证、欧洲美元存款等金融工具的利率期货。进入80年代,英国、日本、加拿大、澳大利亚、法国、德国等国家和中国香港等地区分别推出了各自的利率期货。

利率期货包含两大类型:一类是短期利率期货,另一类是中长期国债期货。

短期利率期货的标的资产是短期债务工具(包括短期存款、短期国债等),大多以银行同业拆借市场利率为标的物,例如,芝加哥商品交易所交易的欧洲美元期货、伦敦期权期货交易所交易的3个月英镑利率期货。

中长期国债期货的标的资产为中期国债或者长期国债,大多以5年期以上长期债券为标的物。芝加哥交易所(Chicago Board of Trade, CBOT)交易的长期国债期货、芝加哥商品交易所交易的中期国债期货、伦敦期权期货交易所交易的金边债券期货,都属于这种类型。

本节以芝加哥商品交易所交易的欧洲美元期货为例,介绍短期利率期货;下一节以芝加哥交易所交易的长期国债期货为例,讨论国债期货。

二、欧洲美元期货交易规则

前面介绍过,欧洲美元期货合约的交易场所,是芝加哥商品交易所的国际货币市场。欧洲美元期货合约的特点为:

第一,每张合约意味着期限3个月、面值为100万欧洲美元的定期存单,利率由期货合约规定。

第二,交付月为3月、6月、9月、12月;最小价格变动为0.0025个指数点,即1/4个基本点,相当于每份合约6.25美元;正常交易时间——美国中部时间上午7:20至下午2:00;最后交易日——交割月的第三个星期五之前的第二个伦敦银行营业日,伦敦时间

上午 11:00;最后交割——根据英国银行家协会公布的 3 个月的 LIBOR 进行现金交割。合约属于现金清算,就是说实际交付是不会发生的。最终清算价格根据合约到期日英国银行家协会(British Bankers' Association, BBA)利率报价来确定。英国银行家协会利率报价过程如下:

(1) 在伦敦时间上午 11:00,16 家银行提出报价;
(2) 去掉四个最高和四个最低的报价;
(3) 用剩余的八个报价计算平均值;
(4) 该平均值保留小数点后五位,按四舍五入的方法求取,如 5.11111%。

欧洲美元期货一旦到期,最终清算价格是这样计算的:

$$IMM 指数 = 100 - LIBOR$$

这里的 LIBOR 是按照百分比来报价的,是将英国银行家协会的 LIBOR 报价数值进行微调得到的,即保留小数点后四位,方法也是四舍五入。

例如,假定欧洲美元期货在到期日的 LIBOR 为 5.10579%,那么欧洲美元期货的清算价格就是 94.8942 美元,即

$$94.8942 = 100 - 5.1058$$

第三,合约采用单利报价,并转化为指数。具体而言,

$$指数 = 100 - i$$

其中,i 为单利利率。

第四,合约要盯市(Marked to Market),保证金账户务必维持在最低水平之上。市场利率 LIBOR 每变动 1 个基点,保证金账户就要变化 25 美元。因为利率发生 1 个基点的变化,存单利息的变化价值为 25 美元,即

$$1\,000\,000 \times 1\% \times 1\% \times 1/4 = 25$$

三、IMM 指数与欧洲美元期货到期前的损益

IMM 指数每日的波动,决定着欧洲美元期货持有者每天的损益。由于利率 1 个基点的变化应该值 25 个美元,因此投资者每天的损益等于 IMM 指数乘以 2 500。之所以乘以 2 500,是因为 IMM 指数变化 1 个单位,相当于利率变化 1 个百分点。也就是说,2 500 美元是指利率变化 1 个百分点时,100 万美元 3 个月存单利息变化的数额。但这仅仅是粗略的解释。由于欧洲美元期货交易属于现金交易,与股票指数期货交易一样,因此必须事先给定价格计算的标准。例如,标准普尔指数期货的定价标准是 500 美元。这里的欧洲美元期货的定价是 2 500 美元。

如果 IMM 指数上升,那么,多头将获利,而空头将受损;相反,如果 IMM 指数下降,那么,空头将获利,而多头将受损。

例如,如果一个投资者在 IMM 指数为 94.9100 时购买欧洲美元期货,第二天该指数上升到 94.9800,那么,该投资者的账面盈利为 175 美元,即

$$(94.9800 - 94.9100) \times 2\,500 = 175$$

四、利用欧洲美元期货锁定投资收益或融资利率

欧洲美元期货的用途有很多,其中包括利用欧洲美元期货给互换定价、锁定投资收益或者融资利率等。这里介绍为什么利用欧洲美元期货可以锁定投资收益或者融资利率。

例 6-6 锁定借款利率。某融资者出售一份欧洲美元期货合约,价格为 94.15 美元,交付月份为 2019 年 9 月。假定在交付日 90 天欧洲美元的利率为 6.25%。问:如果融资者持有至到期日,他的收益或者损失状况如何?融资者实际的借款利率是多少?

解答:由于期货合约的价格为 94.15 美元,因此,暗含的单利利率为 (100-94.15)% = 5.85%。在到期日,利率变成了 6.25%,期货合约的价格为 93.75 美元。

融资者出售期货合约,可以赚取 1 000 美元,即

$$(94.15-93.75)\times 2\,500 = 1\,000$$

或者

$$(625-585)\times 25 = 1\,000$$

融资者在期货合约到期日可以获得这笔钱。

在 9 月,融资者可以按照当期利率 6.25% 借入 100 万美元,期限为 90 天。90 天之后他支付本息 1 015 625 美元,即

$$1\,000\,000\times[1+0.0625(90)/360] = 1\,015\,625$$

而在 12 月,融资者收到的资金为 1 001 000 美元,其中 1 000 美元是卖出欧洲美元期货合约获得的收入,即

$$1\,000\,000 + 1\,000 = 1\,001\,000$$

有效利率(基于 360 天)为 5.844%,即

$$1\,001\,000 \times [1 + r(90)/360] = 1\,015\,625$$
$$r = 5.844\%$$

这与期货合约的报价 5.85% 已经非常接近了。

例 6-7 锁定投资收益率。某银行购买一份欧洲美元期货合约,价格为 95.75 美元,交付月份为 2019 年 12 月。假定在交付日 90 天欧洲美元的利率为 3.50%。问:如果该银行持有至到期日,并且同时按照 3.5% 的利率把 100 万美元投放出去。考虑到期货市场的损益,该银行贷款的实际利率是多少?

解答:由于期货合约的价格为 95.75 美元,因此,暗含的单利利率为 (100-95.75)% = 4.25%。在到期日,利率变成了 3.50%,期货合约的价格为 96.50 美元。

银行购买期货合约,因此可以赚取 1 875 美元,即

$$(96.50-95.75)\times 2\,500 = 1\,875$$

银行在期货合约到期日获得这笔钱。

在 12 月,银行可以按照当期利率 3.5% 借出 100 万美元,期限为 90 天。90 天之后银行获得本息 1 008 750 美元,即

$$1\,000\,000\times[1+0.035(90)/360] = 1\,008\,750$$

而在 9 月,银行支付的资金为 998 125 美元,其中 1 875 美元是买入欧洲美元期货合约获得的利益,即

$$-1\,000\,000 + 1\,875 = -998\,125$$

有效利率(基于 360 天)为 4.258%,即
$$998\,125 \times [1 + r(90)/360] = 1\,008\,750$$
$$r = 4.258\%$$

结论:该银行基本锁定了未来 3 个月的贷款利率。

第四节 美国国债期货

本节以芝加哥交易所交易的长期国债期货为例介绍国债期货交易的相关问题,其中包括国债期货的特点、价格确定、卖方选择权等。

一、国债期货的特点

美国国债期货具有以下特点:

第一,每张合约面值 10 万美元,标的债券是合格的国债。所有到期时间或者至第一回购日不少于 15 年的国债都是合格的标的债券。

第二,交付日是 3 月、6 月、9 月和 12 月。没有具体规定交付日为交付月份中的哪一天,选择哪一天交割是卖方的权利。

第三,最终清算价格由转换系数(Conversion Factor)公式来决定。转换系数是根据 6% 的到期收益率计算出来的。转换系数比较复杂,后面将详细说明。

二、国债期货定价与转换系数的决定

国债期货定价的基本方法与一般期货合约的定价方法一致,不同的地方在于国债期货的报价和交割制度对定价会有影响。

国债期货报价是面值为 100 美元、到期收益率为 6% 的国债的价格。国债报价并不等于投资者所交易的期货品种的价格。理由很简单,可交割国债的到期时间和息票利率与作为标的资产的虚拟国债很可能都不相同,它们的价值也各异。在其他条件相同的情况下,息票利率越高,债券价值越大;息票利率越低,债券价值越小。如果无论选择哪一种可交割国债进行交割,都直接采用国债期货的价格进行结算,那么,空头方肯定愿意选择息票利率较低的国债,而多头方无疑希望收到息票利率较高的国债。因此,可交割国债的息票利率是影响国债期货价格的主要因素。

为了解决这个问题,交易所规定使用转换系数。把国债期货的价格转换成不同交割品种的价格,以反映它们市场价值的差异。那么究竟什么是转换系数呢?

例 6-8 假定国债期货价格为 102.25 美元,交付的债券是票面利率为 9.5%、偿还期为 24 年的国债。求转换系数。

解答:如果到期收益率为 6%,该债券的价格将是 144.217 美元,即
$$P_0 = \sum_{t=1}^{48} \frac{4.25}{(1+3\%)^t} + \frac{100}{(1+3\%)^{48}} = 144.217$$

这样,该债券的转换系数就是 144.217/100 = 1.442。

空头方每张合约将获得 147 444.50 美元(外加累计利息),即

$$100\,000 \times 1.022\,5 \times 1.442 = 147\,444.50\,(再加上累计利息)$$

其中,1.022 5 美元是期货报价。

一般情况下,国债的交割价格为

$$国债的交割价格 = 国债期货的价格 \times 转换系数 + 累计利息 \tag{6-9}$$

由于债券价格与票面利率有很大的关系,因此转换系数的基本性质如下:

(1) 如果可交割国债的票面利率高于(等于、低于)6%,那么它的转换系数大于(等于、小于)1。

(2) 在其他条件相同的情况下,可交割国债的票面利率越高,转换系数越大。

(3) 对于息票利率高于 6% 的可交割国债来说,在其他条件相同的情况下,期限越长,转换系数越大。

(4) 对应于从近到远排列的一系列交割日期,同一种可交割国债的转换系数单调变化。如果它的息票利率高于 6%,那么转换系数单调递减;如果它的息票利率低于 6%,那么转换系数单调递增。

在实际应用中,转换系数由期货交易所计算并公布。

三、国债期货合约中所包含的选择权

在国债期货交易中,空头方有三个选择权:交易品种选择权、交付日选择权、野卡选择权。本章在阐述远期与期货定价时,提及了这三个选择权。我们在这里进一步介绍第一种选择权——交易品种选择权,也就是如何确定使得投资者收益最大化的债券交割品种。

在中长期国债期货合约中,设计转换系数的目的,是减少采用不同期限、不同息票利率的可交割国债进行交割的差异。但是,由于债券价值与收益率、期限的关系是很复杂的,故转换系数不能完全消除交割品种选择权的价值。正因为如此,空头方拥有的交易品种选择权是有利的,不仅有利于空头方自己,也有利于整个期货市场的健康运行。

国债期货的空头方进行实物交割产生的成本,等于交割债券的现货市场报价加上债券的应付利息,交割收入也就是由期货合约规定的交割价格。

由于交割价格如下:

$$国债的交割价格 = 国债期货的价格 \times 转换系数 + 累计利息$$

因此,空头方的利润如下:

$$空头方的利润 = 国债期货的价格 \times 转换系数 - 现货市场报价$$

其中,累计利息已经不必考虑,因为被冲销掉了。

就一种具体的国债期货而言,在所有可交割的国债品种中,存在一种对卖方来说最便宜的国债,它就是使空头方利润最大或者损失最小的债券。

例 6-9 假定今天是 2019 年 9 月 1 日,也是某种国债期货合约的到期日,期货的收盘价格为 101 美元。空头方可以选择以下债券来交付,如表 6-3 所示。

表 6-3 可以用来交付的两种债券

偿还期(年)	票面利率(%)	价格(美元)
20	6.0	110.677
16	5.4	97.140

问：空头方交付哪种债券最便宜？

解答： 20 年期票面利率为 6% 的债券的转换系数为 1.0，16 年期票面利率为 5.4% 的债券的转换系数为 0.939，即

$$\frac{P_{y=6\%}}{100} = \frac{1}{100} \times \left(\sum_{t=1}^{32} \frac{2.7}{(1+3\%)^t} + \frac{100}{(1+3\%)^{32}} \right) = \frac{93.9}{100} = 0.939$$

交付 20 年期债券的损失为 9.677 美元，即

$$101 - 110.677 = -9.677$$

交付 16 年期债券的损失为 2.301 美元，即

$$101 \times 0.939 - 97.140 = -2.301$$

所以，应该交付期限为 16 年、票面利率为 5.4% 的债券。

四、案例——中国的"327 国债期货事件"[①]

（一）国债发行与国债期货

为了刺激国债市场，使国债能顺利发行，1993 年年底，财政部、中国人民银行批准了由上海证券交易所提出的国债期货市场的试点。1993 年 10 月，上海证券交易所率先推出的国债期货品种向社会公众开放。随后，北京商品交易所也推出国债期货品种。从 1994 年到 1995 年 2 月，国债期货的交易规模迅速扩大。

为了抑制通货膨胀，国家暂停了钢材、煤炭、食糖等大宗商品期货品种。由于股票市场低迷，投资者纷纷转向国债市场。以广东联合期货交易所为例，该交易所于 1994 年 10 月推出国债期货品种后，客户蜂拥而至，日交易额达百亿元之多。

（二）"327 国债期货"的具体内容

"327 国债"是指 1992 年发行、1995 年 6 月 30 日到期，年利率为 9.50% 的 3 年期国债品种，总发行额为 240 亿元。该品种到期之前不付利息，每百元债券到期一次兑付 132 元。

国债期货的初始保证金为交易额的 2.5%。上海证券交易所曾明确限制交易商的头寸，后因种种原因不得不一再提高限额。

（三）通货膨胀与保值贴补

1993 年的通货膨胀率为 13.2%，1994 年通货膨胀的压力更大——人们预期 1994 年的通货膨胀率将远高于 1993 年的水平。

为了保证新国债的顺利发行，国家决定对已经发行的国债实行保值贴补，保值贴补

[①] 参见北京大学光华管理学院唐国正教授"金融工程案例"的课件。

率由财政部根据通货膨胀指数每月公布,这就意味着327国债到期将以更高的价格兑付。1994年10月公布的保值贴补率为8%,之后不断上升,到12月已突破两位数。这使得327国债期货的价格直线上扬。到1995年年初,327国债期货的价格已经达到140多元,在短短的三个月里上涨了20%多。从1994年10月到1995年年初,多头交易商获得的利润相当于原始保证金的8倍多。

曾经有这样的传说:北京某机构投资者在广东联合期货交易所交易327国债期货,其代表上午打电话回北京总部,要求融资1 000万元增加头寸。一小时后,该客户代表再次打电话回来,说那1 000万元不用筹了,因为刚才已经赚到了。

（四）市场分化与最后一搏

从1995年2月初开始,市场上开始传闻财政部将再次提高保值贴补率,327国债将会以148元兑付。面对传闻,市场出现了急剧分化。当时市场上云集了众多知名机构,其中尤其引人注目的三家是:有财政部背景的中国经济开发信托投资公司（简称中经开）,由被誉为中国证券业"教父"的管金生领导的万国证券,以"路子野"著称的辽宁国发集团股份有限公司（简称辽国发）。

到2月22日,多空双方在147元附近增持大量头寸,形成对峙局面。当时万国证券的持仓量远远超出上海证券交易所的规定。327国债期货合约每涨跌1元,万国证券就将盈亏4亿元。有知情者后来评论说,多空双方此时都已经没有退路了,对政策预期的差异已经演变成资金实力的搏杀。

2月23日,财政部公告贴息方案,327国债的利率由9.50%提高到12.24%,百元面值的327国债将按148.50元兑付。

上午开盘后,多方在中经开的率领下,用300万份买单将前一天148.21元的收盘价一举推至150元以上,导致空方损失惨重。

下午开市后,万国证券的同盟军、空头主力之一的辽国发阵前倒戈,转做多头,空方溃不成军。327国债期货合约的价格在1分钟内上涨近2元,接近152元。

下午4点22分,在收盘前的最后8分钟,突然出现的50万份的空单将多头打了个措手不及,327国债期货合约的价格回落到150元。随后连续几个数十万份的空单,又将价格打回到148元。收市前最后时段竟然出现一笔730万份的巨大空单,把价位封死在147.50元。仅仅在几分钟内,多头交易商就把当天前面时段的盈利全部亏光了。

事后统计表明,万国证券最后8分钟共抛出1 056万份空单。1 056万份空单意味着2 100亿元总面值的国债! 而当时327国债总共才发行了240亿元。

（五）收拾残局

2月23日交易结束后,上海证券交易所宣布收市前8分钟的交易无效,当天的收盘价为151.30元,万国证券亏损了16亿元。如果最后8分钟的交易有效,万国证券将赚42亿元。这一天许多人在身价千万的暴发户与债台高筑的穷光蛋之间转了个来回。

法律界人士指出,因为管金生的那笔空单数额巨大就取消其交易行为,而对当时其他明显违规的交易行为予以承认的处理方式欠妥,中经开的头寸也远远超过交易所规定的最高限制。合理的解决方式应该是取消当天所有的交易。

调查组最终将"327国债期货事件"定性为"违规操作"。管金生因此身陷牢狱，另一位当事人尉文渊被免除上海证券交易所总经理的职务。

第五节 回购协议

一、关于回购协议的几个概念

回购协议有质押式回购、买断式回购等类别，本书在此对所涉及的概念分别做介绍。

1. 回购协议

回购协议是短期抵押贷款，抵押物是证券，证券的买卖价格差就成为资金借入方的借贷成本。

借款人(Borrower)被说成订立回购协议(Enter a Repurchase Agreement)，而出借人被说成订立逆回购协议(Enter a Reverse Repurchase Agreement，或称为"a Reverse")。

回购协议包含两种交易：在第一种交易中，第一个主体（借款人）按照事先商定的价格出卖债券给第二个主体（出借人）。与此同时，双方同意，第一个主体在未来某个时刻把该债券买回，并支付一定的利息。值得提及的是，债券的所有权在整个借款期间已经转移给了出借人。

2. 质押式回购

质押式回购，是指将相应债券以标准券折算比率计算出的标准券数量为融资额度而进行的质押融资。交易双方约定在回购期满后返还资金和解除质押的交易。

在我国，质押式回购分为交易所国债质押式回购和银行间债券回购两种。交易所国债质押式回购具有以下两个主要特点：

（1）标准券制度。根据证券交易所和证券登记结算公司颁布的标准券折算比率，将拟用于回购的债券折算成标准券，并在此额度内进行回购。

（2）仅有融资功能。在融资期内，融资方可以取得融券方提供的资金的使用权，而融券方却得不到融资方质押债券的使用权，仅以标准券的形式作为融资方不能履约的形式担保。

银行间市场债券回购不实行标准券折算制度，而是将相关质押债券直接出质给资金融出方，实现真正意义上的质押融资。也正是由于这种债券的实质性出质，极大地避免了交易所回购市场中暴露出的种种风险。

3. 买断式回购

买断式回购，是指债券持有人在将一笔债券卖出的同时，与买方约定在未来某一日期，再由卖方以约定价格从买方那里购回该笔债券的交易行为。与质押式回购交易相比，买断式回购具有显著的不同：

（1）买断式回购交易不仅是一种融资工具，同时也可以作为融券工具；

（2）买断式回购交易的标的券种为单只国债，而质押式回购实行的是标准券质押制度；

（3）买断式回购实行履约保证金制度，即融资方和融券方在成交当日需按一定比率缴纳履约金；

（4）买断式回购引入了不履约申报制度和有限责任交收制度，履约保证金制度为交易双方主动申报不履约，并以履约保证金为限承担损失提供了可能。

4. 三方回购

三方回购是国际成熟市场上常见的回购模式。我国在2018年开始推出这一回购模式。在这一模式下，交易双方仅需协商融资的金额、利率及期限，而担保品的选取与估值等管理工作由央行认可的第三方机构来完成。

三方回购的作用主要有：第一，有助于提高交易效率，降低结算失败的风险；第二，有助于级别相对较低的债券的质押融资，既活跃了债券市场，又扩大了融资规模；第三，有助于银行间市场的资金传导，可以促进非银行机构与商业银行的融资交易。

5. 到期时间

到期时间，是指回购协议的有效期。到期时，回购方要买回债券。根据回购协议的到期时间，可以将其划分为隔夜回购协议、周回购协议、月回购协议等。其中，隔夜回购协议很普遍，但更长期的回购协议也频繁被订立。

6. 开放式回购协议

开放式回购协议属于可以展期的隔夜回购协议，除非一方选择终结，否则就延展下去。

二、回购协议的基本运作机理

回购协议的运作机理很简单，分为两个步骤：第一，以债券作为抵押品借入资金；第二，经过一段时间，按照约定的价格买回抵押的债券（如表6-4所示）。

表6-4 回购协议与逆回购协议的操作

回购协议	逆回购协议
时点 0	
借款	出借资金
交付债券	收取债券
时点 T	
偿还本息	收取本息
重新得到债券	偿还债券

三、回购协议的应用

回购协议在金融市场上有不少作用，其中包括：① 为做市商提供资金；② 融券；③ 中央银行调整货币供给；④ 短期闲置资金的投资；⑤ 商业银行等获得资金，满足法定准备金要求；⑥ 对利率变化和利差变化进行投机；⑦ 构建利率的远期头寸。

（一）为做市商提供资金

由于债券整天都在交易，而清算是在当天的收盘时刻，因此就给投资者特别是机构投资者带来了机会。由于交割是在当天的末尾进行的，因此即使没有资金，做市商也可以在当天的早些时候买入债券，并期望在当天按照更高的价格卖出去。如果债券不能按较高的价格卖出去,做市商就需要解决购买债券的资金支付问题,他可以通过回购协议得到这笔资金,抵押物就是那些债券。

在当天的末尾,做市商通过回购协议得到资金,偿还原债券出售者。而第二天,做市商重新得到债券,并尽力高价卖掉。如果做市商成功了,卖掉债券所得到的资金可以用来偿还回购协议的拥有者。如果不成功,做市商会通过另一个回购协议得到资金,并偿还给第一个回购协议的拥有者。这一过程一直进行下去,直到做市商卖掉债券或者债券到期。

由于常态的到期收益率曲线向右上方倾斜,因此长期利率通常会超过短期利率,做市商经常通过这种办法赚钱。如果长期利率超过短期利率,做市商从债券上所得到的利息将大于隔夜融资所得到的利息,这被称为正利差(Positive Carry);如果短期利率超过长期利率,做市商从债券上所得到的利息将小于隔夜融资所获得的利息,这被称为负利差(Negative Carry)。

（二）融券

有时,参与者不是想借出资金,而是想借入债券。想融券的理由多种多样,其中之一是投资者发现某种债券的价格偏高,如果卖空的话,可以获得利益。但市场上没有融券的渠道,那么,通过订立逆回购协议,该投资者可以获得债券,从而实现债券的卖空。只要回购协议生效,借入债券者就可以利用债券进行其他交易。想融券的理由之二,是投资者在利率变化上进行投机。该投资者也许判断市场利率会上升,债券价格会下降。如果此时有债券的话,就可以提前卖掉债券,等到债券价格下降后再低价买回来。此时,订立逆回购协议,可以帮助投资者达到这一目的。

（三）中央银行调整货币供给

中央银行调整货币供给的办法主要有两种:一是调整基础货币,二是调整货币乘数。一般来讲,调整货币乘数的做法"力度"比较大,因此,中央银行一般很慎重地使用。所以,我们见到的中央银行调整存款准备金比率的频率很低。而调整基础货币的做法比较平稳,不会产生太大的冲击。在我国,中央银行调整基础货币的手段包括:① 再贷款与再贴现的调整;② 买卖黄金储备;③ 买卖外汇储备;④ 公开市场操作;⑤ 向财政透支;⑥ 支付商业银行的利息。公开市场操作的对象一般来讲是短期的债券,特别是短期的国债。在中国,中央银行自己发行央行票据。利用回购协议,中央银行可以实现对基础货币的调整。如果要增加基础货币,中央银行可以订立逆回购协议,得到债券,放出资金。如果要减少基础货币,中央银行则订立回购协议,收回资金。实际上,中央银行也可以通过参与回购市场的各种交易影响回购利率,进而对货币需求产生影响,从而达到调整货币供求的目的。

（四）短期闲置资金的投资

一些机构,特别是一些金融机构,手中的闲置资金可以用在回购市场上。回购市场违约风险小,债券期限短,进而利率风险低,而且市场流动性强,因此为短期投资提供了很好的投资场所。通过高效地使用短期闲置资金,机构投资者可以提升自身的盈利水平。

(五) 商业银行等获得资金,满足法定准备金要求

商业银行以及其他金融机构获得的各类存款,要缴存法定存款准备金。存款准备金的大小与存款总额密切相关,而存款总额是波动的,因此,法定准备金也是变动的。如果某个机构超额准备金的规模无法应付这一变化,那么就需要借助于资金市场来解决这一问题。如果准备金不足,该机构可以订立回购协议获得资金,进而缴存中央银行;而那些资金充裕的机构,可以订立逆回购协议,把资金贷放出去,获得相应的收益。

(六) 对利率变化和利差变化进行投机

前面阐述了融券的功能,这里与之相似。利率的变化以及利差的波动,为参与回购协议的各方带来了机会,也产生了相应的风险。

(七) 构建利率的远期头寸

经由回购市场,交易者通过一系列的交易可以生成一个合成的远期头寸,其产生的现金流量与一个标准的远期合约的现金流量完全一样。也就是说,通过回购协议可以很容易合成债券的远期合约。这也是本书把回购协议与利率远期、期货放在同一章中来阐述的重要理由。

例 6-10 构建合成的多头头寸。

用远期合约构建一个关于零息国债的多头头寸,如图 6-3 所示。远期合约的标的债券是 3 年期零息国债,面值为 50 万美元,6 个月后交付,交付价格为 74.622 美元(面值为 100 美元)。

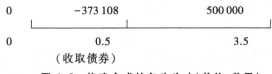

图 6-3 构建合成的多头头寸(单位:美元)

问:如果回购协议是以 3.5 年期零息国债为抵押物的,通过订立回购协议如何实现这一目标?

解答:利用 6 个月的回购协议借入资金,以借入的资金购买 3.5 年期零息国债。6 个月后,偿还所借资金,买回 3 年期零息国债(已经过了 6 个月)。

更具体地讲,假定在时点 0,3.5 年期零息国债的到期收益率为 10%,6 个月回购协议的利率为 10%(基于 360 的计息规则)。国债价格为 355 341 美元。

$$\frac{500\,000}{1.05^7} = 355\,341$$

为了构建一个合成的多头头寸,遵循以下步骤:

在时点 0,订立 6 个月的回购协议,借入资金 355 341 美元,以 50 万美元面值的债券为抵押品。同时,在市场上购买面值为 50 万美元的债券,价格为 355 341 美元,并以此作为抵押品。净现金流量为 0。

6 个月之后,偿还回购协议的借款,并支付利息:$-355\,341 \times (1 + 10\% \times 180/360) =$ $-373\,108$ 美元;同时得到面值为 50 万美元的债券,期限为 3 年。

这一现金流量与前面远期合约的现金流量完全一样!

例 6-11 构建合成的空头头寸。

办法是,用 6 个月的逆回购协议借出资金,得到期限为 3.5 年的零息国债(抵押品)。卖掉该债券,并将资金借给做市商。6 个月后,收回借款,得到利息,但欠别人 3 年期的零息国债,这就是空头头寸,如图 6-4 所示。

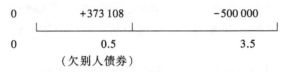

图 6-4 构建合成的空头头寸(单位:美元)

四、回购利率及其决定因素

(一)回购利率

回购利率报价采用单利,以 1 年 360 天为基础。利率高低取决于抵押品的质量和回购协议的期限。

例 6-12 投资者通过回购协议购买了面值为 1 000 000 美元的国库券,价格为 975 000 美元,回购协议报价为 8.75%。问:该投资者是借入资金,还是贷出资金?第二天卖出债券的价钱是多少?利息是多少?

解答: 该投资者属于贷出资金,收到抵押品——债券。实际上,该投资者订立的是逆回购协议。

$$P_0 = 975\,000$$

利息:

$$I = 975\,000 \times 8.75\% / 360 = 236.98$$

所以,第二天,投资者收到 975 236.98 美元,同时偿还国库券给交易对方。

(二)回购利率的决定因素

1. 抵押品的质量

与一般的抵押贷款一样,回购协议中的抵押品质量越高,违约风险越低,风险补偿或溢价越低,回购利率越低。由于抵押品的价格会随利率的变化而变化,而贷出的资金应该小于抵押品的价值,才会起到抵押品的作用。如果没有超额抵押,那么利率上升,抵押品价值下降,做市商不愿意还钱。而利率下降,抵押品价值上升,客户不愿意把债券回卖给做市商。为此,需要设立一个差额(Margin),例如差额为 1%~3%。举例来说,如果债券的价值为 100 万元,融资 98 万元,那么差额为 2%。

2. 抵押品的流动性

抵押品的流动性越强,价格波动越小,流动性溢价越低,回购利率越低。

3. 回购协议的期限

在一般情况下,期限越长,利率会越高一些。

4. 交付要求

抵押品要交付给对方，比如买断式回购中，逆回购者得到抵押品，他就可以利用这一抵押品。由于逆回购者有从抵押品那里得到收益的机会，因此贷出资金的利率就可以下降。

5. 抵押品的可得性

如果抵押品，特别是逆回购者一心想要得到的抵押品很难获得，那么该项回购的利率就会下降。也就是说，逆回购者为了得到抵押品会放弃一部分利益。

6. 市场利率水平

市场利率的整体水平会影响回购市场的利率，此乃"水涨船高"的道理。在我国，银行间回购市场与拆借市场间有很密切的联系，两个市场的利率存在很强的正相关关系，无论是利率的绝对水平，还是同比增速，两个市场间的相关系数都很大。

五、回购的风险

回购的风险主要有信用风险、交易制度风险和操作风险。本书以我国国债回购市场为例，分析回购交易的风险。①

（一）信用风险

在债券价格暴跌、投资者损失严重的情况下，由于投资者的资金不足以支付到期回购款，因此极易引发投资者在回购到期时违约的信用风险。此时，如果证券公司资金充足，尚可掩盖矛盾，由证券公司与投资者解决资金纠纷；但如果证券公司无法垫付资金，或证券公司本身就是投资者，则证券登记结算公司在中央担保交收的体制下，只能忍痛垫付清算资金。这样，信用风险就会传递给证券登记结算公司。

（二）交易制度风险

1. 联通席位制度所产生的风险

证券公司一般在上海证券交易所开通有多个交易席位，其中一个席位被指定为债券回购交易主席位，其他席位可以与主席位办理联通手续后进行债券回购交易。联通席位制度有两个弊端：

第一，证券公司各席位之间可以混合操作。对于证券公司来说，所有席位上的标准券均可统一管理，任意调度；从另一个角度来看，证券公司的某个席位同样也可以操作其他席位上的标准券进行回购。

第二，证券登记结算公司不掌握券商托管的投资者债券明细，投资者所拥有债券的安全实际上由所托管的证券公司负责。

按照交易规则，会员应为其客户设立标准券明细账，并核实其可供质押的标准券数量。但在联通席位制度下，回购日收市后，证券登记结算公司仅核对券商主席位标准券，不核对投资者账户；而交易所在撮合成功后，证券登记结算公司直接增减证券公司主席位上的标准券余额，不登记投资者的债券回购记录，投资者的债券、折合标准券、回购交

---

① 参见石澜，"国债回购市场的发展与风险因素分析"，北京大学 MBA 毕业论文，2006 年 6 月。

易在证券登记结算公司没有直接的一一对应关系。

在此情况下,投资者无法在证券登记结算公司查询债券回购信息,即其债券是否已进行回购登记或者已被回购。由于证券公司各营业部席位之间可混合操作,因此无形中增加了证券公司的内控难度。如果证券公司内控制度设计不够周全,就为员工渎职、职务犯罪埋下了伏笔。

2. 标准券折算制度所产生的风险

现行交易所国债质押式回购中,质押的不是国债现券,而是根据证券登记结算公司颁布的标准券折算率并折算而成的标准券。其中存在以下漏洞:

第一,标准券是根据国债现券折算成的虚拟券。当回购发生时,证券登记结算公司减少的是证券公司主席位中登记回购国债现券折算成的标准券,而国债现券的处置权却仍然留在证券公司手中。国债质押式回购交易背离了回购交易的初衷,甚至也不是实质意义上的"质押融资"。在整个交易中,只有融资方凭借国债现券的"影子"融入资金,融券方非但不能融入债券,而且不能为自身融出的资金获得对方国债现券的质押担保。国债质押式回购很容易演变为以质押为表象的"信用融资"。

第二,标准券折算率并非由市场所决定。标准券折算率由证券登记结算公司根据债券价格在一定时期内进行调整。但在调整时间、调整幅度等方面却没有既定的公式。而且,标准券折算率一经确定,在一定时期内保持不变,与每日波动的债券价格难以始终保持联动。每一次标准券折算率的调整对回购市场都是一种人为的干扰。

第三,债券回购缺少前端控制。核对客户标准券是否充足由券商完成,冻结现券的工作也由券商控制,回购风险的把握和控制完全依靠券商的管理水平。在证券登记结算公司清算时,即便发现某证券公司标准券数量不足,当日也已经无法补救,只能形成欠库的事实。

3. $T+0$ 回转交易制度产生的风险

交易所债券现券及债券回购均实行 $T+0$ 回转交易,投资者买入的债券现券,当日即可卖出,同样也可当日进行债券回购。一笔到期的债券回购交易,在其债券购回后,当天即可进行二次回购,将债券再次拆出。这存在一定的风险:

第一,利用 $T+0$ 回转交易规则,投资者可进行无资金的滚动回购,在回购到期日不必归还资金,可于当日再进行一次回购操作,用融入的资金偿付前一次到期的回购资金,使短期融资变成长期融资;

第二,投资者可在足额支付小额利息和手续费的情况下,透支买入国债,并进行大额回购;

第三,由于没有对投资者的操作次数进行限制,投资者可通过"买入国债—回购—再买入国债—再回购"的方式,循环往复,迅速放大债券回购倍数,扩大回购风险。后面的案例分析也说明了这一问题。

4. 中央担保交收制度所产生的风险

在交易所市场,交易双方不见面,通过交易所的集中交易平台集中竞价撮合成交,交易方根本不知道回购的真正对手方是谁,只通过证券登记结算公司作为中介清算交收。由此,证券登记结算公司成为回购的名义对手方,以中央担保交收的方式保障交易的顺畅进行。中央担保交收为提高交易效率、降低交易成本做出了重大贡献。但在中央担保交收体制下,交易任何一方的违约都被证券登记结算公司的适时履约掩盖了,而在向违约方追索无效、处罚无门的情况下,交易损失只能由证券登记结算公司承担。这一制度为券商提供了一条非正规融资渠道,也留下了较大的风险隐患。

（三）操作风险

我国证券公司融资渠道狭窄。交易所债券回购交易规则及登记结算办法,是建立在充分信任证券公司的基础上的。而实际上,很多证券公司正是利用了这一制度,违规操作,产生风险。违规操作主要包括:

（1）挪用客户的国债进行回购融资。在债券回购交易中,券商利用债券的二级托管和席位相互联通的特点,根据通常掌握的经纪业务客户的回购交易规模,挪用席位上经纪业务客户可能不会使用的标准券余额,回购融入资金,用于解决自有资金需求。

（2）以国债回购方式变相融资。通常的操作手法是,证券公司通过与客户签订代理国债投资协议及保息的补充协议,对客户托管或购买的国债进行回购,再将融入的资金挪作他用,甚至炒作股票。

（3）以国债回购方式开展"三方监管融资"业务,即出资方、用资方和证券公司签订协议。出资方出资金。用资方以一定的证券做抵押,使用出资方的资金。证券公司起担保或中介作用,对用资方的资产市值和资金流向负有监管义务。一些出资方为了保证资金安全或者规避上级部门的监管,往往将买入的债券托管到证券公司,由证券公司将债券回购融入的资金借给用资方。一旦用资方出现严重亏损,出资方将面临债券无法购回的风险。

六、案例——回购风险引发汉唐证券的倒闭①

（一）过程描述

2004年8月16日上午,一开市,汉唐证券公司一个营业部的五位理财客户便要求将其未到期国债回购对应的国债现券7.8亿元全部卖出,并在短短半个小时之内买了深圳证券交易所的两只股票,共计5.74亿元。这些客户在买完股票后,马上要求营业部为其办理转托管,营业部经理感觉事关重大,不敢轻举妄为,随即对上述股票账户实施了冻结,并赶快向总经理汇报。这些客户很快到了汉唐证券上海管理总部总经理的办公室,要求为其办理转托管。这些客户违背理财协议的突然袭击,一举造成汉唐证券当天在上海证券交易所国债回购欠库8.9亿元,欠证券登记公司上海分公司清算头寸约4.2亿元,欠证券登记公司深圳分公司清算头寸约5.4亿元。而更为严重的是,汉唐证券当时根本没有那么多的资金填补交易缺口,不仅正常经纪业务的交收出现问题,而且支付风险到了一触即发的边缘。正是这条国债回购的导火索,瞬时间引发了汉唐证券的危机,最终导致其倒闭。

（二）汉唐证券国债回购业务的特点与风险所在

汉唐证券于2001年成立。2001年,汉唐证券在沪市总交易量排名第62位,深市股

---

① 参见石澜,"国债回购市场的发展与风险因素分析",北京大学MBA毕业论文,2006年6月。

票、基金交易量排名第 51 位。此后,通过业务拓展,排名不断上升。2003 年,汉唐证券在沪市排名第 12 位,深市排名第 23 位,直至 2004 年被行政托管,其全年的总交易额仍在沪市排名第 12 位,深市排名第 16 位。在被行政托管之前的 2004 年 7 月底,汉唐证券托管股票基金市值 110.19 亿元、国债面值 59.68 亿元。

汉唐证券成立初期只有原贵州证券有 1 亿元左右的国债回购融资业务。随着汉唐证券委托理财业务的发展,到 2003 年 6 月 30 日,其国债回购融资业务规模已达 50 多亿元,并一直维持该回购融资规模直至汉唐证券"8·16"事件爆发,标准券的利用率基本上都在 97%以上。

汉唐证券的国债回购融资业务呈现出以下几个特征:

(1) 理财业务回购融资占绝大部分,经纪客户回购融资业务量也很大。

(2) 汉唐证券的理财回购交易并没有放大。理财客户将资金存入其在汉唐证券开立的资金账户内,根据委托理财协议对其股东账户进行回购登记,并由客户或委托汉唐证券买入国债。大部分理财客户的交易密码都由客户自己掌握,客户甚至可以根据市场情况进行差价交易、更换国债品种。理财客户只要保证每天托管在汉唐证券席位上的标准券不低于理财协议的规定就可以。

(3) 汉唐证券经纪客户的回购融资基本上都是通过放大交易进行操作的。某个机构客户于 2003 年 4 月 16 日将其账户上的股票卖出,所得资金约为 3 070 万元,当日买入国债,通过放大交易回购融资 4 020 万元,其后每天进行放大回购融资交易。至 2003 年 5 月 20 日,回购融资额达到 7.16 亿元,其后一直保持 7 亿多元的规模。至 2003 年 11 月底,7 亿多元的融资额,相对于期初投入的 3 000 多万元资金放大了 23 倍多。当国债价格下降 1%时,其相应的亏损也放大了 23 倍多。当国债价格下降 4%左右时,该账户就血本无归了。由于国债价格一直在下降,汉唐证券自 2003 年 11 月底起开始采取措施,该客户才陆续卖出现券,缩减融资规模。直至 2004 年 8 月 16 日,该账户的回购融资余额为 7 350 万元。现券后被证券登记公司上海分公司统一拍卖,所得资金为 7 449.56 万元。该客户在止损的过程中,虽然陆续补充了一些资金或由汉唐证券变卖其托管的其他股票,但还是没有将亏损的资金补足,造成该账户出现巨额透支。

习题

一、思考题

1. 投资者为什么要签订远期合约?举例说明。
2. 远期合约的价格与市场利率是什么关系?
3. 在国债期货交易中,为什么要给空头方更多的选择权?这对多头方是否不公平?
4. 在偿债基金条款中,通常要给债务人以按市场价格或者债券面值买回债券的选择权。为什么要这么做?
5. 举例说明如何利用欧洲美元期货锁定借款利息。
6. 我国"327 国债期货事件"的成因是什么?应该从中吸取什么教训?
7. 回购利率的决定因素有哪些?

8. 如何通过回购协议复制债券的远期交易（空头与多头）？

9. 我国过去的国债回购市场为什么会产生那么多的风险？最近有怎样的改进？

10. 如果到期收益率曲线向右上方倾斜，国债的期货价格会随着到期时间的延长而下降；而在同样的环境下，股票指数期货的价格会随着到期时间的延长而上升。请解释理由。

11. 期货市场中现金交割与实物交割有哪些区别？为什么在国债期货交易中通常是实物交割，而在股票指数期货交易中采用现金交割？

二、计算题

1. 投资者出售一份欧洲美元期货合约，价格为 95.25 美元，交付月份为 2021 年 12 月。假定在交付日 90 天欧洲美元的利率为 5.25%。请计算在考虑到期货合约损益状况的情况下，该投资者实际的借款利率。

2. 假定今天 2.5 年期零息国债的到期收益率为 5%（半年支付 1 次利息），该国债的面值为 100 万美元。6 个月期回购协议的年利率为 4%（基于 30/360 的计息规则）。请用回购协议锁定从 0.5 年到 2.5 年的远期融资利率（投资者处于空头地位），并计算锁定后的融资利率是多少。

3. 假定一个 15 年期的债券，票面利率为 7%（1 年支付 2 次利息），面值为 100 元。该债券的下一个付息日是 6 个月之后。目前该债券的价格为 95 元。在期货合约中，该债券可以用来交易。投资者借入资金的年利率为 9%，借出资金的年利率为 5%。如果投资者参与期货交易，交割期为 6 个月。利率均采用单利。该期货交易合理的价格区间是什么？如果该债券的期货价格为 97 元，有无套利机会？如何实现套利？

4. 假设你管理着 10 亿元人民币的债券组合。你担心利率风险。你估计你的债券组合的修正持续期为 3.2。你也估计了未来利率变化的概率分布，如下图所示。

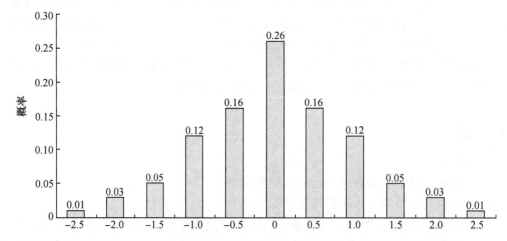

（1）利用持续期的近似公式，估计在 90% 的置信度下你的组合的风险价值。

（2）你打算通过缩短修正持续期来降低债券组合的风险，但希望推迟资本利得实现的时间。为了达到这样的目的，你订立了一份总收益互换协议，以总面值为 1 亿元人民币的高级别公司债券为标的资产。该债券在你的债券组合之中，票面利率为 8.5%（半年支付 1 次利息），期限为 5 年。根据互换协议，你收取浮动利率，标准是 6 个月的 LIBOR+

0.2%,同时你支付那个公司债券的利息。互换期限为4年。请画图表示该互换的现金流,并说明互换为什么降低了利率风险。

5. 假定今天是2020年3月1日,也是某种国债期货合约的到期日,期货的收盘价格为102美元。空头方可以选择以下债券来交付,如下表所示。

偿还期	票面利率(%)	价格(美元)
18	6.0	105
16	5.5	96.05

问:空头方交付哪种债券最便宜?

21世纪经济与管理规划教材
金融学系列

第七章

利率期限结构理论

- 传统利率期限结构的基本理论
- 用现代手段构建利率期限结构

一般非含权证券的价值,可以用折现因子和证券产生的现金流量来求得。但在固定收益证券的创新过程中,大量的含权证券被创造出来,这使得传统证券价值求取的方法产生了很大的问题,原因是含权证券的现金流量与市场利率密切相关,因此现金流量成了一个变量,而不再是一个或者一组固定的数字。含权证券价值的计算需要考虑利率的变化,而反映利率变化的主要工具是利率的期限结构。传统的利率期限结构是用到期收益率曲线来表示的,而这一利率曲线不能计算含权证券的价值,能够计算含权证券价值的利率期限结构是利率的二项式树图。

在股票期权定价中,有著名的 Black-Scholes 模型,但利用 Black-Scholes 模型给基于固定收益证券的选择权定价时,存在不少问题。Black-Scholes 模型的变形——Black 模型还是可以用的,但约束条件很苛刻。如果有利率的二项式树图,那么给基于固定收益证券的选择权定价则变成了轻而易举的事情。

为了分析含权证券的价值,需要建立含权证券价值分析的工具。这是本书在此阐述利率期限结构理论的主要原因。本章第一节介绍传统利率期限结构的基本理论,第二节介绍用现代手段构建利率期限结构。

第一节　传统利率期限结构的基本理论

利率的期限结构是指不存在违约风险时不同期限的零息债券到期收益率之间的关系。零息债券的到期收益率也被称为即期利率。而由各种不同期限零息债券的到期收益率所构成的曲线为到期收益率曲线。

例如,有三条到期收益率曲线,如图 7-1 所示。

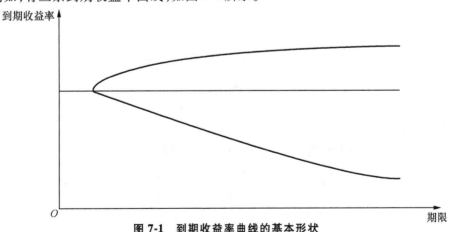

图 7-1　到期收益率曲线的基本形状

这三条曲线的形状是大不相同的,那么为什么会有不同形状的到期收益率曲线呢?解释这一问题,有三种不同的理论:预期理论、风险溢价理论、市场分割理论,以及对市场分割理论的补充——习性偏好理论。下面对这三种理论分别进行阐述。

一、预期理论

(一) 假定

预期理论的出发点是,长期证券的到期收益率等于现行短期利率(Spot Interest Rate)和未来预期短期利率的几何平均。

预期理论有以下假定:

(1) 市场上的各种证券都没有违约风险;

(2) 全部投资者都是风险中立者,服从于利润最大化原则;

(3) 证券买卖没有交易成本;

(4) 投资者都能准确预测未来的利率;

(5) 投资者对证券不存在期限偏好。

(二) 到期收益率曲线与远期利率的关系

由于长期证券的收益率是短期收益率的几何平均,因此

$$(1+R_n)^n = (1+i_1)(1+i_2^e)\cdots(1+i_n^e) \tag{7-1}$$

其中,

R_n 为期限为 n 年的证券的收益率;

i_1 为当期短期利率(如 1 年或半年的利率);

i_2^e 为第 2 期的单期预期利率;

i_n^e 为第 n 期的单期预期利率。

当 $n=2$ 时,

$$(1+R_2)^2 = (1+i_1)(1+i_2^e)$$

由于

$$R_1 = i_1$$

因此

$$(1+i_2^e) = \frac{(1+R_2)^2}{(1+i_1)} = \frac{(1+R_2)^2}{(1+R_1)}$$

$$i_2^e = \frac{(1+R_2)^2}{(1+R_1)} - 1 \tag{7-2}$$

当 $n=3$ 时,

$$(1+R_3)^3 = (1+i_1)(1+i_2^e)(1+i_3^e)$$

$$1+i_3^e = \frac{(1+R_3)^3}{(1+i_1)(1+i_2^e)} = \frac{(1+R_3)^3}{(1+R_2)^2}$$

$$i_3^e = \frac{(1+R_3)^3}{(1+R_2)^2} - 1 \tag{7-3}$$

当期限为 n 时,

$$i_n^e = \frac{(1+R_n)^n}{(1+R_{n-1})^{n-1}} - 1 \tag{7-4}$$

也就是说,只要知道相邻两期零息债券的到期收益率,就可以计算出单期远期利率,即投资者如果知道各种期限的收益率 $R_n(n=1,2,\cdots,n)$,他就可以知道未来短期利率的预期值。

如果 $R_2<R_1$,也就是说,收益率曲线下降,那么短期预期利率也会下降,即 $i_2^e<R_1$。我们可以证明如下:

因为
$$(1+R_2)^2 = (1+i_1)(1+i_2^e) = (1+R_1)(1+i_2^e)$$

所以
$$\frac{(1+R_2)}{(1+R_1)} = \frac{(1+i_2^e)}{(1+R_2)}$$

因为
$$R_2 < R_1$$

所以
$$\frac{(1+R_2)}{(1+R_1)} < 1$$

$$\frac{(1+i_2^e)}{(1+R_2)} < 1$$

因此
$$1+i_2^e < 1+R_2 < 1+R_1$$

$$i_2^e < R_1$$

一般情况下

$$(1+R_n)^n = (1+i_1)(1+i_2^e)\cdots(1+i_n^e)$$
$$(1+R_{n-1})^{n-1} = (1+i_1)(1+i_2^e)\cdots(1+i_{n-1}^e)$$

因此
$$1+i_n^e = \frac{(1+R_n)^n}{(1+R_{n-1})^{n-1}} = \frac{(1+R_n)^{n-1}}{(1+R_{n-1})^{n-1}}(1+R_n)$$

$$\frac{1+i_n^e}{1+R_n} = \frac{(1+R_n)^{n-1}}{(1+R_{n-1})^{n-1}}$$

如果收益率曲线向右上方倾斜,即 $R_n>R_{n-1}$,
则
$$(1+R_n)^{n-1} > (1+R_{n-1})^{n-1}$$

$$\frac{1+i_n^e}{1+R_n} > 1$$

$$i_n^e > R_n > R_{n-1}$$

到期收益率曲线向右上方倾斜,预期短期利率上升,不要理解为未来预期短期利率不断提高。预期短期利率有时会低于前一期的短期利率。这一点,在后面的举例中会有所说明。

(三)远期利率的推导与无套利收益

例 7-1 投资于期限为 3 年、票面利率为 7%(半年支付 1 次利息)的债券,价格为 960.33 元(面值为 1 000 元)。该债券的到期收益率为 8.53%。投资者打算 2 年后卖掉该债券,则期望无套利的总收益是多少?

解答:单期远期利率是这样推导出来的。由于我们知道即期收益率曲线,我们也知道第一期的即期利率与远期利率相等,因此,推导远期利率是轻而易举的事情。例如,2 期零息债券的到期收益率(即期利率)为 3.5%,而 1 期零息债券的到期收益率(即期利率)为 3.25%,因此,从时段 1 到时段 2 的远期利率为3.75%,因为

$$(1 + 3.5\%)^2 = (1 + 3.25\%)(1 + {_0f_{1,2}})$$

$$_0f_{1,2} = 3.75\%$$

其中,$_0f_{1,2}$的含义是在时点 0,由时段 1 到时段 2 的远期利率。

同理,从时段 2 到时段 3 的远期利率为 4.10%,因为

$$(1 + 3.7\%)^3 = (1 + 3.5\%)^2(1 + {_0f_{2,3}})$$

$$_0f_{2,3} = 4.10\%$$

同理,根据到期收益率曲线,可以推导出其他单期远期利率,如表 7-1 所示。

表 7-1 到期收益率与单期远期利率(6 个月,有效利率)

时段	到期收益率	单期远期利率($t-1$)
1	3.25%	3.25%
2	3.50%	3.75%
3	3.70%	4.10%
4	4.00%	4.91%
5	4.20%	5.00%
6	4.30%	4.80%

我们把推导出来的远期利率与到期收益率一起画成图,如图 7-2 所示。

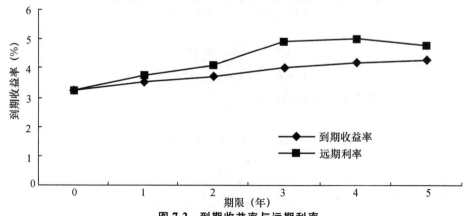

图 7-2 到期收益率与远期利率

由于即期利率曲线向右上方倾斜,远期利率曲线的每一点都比前一期即期利率高。读者一定要知道,即期利率是某一期限零息债券的到期收益率,它不是单期利率。而图 7-2 中的远期利率是单期利率。我们不能这样讲:即期利率曲线向右上方倾斜,远期利率曲线的每一点都比前一期远期利率高。在图 7-2 中,尽管即期利率曲线向右上方倾斜,但是时段 5 到时段 6 的远期利率 $_0f_{5,6}$ 要低于时段 4 到时段 5 的远期利率 $_0f_{4,5}$。

在本例中,由于投资者的投资期为 2 年,根据无偏期望理论,期望无套利的总收益就应该是购买 2 年期零息债券的收益,即 8%。本书做以下说明:

第一步,求 2 年后债券的出卖价格和资本利得。出卖价格为 973.9 元,即

$$P_2 = \frac{35}{1.05} + \frac{1\,035}{(1.05)(1.048)} = 973.9$$

投资者预期资本利得为 13.57 元,即

$$973.90 - 960.33 = 13.57$$

第二步,求累计利息,结果为 149.60 元,即

$$35 \times 1.0375 \times 1.0410 \times 1.0491 + 35 \times 1.0410 \times 1.0491 + 35 \times 1.0491 + 35 = 149.60$$

第三步,计算总预期收益金额,为 163.17 元,即

$$13.57 + 149.60 = 163.17$$

第四步,计算收益率,结果为 8%,即

$$\left[\left(\frac{960.33 + 163.17}{960.33}\right)^{1/4} - 1\right] \times 2 = 8\%$$

(四) 预期理论的应用

在经济运行中,人们经常观察到在经济扩张一开始,到期收益率曲线的斜率趋于增大,而在经济扩张的末尾到期收益率曲线的斜率趋于减小。

在理论上,可以解释这一现象。从需求方的角度来看,在经济的扩张期,投资加大,货币需求的期望值增大,这些都促使真实利率升高;而如果预期经济走向低谷,则预期远期利率下降,因为投资需求将趋缓。从供给方的角度来看,人们更愿意均衡消费。如果预期经济衰退,人们将更不愿意花钱,这也促使利率走低。

在实证研究中,人们也往往利用长短期利率的差别来解释或者预测未来的经济增长。例如,坎贝尔·R. 哈维(Campbell R. Harvey)的一篇工作论文"The Term Structure and World Economic Growth",就利用下面的模型来解释未来的经济增长。

$$\ln(\text{GNP}_{t+5}) - \ln(\text{GNP}_t) = a + b(\text{TS})_T + u_{t+5} \tag{7-5}$$

其中,TS 为 90 天国库券收益率与 5 年期以上债券收益率之差。

该模型利用美国和加拿大的数据得到方程的参数,并得出结论:这一回归方程可以解释这两个国家将近 50% 的经济增长。

二、风险溢价理论

不同期限证券的利率风险是不同的,投资者也不完全是风险中立者,有些是风险规

避者,而有些则是风险偏好者,投资者为了降低利率风险,往往会舍弃预期收益。在这种情况下,收益率曲线会反映如下内容:第一,投资者对未来短期利率的预期;第二,对利率风险低的债券的需求较大;第三,债券发行人为避免兑现债券的麻烦而愿意增加长期债券的发行,即长期债券的供给较大,价格低,收益率高。

因此,从风险的角度来考虑,短期债券的利率风险较低,长期债券的利率风险较高,为鼓励投资者购买长期债券,必须给投资者以贴水,这实际上是风险溢价,属于流动性和再投资收益率双重风险的溢价。如果长期债券的收益率为 R_n^*,是在 R_n 之上加上了风险溢价,那么,随着期限的延长,风险溢价 L_n 也会随之增大,即

$$0 < L_1 < L_2 < \cdots < L_n$$

因此,虽然 $R_n > R_{n-1}$,即收益率曲线上升,但并没有说明未来短期利率必然会上升,未来短期利率也许根本不变。

正因为如此,风险溢价理论认为,收益率曲线的关系,应该修正为

$$[1 + (R_n^* - L_n)]^n = (1 + i_1)(1 + i_2^e) \cdots (1 + i_n^e) \tag{7-6}$$

所以有

$$(1 + R_n)^n > (1 + i_1)(1 + i_2^e) \cdots (1 + i_n^e) \tag{7-7}$$

尽管风险溢价理论认为,收益率曲线是上升、下降还是水平的,并不是由投资者对未来短期利率的预期所造成的,风险溢价在收益率曲线形成过程中起着非常大的作用,但是收益率曲线出现转折点(即由上升变为下降,或者由下降变为上升),还是由投资者对短期利率的预期所造成的。

三、市场分割理论

市场分割理论又被称为期限偏好理论,是弗兰科·莫迪利安尼(Franco Modigliani)和理查德·萨奇(Richard Sutch)于1966年提出的。该理论强调了交易成本在投资中的重要性。该理论认为,长期证券的投资者在不久的将来需要资金时,因证券不能兑现,只能变卖,所以必须承担交易成本。为降低交易成本,投资者就要在投资之前考虑资金的使用。一般情况下,消费者持有证券到偿还期期末,与他们的消费需求发生的时间(例如退休时间)相配合;厂商购买证券的期限一般与购买机器的时间相配合;商业银行持有证券的期限一般与其对第二准备金的需求相配合,因此证券期限较短。保险公司、退休基金购买证券的期限一般很长,原因在于其资金多为长期性资金。证券发行人在发行证券时一般要考虑交易成本,因而倾向于发行期限较长的证券。

无论是投资者还是发行人都有期限的偏好。如果发行人更愿意发行长期债券,而投资者更喜欢购买短期债券,那么短期债券的价格将上升,收益率将下降,就会出现收益率曲线向上倾斜的情况;反之,如果发行人愿意发行短期债券,而投资者愿意购买长期债券,那么长期债券的价格将上升,收益率将下降,就会出现收益率曲线向下倾斜的情况,如图7-3所示。

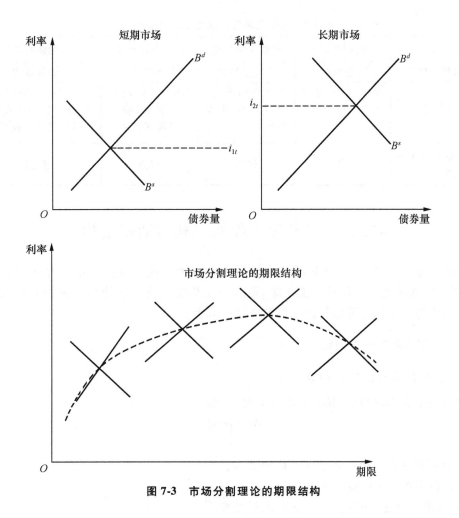

图 7-3 市场分割理论的期限结构

四、习性偏好理论

作为市场分割理论的补充,出现了习性偏好的理论(Preferred Habitat Theory)。投资者平时偏好于某一期限的债券,但当市场有相当大的套利机会时,他仍会放弃平日的习惯进行套利。我们可以 2 期债券为例来说明。2 期债券的收益率 i_2 与 1 期债券的收益率 i_1 之间的关系,可以用下面的公式说明:

$$i_2 = \rho_0 + \frac{i_1 + i_{1,2}^e}{2} \tag{7-8}$$

其中,ρ_0 为放弃偏好的补偿。

这个公式说明,短期利率和长期利率之间通过一个习性补偿联系起来。如果长期利率高于短期利率和习性补偿之和,人们将改变习惯去购买长期债券,市场均衡要求长期利率、短期利率、习性补偿之间有平衡关系,如公式(7-8)所示。显然,通过对预期理论进行简单修改可以得到期限结构理论。本书对几种传统的利率期限结构理论做简要的总结,如表 7-2 所示。

表 7-2 传统利率期限结构理论的比较

理论	无偏期望理论	风险溢价理论	市场分隔理论	习性偏好理论
长、短期利率替代性	完全替代	不完全替代	完全不替代	部分替代
收益率曲线向上倾斜的原因	未来短期利率上升	也许利率上升，也许风险补偿加大	长期资金融资需求较强，或者投资需求较弱	长期资金融资需求较强，或者长期投资的习性转移到短期投资
解释收益率曲线变化的能力	强	较弱	较强	较强

第二节 用现代手段构建利率期限结构[①]

无风险证券的定价，可以利用传统的到期收益率曲线。但由于在证券的创新过程中，有越来越多的含权证券被创造出来，而含权证券的定价不能使用传统的到期收益率曲线。现代的利率模型可以帮助我们解决这一问题。

一、利率波动的一般模型

（一）最简单情况下的利率模型

假定利率为连续利率，其波动服从下面的规律：

$$\mathrm{d}r = \sigma \mathrm{d}w \tag{7-9}$$

其中，

$\mathrm{d}r$ 表示利率在一个很短的时间内的波动；

σ 为利率在一年内波动多少个基点；

$\mathrm{d}w$ 表示一个随机变量，其均值为 0，标准差为

$$\sqrt{\mathrm{d}t}。$$

例 7-2 假定当期短期（1 年期）利率为 6.2%，1 年的波动率为 120 个基点，一个阶段为 1 个月或者 1/12 年。也就是说，$r_0 = 6.2\%$，$\sigma = 1.2\%$，$\mathrm{d}t = 1/12$。1 个月后，均值为 0，标准差为 $\sqrt{1/12}$ 的随机变量，恰巧为 0.22，那么，短期利率的变化为 0.264%，或者为 26.4 个基点，即

$$\mathrm{d}r = \sigma \mathrm{d}w = 0.012 \times 0.22 = 0.264\%$$

由于短期利率原来为 6.2%，因此，新的利率为 6.464%。

由于 $\mathrm{d}w$ 的期望值为 0，因此利率波动 $\mathrm{d}r$ 的期望值也是 0。而由于 $\mathrm{d}w$ 的标准差为 $\sqrt{\mathrm{d}t}$，因此，利率波动 $\mathrm{d}r$ 的标准差为 $\sigma\sqrt{\mathrm{d}t}$。

接上例。由于利率的趋势值（Drift）为 0，利率的标准差也就是利率波动的标准差 $\sigma\sqrt{\mathrm{d}t}$ 为 34.64 个基点，即

[①] 本部分内容参考了 Bruce Tuckman, *Fixed Income Securities: Tools for Today's Markets*, 2th edition, John Wiley & Sons, Inc., 2002。

$$\sigma\sqrt{dt} = 0.012 \times \sqrt{1/12} = 0.012 \times 0.2887 = 0.3464\%$$

我们可以用树图来表示利率的变化,见图 7-4。在树图中,每个点利率上升与下降的概率都是 50%。

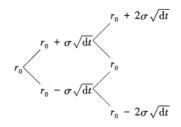

图 7-4 最简单情况下的利率模型

具体数值如图 7-5 所示。

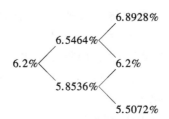

图 7-5 利率模型的具体数值

为什么这一树图符合利率的波动规律 $dr = \sigma dw$ 呢?我们就以 0—1 期为例。由于利率有可能上升 $\sigma\sqrt{dt}$,也有可能下降 $\sigma\sqrt{dt}$,因此,在给定上升与下降概率均是 50% 的情况下,利率波动的期望值 $E[dr]$ 为

$$E[dr] = 0.5 \times \sigma\sqrt{dt} + 0.5 \times (-\sigma\sqrt{dt}) = 0$$

利率的方差 $V[dr]$ 为

$$\begin{aligned} V[dr] &= E[dr^2] - \{E[dr]\}^2 \\ &= 0.5 \times (\sigma\sqrt{dt})^2 + 0.5 \times (-\sigma\sqrt{dt})^2 - 0 \\ &= \sigma^2 dt \end{aligned}$$

标准差 $S[dr]$ 为

$$S[dr] = \sigma\sqrt{dt}$$

无论是利率波动的期望值,还是标准差,都符合利率波动模型 $dr = \sigma dw$ 的特征。但要注意的是,树图与利率波动模型不完全相同,因为利率模型假定利率波动符合正态分布,利率可能变成任何数值。但在树图中,利率只会变成两个数值,一个是上升了的数值,另一个是下降了的数值。而如果把时间间隔变得越来越短,树图的分支就会足够多,在一定时间后,比如 1 年后,利率的分布可以接近正态分布。图 7-6 是利率的正态分布。

(二)考虑到利率趋势与风险溢价情况下的利率模型

前面的模型没有考虑到利率的趋势,这会使得到期收益率曲线在最初阶段比较平缓,而后向右下方倾斜。这当然与正常的到期收益率曲线向右上方倾斜不一致。如果增

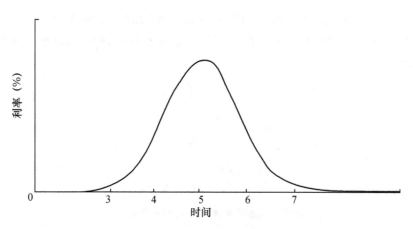

图 7-6 利率的正态分布

加一个趋势变量,该趋势变量可以被理解为某种风险补偿,那么利率模型可以写成

$$dr = \lambda dt + \sigma dw \tag{7-10}$$

其中,λdt 为很短时间内由趋势变量带来的对利率的影响。

例 7-3 有以下数值:$r_0 = 6.2\%, \sigma = 1.2\%, dt = 1/12, \lambda = 0.25\%$。如果随机变量在1个月后取值为0.20,那么利率的变化为

$$\begin{aligned} dr &= \lambda dt + \sigma dw \\ &= 0.25\% \times 1/12 + 1.2\% \times 0.2 \\ &= 0.261\% \end{aligned}$$

原来的利率为6.2%,1个月后利率变成6.461%。

利率趋势是上升的,1个月上升的幅度为0.021%,即2.1个基点,也就是

$$\lambda dt = 0.25\%/12 = 0.021\%$$

1年的标准差为1.2%,1个月的标准差为0.346%,即每月34.6个基点,也就是

$$\sigma\sqrt{dt} = 1.2\% \times \sqrt{1/12} = 0.346\%$$

在风险中性的条件下,利率趋势实际上由两个因素构成,一是对利率的真实预期,二是风险溢价。1个月2.1个基点的利率趋势量,可以是市场本身就预期利率会上升2.1个基点;可以是短期利率预期上升1.5个基点,同时风险补偿0.6个基点;也可以是短期利率预期下降0.8个基点,同时风险补偿2.9个基点;等等。有很多可能的组合。

在考虑到利率趋势后,利率树图变成如图7-7所示的形态。

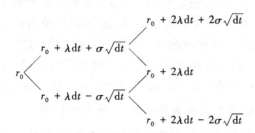

图 7-7 考虑到利率趋势后的利率树图

这一树图符合利率模型 $dr = \lambda dt + \sigma dw$ 吗？我们还是以 0—1 期为例。由于利率有可能上升 $\lambda dt + \sigma \sqrt{dt}$，也有可能下降 $\lambda dt - \sigma \sqrt{dt}$，在给定上升与下降概率均是 50%的情况下，利率波动的期望值 $E[dr]$ 为 λdt，因为

$$E[dr] = 0.5 \times (\lambda dt + \sigma \sqrt{dt}) + 0.5 \times (\lambda dt - \sigma \sqrt{dt}) = \lambda dt$$

利率的方差 $V[dr]$ 为 $\sigma^2 dt$：

$$\begin{aligned} V[dr] &= E[dr^2] - \{E[dr]\}^2 \\ &= 0.5 \times (\lambda dt + \sigma \sqrt{dt})^2 + 0.5 \times (\lambda dt - \sigma \sqrt{dt})^2 - \lambda^2 (dt)^2 \\ &= \sigma^2 dt \end{aligned}$$

标准差 $S[dr]$ 为 $\sigma \sqrt{dt}$。

把上例中的数值 $r_0 = 6.2\%$，$\lambda dt = 0.021\%$，$\sigma \sqrt{dt} = 0.346\%$ 表示在利率树图（见图 7-8）中（上升与下降的概率都是 50%）。

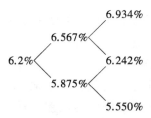

图 7-8 利率树图

1 年后，短期利率为正态分布，均值为 6.45%（6.2% + 0.25%），标准差为 1.2%。10 年后，短期利率为正态分布，均值为 8.7%（6.2% + 10 × 0.25%），标准差为 3.7947（1.2% × $\sqrt{10}$）。

很明显，如果趋势变量为恒定的正数，那么随着时间的推移，正态分布的均值在增加，利率为负的可能性变小。

二、Ho-Lee 模型

Ho-Lee 模型是由华裔学者托马斯·侯（Thomas S. Y. Ho）与李尚兵（Sang-Bin Lee）[①]创立的。该模型假定短期利率服从下面的规律：

$$dr = \lambda(t)dt + \sigma dw \tag{7-11}$$

与前面的模型不同，在 Ho-Lee 模型中趋势变量 λ 是时间依赖的，也就是说，在不同的时段，利率的趋势是不同的。举例来说，在第一个月，趋势变量 λ 的取值也许是 10 个基点；在第二个月，λ 的取值也许是 20 个基点；而在第三个月，λ 的取值也许是负的 15 个基点。

在 Ho-Lee 模型中，利率变化遵循二项式结构，如图 7-9 所示。

---

① Thomas S. Y. Ho, Sang-Bin Lee, "Term Structure Movements and Pricing Interest Rate Contingent Claims", *Journal of Finance*, 41(5), 1986.

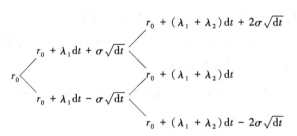

图 7-9 Ho-Lee 模型

该模型表明，下一期短期利率为本期利率加上某个常数与时间段的乘积，再加上或者减去另一个常数乘以时间段的平方根。不论利率是上升还是下降，下期利率都要加上 $\lambda_1 dt$，这是短期利率的趋势变量。在利率的上升状态，利率要加上 $\sigma\sqrt{dt}$，而下降状态要减去 $\sigma\sqrt{dt}$。实际上，$\sigma\sqrt{dt}$ 为利率在趋势线上的偏离水平。σ 是短期利率的标准差，而 $\sigma\sqrt{dt}$ 是 dt 段内短期利率的标准差。年利率的变动是由 N 个阶段的变动所组成的，所以 $\sqrt{dt} = 1/N$。只要这些变动相互独立，那么年度变动的方差就为 $N\sigma^2 dt = \sigma^2$。单一阶段的方差为 $V[dr] = \sigma^2 dt$，标准差为 $S[dr] = \sigma\sqrt{dt}$。

如何确定参数 λ_1、λ_2 和 σ 呢？

σ 的数值可以通过利率波动的历史数据来求取，也可以用隐含的方法来确定，就像用股票期权的市场价格来倒推股票价格的标准差一样。当用隐含的方法得到 σ 的值以后，这一数值就可以用来衡量其他含权证券的价值。为了确保定价模型不存在套利机会，模型的参数 λ_1、λ_2 和 σ 必须能使零息债券的定价与其市场价格相符。通过这种办法，可以确定趋势变量 λ_1、λ_2 的数值。

例 7-4 假定短期利率以年为基准发生变化，即期利率为 6%，并且通过对年度利率波动的计算，得到利率的年标准差为 0.5%。2 年期零息债券的市场价格为 88.58 元，那么 2 年期零息债券价格变化的二项式树图如图 7-10 所示。

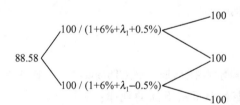

图 7-10 2 年期零息债券价格变化的二项式树图

解下面的方程：

$$\left(\frac{1}{2} \times \frac{100}{1+6\%+\lambda_1+0.5\%} + \frac{1}{2} \times \frac{100}{1+6\%+\lambda_1-0.5\%}\right) \div 1.06 = 88.58$$

得 $\lambda_1 = 0.5\%$。因此，形成利率的二项式树图，如图 7-11 所示。

将树图延伸 1 年，Ho-Lee 模型的短期利率波动率 σ 不随时间的波动而波动，因此延伸 1 年后的树图如图 7-12 所示。

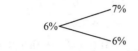

图 7-11 利率的二项式树图

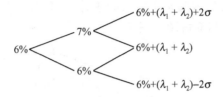

图 7-12 延伸 1 年后的树图

2 年的趋势变量总值为 $(\lambda_1+\lambda_2)$,相当于第一年的趋势变量与第二年的趋势变量之和。由于 $\lambda_1=0.5\%$,$\sigma=0.5\%$,因此二项式树图如图 7-13 所示。

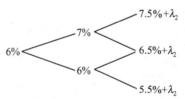

图 7-13 利率的二项式树图(2)

假定 3 年期零息债券的市场价格为 82.47 元,那么 3 年期零息债券的二项式树图如图 7-14 所示。

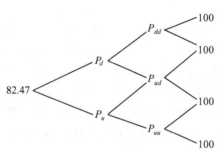

图 7-14 3 年期零息债券的二项式树图

其中,

$$P_{dd} = \frac{100}{1 + 7.5\% + \lambda_2}$$

$$P_{ud} = \frac{100}{1 + 6.5\% + \lambda_2}$$

$$P_{uu} = \frac{100}{1 + 5.5\% + \lambda_2}$$

$$P_d = \frac{0.5 \times P_{dd} + 0.5 \times P_{ud}}{1 + 7\%}$$

$$P_u = \frac{0.5 \times P_{uu} + 0.5 \times P_{ud}}{1 + 6\%}$$

$$P = 82.47 = \frac{0.5 \times P_u + 0.5 \times P_d}{1 + 6\%}$$

这样的方程看上去复杂,解起来实际很简单,因为只有一个变量 λ_2。通过计算,解得 $\lambda_2 = 0.6\%$。那么,3 年期的利率树图如图 7-15 所示。

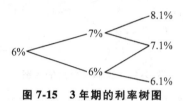

图 7-15　3 年期的利率树图

3 年期零息债券价格的变化如图 7-16 所示。

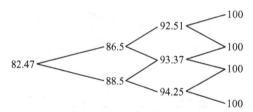

图 7-16　3 年期零息债券价格的变化

通过类似的计算,可以建立任何零息债券价格的变化树图,也可以得到任何期限的市场利率树图。

Ho-Lee 模型的优点在于简单。任何时点的利率水平都可以等于前一阶段的利率水平加上或者减去某个随机变量的变化值。之所以这样,是因为 Ho-Lee 模型假设市场利率在未来时刻都呈正态分布。这种假设存在的一个缺点是,利率有可能成为负值。这成为理论学者批评的对象。而固定收益证券的业内人士则认为,建立模型是为了对含权证券进行定价,因此只要能够达到这一目的即可。而 Ho-Lee 模型既简单又可以对含权证券进行定价,这就足以弥补它的缺点,因为使用 Ho-Lee 模型得出利率为负值的可能性很小。

Ho-Lee 模型的另一个缺点是,利率波动与利率的绝对水平没有关系,而通常情况下,在利率水平较高时,利率波动的基点也大一些,在利率的绝对水平较低时,利率波动的基点要小一些。为了弥补 Ho-Lee 模型上面分析的两个缺点,所罗门兄弟模型被创造了出来。

三、所罗门兄弟模型[①]

所罗门兄弟模型(Salomon Brother Model),假设市场利率呈对数正态分布,利率演变过程是比例性的,而不是加减性的。其模型结构为

---

① 该模型被称为所罗门兄弟模型,并不意味着所罗门兄弟公司依然使用这一模型。

$$dr = \tilde{a}(t)rdt + \sigma r dw \tag{7-12}$$

根据伊藤定理(Ito's Lemma),

$$d[\ln(r)] = \frac{dr}{r} - \frac{1}{2}\sigma^2 dt$$

整理得到

$$d[\ln(r)] = \frac{\tilde{a}(t)rdt + \sigma r dw}{r} - \frac{1}{2}\sigma^2 dt$$

$$= [\tilde{a}(t) - \sigma^2/2]dt + \sigma dw$$

重新定义时间依赖的趋势变量

$$a(t) = \tilde{a}(t) - \sigma^2/2$$

所以

$$d[\ln(r)] = a(t)dt + \sigma dw$$

该模型说明,短期利率的自然对数呈正态分布。根据定义,一个随机变量的自然对数为正态分布,那么该随机变量属于对数正态分布。因此,所罗门兄弟模型为对数正态分布。

所罗门兄弟模型与前面介绍的 Ho-Lee 模型非常相近,只是变成了对数形式。如果用指数形式来表示,所罗门兄弟模型可如图 7-17 所示。

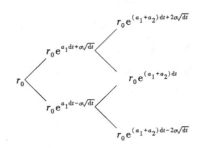

图 7-17 指数形式的所罗门兄弟模型

如果用对数形式来表示,所罗门兄弟模型可如图 7-18 所示。

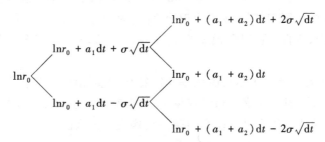

图 7-18 对数形式的所罗门兄弟模型

很明显,当 $r_0 > 0$ 时,按指数变化后的市场利率也一定大于 0,因此,不会出现利率为负的情况。

由于利率波动为指数形式,因此可以很容易地计算出短期利率波动水平的绝对量。

当市场利率为 r_0 时,下期利率的期望值为

$$E(r_1) = 0.5 r_0 \times [\,\mathrm{e}^{a_1 \mathrm{d}t + \sigma\sqrt{\mathrm{d}t}} + \mathrm{e}^{a_1 \mathrm{d}t - \sigma\sqrt{\mathrm{d}t}}\,]$$

方差为

$$\mathrm{Var}(r_1) = 0.5\,[\,r_0 \mathrm{e}^{a_1 \mathrm{d}t + \sigma\sqrt{\mathrm{d}t}} - E(r_1)\,]^{\,2} + 0.5\,[\,r_0 \mathrm{e}^{a_1 \mathrm{d}t - \sigma\sqrt{\mathrm{d}t}} - E(r_1)\,]^{\,2}$$

$$= 0.25 \times r_0^{\,2}\,[\,\mathrm{e}^{a_1 \mathrm{d}t + \sigma\sqrt{\mathrm{d}t}} - \mathrm{e}^{a_1 \mathrm{d}t - \sigma\sqrt{\mathrm{d}t}}\,]^{\,2}$$

标准差为

$$\sigma(r_1) = 0.5 \times r_0\,[\,\mathrm{e}^{a_1 \mathrm{d}t + \sigma\sqrt{\mathrm{d}t}} - \mathrm{e}^{a_1 \mathrm{d}t - \sigma\sqrt{\mathrm{d}t}}\,]$$

这说明,基点波动幅度即标准差是短期利率的函数,r 越大,基点波动幅度也越大。这避免了 Ho-Lee 模型关于固定基点波动幅度的弊病。利用所罗门兄弟模型求取利率期限结构的过程与利用 Ho-Lee 模型求取利率期限结构的过程相似,因此这里从略。所罗门兄弟模型确实克服了 Ho-Lee 模型的缺点,也更贴近现实,但也存在一定的缺陷。通常情况下,当利率水平偏高时,它的趋势变量 m 相对较小甚至为负值;而当利率水平偏低时,它的趋势变量 m 值相对较大。也就是说,利率具有均值反转(Mean Reversion)的特点。无论利率过高还是过低,利率回到中间趋势的力量都大,回归到均值的速度也都快。为了克服所罗门兄弟模型的缺点,诞生了 BDT 模型。

四、BDT 模型[①]

费希尔·布莱克(Fischer Black)、伊曼纽尔·德曼(Emanuel Derman)和威廉·托伊(William Toy)在 1990 年发表论文,创立了关于利率期限结构的模型——Black-Derman-Toy 模型,简称 BDT 模型。该模型假定利率服从下面的过程:

$$\mathrm{d}r = -\frac{\mathrm{d}[\ln\sigma(t)]}{\mathrm{d}t}(\ln\theta - \ln r) r \mathrm{d}t + \sigma(t) r \mathrm{d}w \tag{7-13}$$

其中,θ 代表长期均衡利率。

BDT 模型假定利率变化服从对数正态分布,并允许短期利率的波动率在不同阶段取不同的值。为了确保利率二项式树图的结合性特征,要求利率先上升后下降与先下降后上升的结果是一样的。在 BDT 模型中,由于不同阶段的利率波动 $\sigma(t)\sqrt{\mathrm{d}t}$ 不是一个常量,因此先上升后下降与先下降后上升所达到的利率水平并不同。为了简化计算,需要有结点的树图,为此,在 BDT 模型中允许在同一阶段不同情形下的趋势变量可以不同。

BDT 模型的主要优点是可以反映利率期限结构的实际波动情况,因为波动率随着时间的推移而有所变动,而且利率的趋势变量也受利率水平的影响。BDT 模型具有均值反转的性质,尽管这种性质是通过波动率的期限结构表现出来的。

---

① Fischer Black, Emanuel Derman, and William Toy, "A One-Factor Model of Interest Rates and Its Application to Treasury Bond Options", *Financial Analysts Journal*, 46(1), 1990, pp.33-39.

五、Vasicek 模型[①]

（一）Vasicek 模型介绍

1977 年，欧德里希·A. 瓦西赛克创立了关于利率期限结构的均衡模型，被称为 Vasicek 模型。该模型假定在资本效率和长期货币政策稳定的情况下，短期利率服从于均值反转的规律。当短期利率超过长期均衡利率时，趋势变量为负，拉动短期利率向下变化；当短期利率低于均衡利率时，趋势变量为正，将抬高短期利率，使得利率向上变化。

Vasicek 模型为

$$dr = k(\theta - r)dt + \sigma dw \quad (7\text{-}14)$$

其中，

θ 是个常数项，代表长期均衡的利率；

系数 k 为正数，代表均值反转的速度。

在模型中，θ 与 r 的差距越大，短期利率朝着长期均衡利率 θ 变化的幅度就越大。由于 Vasicek 模型是属于风险中性的，故利率变化趋势涵盖了利率的预期以及风险溢价。而且，利率预期以及风险溢价如何构成趋势变量，并不影响市场价格。为了理解这一问题，我们做出如下假定，令 r_∞ 代表长期均衡利率，风险溢价为 λ。Vasicek 模型可以写成

$$dr = k(r_\infty - r)dt + \lambda dt + \sigma dw \quad (7\text{-}15)$$

$$dr = k\{[r_\infty + \lambda/k] - r\}dt + \sigma dw \quad (7\text{-}16)$$

定义 $\theta \equiv r_\infty + \lambda/k$，那么，上面两个式子(7-15)、(7-16)完全一样。

由 r_∞ 和 λ 的不同组合可以生成相同的 θ。只要生成相同的 θ 值，市场价格就是相同的。

例 7-5 假定 $k = 0.03$，$\sigma = 100$ 基点/年，$r_0 = 4\%$，$r_\infty = 6.2\%$，$\lambda = 0.25\%$。

由于

$$\theta \equiv r_\infty + \lambda/k$$

因此

$$\theta = 14.533\%$$

根据这些参数，Vasicek 模型告诉我们下个月短期利率预期变化为 0.0263 个百分点，即

$$k(\theta - r)dt$$
$$= 0.03 \times (14.533\% - 4\%) \times \frac{1}{12}$$
$$= 0.0263\%$$

下个月的利率波动率为 28.87 个基点，即

$$\sigma\sqrt{1/12} = 100 \times \sqrt{1/12} = 28.87$$

用树图的形式来表示，第一步，即从 0 到 1，如图 7-19 所示。

[①] Oldrich A. Vasicek, "An Equilibrium Charaterization of the Term Structure", *Journal of Financial Economics*, 5, 1977, pp.177-188.

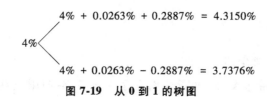

图 7-19 从 0 到 1 的树图

从 1 到 2,分为两个分支。从 4.3150% 开始的树图,如图 7-20 所示。

```
                    4.3150% + 0.03 × (14.533% − 4.3150%)/12 + 0.2887% = 4.6292%
         4.3150% <
                    4.3150% + 0.03 × (14.533% − 4.3150%)/12 − 0.2887% = 4.0518%
```

图 7-20 从 4.3150% 开始的树图

从 3.7376% 开始的树图,如图 7-21 所示。

```
                    3.7376% + 0.03 × (14.533% − 3.7376%)/12 + 0.2887% = 4.0533%
         3.7376% <
                    3.7376% + 0.03 × (14.533% − 3.7376%)/12 − 0.2887% = 3.4759%
```

图 7-21 从 3.7376% 开始的树图

用简略的树图来说明,如图 7-22 所示。

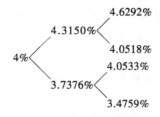

图 7-22 简略的树图

可以看出,利率树图中,在时点 2,利率先上升后下降与利率先下降后上升并不相同,说明树图没有共同的结点。其原因在于,θ 值与短期利率差不同,导致趋势变量不同。由于长期均衡利率为 6.2%,相对于 4.3150% 而言,3.7376% 离均衡利率更远,因此趋势变量应该更大一些。在本模型中,利率波动率是固定的,无法帮助产生共同的结点。

有许多办法让 Vasicek 模型产生共同的结点。[1] 本书只介绍其中的一种。

从时点 0 到时点 1,利率树图如图 7-23 所示。

图 7-23 时点 0—1 的利率树图

---

[1] Damiano Brigo and Fabio Mecurio, *Interest Rate Models: Theory and Practice*, Springer, 2001; Steve Heston and Guofu Zhou, "On the Rate of Convergence of Discrete-Time Contingent Claims", *Mathematical Finance*, 10(1), 2000.

利率上升与下降的概率都是50%。为了产生共同的结点,关键是让利率先上升后下降与利率先下降后上升有相同的数值。在每个时点上,利率的波动对利率的期望值都没有影响,只是利率的趋势变量决定利率的期望值。

在时点1,利率的期望值为

$$4\% + 0.03 \times (14.533\% - 4\%) \times \frac{1}{12}$$

$$= 4.0263\%$$

在时点2,利率的期望值为

$$4.0263\% + 0.03 \times (14.533\% - 4.0623\%) \times \frac{1}{12}$$

$$= 4.0525\%$$

把4.0525%当成时点2中间结点的数值。利率树图发生变化,如图7-24所示。

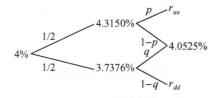

图7-24 利率树图变化

树图中的符号是要求解的利率数值与概率的大小。

根据Vasicek模型,利率波动过程,即

$$dr = k(\theta - r)dt + \sigma dw$$

从利率4.3150%这一点出发,利率的期望值为

$$4.3150\% + 0.03 \times (14.533\% - 4.3150\%) \times \frac{1}{12}$$

$$= 4.3405\%$$

而利率的标准差为

$$1\% \times \sqrt{1/12} = 0.2887\%$$

对于有共同结点的利率树图而言,为了满足利率期望值与标准差,需要有

$$p \times r_{uu} + (1-p) \times 4.0525\% = 4.3405\%$$

$$\sqrt{p \times (r_{uu} - 4.3405\%)^2 + (1-p) \times (4.0525\% - 4.3405\%)^2} = 0.2887\%$$

解这两个方程,得到

$$p = 0.4986$$
$$r_{uu} = 4.6300\%$$

同理,可以求得q和r_{dd}。

从利率3.7376%这一点出发,利率的期望值为

$$3.7376\% + 0.03 \times (14.533\% - 3.7376\%) \times \frac{1}{12}$$

$$= 3.7646\%$$

而利率的标准差为

$$1\% \times \sqrt{1/12} = 0.2887\%$$

建立方程组

$$q \times 4.0525\% + (1 - q) \times r_{dd} = 3.7646\%$$

$$\sqrt{q \times (4.0525\% - 3.7646\%)^2 + (1 - q) \times (r_{dd} - 3.7646\%)^2} = 0.2887\%$$

解这两个方程,得到

$$q = 0.5012$$

$$r_{uu} = 3.4752\%$$

新的利率树图如图 7-25 所示。

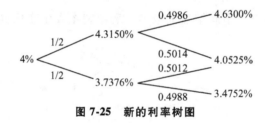

图 7-25 新的利率树图

同理,在时点 3,在中心点,利率的期望值为

$$4.0525\% + 0.03 \times (14.533\% - 4.0525\%) \times \frac{1}{12}$$

$$= 4.0787\%$$

标准差还是 0.2887%,因此,中间点的利率分别为 4.3675% 和 3.7901%,上升与下降的概率均是 50%,可以满足 Vasicek 模型的利率变化过程。在其他结点,可以按照上述的办法,得到利率数值与对应的概率,如图 7-26 所示。

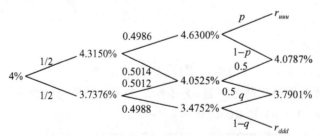

图 7-26 其他结点的利率数值与对应的概率

(二) Vasicek 模型的应用

1990 年,丹尼尔·B. 纳尔逊(Daniel B. Nelson)和克里希那·拉马斯瓦米(Krishna Ramaswamy)发表论文,对 Vasicek 模型的近似求法进行了证明。[1] 沃顿商学院的教授迈

---

[1] 这里所述生成二项式树图方法的数学证明,可以参见 Daniel B. Nelson and Krishna Ramaswamy, "Simple Binomial Processes Diffusion Approximation in Financial Models", *Review of Financial Studies*, 3(3), 1990, pp.393-430。

克尔·R. 吉本斯（Michael R. Gibbons）在他的"固定收益证券"（Fixed Income Securities）课件中，在纳尔逊和拉马斯瓦米论文结论的基础上给出了 Vasicek 模型的改进形式。① 本书作者的数学功底不够，无法证明这一改进过程。本书在此借用迈克尔·R. 吉本斯教授的结论。读者可以从中领会 Vasicek 模型的实际应用价值。

改进后的 Vasicek 模型如图 7-27 所示。

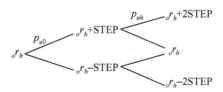

图 7-27　改进后的 Vasicek 模型

在本模型中，二项式树图中利率每次上升与下降的幅度都是相同的，而不相同的却是上升与下降的概率。在前面介绍的 Ho-Lee 模型、所罗门兄弟模型以及 BDT 模型中，利率上升与下降的概率都定为 50%。改进后的 Vasicek 模型则不同。Vasicek 模型的参数是这样计算的：

假设 T 为预测期总长度，h 为预测的单位时间长度，t 为时间点，短期利率的长期均值为 θ，均值反转的速度为 k，利率年波动率为 σ。把利率上升或下降的幅度定义为 STEP。那么

$$\text{STEP} = \sigma\sqrt{-2\ln k} \times \sqrt{h} \tag{7-17}$$

把利率上升的概率定义为 q_{ut}，那么 $1-q_{ut}$ 为利率下降的概率。q_{ut} 的取值为

$$q_{ut} = q_{ut}^*, \quad \text{如果 } 0 \leq q_{ut}^* \leq 1$$
$$q_{ut} = 1, \quad \text{如果 } q_{ut}^* > 1$$
$$q_{ut} = 0, \quad \text{如果 } q_{ut}^* < 0$$

q_{ut}^* 的取值为

$$q_{ut}^* = \frac{1}{2} + \frac{(\theta - {}_t r_{t+h})\sqrt{h}\sqrt{-\ln k}}{\sigma\sqrt{8}} \tag{7-18}$$

在整个树图中，利率上升或下降的概率是不同的，q_{ut}^* 是利率的函数。

如果有了二项式树图中的参数 θ（趋势变量）、σ（利率标准差）、k（均值回归程度），我们就可以预测短期利率。如果已经有了关于短期利率的预测值，我们也可以验证短期利率预测的合理性。如果有了对短期利率的预测值，我们还可以给 θ、σ、k 赋值，并使得所赋的数值与预测的短期利率相一致。

假定现在为时点 0，为了计算从 h 到 $2h$ 时段的短期利率的期望值，有下面简单的公式：

$$E({}_h r_{2h}) = q_{u0}[{}_0 r_{0+h} + \text{STEP}] + (1-q_{u0})[{}_0 r_{0+h} - \text{STEP}]$$
$$= q_{u0} \cdot {}_0 r_{0+h} + q_{u0} \cdot \text{STEP} + {}_0 r_{0+h} - \text{STEP} - q_{u0} \cdot {}_0 r_{0+h} + q_{u0} \cdot \text{STEP}$$

---

① Michael R. Gibbons, "Fixed Income Securities", MBA Bulkpack, Wharton School, 1998.

$$= {}_0r_{0+h} + \text{STEP}(2q_{u0} - 1)$$

将 STEP 和 q_{u0} 的表达式代入,得到

$$E({}_hr_{2h}) = -\theta[h\ln(k)] + {}_0r_{0+h}[1 + h\ln(k)]$$

当 h 趋近于 0 时,$[1+h\ln(\phi)]$ 趋近于 k^h。

因此

$$E({}_hr_{2h}) = \theta[1 - k^h] + {}_0r_{0+h} \cdot k^h$$

当已知时点 0 的短期利率、利率的长期趋势 θ 和均值回归程度 k 时,我们就可以计算未来短期利率的期望值。在时点 0,要计算标准差,我们需要知道期望值。而在 h 非常短的情况下,从 h 到 $2h$ 时段的短期利率的期望值非常接近 ${}_0r_{0+h}$,理由是 $\phi^h \approx 1$。

因此

$$E[({}_hr_{2h} - {}_0r_{0+h})^2] = q_{u0}(\text{STEP})^2 + (1 - q_{u0})(\text{STEP})^2$$
$$= (\text{STEP})^2$$

所以,预测值的标准差为 STEP。

例 7-6 今天的时点为 0,1 年期利率为 12%,假定 $\theta = 12\%$,$h = 1$ 年,$\sigma = 0.02$,$k = 0.6065307$。请刻画出未来的利率树图。

$$\text{STEP} = \sigma\sqrt{-2\ln k} \times \sqrt{h}$$
$$= 0.02\sqrt{-2\ln(0.6065307)}$$
$$= 0.02$$

$$q_{ut}^* = \frac{1}{2} + \frac{(\theta - {}_tr_{t+h})\sqrt{h}\sqrt{-\ln k}}{\sigma\sqrt{8}}$$
$$= \frac{1}{2} + \frac{(0.12 - {}_tr_{t+h})\sqrt{-\ln(0.6065307)}}{0.02\sqrt{8}}$$
$$= \frac{1}{2} + 12.5 \times (0.12 - {}_tr_{t+h})$$

利率树图为

？ 习题

一、思考题

1. 传统的利率期限结构理论有哪几种?这些理论之间是什么关系?
2. 请用市场分割理论解释我国的短期利率与长期利率的差别。
3. 请利用某一天的数据,来刻画我国的到期收益率曲线(银行间或交易所市场),并尽量解释到期收益率曲线生成的主要因素有哪些。

4. 请利用间隔 1 年的数据,来刻画我国的到期收益率曲线(银行间或交易所市场),并尽量解释到期收益率曲线发生了怎样的变化,主要原因是什么。

5. 构建二项式模型为什么要依据即期利率曲线?

6. 现代利率期限结构理论的主要发展脉络是怎样的?

二、计算题

1. 假定债券的面值都是 100 元。1 年期零息债券今天的价格是 96 元,2 年期零息债券今天的价格是 90 元,2 年期零息债券 1 年后的价格有可能是 93 元或 97 元。投资者有针对 2 年期零息债券的认购选择权,执行日是 1 年后,执行价格是 94 元。在二项式树图中,我们不知道利率上升与下降的状态概率。能否根据上述信息求出认购选择权今天的价格?请根据得出的认购选择权今天的价格,推导出状态概率。

2. 假定短期利率以年为基准发生变化,即期利率为 6%,并且通过对年度利率波动的计算,得到利率的年标准差为 0.5%。2 年期零息债券的市场价格为 88.75 元,3 年期零息债券的市场价格为 83.34 元,根据 Ho-Lee 模型画出利率波动树图。

21世纪经济与管理规划教材
金融学系列

第八章

含权证券的价值分析

- 期权的特点
- Black-Scholes 模型在含权证券定价中的问题
- 二项式模型与无风险定价
- 二项式模型与含权证券定价
- 可转换债券的定价

本书第一章阐述了固定收益证券的种类与创新规律,其基本结论是,为了避免投资者和证券发行人的各种风险,固定收益证券在利率支付方式、期限、信用提升、流动性提升等多个方面有所创新。含权证券是固定收益证券创新中的重要内容。

非含权证券的价值评估相对简单,而含权证券的价值评估比较困难。上一章阐述的利率期限结构理论对于评估含权证券有很大的帮助。本章首先介绍含权证券中各种期权的特点;其次,说明在股票期权定价中非常普遍的 Black-Scholes 模型在评估固定收益证券期权中的问题;再次,阐述利用二项式模型评估固定收益证券各种期权的方法;最后,介绍可转换债券定价中的相关问题。

第一节 期权的特点

本书第一章介绍了固定收益证券的各种期权,这里不再赘述。概括地讲,固定收益证券的选择权有三种:认购选择权、回卖选择权、可转换选择权。关于可转换选择权,本章介绍可转换债券时,会深入讨论。本节和第二节主要介绍认购期权与回卖期权。

一、期权的基本概念

期权,即选择权,是指到期可以这么做也可以那么做的权利。期权主要分为两种:认购选择权和回卖选择权。

认购选择权(Call Option):是一份法律合约,它给予期权的持有者在给定的时点,或者该时点之前的任意时刻,按事先规定的价格购买一定数量证券的权利。

回卖选择权(Put Option):是一份法律合约,它给予期权的持有者在给定的时点,或者该时点之前的任意时刻,按事先规定的价格卖出一定数量证券的权利。

施权价、执行价(Exercise Price or Striking Price):合约中规定的购入证券或卖出证券的价格。

到期日(Maturating Date):合约中规定的最后有效日。

标的资产(Underlying Asset):期权所针对的资产。

期权费(Premium):买卖双方购买或出售期权的价格。

欧式期权(European Option):执行日为一个时点的期权。

美式期权(American Option):执行日为一个时段的期权。

期权出售者(Option Writer):发行(Issue)或者出售(Sell)期权的人,处于空头地位(Short Position)。

期权购买者(Option Buyer):支付费用,购买期权的人。

例 8-1 一个简单的期权合约如下:

我,张三,同意在 2020 年 5 月 15 日,或者该日之前,卖一张期限为 10 年的零息债券。我清楚,我的对方李四,有购买这张债券的选择权。我同意,这些债券的价格共计 39 万元,其面值共计 100 万元。

期权的卖者:张三(签名)

对方：李四（签名）

二、期权的内在价值

（一）认购选择权

施权价为 K，标的资产的市场价格为 S，在执行日期权的价格为 P_c，则

$$P_c = \begin{cases} S - K & S > K \\ 0 & S \leq K \end{cases}$$

或者

$$P_c = \text{Max}(S - K, 0) \tag{8-1}$$

认购选择权的收入、利润与标的资产价格之间的关系，如图 8-1 和图 8-2 所示。

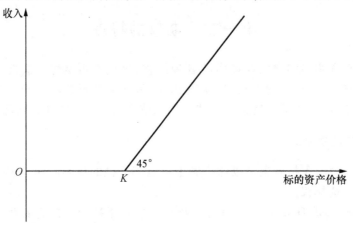

图 8-1　不考虑期权费时，认购选择权的利润与标的资产价格的关系

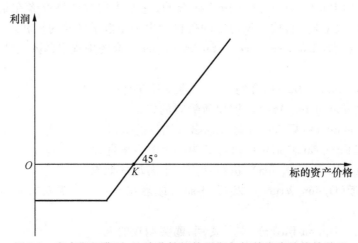

图 8-2　考虑期权费时，认购选择权的利润与标的资产价格的关系

例 8-2　某债券的欧式认购选择权，到期日为 12 月 31 日，施权价 $K=100$ 元。如果债券的市场价格为 120 元，那么持有者施权，即按照每张 100 元的价格购买，然后按照 120 元的价格卖出，获利 20 元（$S-K=120-100$）。如果到期日的市场价格为 80 元，持有者放

弃权利,其获利为 0。

(二) 回卖选择权

施权价为 K,标的资产的市场价格为 S,在执行日期权的价格为 P_p,则

$$P_p = \begin{cases} K - S & K > S \\ 0 & K \leq S \end{cases}$$

或者

$$P_p = \text{Max}(K - S, 0) \tag{8-2}$$

回卖选择权的收入、利润与标的资产价格之间的关系,如图 8-3 和图 8-4 所示。

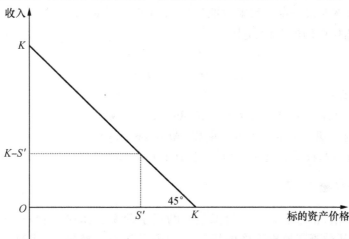

图 8-3 不考虑期权费时,回卖选择权的收入与标的资产价格的关系

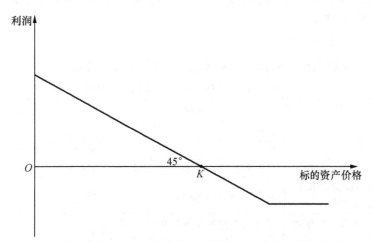

图 8-4 考虑期权费时,回卖选择权的利润与标的资产价格的关系

例 8-3 某债券的美式回卖选择权,到期日为 12 月 31 日,施权价 $K = 100$ 元。由于在 12 月 31 日之前的任何一刻,都可以施权,我们假定在 12 月 20 日该债券的价格为 90 元,那么在 20 日期权持有者施权,即按照每张债券 100 元的价格卖出,然后按照 90 元的价格从市场买入,从而获利 10 元 ($K-S = 100-90$)。如果在 12 月 21 日股票的市场价格为 105 元,那么,期权持有者的收益为 0,因为他不会施权,即他不会按照 100 元的价格卖出,而

会按照市场价格 105 元的价格卖出。

（三）实值期权、虚值期权、点上期权

由于认购选择权的内在价值为

$$P_c = \begin{cases} S - K & S > K \\ 0 & S \leq K \end{cases}$$

因此,有以下定义:

若 $S>K$,则该期权被定义为实值期权(In-the-money);
若 $S=K$,则该期权被定义为点上期权(At-the-money);
若 $S<K$,则该期权被定义为虚值期权(Out-of-the-money)。

由于回卖选择权的内在价值为

$$P_p = \begin{cases} K - S & K > S \\ 0 & K \leq S \end{cases}$$

因此,有以下定义:

若 $S<K$,则该期权被定义为实值期权(In-the-money);
若 $S=K$,则该期权被定义为点上期权(At-the-money);
若 $S>K$,则该期权被定义为虚值期权(Out-of-the-money)。

三、期权与保险

购买一份期权,相当于买了一份保险。购买了回卖选择权,相当于购买了一份定期保险单,防止了某种资产价格下降的风险。购买了认购选择权,也相当于购买了一份定期保险单,防止了某种资产价格上涨的风险。以回卖期权为例,期权与保险单的相同与不同之处在于以下方面。

（一）二者的相同之处

回卖选择权与保险单的相同之处有很多,具体如表 8-1 所示。

表 8-1　回卖选择权与保险单的相同之处

	一般情况	举例
被保险的资产	债券	2 年期零息债券,面值为 100 元
资产的现价	B	89 元
保险单的期限	在回卖选择权到期前的时间 $T-t$	120 天
最大保险赔偿或保险单面值（保险公司的最大损失）	回卖选择权的施权价 X	88 元
被保险者的最大损失（投保者自己支付的金额）	债券当期价格与施权价之差($B-X$)	1 元(89-88)
保险费	每份债券的回卖选择权的价格 P_p	75 元

很明显,被保险的债券价格波动性越大,回卖选择权的价格就越高。

（二）二者的不同之处

当然,回卖选择权与保险单也存在一定的差别,具体表现在:

第一，回卖选择权也许有负的免赔额。例如，债券今天的价格为90元，但期权合约规定，期权拥有者可以按照95元的价格卖给期权的出售者。而普通的保险不会出现这样的情形。

第二，回卖选择权的购买者不一定拥有该标的物（被保的财产）。而保险中，保单拥有者一定拥有该财产。

第三，回卖选择权一般都有活跃的二级市场，而保险单的流动性很差。

四、认购选择权与回卖选择权的平价关系

（一）平价关系与一般论证

认购选择权与回卖选择权之间有以下平价关系（Call-Put Parity）：

$$C = P + B - \frac{K}{(1+i)^T} - D \tag{8-3}$$

其中，

C 为认购选择权的期权费（Call Premium）；

P 为回卖选择权的期权费（Put Premium）；

i 为年利率；

B 为债券的价格；

K 为两种期权共同的施权价；

T 为至到期日的时间（年）；

D 为利息的现值。

本书给予一般性论证后，再给予几何解释和例证。

一般论证如下：

在今天（$t=0$），你买入欧式认购选择权，卖出欧式回卖选择权，卖空债券，按照 i 的利率借出资金。借出资金的规模为施权价的现值 $\left[\frac{K}{(1+i)^T}\right]$ 以及利息的现值 D。

这一系列交易的现金流量的净值为

$$-C + P + B - \frac{K}{(1+i)^T} - D$$

因为都是欧式期权，所以不必关心到期之前的施权问题，只要关心到期日的净现金流量即可。我们可以计算在期权到期日你的净现金流量为0，如表8-2所示。

表 8-2 认购选择权与回卖选择权的平价关系证明

到期日股价	$B_T \leq K$	$B_T > K$
买入欧式认购选择权	0	$B_T - K$
卖出欧式回卖选择权	$-(K - B_T)$	0
卖空债券	$-B_T - D(1+i)^T$	$-B_T - D(1+i)^T$
贷款回收1	K	K
贷款回收2	$D(1+i)^T$	$D(1+i)^T$
合计	0	0

既然期末的净现金流量为0,那么期初的净现金流量也一定为0。否则,就会出现"空手套白狼"的机会。

因此,

$$-C + P + B - \frac{K}{(1+i)^T} - D = 0$$

$$C = P + B - \frac{K}{(1+i)^T} - D \qquad \text{[也就是公式(8-3)]}$$

如果没有利息支付,那么

$$C = P + B - \frac{K}{(1+i)^T} \tag{8-4}$$

(二)解释

也就是说,一个多头的认购选择权(Long Call Option),相当于一个多头债券(买入债券)加上保险(持有多头的回卖选择权),再加上借入资金,使得投资于认购选择权与投资于回卖选择权以及债券的资金相等。也就是说,买一个认购选择权,相当于买债券,借入资金,再买保险。借入多少资金呢?答案是,借入资金的期末价值为 K。

(三)举例

我们可以通过举例说明,买一个认购选择权,相当于买债券,借入资金,再买保险,如表8-3所示。

表8-3 认购选择权举例   单位:元

	到期日价值		
	50	80	90
买认购选择权,$K=80$	0	0	10
(1)买债券	50	80	90
(2)借入 PV(80)	-80	-80	-80
(3)买回卖选择权,$K=80$	30	0	0
合计	0	0	10

(四)图形解释

买一个认购选择权,相当于买债券,借入资金,再买保险,也可以用图形来说明,如图8-5、图8-6、图8-7、图8-8所示。

因此,认购选择权的当期价值=债券的当期价值+回卖选择权的当期价值-施权价的现值。

五、关于提前施权问题的分析

(一)认购选择权的提前施权

1. 对于不会支付利息或股息的认购选择权而言,投资者不应该提前施权

理由如下:

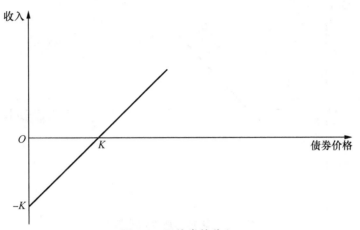

图 8-5 买债券的收入

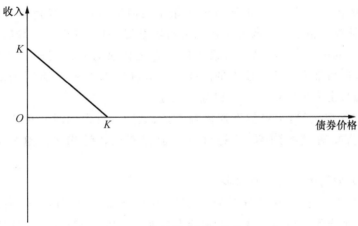

图 8-6 买回卖选择权的收入

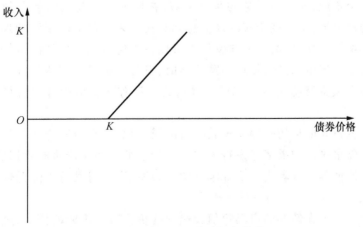

图 8-7 买债券与买回卖选择权的收入

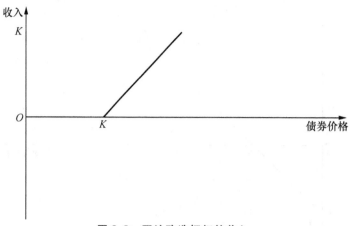

图 8-8 买认购选择权的收入

第一，提前施权，表明自动地、没有补偿地取消了保险，而保险费用已经提前支付了。尽管标的证券的价格可能变化，选择权的价格也会波动，但选择权持有者的收益与损失是不对称的。证券价格上涨的收益全部由持有者获得，而证券价格下跌的损失由选择权持有者承担很小的一部分，其损失的最大值就是选择权的购买费用。这种不对称的性质，表明选择权向后推迟一般是值得的。如果立即执行选择权，那么对未来的变化，持有者就失去了控制，也失去了获得更大利益的机会。

第二，提前施权，相当于贷款到期之前偿还，放弃了货币的时间价值。不提前施权，并不意味着一直持有期权到期，而是可以提前把期权转让出去。这样获得的利益会更大。

债券发行人如何决定是否回购呢？

同上面的分析一样，站在发行人的立场上，在偿还日之前回购债券所带来的不利之处：一是相当于舍弃了日后改变主意的机会和权利，这相当于没有折扣地取消了保险，而保险费是早就支付了的；二是回购债券，放弃了相当于回购价格的货币的时间价值。

从另外一个角度，即公司财务的角度来看，在偿还日之前回购债券的好处是未来会支付比较少的现金流，这些现金流的现值总和会比原来支付的现金流的现值要低。与可以交易的债券期权一样，可回购债券发行人可以一直凭借这一债券的市场价值来决定是否采取回购措施。当市场价值接近回购价格时，发行人更可能回购债券。但由于某些有回购性质的债券缺少流动性，或者交易清淡，甚至没有交易场所，因此，很难观测到其市场价值。

如果一个发行人的目的是要实现其权益的最大化，那么他就应该将其发行的债券的价值控制在最低水平。如果债券发行人在市场价值低于回购价格时就回购债券，那么就相当于发行人向债券投资者支付了资本利得。很明显，这对发行人降低债券的市场价值是不利的。

如果一个发行人在债券的市场价值超过回购价格时还不回购债券，这也不是降低其债券市场价值的途径，因为当市场价值等于回购价格时回购债券，就会迫使其现有债券的价值降到一个较低的水平上。因此，只要可回购债券的市场价值超过回购价格，发行人就应该回购。

2. 对于支付利息或股息的认购选择权而言,也许会鼓励人们提前施权

例 8-4 有一个锁着的盒子,里面不知道装了多少钱,盒子要到 12 月 31 日 11 点才能打开,并且公之于众。你有一纸合约,表明你有权在 12 月 31 日 12 点前的任何时间购买这个盒子,购买价为 50 元。也就是说,你有一个美式期权。你想购买这个盒子吗? 答案是:不!

第一,什么时候支付这 50 元对你最有利? 当然是越晚越好,因为提前拥有这个盒子没有比在 12 月 31 日才拥有这个盒子多什么收益。你只要等就行了。

第二,11 点之后购买这个盒子有很多收益。如果在 11 点打开这个盒子,发现里面有 60 元,你就可以施权购买这个盒子,获利 10 元;如果发现盒子里面少于 50 元,你则一走了之。

如果之前有一位乐观者说,他愿意以 100 万元的价格买这个盒子,因为他认为里面至少有 100 万元。那么,你施权后占有这个盒子,然后按 100 万元的价格卖给那位先生,你就赚了 999 950 元。你当然可以这么做,但其实还有更好的办法。可以把这个期权卖给那位先生,他愿意花 100 万元占有这个盒子,那他愿意花多少钱买这个认购选择权呢? 他愿意以多于 999 950 元的钱买。因为如果盒子里面只有 5 元(11 点之后发现),但他已经买下了这个盒子,那么他的损失就是 999 995 元。不过他可以推迟支付这 50 元。如果盒子里面只有 5 元(11 点之后发现),他就不必买它,也就可以少损失这些钱。因此卖认购选择权给他更好。

(二) 回卖选择权的提前施权

回卖选择权的提前施权,从时间价值的角度来看,是可以的。

六、期权定价的相关因素

(一) 与标的资产相关的因素

(1) 当期价格。认购选择权的价格与当期价格呈递增函数关系,回卖选择权的价格与当期价格呈递减函数关系。

(2) 方差。方差越大,风险越高,期权的价值越高。

(3) 红利与利息。认购选择权的价格与之呈递减函数关系,因为支付后会使价格下降。回卖选择权的价格与之呈递增函数关系,因为价格下降,回卖选择权的价值上升。

(二) 与期权合约相关的因素

(1) 执行价格。对认购选择权而言,执行价格上升,价格下降。对回卖选择权而言,执行价格上升,价格上升。

(2) 距离到期日的长短。对于美式期权而言,期限越长,夜长梦多,期权价格越高。而对于欧式期权而言,期限的长短与期权价格的关系难以有定论。

(三) 与金融市场的关系

市场利率。市场利率决定机会成本。对于认购选择权而言,利率上升,机会成本

上升，买入价格的现值下降，认购选择权的价格上升。对于回卖选择权而言，关键是卖出价格。市场利率上升，施权价格下降，回卖选择权的价格下降。我们可以把影响期权价格的因素做个总结，如表 8-4 所示。

表 8-4　期权价格的影响因素与影响方向

因素	对价格的影响	
	认购选择权	回卖选择权
证券价格上升	上升	下降
执行价格上升	下降	上升
方差增大	上升	上升
期限延长	上升	上升
利率上升	上升	下降
红利和利息增加	下降	上升

第二节　Black-Scholes 模型在含权证券定价中的问题

一、Black-Scholes 模型的假定与固定收益证券的特点

在股票期权定价中，有著名的 Black-Scholes 模型（布莱克-斯克尔斯模型），其定价公式为

$$C = SN(d_1) - Ke^{-rT}N(d_2) \tag{8-5}$$

其中，

$$d_1 = \frac{\ln(S/K) + (r + \sigma^2/2)T}{\sigma\sqrt{T}} \tag{8-6}$$

$$d_2 = d_1 - \sigma\sqrt{T} \tag{8-7}$$

C 为买入期权价格；
S 为标的股票当前的市价；
K 为买入期权施权价；
T 为距到期日的时间；
r 为无风险利率；
σ 为股价变动标准差。

该模型是针对股票期权的。在用该模型给基于固定收益证券的选择权定价时，会存在问题。

例 8-5　投资者拥有针对 3 年期零息债券的认购选择权。债券面值为 100 元，施权价为 110 元。当期短期利率为 10%，该债券价格的年波动率为 4%。问：该认购选择权的价值是多少？

很明显，该债券的价格永远也不会超过 100 元，除非利率为负，但利率为负是不可能的。投资者按照 110 元的价格购买该债券的选择权，将没有价值。因此，该选择权的价

值为 0。但用 Black-Scholes 模型计算出来的价格为 7.78 元!

用 Black-Scholes 模型给基于固定收益证券的选择权定价,有什么问题呢? 主要有以下三个方面的问题:

第一,Black-Scholes 模型假定证券价格在一定的概率下可以高到任何水平。但债券有最高价,如果想让价格再升高,除非市场利率为负,但这是不现实的。

第二,Black-Scholes 模型假定存在着无风险利率,而且无风险利率不变。但在债券市场中,利率风险非常高。本书围绕的核心也是利率风险。

第三,Black-Scholes 模型假定价格波动率不变。但债券价格的波动率与偿还期的长短有很大的关系,在接近偿还期时,价格风险降低。

正因为使用 Black-Scholes 模型存在着以上问题,所以在给含权固定收益证券定价时,很少直接使用这一模型。

二、Black 模型与含权证券定价

尽管存在着以上问题,Black-Scholes 模型的变形,叫作 Black 模型(布莱克模型),也还经常被使用,条件如下:

第一,期权的盈亏在某一特定时点只依赖于一个变量;

第二,可以假定在该时点上,该变量的分布呈对数正态分布。

例如,当期权有效的时间远远短于债券偿还期时,就可以利用 Black 模型,具体公式为

$$P_c = e^{-rT}[FN(d_1) - KN(d_2)] \quad (8\text{-}8)$$

$$P_p = e^{-rT}[KN(-d_2) - FN(-d_1)] \quad (8\text{-}9)$$

$$d_1 = \frac{\ln(F/K) + \sigma^2 T/2}{\sigma\sqrt{T}} \quad (8\text{-}10)$$

$$d_2 = d_1 - \sigma\sqrt{T} \quad (8\text{-}11)$$

其中,

F 为到期日为 T 且价值为 V 的远期价格;

P_c 为认购选择权的价格;

P_p 为回卖选择权的价格。

例 8-6 给 10 个月期的欧式期权定价:标的债券的期限为 9.75 年,面值为 1 000 元,半年的利息为 50 元(在 3 个月后和 9 个月后得到)。已知:今天债券的价格为 960 元(包括应计利息);执行价格为 1 000 元;3 个月的无风险利率为 9%,9 个月的无风险利率为 9.5%,10 个月的无风险利率为 10%(以年为基础,连续计算利率),债券价格的波动率为年 9%。

解答: 由于

$$P_0 = 960 = 50 \cdot e^{-0.09(0.25)} + 50 \cdot e^{-0.095(0.75)} + F \cdot e^{-0.1(0.8333)}$$

因此

$$F = 939.68$$

计算期权价格的参数为

$$F = 939.68$$
$$K = 1\,000$$
$$r = 0.1$$
$$\sigma = 0.09$$
$$T = 10/12 = 0.8333$$

则

$$d_1 = \frac{\ln(939.68/1\,000) + 0.09^2 \times 0.8333/2}{0.09\sqrt{0.8333}}$$

$$d_2 = d_1 - 0.09\sqrt{0.8333}$$

$$P_c = e^{-0.1 \times 0.8333}[939.68 N(d_1) - 1\,000 N(d_2)]$$

$$= 9.49$$

第三节 二项式模型与无风险定价[①]

一、均衡定价模型[②]

均衡定价模型以零息债券为分析对象,把当期时间定义为 0,状态 $i = 1, 2, \cdots, s$,代表不确定性。时点 0 的状态是已知的,而未来的状态是未知的。

一个零息债券的价格通常是当期时间、偿还期 T、当期状态 $\bar{i}$ 的函数。一个零息债券在时点 0 和状态 $\bar{i}$ 情形下的价格期限结构,就是随着期限 T 的增加而改变的 $P(0, T, \bar{i})$ 的形状。

如果一个债券在时点 1 到期,那么在时点 1 该债券的价格就是确定的,一定为面值,比如 100 元。在时点 0 和状态 $i = \bar{i}$ 时,该债券的价格为

$$P(0, 1, \bar{i}) = \frac{100}{R(0, 1, \bar{i})}$$

$R(0, T, \bar{i})$ 为 1 期的无风险收益(含本金),因为投资者在时点 0 按 $P(0, T, \bar{i})$ 的价格购买零息债券,1 年后,他可以确定地获得 100 元。这一收益为无风险收益。如果零息债券在时点 2 或以后年限到期,尽管这些债券在偿还时有确定的 100 元收益,但在时点 1 的价格却是不确定的,因为时点 1 的状态是不确定的,因而未来市场利率和债券价格都是不确定的。举例来说,一个 3 年期的零息债券,在时点 1 就变成了 2 年期的债券,此时债券的价格取决于当时的状态。在时点 2,该债券就变成了 1 年期的债券,此时债券的价格又取决于该时点的利率状态。

[①] 本节参考了姚长辉,"住房抵押贷款支持证券(MBS)在中国的创新研究",北京大学博士论文,2000 年。
[②] 参见 Terry A. Marsh, "Term Structure of Interest Rates and the Pricing of Fixed Income Claims and Bonds", chapter 9 in *Operations Research and Management Science*, North-Holland, 1998。

当时点 1 债券的价格不确定时,如何确定时点 0 时的价格呢?在资产定价的均衡模型中,债券被认为是投资者投资组合中的一种资产。在标准的分析中,一般的投资者在进行消费和资产选择决策时,是为了使在时点 0 和状态 $\bar{i}$ 情形下所获得的期望效用 $U[C(0,\bar{i})]$(可分、可加)的总和达到最大。对于任一时点 t 而言,投资者进行决策是要使在时点 t 和状态 i 的情形下所获得的期望效用的总和达到最大。实现效用最大化的一个必要条件是,投资者在时点 t 出售边际数额资产而被迫放弃未来消费,致使日后满足程度下降,必须与在时点 t 进行那么多消费所产生的边际效用相等。假定在时点 t 投资者出售的资产是偿还期为 T 的零息债券,出售价格为 $P(t,T,\bar{i})$,进行这些消费给投资者带来满足的增加,为

$$P(t,T,\bar{i})U_C[C(t,\bar{i})]$$

其中,$U_C[C(t,\bar{i})]$ 为效用函数对消费的一阶导数。

而在时点 $t+1$ 出售这一债券所带来的边际效用的损失,是时点 $t+1$ 不确定收益的期望值 $P(t+1,T,i)$ 乘以在时点 $t+1$ 进行这些消费所带来的边际效用 $U_C[C(t+1,i)]$。如果 $P(t+1,T,i)$ 是均衡价格,那么期望损失应该等于期望收益,即

$$P(t,T,\bar{i}) \cdot U_C[C(t,\bar{i})] = \sum_{i=1}^{s} \theta_i P(t+1,T,i) U_C[C(t+1,i)] \tag{8-12}$$

其中,θ_i 为时点 $t+1$ 状态 i 出现的概率。

公式(8-12)就是著名的 Euler 方程(欧拉方程)。

如果定义

$$m_i(t,t+1,\bar{i}) \equiv U_C[C(t+1,i)]/U_C[C(t,\bar{i})] \tag{8-13}$$

即 m_i 是从边际的角度来表示的时点 t 状态 $\bar{i}$ 情形下消费与时点 $t+1$ 不确定状态 $\bar{i}=1,2,\cdots,s$ 下消费的平衡,那么有

$$P(t,T,i=\bar{i}) = \sum_{i=1}^{s} \theta_i [m_1(t,t+1,\bar{i})P(t+1,T,i)] \tag{8-14}$$

Euler 方程在时点 t 与未来任意时刻都要成立,即不仅在 t 与 $t+1$ 期间要成立,而且在时点 t 与每种零息债券偿还期 T 期间也要成立,因此

$$P(t,T,\bar{i}) = 100 \sum_{i=1}^{s} \theta_i m_i = \frac{100}{[R(t,T,\bar{i})]^{T-t}} \tag{8-15}$$

其中,$R(t,T,\bar{i})$ 为零息债券的到期收益率加上 1。

Euler 方程是个人求得一生消费的预期效用达到最大的必要条件。Euler 方程忽略了影响投资决策的很多重要因素,这些因素包括交易成本、破产、融资限制、效用函数的不可加性等。但单期资本资产定价模型、多期资本资产定价模型、套利定价模型等都源于 Euler 方程,因此债券定价也与上述定价模型相一致。斯蒂芬·F. 勒罗伊(Stephen F. LeRoy)[1]与道格拉斯·T. 布里顿(Douglas T. Breeden)[2]专门研究了 Euler 方程对债券定

---

[1] Stephen F. LeRoy, "Risk-aversion, and the Term Structure of Real Interest Rates", *Economist Letters*, 10(3-4), 1982, pp.355-361.

[2] Douglas T. Breeden, "Consumption, Production, Inflation and Interest Rates: A Synthesis", *Journal of Financial Economics*, 16(1), 1986, pp.3-39.

二、无风险套利定价模型

由于单期无风险收益率 $R(t,\bar{i})$ 是已知的常数,因此时点 t 的债券定价模型可以写成

$$P(t,T,i=\bar{i}) = \frac{1}{R(t,\bar{i})} \sum_{i=1}^{s} \theta_i [m_i R(t,\bar{i}) P(t+1,T,i)] \tag{8-16}$$

如果不存在套利机会,那么上式可以写成[①]

$$P(t,T,i=\bar{i}) = \frac{\sum_{i=1}^{s} \phi_{ii} P[t+1,T,i]}{R(t,\bar{i})} \tag{8-17}$$

$$\sum \phi_i = 1$$

其中,ϕ_i 为有效概率,也称为风险中立(Risk Neutral)概率。

这一公式不难理解,只要将前面的公式变换一下,即

$$E[P(t+1,T,i)] = P(t,T,\bar{i}) R(t,\bar{i}) \tag{8-18}$$

其中,$E[\ ]$ 是对 1 年后债券价格 $P(t+1,T,i)$ 的预期,使用的是风险中立概率 ϕ_i。

这说明,如果投资者是风险中立的,则 1 年后,零息债券相对于今天而言的价格上升幅度,刚好为无风险收益率。由于 ϕ_i 是非负的,总和为 1,因此,不存在套利机会,并且存在一个线性定价算子,可以用于评估资产价值。

上述理论问题被解决后,人们可以利用公式(8-17)来对固定收益证券进行估价,前提是人们都是风险中立者,并且市场上不存在套利机会。

假定只存在一个状态变量影响债券价格的变动。这一状态变量就是单期利率。在这种情况下,2 年期零息债券价格的不确定性可以用一个投资组合来表示,其中包括 3 年期零息债券和按无风险利率借入或借出资金。3 年期债券的持有份额取决于该 3 年期债券的价格相对于 2 年期债券价格的敏感性,而造成债券价格波动的因素仅仅是利率。用 3 年期债券和 1 年期债券构造一个 2 年期债券,是用二项式模型估算固定收益证券价值的最精华之处。这与用标的股票和无风险借贷来复制股票期权的道理是一样的。

假定现在时点为 0;2 年期债券的价格为 $P(0,2,i=\bar{i})$,简化为 A;3 年期债券的价格为 $P(0,3,i=\bar{i})$,简化为 B;无风险毛收益率为 R。再假定在时点 1,利率进而债券价格会移动到两种状态中的一个,即利率或者上升到 R_u,或者下降到 R_d。2 年期和 3 年期债券价格则分别下降到 A_d 和 B_d,或者分别上升到 A_u 和 B_u。3 年期债券价格变化的区间为 $(B_u-B_d)/B$,2 年期债券价格变化的区间为 $(A_u-A_d)/A$。用树图来表示单期利率以及 2 年期、3 年期债券价格的变化,分别如图 8-9、图 8-10、图 8-11 所示。

[①] Stephen A. Ross, "A Simple Approach to the Valuation of Risky Streams", *Journal of Business*, 51(3), 1978, pp.453-475.

第八章 含权证券的价值分析

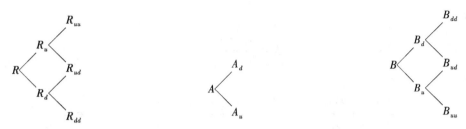

图 8-9 单期利率变化　　图 8-10 2 年期债券价格变化　　图 8-11 3 年期债券价格变化

对于 2 年期债券 A 来讲,在时点 1 就变成了 1 年期债券,因此在时点 2 的价格是确定的,为到期面值。而对于 3 年期债券 B 来讲,价格在时点 1 和时点 2 都是不确定的,价格上升与下降完全依赖于当时的利率变化。在时点 2,3 年期债券变成了 1 年期债券,而 1 年期债券在期末的价值是确定的。在二项式模型中,利率变化以及债券价格变化都被假定为路径独立的,即对于 3 年期债券 B 而言,在时点 2 的价格与利率先涨后跌或者先跌后涨没有关系。路径独立意味着债券价格的波动性与价格水平无关。

只要影响各期零息债券价格变化的因素仅利率一个,那么在时点 1,2 年期债券 A 的价值可以被一个组合复制出来,该组合包含了在时点 0 购买 3 年期债券 B 并按无风险利率借入资金。假设购买 3 年期债券的数量为 Δ,借入资金的数量为 C,那么有

$$\Delta \cdot B_U + R \cdot C = A_U$$
$$\Delta \cdot B_d + R \cdot C = A_d \tag{8-19}$$

解此方程得

$$\Delta = \frac{A_u - A_d}{B_u - B_d} \tag{8-20}$$

$$C = \frac{B_u A_d - A_u B_d}{(B_u - B_d)R} \tag{8-21}$$

既然该组合与 2 年期债券有相同的现金流量,那么在时点 0,2 年期债券 A 的价值要等于投资组合的价值,即

$$A = \Delta \cdot B + C \tag{8-22}$$

在未来任意时点,债券价格都是按无套利条件来确定的。为此,引入利率变化进而债券价格变化的概率。令 θ 是利率下降的实际概率,因此 θ 也是债券价格上升的实际概率。故有

$$\theta \cdot A_u + (1-\theta)A_d = \theta(\Delta \cdot B_u + R \cdot C) + (1-\theta)(\Delta \cdot B_d + R \cdot C)$$
$$= \Delta[\theta \cdot B_u + (1-\theta)B_d] + R \cdot C \tag{8-23}$$

无套利条件为

$$A = \Delta \cdot B + C$$

得

$$\theta \cdot A_u + (1-\theta)A_d = \Delta[\theta \cdot B_u + (1-\theta)B_d] + R(A - \Delta B)$$

整理得

$$\theta \cdot A_u + (1-\theta)A_d - R \cdot A = \Delta[\theta \cdot B_u + (1-\theta)B_d - R \cdot B]$$

无套利时

$$\Delta = \frac{A_u - A_d}{B_u - B_d}$$

因此

$$\frac{\theta \cdot A_u + (1-\theta)A_d - R \cdot A}{A_u - A_d} = \frac{\theta \cdot B_u + (1-\theta)B_d - R \cdot B}{B_u - B_d} \equiv \lambda \quad (8\text{-}24)$$

公式(8-24)有非常直观而且重要的经济含义：所有债券的单位风险溢价——风险价格都相等。风险用债券价格的波动幅度来表示，溢价用期望收益与无风险收益之差来表示。这说明，一个债券的单位风险价格可以独立于其偿还期，尽管该风险价格随着利率水平 R 与时点的变化而变化。

将公式(8-24)稍加变化，有

$$\frac{\theta \cdot A_u + (1-\theta)A_d - R \cdot A}{A_u - A_d} = \lambda$$

$$\theta \cdot A_u + (1-\theta)A_d - R \cdot A = \lambda \cdot (A_u - A_d)$$

$$A = \frac{\theta \cdot A_u + (1-\theta)A_d - \lambda \cdot (A_u - A_d)}{R}$$

$$= \frac{(\theta - \lambda) \cdot A_u + (1 - \theta + \lambda)A_d}{R}$$

令 $\phi = \theta - \lambda$，有

$$A = \frac{\phi \cdot A_u + (1-\phi)A_d}{R} \quad (8\text{-}25)$$

其中，ϕ 为风险中立性的概率。

公式(8-25)为风险中立情形下债券价值的评估等式。

如果 $\lambda = 0$，那么 $\phi = \theta$，即风险中立概率与债券价格波动的实际概率相等。如果 $\lambda > 0$，那么长期债券的持有收益率会高于 1 年期债券的无风险收益率。λ 可以表示为持有长期债券而产生的流动性贴水。

为了说明利用二项式方法评估债券价值，本书举一个简单的例子。假定 1 年期利率的未来状态如图 8-12 所示。

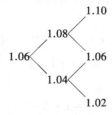

图 8-12 1 年期利率的未来状态

那么，2 年期债券 A 价格的变化如图 8-13 所示。

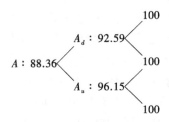

图 8-13 2 年期债券价格的变化

3 年期债券 B 价格的变化如图 8-14 所示。

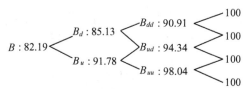

图 8-14 3 年期债券价格的变化

2 年期债券和 3 年期债券的价格是这样计算的。设定风险中性概率为 0.3。给定了风险中性概率，那么 A、B 两个债券的价格就比较容易计算了。具体为：

$$A = [\phi \cdot A_u + (1-\phi)A_d]/R$$
$$= (0.3 \times 96.15 + 0.7 \times 92.59)/1.06$$
$$= 88.36$$

其中，A_u、A_d 是根据时点 1 的短期利率有 1.04 和 1.08 两种可能，而债券在时点 2 肯定可以获得 100 元而计算出来的，分别为 96.15 元（100/1.04）和 92.59 元（100/1.08）。

债券 B 的价格是这样计算的：

$$B_d = [\phi \cdot B_{ud} + (1-\phi)B_{dd}]/R_{1,u}$$
$$= (0.3 \times 94.34 + 0.7 \times 90.91)/1.08$$
$$= 85.13$$
$$B_u = [\phi \cdot B_{uu} + (1-\phi)B_{ud}]/R_{1,d}$$
$$= (0.3 \times 98.04 + 0.7 \times 94.34)/1.04$$
$$= 91.78$$
$$B = [\phi \cdot B_u + (1-\phi)B_d]/R$$
$$= (0.3 \times 91.78 + 0.7 \times 85.13)/1.06$$
$$= 82.19$$

在同样的利率环境下，期限长的债券价格波动要更大一些。例如，债券 B 的价格从时点 0 的 82.19 元或者上升到 91.78 元，升幅为 11.67%；或者上升到 85.13 元，升幅为 3.6%；波动幅度为 8.07%（升幅之差）。而债券 A 的价格从时点 0 的 88.36 元，或者上升到 96.15 元，升幅为 8.8%；或者上升到 92.59 元，升幅为 4.79%；波动幅度为 4.01%。长期债券的价格波动幅度要比短期债券大。

总而言之，人们可以构建风险中立情况下债券的定价方法，而且一旦风险中立概率值、利率上升与下降幅度、债券到期价值等给定，那么这种风险中性的定价方法就是再简单不过的了。但问题是,利率上升和风险中立概率是怎样得来的?

利率的上升与下降,本书已在前一章对利率期限结构的分析中给予了回答。而关于风险中立概率可以这样获得:得到关于利率上升与下降的幅度之后,可以根据 2 年期债券 A 的价格,倒算出风险中立概率 ϕ。例如,本例中,债券 A 的价格为 88.37 元,利率波动幅度为 2%。在时点 0,利率为 6%;在时点 1,利率可能上升到 8%,也可能下降到 4%;而在时点 2,债券 A 的价格是确定的,总是 100 元。因此有

$$88.37 = \left[\phi \frac{100}{R_d} + (1-\phi)\frac{100}{R_u}\right] \div 1.06$$

$$= \left[\phi \frac{100}{1.04} + (1-\phi)\frac{100}{1.08}\right] \div 1.06$$

得

$$\phi = 0.3$$

也就是在风险中立的情况下,利率下降的概率为 30%。

债券 A 的价格应该由市场来决定,具体而言,由其到期收益率来决定,即

$$A = \frac{100}{[1+y(0,2)]^2}$$

如果 2 年期零息债券的到期收益率为 6.377%,那么债券 A 的价格刚好为 88.37 元,那么可以得到 $\phi = 0.3$。如果债券 A 的到期收益率不是 6.377%,那么它的价格也不是 88.37 元。如果这样,通过二项式估计的价格与市场价格不符,那么必须修正二项式模型中关于利率变化的预测,这一预测的结果必须与全部证券在时点 0 的市场价格相一致。

由于存在着局部期望假设,即不存在期限贴水,那么就意味着从时点 1 到时点 2 的远期利率的期望值为 6.755%,即

$$1.06 \times [1 + E(_1r_2)] = 1.06377^2$$

$$E(_1r_2) = 6.755\%$$

用 $\phi = 0.3$ 来计算时点 1 的远期利率的期望值为

$$E(_1r_2)' = 0.3 \times 4\% + 0.7 \times 8\% = 6.8\%$$

$$6.8\% > 6.755\%$$

这说明,用到期收益率来计算的远期利率低于用风险中立概率来计算的远期利率。原因是,债券价格具有凸性特征。由于具有上述特征,通常不能用 ϕ 值来计算利率的期望水平,因此,也不能据此计算债券的价值。

ϕ 不是一个自由的参数,即它的取值不是任意的。前面的公式中,即

$$88.37 = \left[\phi \frac{100}{R_d} + (1-\phi)\frac{100}{R_u}\right] \div 1.06$$

债券价格是已知的,或者是通过债券 A 的到期收益率来计算的,时点 0 的短期利率也是已知的,因此只要利率上升与下降的幅度确定,就可以确定 ϕ 值。如果选择不同的 ϕ 值,那么只能要求利率上升与下降的幅度发生变化。而在利率上升与下降的幅度真的发生变化后,ϕ 值也就会随之发生变化。

风险中性情形下的债券的定价方法,并不是为了评估一般债券的价值,而是为了评估那些具有选择权的证券的价值。

第四节 二项式模型与含权证券定价

一、可回购债券的价值分解

可回购债券的投资者相当于同时拥有两种证券,一种是有着相同面值、票面利率、期限的不可回购债券,另一种是处于该债券的买入期权的卖空地位。也就是说,可回购债券的持有者拥有了不可回购债券,并已经出售了这一债券的买入期权,因此,可回购债券的价值可以分解为

$$P_{回购} = P_{不可回购} - P_c \tag{8-26}$$

其中,P_c 为买入期权的价格。

这种分解不仅体现在理论意义上,在现实业务中,投资者可以通过衡量 $P_{不可回购}$ 和 P_c 来评估可回购债券的价值。这样,可以用实际的利率期限结构来评估可回购债券的价值。也就是说,在得到不可回购债券的价值后,投资者只需要利用模型估计出暗含的买入期权的价值,就可以得到含权证券的价值了。

二、利用二项式模型给一般附息债券定价

例 8-7 有如图 8-15 所示的二项式树图,其中利率上升、下降的概率都是 50%。

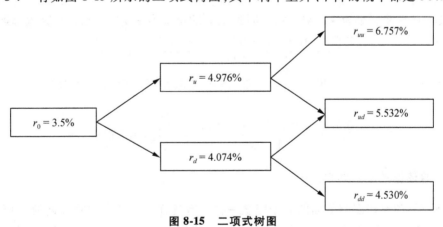

图 8-15 二项式树图

有一个不含权的附息债券,票面利率为 5.25%(按年支付利息),期限为 3 年,面值为 100 元。该附息债券的定价为 102.074 元,如图 8-16 所示。

其中,各结点中的 5.25 元都是当年产生的利息;

在 $t=3$ 时点,100 元为债券到期时的面值;

在 $t=2$ 时点,当短期利率为 6.757% 时,该附息债券的价值为 98.588 元。计算过程如下:

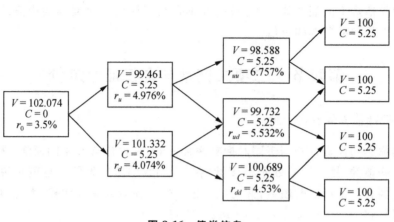

图 8-16 债券信息

$$\frac{0.5 \times (100 + 100) + 5.25}{1 + 6.757\%} = 98.588$$

同样,在短期利率为 5.532% 时,该附息债券的价值为 99.732 元;在短期利率为 4.53% 时,该附息债券的价值为 100.689 元。

在 $t = 1$ 时点,当短期利率为 4.976% 时,该附息债券的价值为 99.461 元。计算过程如下:

$$\frac{0.5 \times (98.588 + 99.732) + 5.25}{1 + 4.976\%} = 99.461$$

同理,在短期利率为 4.074% 时,该附息债券的价值为 101.332 元。计算过程如下:

$$\frac{0.5 \times (100.689 + 99.732) + 5.25}{1 + 4.074\%} = 101.332$$

在 $t = 0$ 时点,当短期利率为 3.5% 时,该附息债券的价值为 102.074 元。计算过程如下:

$$\frac{0.5 \times (101.332 + 99.461) + 5.25}{1 + 3.5\%} = 102.074$$

三、给债券的欧式期权定价

例 8-8 利率树图与前面的例子完全一样。有这样一个债券的欧式期权。债券票面利率为 5.25%(按年支付利息),期限为 3 年,面值为 100 元。该债券是可回购的,回购日为第 2 年年末,回购价格为 99.50 元。问:债券的回购选择权的价值是多少?该含权债券的价值又是多少?

解答: 该债券回购选择权的价值为 0.383 元,含权债券的价值为 101.691 元,计算过程如下:

如果该债券不可回购,根据利率树图计算的各结点的价值如图 8-17 所示。

由于发行人在第 2 年年末有回购选择权,因此会给其带来利益。具体计算结果如图 8-18 所示。

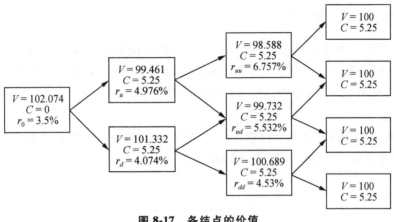

图 8-17 各结点的价值

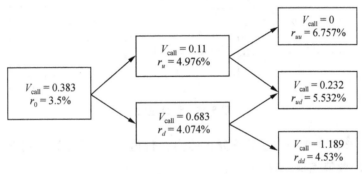

图 8-18 计算过程

其中,在 $t=2$ 时点,当短期利率为 6.757% 时,期权的内在价值为 0,因为不含权债券的价值为 98.588 元,而回购价格高达 99.50 元,当然不会回购。

而当利率为 5.532% 时,选择权的内在价值为 0.232 元,因为此时不含权债券的价值为 99.732 元,而回购价格为 99.50 元,回购本身会给发行人带来 0.232 元的利益。

当短期利率为 4.53% 时,不含权债券的价值为 100.689 元,而回购价格为 99.50 元,回购的内在价值为 1.189 元。

在 $t=1$ 时点,当短期利率为 4.976% 时,选择权的价值为 0.11 元。计算过程如下:

$$\frac{0.5\times(0+0.232)}{1+4.976\%}=0.11$$

同理,当短期利率为 4.074% 时,选择权的价值为 0.683 元。计算过程如下:

$$\frac{0.5\times(0.232+1.189)}{1+4.074\%}=0.683$$

在 $t=0$ 时点,当短期利率为 3.5% ,选择权的价值为 0.383 元。计算过程如下:

$$\frac{0.5\times(0.11+0.683)}{1+3.5\%}=0.383$$

由于在时点 0,回购选择权的价值为 0.383 元,而不含权债券的价值为 102.074 元,因此,含回购选择权的债券价值为 101.691 元。

四、给债券的美式期权定价

利率树图与上面的例子完全一样。一个债券的票面利率为 5.25%（按年支付利息），期限为 3 年,面值为 100 元。该债券是可回购的,回购日为第 1 年年底和第 2 年年底,回购价格都为 99.50 元。问:该债券的美式回购选择权的价值是多少？该含权债券的价值又是多少？

解答:根据利率树图和不含权债券价格树图,计算出该美式期权的价值为 0.939 元。含权债券的价值为 101.135 元,如图 8-19 所示。

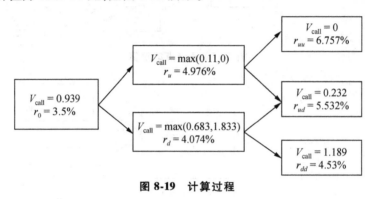

图 8-19 计算过程

其中,在 $t=2$ 的各个结点上的选择权的内在价值,与上面计算欧式期权的树图 $t=2$ 的各个结点上的数值完全一致。

在 $t=1$ 时点,选择权的持有者有两个选择:一是等待,二是按照 99.5 元的价格回购债券。等待是有价值的,这一价值取决于 1 年后的期望值与该时点的 1 年期利率。在当期利率为 4.976% 的情况下,等待的价值为 0.11 元,即

$$\frac{0.5\times(0+0.232)}{1+4.976\%}=0.11$$

而此时不含权债券的价值为 99.461 元,回购价格为 99.50 元,内在价值为 0。

同理,当短期利率为 4.074% 时,等待的价值为 0.683 元。而执行回购的内在价值为 1.833 元(不含权债券的价值为 101.333 元,回购价格为 99.50 元)。所以,此时期权的价值由执行回购的内在价值决定,为 1.833 元。

在 $t=0$ 时点,选择权的价值为 0.939 元。计算过程如下:

$$\frac{0.5\times(0.11+1.833)}{1+3.5\%}=0.939$$

由于债券的美式回购选择权的价值为 0.939 元,而不含权债券的价值为 102.074 元,因此,含美式回购选择权的债券价值为 101.135 元。

从上面的举例中,我们可以总结美式期权与欧式期权定价上的不同。欧式期权的价值,在到期日当然是由其内在价值决定的,而在其他时点则是由等待的价值决定的。美式期权则不同,在到期日之前,债券发行人或期权持有者有两种选择:执行或继续持有。

决策的标准是选择权价值达到最大,因此选择权价值评估程序计算如下:

(1) 假定继续持有选择权至下一期,计算 $V_{持有}$。

(2) 假定立即执行,计算 $V_{执行}$。

(3) 如果 $V_{持有}>V_{执行}$,债券发行人选择持有;如果 $V_{持有}<V_{执行}$,债券发行人将立即执行选择权。也就是说,债券发行人将取 $V_{持有}$ 和 $V_{执行}$ 的最大值。

前面分析了期权提前执行的问题,介绍了认购选择权一般不提前执行的两点理由。在可回购债券中,还存在着向后推迟执行选择权的动机。由于可回购债券的回购价格是递减的,到偿还期期末,选择权的执行价格就是债券面值,因此,这种递减的回购价格使得持有选择权而不执行选择权,对持有者更有利。

五、给转手证券定价

转手证券属于住房抵押贷款支持证券的一种,也是最为简单的一种。下一章将系统介绍住房抵押贷款支持证券。转手证券与可回购债券相似。转手证券的投资者,相当于持有了一种不可回购证券,同时出售了该证券的买入期权。因此,评估转手证券的价值,首先要评估当不存在提前偿还条件时的转手证券的价值,其次要评估提前偿还权利所具有的价值。

为了计算转手证券的价值,需要刻画出未来的利率期限结构,选择利率期限结构生成模型的任何一种都可以完成这一工作。但由于转手证券的偿还是以月为单位的,偿还期又很长,因此需要构建非常庞大的利率树图。例如,10 年期的转手证券需要构建共有 120 个时间段的利率树图,而 30 年期的转手证券则需要构建共有 360 个时间段的利率树图。为了说明问题,本书以期限为 5 年、每年偿还 1 次的转手证券为例。这样,利率树图分为 5 个时间段,具体利率趋势如图 8-20 所示。

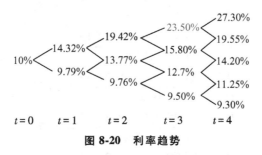

图 8-20 利率趋势

假定转手证券的面值为 100 元,对应于 100 元的住房抵押贷款。住房抵押贷款的利率为 12%,转手证券的票面利率为 11%。由于借款期限为 5 年,因此 100 元的贷款每年偿还的数额为 27.74 元,即

$$100\times(A/P,12\%,5) = 100\times0.2774 = 27.74$$

由于转手证券的利率为 11%,说明住房抵押贷款中介机构收取了贷款余额 1% 的手续费。转手证券每年的现金流量如表 8-5 所示。

表 8-5 住房抵押贷款与转手证券的现金流量   单位:元

偿还年份	期初贷款本金	贷款利息	借款人本息偿还	本金偿还	期末本金	转手证券的利息	转手证券本息和
1	100.00	12.00	27.74	15.74	84.26	11.00	26.74
2	84.26	10.11	27.74	17.63	66.63	9.27	26.90
3	66.63	8.00	27.74	19.75	46.88	7.33	27.08
4	46.88	5.63	27.74	22.11	24.77	5.16	27.27
5	24.77	2.97	27.74	24.77	0.00	2.72	27.49

如果转手证券的本金不允许提前偿还,那么,可以画出不可以提前偿还情况下的转手证券的价格树图(见图 8-21)。与前面分析可回购债券的价值一样,树图上每一结点的价格是扣除计划付款额之后的价格。

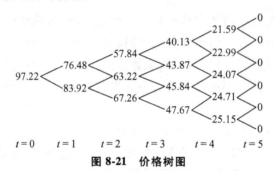

图 8-21 价格树图

从树图的后面开始,每一结点的数据是按照下面的方法计算的:
$t=5$ 时,支付最后一笔计划付款额后的转手证券的价格为 0;
$t=4$ 时,支付倒数第二笔计划付款额后的转手证券的价格依次为

$$\frac{0.5 \times 27.49 + 0.5 \times 27.49}{1 + 27.3\%} = 21.59$$

$$\frac{0.5 \times 27.49 + 0.5 \times 27.49}{1 + 19.55\%} = 22.99$$

$$\frac{0.5 \times 27.49 + 0.5 \times 27.49}{1 + 14.2\%} = 24.07$$

$$\frac{0.5 \times 27.49 + 0.5 \times 27.49}{1 + 11.25\%} = 24.71$$

$$\frac{0.5 \times 27.49 + 0.5 \times 27.49}{1 + 9.3\%} = 25.15$$

$t=3$ 时,支付第三笔计划付款额后的转手证券的价格依次为

$$\frac{0.5 \times (21.59 + 27.27) + 0.5 \times (22.99 + 27.27)}{1 + 23.5\%} = 40.13$$

$$\frac{0.5 \times (22.99 + 27.27) + 0.5 \times (24.07 + 27.27)}{1 + 15.8\%} = 43.87$$

$$\frac{0.5 \times (24.07 + 27.27) + 0.5 \times (24.71 + 27.27)}{1 + 12.7\%} = 45.84$$

$$\frac{0.5 \times (24.71 + 27.27) + 0.5 \times (25.15 + 27.27)}{1 + 9.5\%} = 47.67$$

$t=2$ 时，支付第二笔计划付款额后的转手证券的价格依次为

$$\frac{0.5 \times (40.13 + 27.07) + 0.5 \times (43.87 + 27.07)}{1 + 19.42\%} = 57.84$$

$$\frac{0.5 \times (43.87 + 27.07) + 0.5 \times (45.84 + 27.07)}{1 + 13.77\%} = 63.22$$

$$\frac{0.5 \times (45.84 + 27.07) + 0.5 \times (47.67 + 27.07)}{1 + 9.76\%} = 67.26$$

$t=1$ 时，即支付第一笔计划付款额后的转手证券的价格依次为

$$\frac{0.5 \times (57.84 + 26.9) + 0.5 \times (63.22 + 26.9)}{1 + 14.32\%} = 76.48$$

$$\frac{0.5 \times (63.22 + 26.9) + 0.5 \times (67.26 + 26.9)}{1 + 9.79\%} = 83.92$$

$t=0$ 时，转手证券的价格为

$$\frac{0.5 \times (76.48 + 26.74) + 0.5 \times (83.92 + 26.74)}{1 + 10\%} = 97.22$$

由于转手证券是可以提前支付的，也就是说，在投资者购买转手证券的同时，已经将转手证券本金提前偿还的选择权卖给了住房抵押贷款的借款人，因此，假定借款人完全根据利益最大化原则理性地对待提前偿还问题，那么根据提前偿还选择权的实施与否，可以建立提前偿还权的执行价格树图。其中，执行价格就是每一时点抵押贷款的余额。抵押贷款的余额是抵押贷款本金余额减去本金的偿还。对于本例而言，抵押贷款本金余额，或者执行价格从时点 0 到时点 5 分别为 100 元、84.26 元、66.63 元、46.88 元、24.77 元、0 元。因此，在树图上，计算每一时点提前偿还选择权的内在价值如图 8-22 所示。

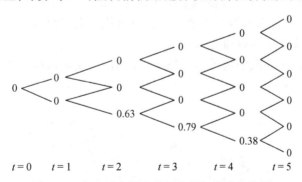

图 8-22 每一时点提前偿还选择权的内在价值

当提前偿还选择权可以被执行的时候，借款人有两种选择：提前偿还或保留提前偿还权。决策的标准是价值达到最大，因此提前偿还选择权价值评估程序如下：

如果 $V_{保留} > V_{提前偿还}$，借款人选择持有；如果 $V_{保留} < V_{提前偿还}$，借款人将立即提前偿还贷款。也就是说，债券发行人将取 $V_{保留}$ 和 $V_{提前偿还}$ 的最大值。

对于 $t=4$ 而言,提前偿还选择权在 1 年后将毫无价值,所以在 $t=4$ 时点, $V_{保留}$ 都是 0。而执行选择权的价值取决于提前偿还选择权的执行价格与贷款余额当时价值之间的关系。在 $t=4$ 时,只有利率连续下降,即短期利率达到 9.30% 时,贷款余额的价值才高于执行价格(24.77 元)0.38 元。因此,只有在这一结点上提前偿还选择权的执行价格才是正的,为 0.38 元。在 $t=4$ 时,其他结点提前偿还选择权的执行价格均为 0。由于在任意结点提前偿还选择权都是 $\text{Max}(V_{保留}, V_{执行})$,因此,在 $t=4$ 时,提前偿还选择权的价值可以计算出来,就是 0.38 元。

在知道提前偿还选择权在 $t=4$ 时的价值后,可以计算选择权在 $t=3$ 时的所有可能的价值。先分析持有选择权的价值。由于 $t=4$ 时从上向下的前 4 个结点的价值都是 0,因此意味着在 $t=3$ 时持有选择权的价值为 0,即 $V_{持有}=0$。另外,由于在 $t=3$ 时,短期利率下降再下降,即为 9.50% 时,执行提前偿还选择权的价值为 0.79 元,而其他结点选择权的执行价格均为 0。由于在 $t=4$ 时,利率连续下降到 9.30% 时,选择权的价值为 0.38 元,因此,在 $t=3$ 时保留选择权的价值大于 0。$V_{保留}$ 可以这样计算:

$$V_{保留} = \frac{0.5 \times 0 + 0.5 \times 0.38}{(1+9.5\%)} = 0.17$$

由于 $V_{提前偿还}=0.79 > V_{保留}=0.17$,因此,在 $t=3$ 时对应于利率连续下降(9.50%)的结点,提前偿还选择权由其执行价格决定,为 0.79 元。

在 $t=2$ 时,贷款提前偿还选择权的执行价格在利率连续下降时为 0.63 元,在其他情况下均为 0,由于在 $t=3$ 时提前偿还选择权为正,因此在 $t=2$ 时,保留提前偿还选择权的价值大于 0。具体而言,

$$V_{持有} = \frac{0.5 \times 0 + 0.5 \times 0.79}{(1+9.76\%)} = 0.36$$

因此,在 $t=2$ 时,对应于利率下降,提前偿还选择权的价值由执行价格决定,为 0.63 元。

同理,可以得到在 $t=1$ 时,贷款提前偿还选择权的价值由持有价值决定,为 0.29 元;在 $t=0$ 时,贷款提前偿还选择权的价值也由持有价值决定,为 0.13 元。至此,我们得到了转手证券提前偿还选择权的价值 0.13 元。

在得到树图上任一结点的提前偿还选择权价值后,就可以构建提前偿还选择权价值变化树图,如图 8-23 所示。

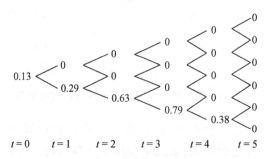

图 8-23 提前偿还选择权价值变化树图

由于已经得到了不可提前偿还的转手证券价值变化树图,也得到了提前偿还选择权

价值变化树图,因此可以得到提前偿还的转手证券价值变化树图。该树图结点的数值是在对应结点上不可提前偿还转手证券的价值减去提前偿还选择权的价值。在本例中,转手证券的价值变化树图如图 8-24 所示。

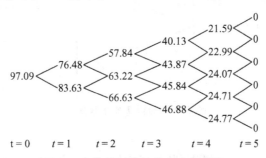

图 8-24 转手证券的价值变化树图

六、给利率的顶、底定价

利率的顶是一个选择权,它限制住了浮动利率负债所支付的最高利率水平。很明显,这一选择权属于债券的发行人。

利率的底也是一个选择权,它限制住了浮动利率负债所支付的最低利率水平。该选择权属于债券的投资者或者债务人。

顶和底既可以脱离贷款本身,通过单独交易来获得,也可以与证券相连,其价格体现在了证券的利率当中。

一个顶可以被理解为关于浮动利率的一串认购选择权。一个底可以被理解为关于浮动利率的一串回卖选择权。

$$顶拥有者的盈亏 = 本金 \times 期限 \times \max[R_t - R_k, 0] \qquad (8-27)$$

其中,

R_t 为 t 期的利率;

R_k 为利率的上限。

投资者购买了顶,给他带来了利益,而上限利率并不是实际支付的利率!

(一) 给顶定价

顶为 6.7%,名义数量为 1 000 万元,支付频率为年。利率变化如图 8-25 所示。

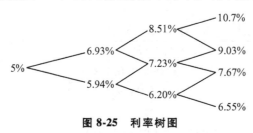

图 8-25 利率树图

给第 1 年的顶定价,如图 8-26 所示。

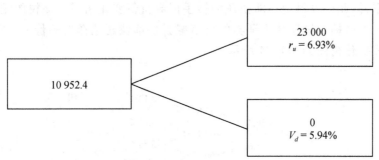

图 8-26 给第 1 年的顶定价

其中,
$$10\,000\,000 \times (6.93\% - 6.7\%) = 23\,000$$
$$\max[10\,000\,000 \times (5.94\% - 6.7\%), 0] = 0$$
$$\frac{0.5 \times 23\,000 + 0.5 \times 0}{1 + 5.0\%} = 10\,952.4$$

给第 2 年的顶定价,如图 8-27 所示。

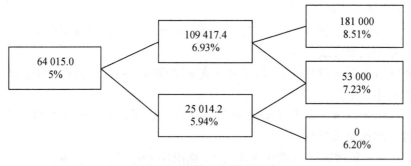

图 8-27 给第 2 年的顶定价

其中,

$t = 2$ 时
$$10\,000\,000 \times (8.51\% - 6.7\%) = 181\,000$$
$$10\,000\,000 \times (7.23\% - 6.7\%) = 53\,000$$
$$\text{Max}[10\,000\,000 \times (6.2\% - 6.7\%), 0] = 0$$

$t = 1$ 时
$$\frac{0.5 \times 181\,000 + 0.5 \times 53\,000}{1 + 6.93\%} = 109\,417.4$$
$$\frac{0.5 \times 53\,000 + 0.5 \times 0}{1 + 5.94\%} = 25\,014.2$$

$t = 0$ 时
$$\frac{(109\,417.4 + 25\,014.2) \times 0.5}{1 + 5\%} = 64\,015.0$$

给第 3 年的顶定价,如图 8-28 所示。

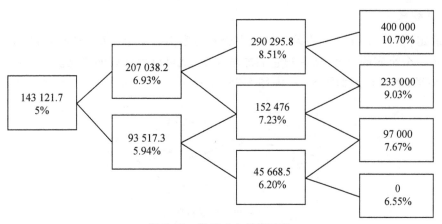

图 8-28 给第 3 年的顶定价

其中,

$t=3$ 时

$$10\,000\,000 \times (10.70\% - 6.7\%) = 400\,000$$
$$10\,000\,000 \times (9.03\% - 6.7\%) = 233\,000$$
$$10\,000\,000 \times (7.67\% - 6.7\%) = 97\,000$$
$$\text{Max}[10\,000\,000 \times (6.55\% - 6.7\%), 0] = 0$$

$t=2$ 时

$$\frac{0.5 \times (400\,000 + 230\,000)}{1 + 8.51\%} = 290\,295.8$$
$$\frac{0.5 \times (230\,000 + 97\,000)}{1 + 7.23\%} = 152\,476.0$$
$$\frac{0.5 \times (97\,000 + 0)}{1 + 6.20\%} = 45\,668.5$$

$t=1$ 时

$$\frac{0.5 \times (290\,295.8 + 152\,476.0)}{1 + 6.93\%} = 207\,038.2$$
$$\frac{0.5 \times (152\,476.0 + 45\,668.5)}{1 + 5.94\%} = 93\,517.3$$

$t=0$ 时

$$\frac{0.5 \times (207\,038.2 + 93\,517.3)}{1 + 5\%} = 143\,121.7$$

给顶定价

我们得到了单个小顶(Caplet)的价值,这些小顶的价值之和,也就是顶的价值,即

顶的价值 = Caplet1 的价值 + Caplet 2 的价值 + Caplet 3 的价值
= 10 952.4 + 64 015.0 + 143 121.7
= 218 089.1

(二)给底定价

给底定价与给顶定价的思路一样。由于底通常由若干个小底(Floorlet)组成,因此需要计算每一个小底的价值,然后把它们加总起来,就可以得到底的价值。

例8-9 利率树图如图8-29(同图8-25)所示。

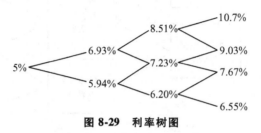

图8-29 利率树图

底为6.3%,名义金额为10 000 000元,支付频率为年。问:这一底的价值是多少?

(1)计算第1年的小底的价值,如图8-30所示。

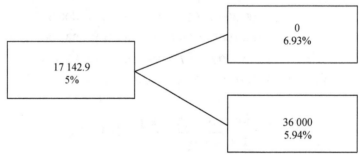

图8-30 第1年的小底的价值

$$10\,000\,000 \times (6.3\% - 5.94\%) = 36\,000$$

$$\frac{0.5 \times (36\,000 + 0)}{1 + 5\%} = 17\,142.9$$

(2)计算第2年的小底的价值,如图8-31所示。

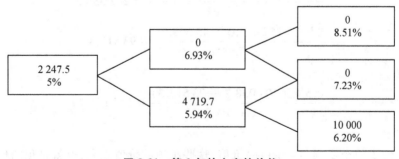

图8-31 第2年的小底的价值

(3)计算第3年的小底的价值,如图8-32所示。

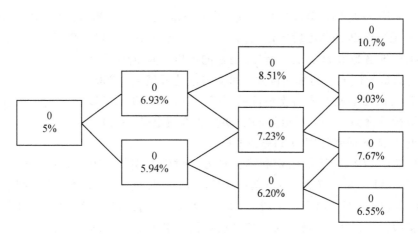

图 8-32　第 3 年的小底的价值

（4）底的价值为三个小底的价值之和，即

底的价值 = 17 142.9+2 247.5+0 = 19 390.4

七、给互换选择权定价

例 8-10　有下面的互换：名义本金为 1 000 万元，期限为 3 年。固定利率支付方每年支付 10.1%，他拥有选择权，随时可以终结互换。我们的目的是要确定这一互换选择权的价值。

假定在时点 0 利率为 10%。利率上升与下降的概率各为 50%。利率路径如图 8-33 所示。

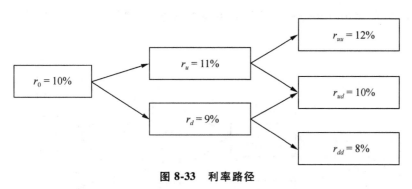

图 8-33　利率路径

如果本金也相互交换，对于分析该问题，也许更为方便。尽管本金不必互换，但假定本金也互换不会影响互换以及互换选择权的价值，因为本金收和付的金额是相等的。我们的分析是从后向前进行的。需要注意的是，互换是按照年初约定的利率，在年底互换的。

在时点 2，市场利率分别为 12%、10%、8%。

如果利率是 12%，固定利率支付方最后支付额的现值 =（1 000+101）/1.12 = 1 101/1.12 = 983.04（万元）；浮动利率最后支付额的现值 = 1 120/1.12 = 1 000.00（万元）。结论是不执行互换选择权，也就是继续互换。因此，期权的价值为 0。

如果利率是 10%，固定利率支付方最后支付额的现值 =（1 000+101）/1.10 = 1 101/1.10 = 1 000.91（万元）；浮动利率最后支付额的现值 = 1 100/1.10 = 1 000.00（万元）。此时，互换选择权的执行价格为 0.91 万元，所以，期权的价值也是 0.91 万元。

如果利率是 8%，固定利率支付方最后支付额的现值 =（1 000+101）/1.08 = 1 101/1.08 = 1 019.44（万元），浮动利率最后支付额的现值 = 1 080/1.08 = 1 000.00（万元）。此时，互换选择权的执行价格为 19.44 万元，所以，期权的价值也是 19.44 万元。

在时点 1，市场利率分别为 11% 或 9%。

如果利率是 11%，剩下的固定利率支付方支付额的现值 = 101/1.11+0.5×（1 101/1.1+1 101/1.12）/1.11 = 984.66（万元）。其中 101/1.11 是时点 2 支付 101 万元利息在时点 1 的价值。$0.5×（1 101/1.1+1 101/1.12）$ 为 $t=3$ 时本息支付总额 1 101 万元在时点 2 的期望值。该期望值再除以 1.11，则变成了在时点 1 且利率为 11% 时的价值。

浮动利率支付的现值 = $110/1.11+1 000×（1+r_2）/[1.11×（1+r_2）] = 1 000$（万元）。

结论是不执行互换选择权，因为执行选择权的内在价值为 0。但选择权的持有者依然有等待的权利，而这一权利有价值。

另外，他仍然有选择权，该选择权也许在下一期会带来价值。这一等待权利的价值为：（0.5×0+0.5×0.91）/1.11 = 0.41。

如果利率是 9%，剩下的固定利率支付额的现值 = 101/1.09+0.5×（1 101/1.08+1 101/1.1）/1.09 = 1 019.43（万元），浮动利率支付的现值 = 1 090/1.09 = 1 000（万元）。执行的价值为 19.43。等待的价值为（0.5×19.43+0.5×0.91）/1.09 = 9.33（万元）。

结论是立即执行，即此时执行选择权的价值为 19.43 万元，这一价值也决定了期权的价值。

在时点 0，利率为 10%，剩下的固定利率支付额的现值 = 1 002.77 万元，如图 8-34 所示。

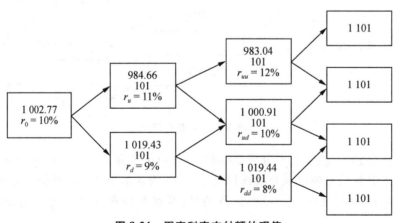

图 8-34　固定利率支付额的现值

而浮动利率支付的现值 = 1 100/1.1 = 1 000（万元）。

所以，立即执行的价值为 2.77 万元。

等待的价值为：（0.5×0.41+0.5×19.43）/1.1 = 9.01（万元）。

在时点 0,期权的价值为 9.01 万元。我们终于找到了它!

第五节 可转换债券的定价

一、可转换债券的特征

可转换债券是可转换成股票的债券,它具有公司债券和股票的双重特点。随着金融创新的发展,可转换债券变得越来越复杂,其暗含的选择权也越来越多。一般情况下,有以下三种选择权:

(1) 投资者在是否转换为股票上拥有选择权;
(2) 发行公司在是否实施赎回条款方面拥有选择权;
(3) 在股票价格过低时投资者有回售给发行人的选择权。

一般情况下,可转换债券要事先规定票面利率、转股价格、转股比例、转换期。

(一) 票面利率

票面利率决定了可转换债券作为一种债券的收益率的高低。可转换债券的票面利率一般较同等级的纯粹债券的票面利率低。

(二) 转股价格

转股价格是指可转换债券在转换期内转换为基础股票的每股价格。我国上市公司发行的可转换债券的转股价格在募集说明书中事先约定,通常是以公布募集说明书前 30 个交易日公司股票的平均收盘价格为基础,并上浮一定的幅度。转股价格可用下列公式表示:

$$转股价格 = 基准股票价格 \times (1 + 转换溢价率) \tag{8-28}$$

转股溢价率是可转换债券所包含的期权的象征,以百分比表示,并以可转换债券发行时基准股票的价格为基础,国外一般在 5% 到 20% 之间,而我国的可转换债券很少有超过 5% 的,甚至低至 0.1%。

$$转股溢价率 = \frac{转股价格 - 基准股票价格}{基准股票价格} \tag{8-29}$$

(三) 转换比例

转换比例是指发行公司向投资者约定一个比例,按照这一比例,投资者可将手中的可转换债券转换为多少数量的股票。

$$转换比例 = \frac{票面金额}{转股价格} \tag{8-30}$$

根据转换比例可以计算转换价值,即

$$转换价值(平价) = 股票市价 \times 转换比例 \tag{8-31}$$

可转换债券的价值还应该满足不等式:

$$可转换债券的价值 \geq \max(转换价值, 纯债券价值) \tag{8-32}$$

(四) 转换期

转换期是指可转换债券转换为股票的起始日至结束日期间，通常根据不同的情况可有四种期限：

（1）发行后某日至到期前某日；
（2）发行后某日至到期日；
（3）发行日至到期前某日；
（4）发行日至到期日。

在前两种情况下，可转换债券有一段时间的锁定日期，在这段时间内债券持有人不可以将可转换债券转换成公司股票。发行公司在发行后一段时间后才受理债券转股权的事宜，是不希望过早地将负债变成股权，从而过早地稀释原有股东的权益。由于发行时转换价格通常高于公司基准股票当时的价格，因此投资者一般不会在可转换债券发行后立即行使转换权。

(五) 价格特征

可转换债券的价格特征可以用图 8-35 来表示。从图中可以看出，当公司价值小于 V_1 时，可转换债券的价值与公司价值相等，即全部公司价值都属于债权人；当公司价值超过 V_1 但小于 V_2 时，可转换债券的价值由其纯粹债券的价值决定；当公司价值超过 V_2 时，可转换债券的价值由转换价值决定。由于价格与价值有些区别，因此可转换债券的价格是在其内在价值(图中用 "××××" 表示)附近的。

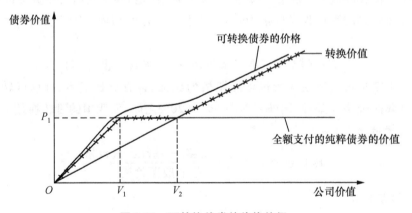

图 8-35 可转换债券的价格特征

二、可转换债券的优势

发行可转换债券对于发行公司而言，有以下优势：

1. 税收优势

发行公司如果发行普通股，将难以获得税收上的好处。而可转换债券在被转换成股票之前属于债券性质，自然可以获得税收方面的好处。尽管公司发行公司债券，也可以获得税收方面的好处，却无法获得可转换债券的其他好处了。况且，在中国，上市公司很难在资本市场上直接发行债券。

2. 利息的节省

公司发行可转换债券的利息成本,要比发行纯粹债券的利息成本低。如果可转换债券最终没有被转换为普通股的话,相对于发行纯粹债券而言,公司将节省利息费用。从公司股东的角度来看,如果在可转换债券发行后,公司股票价格快速上涨,那么,可转换债券将稀释掉股东的一部分利益。在这种情况下,发行纯粹债券更有利于股东。但如果公司股票价格上升较慢,或者下降,这也不是股东希望看到的,因为股票价格下降无疑会损害股东的利益。但股票价格下降,对可转换债券的投资者而言,损失更大,他们将无法从股票价格上升中获得转股利益。而单就债券而言,可转换债券的成本要低于纯粹债券,这对股东是有利的。国外有可转换债券发行的甜精理论(Sweetener Theory)。Billingsley 等从实证的角度得出结论:发行可转换债券相对于直接债务来讲,可以降低 50 个基点的利息成本。[1]

3. 融资的便利

有些时候,单独发行债券或者股票都会遇到阻碍,而发行可转换债券也许更容易一些。此时,公司通过发行可转换债券可达到融资的目的。一般来讲,发行可转换债券的公司的信用要低于其他公司。[2]

4. 合理的资本结构

一般而言,可转换债券的期限都不会很长,在未转换之前,负债率是要提高的。一旦债券转化为普通股,公司的权益资本将增加,这有助于公司的稳健经营。

5. 有助于公司连续融资[3]

公司在制定融资决策时有两个重要因素要考虑:发行成本与过度投资成本。过度投资是由于管理层能够从公司规模扩张中得到好处,因此,即使投资机会不成熟,管理层也会决定投资。过度投资成本就是由于过度投资给公司价值带来的损害。降低过度投资成本需要某种契约,该契约规定到期把资金返还给投资者。可转换债券有助于降低过度投资成本。

影响投资的另一个因素是发行成本。发行成本与发行的规模有关,因此公司尽量避免小额多次发行。在公司面临一系列投资机会时,有多种可供选择的融资方案。其中之一是一次性发行长期债券,既满足眼前的投资机会,又满足未来的投资机会;另一种是多次发行债券,为每个投资机会募集资金。前者的过度投资成本高,而后者的发行成本高。只有发行可转换债券才不但能够降低发行成本,而且能够控制过度投资成本。之所以能够降低发行成本,是因为在公司投资机会成熟时,债券被转换成股票,把资金留在了公司,而且降低了负债率。之所以能够降低过度投资的成本,是因为当投资机会不成熟时,

---

[1] Randall S. Billingsley and David M. Smith, "Why do Firms Issue Convertible Debt?" *Financial Management*, 25, 1996, pp.91-97.

[2] Eugene F. Brigham, "An Analysis of Convertible Debentures", *Journal of Finance*, 21(1), 1966, pp.35-54.

[3] David Mayers, "Why Firms Issue Convertible Bonds: The Matching of Financial and Real Investment Option", *Journal of Financial Economics*, 47, 1998, pp.83-102.

可转换债券不会被转换成股票,从而把资金返还给了投资者。

如果站在投资者的立场,购买可转换债券的利益主要表现在:

1. 防止股东选择高风险,从而损害债权人[①]

从委托代理理论来讲,债务人把债务资金交给股东管理,股东成为代理人。股东存在着选择高风险从而有机会获得更大利益的动机,因为债权人的资金只是获得一定的回报。可转换债券有助于防止股东的这种行为。因为一旦高风险的投资获得成功,债权人将改变身份,成为股东,与其他股东一样分享投资的利益。而一旦投资失败,最先遭受损失的是股东,只有在资不抵债的情况下,债权人的利益才会受到损害。可以说,可转换债券把股东与债权人的利益捆绑在了一起。

2. 选择权在投资者手里,可进可退

尽管可转换债券的利息低,但价值成长空间很大。如果股票价格上升迅速,实现转股后会给投资者带来很大的利益。如果到期不值得转成股票,投资者的损失很小——利息低一些就是了。

三、二项式模型与可转换债券的定价

可转换债券是普通公司债券与股票期权的合成体,可以分别计算二者各自的价值,加总后就可以得到可转换债券的价值。股票期权的价值可以利用二项式模型也可以利用 Black-Scholes 模型计算得到。利用二项式模型计算股票期权与计算债券期权是一样的。本书前面举例说明了债券期权的计算方法,这里简单介绍可转换债券转换权利的计算方法。需要说明的是,可转换债券的主要特征体现在股票方面,而股票期权的定价并不是本书的内容。因此,本书并不对可转换债券定价的相关问题做深入介绍。

例 8-11 假设投资者购买了一张可转换债券。该债券的面值为 100 元,票面利率为 2%,转换期为 6 个月,转换比率为 1∶1,转换价格为 125 元。目前股票价格为 100 元,6 个月期的借贷利率为年 8%。假设 6 个月后该公司的股票要么下跌至 50 元,要么上升至 200 元。求该可转换债券的转换权的价值。

解答:根据二项式模型,如果该公司的股票价格降至 50 元,则买入期权将一文不值;如果该公司的股票价格升至 200 元,则买入期权的价值为 75 元,如图 8-36 所示。

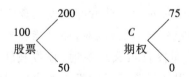

图 8-36 买入期权的价值(单位:元)

在本例中,假定借钱的数额为 B,买股票的数量为 Δ,那么

---

① Richard C. Green, "Investment Incentives, Debt and Warrants", *Journal of Financial Economics*, 13, 1984, pp.115-136.

$$\begin{cases} \Delta \times 50 - B \times (1+4\%) = 0 \\ \Delta \times 200 - B \times (1+4\%) = 75 \end{cases}$$

得

$$\Delta = \frac{1}{2}$$

$$B = \frac{25}{1.04} = 24.04$$

由于这样的组合与购买一个认购选择权的现金流量完全相同,因此,在期初,转换权的价值应该等于该组合在期初的价值 25.96 元,即

$$\frac{1}{2} \times 100 - B = 25.96$$

如果上例发生一些变化,即假设投资者购买了一张可转换债券。该债券的面值为 100 元,票面利率为 2%,转换期为 2 年,而不是 6 个月了。借贷利率还是年 8%,转换比率同为 1∶1,转换价格依旧是 125 元。股票价格的变化如图 8-37 所示。

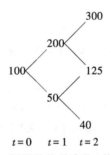

图 8-37 股票价格的变化(单位:元)

求该可转换债券的转换权的价值。

解答:根据股票价格变化和转换价格,可以得到转换期期末转换权的内在价值(见图 8-38)。

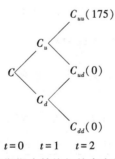

图 8-38 转换期期末转换权的内在价值(单位:元)

先求在 $t=1$ 时股票价格上升时转换权的价值。构建组合:

$$\begin{cases} \Delta \times 300 - B \times (1+8\%) = 175 \\ \Delta \times 125 - B \times (1+8\%) = 0 \end{cases}$$

得

$$\Delta = 1$$
$$B = \frac{125}{1.08} = 115.74$$

期权价值为 84.26 元，即
$$\Delta \times 200 - B = 200 \times 1 - 115.74 = 84.26$$

因此，$C_u = 84.26$。

同理得，$C_d = 0$。

因此，得到图 8-39。

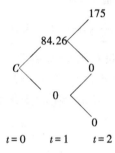

图 8-39　转换权的价值

最后求 $t = 0$ 时转换权的价值
$$\begin{cases} \Delta \times 200 - B \times (1 + 8\%) = 84.26 \\ \Delta \times 50 - B \times (1 + 8\%) = 0 \end{cases}$$

得
$$\Delta = \frac{84.26}{150} = 0.562$$
$$B = 26.06$$

所以
$$C = \Delta \times 100 - B = 0.562 \times 100 - 26.06 = 30.14$$

四、Black-Scholes 模型与可转换债券定价

由于 Black-Scholes 模型是针对股票期权定价的，因此，可以利用这一模型给可转换权定价。

$$C = SN(d_1) - Ke^{-rT}N(d_2)$$
$$d_1 = \frac{\ln(S/K) + (r + \sigma^2/2)T}{\sigma\sqrt{T}}$$
$$d_2 = d_1 - \sigma\sqrt{T}$$

其中，

C 为转换权的价值；

S 为股票的当期价格；

T 为转换权的到期日；

K 为执行价格；

r 为 T 期的即期收益率（连续利率）；

σ 为股票收益率的波动率；

N 为累积正态分布。

利用 Black-Scholes 模型计算转换权的步骤如下：

第一步，计算 d_1、d_2；

第二步，利用标准正态分布函数的参变量，求出正态分布的密度函数 $N(d_1)$、$N(d_2)$；

第三步，计算出转股价格的现值（连续形式）；

第四步，计算转换权的价值。

例 8-12 假设投资者购买了一张可转换债券。该债券的面值为 100 元，票面利率为 2%，转换期为 2 年，转换比率为 1:1，转换价格为 125 元。目前股票价格为 100 元。假定 2 年期连续利率为 8%，股票收益率的波动率为 0.6（每年 60%）。求该可转换债券转换权的价值。

解答： 第一步，计算 d_1、d_2：

$$d_1 = \frac{\ln(S/K) + (r + \sigma^2/2)T}{\sigma\sqrt{T}}$$

$$= \frac{\ln(100/125) + (0.08 + 0.6^2/2) \times 2}{0.6\sqrt{2}}$$

$$= 0.3499$$

$$d_2 = d_1 - \sigma\sqrt{T}$$

$$= 0.3499 - 0.6 \times \sqrt{2}$$

$$= -0.4986$$

第二步，利用标准正态分布函数的参变量，求出正态分布的密度函数 $N(d_1)$、$N(d_2)$：

$$N(d_1) = N(0.3499) = 0.6368$$

$$N(d_2) = N(-0.4986) = 0.3085$$

第三步，计算转股价格的现值（连续形式）：

$$Ke^{-rT} = 125 \times e^{-0.08 \times 2} = 106.52$$

第四步，计算转换权的价值：

$$C = SN(d_1) - Ke^{-rT}N(d_2)$$

$$= 100 \times 0.6368 - 106.52 \times 0.3085$$

$$= 30.82$$

累积正态分布表是利用 Black-Scholes 模型所必需的。为了读者计算方便，本书给出累积正态分布表，如表 8-6 所示。

表 8-6 累积正态分布

d	N(d)	d	N(d)	d	N(d)	d	N(d)	d	N(d)
-3.00	0.0013	-1.58	0.0571	-0.76	0.2236	0.06	0.5239	0.86	0.8051	1.66	0.9515
-2.95	0.0016	-1.56	0.0594	-0.74	0.2297	0.08	0.5319	0.88	0.8106	1.68	0.9535
-2.90	0.0019	-1.54	0.0618	-0.72	0.2358	0.10	0.5398	0.90	0.8159	1.70	0.9554
-2.85	0.0022	-1.52	0.0643	-0.70	0.2420	0.12	0.5478	0.92	0.8212	1.72	0.9573
-2.80	0.0026	-1.50	0.0668	-0.68	0.2483	0.14	0.5557	0.94	0.8264	1.74	0.9591
-2.75	0.0030	-1.48	0.0694	-0.66	0.2546	0.16	0.5636	0.96	0.8315	1.76	0.9608
-2.70	0.0035	-1.46	0.0721	-0.64	0.2611	0.18	0.5714	0.98	0.8365	1.78	0.9625
-2.65	0.0040	-1.44	0.0749	-0.62	0.2676	0.20	0.5793	1.00	0.8414	1.80	0.9641
-2.60	0.0047	-1.42	0.0778	-0.60	0.2743	0.22	0.5871	1.02	0.8461	1.82	0.9656
-2.55	0.0054	-1.40	0.0808	-0.58	0.2810	0.24	0.5948	1.04	0.8508	1.84	0.9671
-2.50	0.0062	-1.38	0.0838	-0.56	0.2877	0.26	0.6026	1.06	0.8554	1.86	0.9686
-2.45	0.0071	-1.36	0.0869	-0.54	0.2946	0.28	0.6103	1.08	0.8599	1.88	0.9699
-2.40	0.0082	-1.34	0.0901	-0.52	0.3015	0.30	0.6179	1.10	0.8643	1.90	0.9713
-2.35	0.0094	-1.32	0.0934	-0.50	0.3085	0.32	0.6255	1.12	0.8686	1.92	0.9726
-2.30	0.0107	-1.30	0.0968	-0.48	0.3156	0.34	0.6331	1.14	0.8729	1.94	0.9738
-2.25	0.0122	-1.28	0.1003	-0.46	0.3228	0.36	0.6406	1.16	0.8770	1.96	0.9750
-2.20	0.0139	-1.26	0.1038	-0.44	0.3300	0.38	0.6480	1.18	0.8810	1.98	0.9761
-2.15	0.0158	-1.24	0.1075	-0.42	0.3373	0.40	0.6554	1.20	0.8849	2.00	0.9772
-2.10	0.0179	-1.22	0.1112	-0.40	0.3446	0.42	0.6628	1.22	0.8888	2.05	0.9798
-2.05	0.0202	-1.20	0.1151	-0.38	0.3520	0.44	0.6700	1.24	0.8925	2.10	0.9821
-2.00	0.0228	-1.18	0.1190	-0.36	0.3594	0.46	0.6773	1.26	0.8962	2.15	0.9842

(续表)

d	$N(d)$	d	$N(d)$	d	$N(d)$	d	$N(d)$	d	$N(d)$
-1.98	0.0239	-1.16	0.1230	-0.34	0.3669	0.48	0.6844	1.28	0.8997	2.20	0.9861
-1.96	0.0250	-1.14	0.1271	-0.32	0.3745	0.50	0.6915	1.30	0.9032	2.25	0.9878
-1.94	0.0262	-1.12	0.1314	-0.30	0.3821	0.52	0.6985	1.32	0.9066	2.30	0.9893
-1.92	0.0274	-1.10	0.1357	-0.28	0.3897	0.54	0.7054	1.34	0.9099	2.35	0.9906
-1.90	0.0287	-1.08	0.1401	-0.26	0.3974	0.56	0.7123	1.36	0.9131	2.40	0.9918
-1.88	0.0301	-1.06	0.1446	-0.24	0.4052	0.58	0.7191	1.38	0.9162	2.45	0.9929
-1.86	0.0314	-1.04	0.1492	-0.22	0.4129	0.60	0.7258	1.40	0.9192	2.50	0.9938
-1.84	0.0329	-1.02	0.1539	-0.20	0.4207	0.62	0.7324	1.42	0.9222	2.55	0.9946
-1.82	0.0344	-1.00	0.1587	-0.18	0.4286	0.64	0.7389	1.44	0.9251	2.60	0.9953
-1.80	0.0359	-0.98	0.1635	-0.16	0.4365	0.66	0.7454	1.46	0.9279	2.65	0.9960
-1.78	0.0375	-0.96	0.1685	-0.14	0.4443	0.68	0.7518	1.48	0.9306	2.70	0.9965
-1.76	0.0392	-0.94	0.1736	-0.12	0.4523	0.70	0.7580	1.50	0.9332	2.75	0.9970
-1.74	0.0409	-0.92	0.1788	-0.10	0.4602	0.72	0.7642	1.52	0.9357	2.80	0.9974
-1.72	0.0427	-0.90	0.1841	-0.08	0.4681	0.74	0.7704	1.54	0.9382	2.85	0.9978
-1.70	0.0446	-0.88	0.1894	-0.06	0.4761	0.76	0.7764	1.56	0.9406	2.90	0.9981
-1.68	0.0465	-0.86	0.1949	-0.04	0.4841	0.78	0.7823	1.58	0.9429	2.95	0.9984
-1.66	0.0485	-0.84	0.2005	-0.02	0.4920	0.80	0.7882	1.60	0.9452	3.00	0.9986
-1.64	0.0505	-0.82	0.2061	0.00	0.5000	0.82	0.7939	1.62	0.9474	3.05	0.9989
-1.62	0.0526	-0.80	0.2119	0.02	0.5080	0.84	0.7996	1.64	0.9495		
-1.60	0.0548	-0.78	0.2177	0.04	0.5160						

习题

一、思考题

1. 期权与保险有什么相同和不同的地方？
2. 请证明认购选择权与回卖选择权的平价关系。
3. 利用 Black-Scholes 模型给基于固定收益证券选择权定价时有哪些不足？
4. 利用可转换债券融资有哪些优点？
5. 可转换债券定价的理论有哪些进展？

二、计算题

1. 一个 60 天的欧式认购选择权，允许购买者购买 100 股 A 公司股票，其中，股票现价为 7 元，执行价格为 6.5 元，融资成本为 5%，股票波动率为年 20%。在未来 60 天内，A 公司不会支付股息。请计算：

（1）认购选择权的价值。

（2）在到期时该期权内在价值为正的概率。

（3）避险组合的权重。

2. 有下面的互换：名义本金为 10 000 元，期限为 3 年。固定利率支付方每年支付 6%，同时收取浮动利率。他拥有选择权，随时可以终结互换。利率路径（上升、下降的概率均是 50%）如下所示：

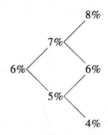

请计算这一互换选择权的价值。

3. 假设银行给你的公司 100 万元的贷款，该贷款是浮动利率贷款，但有箍的规定，最高利率为 6.25%，最低利率为 4.75%。

利率路径（上升、下降的概率均是 50%）如下所示：

（1）画图说明你的公司在时点 0、1、2 的现金流量。

（2）计算这笔贷款在时点 0 的价值。

（3）你的公司需要向银行支付多少钱，就与获得不含箍的贷款一样了？

4. 利率波动树图如下：

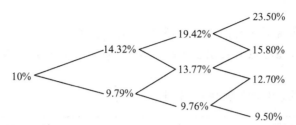

该树图为风险中性的利率树图,并且在任何1年短期利率(1年期利率)上升或下降的概率都是50%。一张债券的面值为100元,到期期限为4年,票面利率为12%。第一年后的回购价格为103元,第二年后的回购价格为102元,第三年后的回购价格为101元,第四年后的回购价格当然为100元。请计算该可回购债券的价格。

5. 你打算贷款买房,却又担心在选定房子之前利率上涨,因此你准备与银行签订一份贷款承诺,该承诺确保你按照年2.5935%的固定利率获得按揭贷款。拿到贷款的时间由你决定,可以是时点0,也可以是时点1。银行承诺的最大贷款数额为100万元。假设按揭只有三年,且按年支付,不可以提前偿还。下图是时点0和时点1的利率树图。

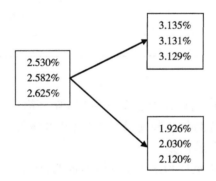

上图中每个结点的第一、第二和第三个数值,分别是1年期、2年期、3年期零息债券的到期收益率。

请问:如果银行在时点0给予这一贷款承诺,你要向银行支付多少承诺费?

6. 你决定买房,需要借入300万元的贷款,贷款期限为15年,利率为年6%的固定利率,贷款按月等额偿还。请计算:(1)每月的还款金额;(2)3个月后的贷款本金。

7. 二项式利率树图如下。结点中第一和第二个数值分别为1年期和2年期利率。

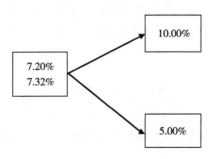

有2年期按年支付的按揭,利率为7.35%,按揭数量为100万元。假设按揭没有违约风险。

问题:

(1) 如果借款人希望在时点1提前还款,请计算还款金额。

(2) 如果贷款人在时点0贷出去100万元,借款人要向贷款人支付多少钱才能获得提前还款的权利。

8. 即期利率曲线(基于连续利率)如下:

期限	即期利率(%)
1	4.51
2	5.07
3	5.70
4	6.82
5	8.00
6	8.97
7	10.02
8	10.26
9	10.49
10	11.13

问题:

(1) 请计算远期利率$f_{2,7}$,即在时点0观察第2年到第7年年底的远期利率。

(2) 请计算一个远期合约的金额持续期,该合约在第2年年底到期,空头方要支付一个于第7年年底到期的零息债券。

9. 一个金融机构有两种负债和三个刚签订的远期合约。负债A的面值为100亿元,票面利率为8%(1年支付1次利息),第4年年底到期;负债B的面值为100亿元,是1年期的零息债券;远期合约C意味着,在时点2该金融机构借入108亿元,在时点4偿还,远期利率为年复利10%;远期合约D意味着,在时点1该金融机构借入8亿元,在时点4偿还,远期利率也为年复利10%;远期合约E意味着在时点3该金融机构借入8亿元,在时点4偿还,远期利率为年复利10%。该金融机构的资产价值为1184.57亿元,其希望调整资产组合使得其净权益与2年期零息债券的风险相当。该机构希望保有负债A和B,以及远期合约C、D、E。当前的利率曲线为水平的,各期都是10%。假设有两个可供使用的证券F和G。F为1年期的零息债券,面值为1亿元;G为6年期的零息债券,面值为1亿元。

问题:

(1)需要购买或者出售多少份额的证券F和G?

(2) 使用证券F和另外一种远期合约H,H是过去发行现在交易的,买主可以在时点2借入1亿元,在时点7偿还,H的远期借款利率为15%。请问:为达成利率风险目标,F和H应如何投资?

(3) 在进行问题(1)和(2)的策略选择时,还应该考虑哪些因素?

第九章

资产证券化的创新与定价

- 资产证券化概述
- 住房抵押贷款支持证券与住房贷款规模扩张
- 转手证券的创新
- 基于转手证券的衍生证券创新
- 住房抵押贷款支持证券的定价
- 住房抵押贷款支持证券的风险指标
- 资产证券化与次贷危机

资产支持证券是固定收益证券中的一大类别。资产支持证券有许多独特的地方。固定收益证券一般有一个具体的债务人，通常是证券的发行人，例如，国债的债务人是国家，公司债券的债务人是公司。资产支持证券的债务人不是一个确指的主体，更不是其发行人，而是某项贷款的众多借款人。固定收益证券一般不存在提前偿还的问题，而资产支持证券的提前偿还风险则非常突出。

本章在对资产证券化做一般介绍的基础上，详细阐述住房抵押贷款支持证券的相关问题，包括住房贷款的种类与创新，证券化对商业银行的利益，投资者持有住房抵押贷款支持证券的顾虑以及中介机构如何消除这些顾虑，住房抵押贷款支持证券的各类衍生品的创新，如何给住房抵押贷款支持证券定价，贷款提前偿还模型等。2008年美国爆发了严重的次贷危机，并引发全球性的金融危机。次贷危机与证券化有怎样的关联，我们从中能够得到怎样的启发，也将在最后一节做出总结。

第一节　资产证券化概述

一、资产证券化的起源和发展

资产证券化（Asset Securitization）是指企业或者金融机构把缺乏流动性但有稳定未来现金流的资产组合起来，以资产池为支撑向市场发行资产支持证券。信贷资产证券化是近五十多年来世界金融领域最重大的创新之一。

（一）资产证券化的起源

资产证券化起源于20世纪70年代。60年代后期，美国经济陷入了衰退，通货膨胀率较高，促使市场利率上升，从事住房抵押贷款业务的储蓄与贷款协会（Saving and Loan Association）短存长贷的弊端显露出来。一方面，储蓄资金被大量提取，而贷款的长期性使储蓄机构出现流动性困难；另一方面，由于利率管制，利差倒挂，储蓄与贷款协会的收益迅速下降，经营状况恶化。

为帮助储蓄与贷款协会摆脱困境，美国政府决定启动住房抵押贷款二级市场，以缓解资产流动性不足的问题。1970年，美国联邦国民抵押贷款协会首次公开发行住房抵押贷款支持证券，资产证券化由此展开。

（二）资产证券化的发展

经过五十多年的创新，资产证券化在美国得到了空前的发展。而美国资产证券化市场的成功，让越来越多的国家认识到资产证券化的意义，这些国家相继启动资产证券化项目，融入全球范围的资产证券化大潮。目前支持证券发行的资产包括信用卡贷款、学生贷款、租赁资产、公司应收账款、不良资产、路桥收费等。

在美国，住房抵押贷款的规模巨大，在整个住房贷款中，1～4户的住房贷款占据非常大的比例，这类贷款证券化相对简单。这也导致了美国住房抵押贷款支持证券的巨大规模。在金融危机发生之前的2006年，住房抵押贷款支持证券的发行规模超过2万亿美元,市场余额为6.5万亿美元,占全部债券余额的23.7%,是美国第一大债券市场。可交易国债只排在第二位,市场余额占比为15.8%。随着次贷危机及其引发的金融危机的到来,2008年美国住房抵押贷款支持证券的发行规模下降到1.3万美元。2018年,美国债券市场中住房抵押贷款支持证券占比达27%,低于美国国债32%的占比。从总量上看,2018年,美国住房抵押贷款支持证券的发行规模为1.9万亿美元,余额为8.93亿美元。

二、资产证券化的参与者

一般来说,资产证券化过程的主要参与者有发起人、特殊目的载体、信用增级机构、信用评级机构、承销商、服务机构、受托管理人、投资者等。

1. 发起人

资产证券化的发起人一般是发放贷款的金融机构,也可以是其他类型的公司。发起人一般通过购买或提供融资两种方式建立资产池。发起人与证券承销商共同决定证券化的交易结构,起草相关文件和对证券进行定价。承销商、服务机构和受托管理人一般由发起人选定。

2. 特殊目的载体

特殊目的载体是一个中介机构,可以由发起人或第三方设立,接受发起人转让的资产池,然后直接发行资产支持证券,或者把资产进一步转让给信托机构,由后者发行资产支持证券。特殊目的载体的参与是资产证券化交易的核心。通过特殊目的载体,债务人的信用风险分散给了投资者。特殊目的载体要严格地与原债权人进行破产隔离。

3. 信用增级机构

信用增级包括内部信用增级和外部信用增级两大类。当内部信用增级不足以达到发行证券所需信用评级时,发起人一般会聘请信用增级机构提供外部信用增级。信用增级机构可以是母公司、子公司或者其他金融机构,也可以是担保公司或者保险公司。信用增级机构通常按比例收取一定的服务费用。

4. 信用评级机构

信用评级机构对拟发行的资产支持证券进行评级,为投资者提供决策参考。信用评级机构通常由国际资本市场上广大投资者承认的独立的私营机构担任。

5. 承销商

发起人选择一家或多家承销商负责资产支持证券的承销。在签订承销协议之前,承销商一般需对资产池、交易结构和有关当事人进行尽职调查,以确保证券发行文件所载内容的准确性。

6. 服务机构

在资产证券化交易中,服务机构直接或者通过分包服务机构来管理转让给信托或者特殊目的载体的资产池。服务机构负责收取资产池产生的现金流(到期本金和利息),然后把收入存入受托管理人指定的账户,由受托管理人转交给投资者。服务机构一般通过受托管理人向资产支持证券持有者通报资产状况。

7. 受托管理人

受托管理人一般由提供公司信托服务的大银行担任。受托管理人的基本职责一般包括以下几个方面：① 托管资产，负责接受、持有和替换资产，提供资产状况分析报告；② 负责资产池产生现金流的收取、持有和分配工作；③ 向投资者或其他第三方支付现金；④ 作为受托人，为资产支持证券持有人保有资产的抵押权，向持有人分发相关信息，以及替换服务机构。

8. 投资者

证券化过程为投资者在市场上提供了一个高质量的投资选择机会。投资者通过购买不同组合资产的证券，能够避免区域和行业的集中所带来的风险。同时，投资者可以依赖第三方信用评级结果进行证券的选择，降低投资成本。

三、资产证券化的基本结构

（一）典型的资产证券化的基本结构

在典型的资产证券化交易中，发起人将资产组合归集成资产池，并通过两种方式转让这一资产池：一是发起人向信托受托人转让该资产池，换取资产支持证券；二是发起人向信托受托人或特殊目的载体转让资产池，获得转让资产的收入。资产证券化的基本结构如图 9-1 所示。

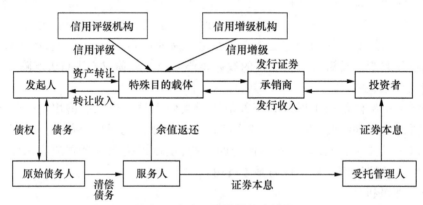

图 9-1 资产证券化的基本结构

资产证券化的基本运作包括以下几个步骤：

（1）确定资产证券化的目标，组成资产池。发起人首先分析自身的资产证券化要求，衡量借款人信用、评估抵押担保物的价值、预测资产现金流，并根据证券化的目标确定资产池规模，对资产进行组合，构成资产池。

（2）资产转让。发起人与特殊目的载体签订买卖合同，发起人将资产池中的资产转让给特殊目的载体。

（3）信用增级。其中，内部信用增级是由特殊目的载体用基础资产所产生的部分现金流来提供的，其常见的方式有建立优先/次级结构和现金储备账户等；外部信用增级是由外部第三方提供的信用增级工具，其常见的形式有担保、保险等，在资产池未能产生足够的现金流偿付本息时，由担保机构或保险公司根据约定向投资者支付一定的到期证券本息。

(4) 信用评级。信用评级由专门的评级机构应资产证券发起人或承销商的请求进行。评级主要考虑资产的信用风险,而不考虑市场风险和发起人的信用风险。由于出售的资产都经过了信用增级,因此资产支持证券的信用级别会高于发起人的信用级别。

(5) 证券发行和资产转让支付。确定信用评级结果后,承销商以包销或代销方式向投资者发行证券筹集资金。特殊目的载体从承销商那里获取证券发行收入,并按合同约定的价格支付给发起人。

(6) 资产售后管理和服务。发起人指定一家资产管理公司管理资产池,负责收取、记录由资产池产生的现金收入,并将现金收入存入受托管理人的收款专户。受托管理人按约定收取资产池产生的现金收入,并按期向投资者支付本息,向专业服务机构支付服务费。由资产池产生的收入在还本付息、支付各项服务费之后,若有剩余,按协议规定在发起人和特殊目的载体之间进行分配。

(二) 有担保债券的凭证/有担保贷款的凭证/有担保债务的凭证的运作机制

有担保债券的凭证(Collateralized Bonds Obligation, CBO),是以一组债券为支撑而发行的新的债券。有担保贷款的凭证(Collateralized Loans Obligation, CLO),是以一组贷款为支撑而发行的新的债券。如果支撑性资产既有债券也有贷款,那么新发行的债券被称为有担保债务的凭证(Collateralized Debt Obligation, CDO)。在 CBO/CLO 证券化中,金融机构通过收购高收益债券或贷款,并以这些债券或贷款为支撑发行新的债券(CBO/CLO)。通过结构化的发行,高级别的债券的利息成本低,金融机构就有机会从持有高收益债券或贷款中获得利差。而且由于表内业务与表外业务的资本要求有差别,因此金融机构从事 CBO/CLO 的发行可以减少资本占用。

CBO/CLO 的运作机制如图 9-2 所示。

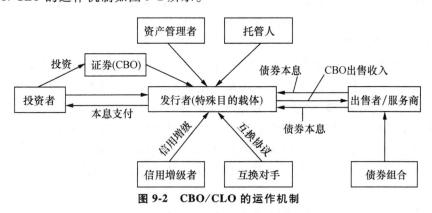

图 9-2 CBO/CLO 的运作机制

CBO/CLO 的运作机制解释如下:

(1) 设立一个发行机构(特殊目的载体),与贷款的发放者或债券持有者实施破产隔离;

(2) 特殊目的载体从贷款的发放者或债券持有者那里购买资产;

(3) 特殊目的载体通过发行各个层级的债券以及剩余权益层获得购买资金;

(4) 根据证券的层级以及信用增级的程度获得评级;

(5) 投资者获得证券的本息,现金流来自支撑性的标的资产。

四、资产证券化对市场参与者的作用

(一) 资产证券化对商业银行的作用

1. 有利于商业银行资产负债的合理搭配,确保商业银行的流动性

商业银行的经营要符合安全性、流动性和收益性原则,其中流动性原则是至上的。如果资产失去流动性,商业银行必然会受到严重影响,包括贷款被迫转让、投资的证券被迫出售等。在贷款缺乏二级市场的情况下,商业银行只有对其贷款大打折扣才能实施转让;而被迫短时间内出售大量所持证券,商业银行也必然遭受资本损失。另外,当商业银行靠出售贷款和所持有的证券都无法满足流动性需要时,商业银行的负债——存款就很有可能被挤兑,而这会给商业银行的安全带来威胁。在历史上,曾经发生多起商业银行倒闭的事件,其中很多是由银行无法保持流动性而引起的。

商业银行保持流动性主要依靠各种准备资产。其中第一准备为现金和在中央银行往来账上的超额准备;第二准备为随时可以出售的短期政府债券;第三准备为期限在一至两年的政府债券;第四准备为期限在两年以上的债券。

银行的许多信贷资产都属于长期贷款。当长期信贷资产比重大到一定程度时,商业银行的流动性矛盾就会显现。此时,通过证券化会大大改善商业银行的流动性。商业银行通过构建自己的贷款池,并据此发行转手证券,将自己的贷款资产出售给其他投资者,使那些原本不能流动的长期贷款变成流动性最强的现金、其他短期资产或者流动性强的长期证券。这样,银行负债的短期性与其资产的高流动性就搭配起来。而且,商业银行可以持有自己发行的资产支持证券,也可以持有其他商业银行发行的资产支持证券。这些证券是可以交易的,银行的流动性就可以因此得到保证。

2. 有利于降低和分散商业银行的风险

《新巴塞尔协议》对于资产证券化与银行资本的关系做出规定,主要包括以下方面:① 资产证券化中的某一个层级的风险权重完全依赖于其外部评级;② 对发起银行与投资购买的银行区别对待;③ 如果某个层级没有经过评级,除非某些特殊情况发生,否则要从银行资本中减掉。这些特殊情况包括:① 市场发生剧烈变动,需要银行提供流动性。在这种情况下,风险转换系数可以为 0。② 需要银行向特殊目的载体提供流动性,但贷款属于最优先的债务,而且是可以无条件取消的。这种情况下,持有证券的风险转换系数也可以为 0。

一般情况下,资产证券化的风险权重如表 9-1 所示。

表 9-1 《新巴塞尔协议》关于资产证券化的风险权重

评级	发起银行	购买的银行
AAA 到 AA-	20%	20%
A+ 到 A-	50%	50%
BBB+ 到 BBB-	100%	100%
BB+ 到 BB-	减掉	350%

（续表）

评级	发起银行	购买的银行
B+以下	减掉	减掉
未评级	减掉	减掉

《新巴塞尔协议》对于资产证券化不完全是鼓励，但对优良资产的证券化还是有利的，因为高级别的证券的风险转换系数很小。也就是说，商业银行持有自己发行或者其他商业银行发行的并由政府资助机构担保的资产支持证券，可以使资产风险系数降低，从而有利于商业银行提高其资本充足比率。但银行持有低级别证券的风险转换系数很大，有的干脆就从资本中减掉了。

证券化可以化解某些贷款发放所带来的风险。信贷资产包括违约风险、市场利率风险、通货膨胀风险、提前偿还风险等。当这些风险高到商业银行无法承受的程度时，证券化可以有效缓解这些风险。证券化不是消除了这些风险，而是将这些风险分散给了众多的投资者。

3. 有利于商业银行拓展资金来源，并增加中间业务收入

资产证券化之后，各类投资者都可以持有这些证券，资金来源丰富了。而且，证券发行与交易持续一段时间后，商业银行可以评估信贷资产的质量，这会促进商业银行提高信贷资产发放的标准，提高经营的效率。商业银行可以通过发起贷款和服务贷款回收等途径获得收入。这一收入属于商业银行的中间收入，这种收入没有多大的风险，而收入来源则依赖证券化的规模。

（二）资产证券化对各类投资者的积极作用

资产证券化除了具有筹资迅速和一定的资源配置作用，还有稳定资本市场的作用。其之所以有稳定资本市场的作用，是因为债务工具可以成为以稳健经营为目标的众多投资者的投资选择。

资产支持证券可以成为保险公司的投资工具。某些资产支持证券属于长期金融工具，而保险资金，特别是人寿保险金也是长期性质的，二者可以相互匹配。尽管某些资产支持证券存在提前偿还的风险，对保险公司不一定合适，但随着证券化的深入，特别是一些衍生证券的创新，完全可以适应保险公司的需求。

某些证券存在违约风险，但违约风险可以通过各种途径得到控制，内部与外部的信用增级能够让资产支持证券成为高级别的证券。

资产支持证券可以成为社会保险基金、住房公积金、各种科研教育基金的投资选择。这些基金的共同特征是来源稳定，来源与支出的间隔期长。某些资产支持证券也是长期性质的，可以成为上述基金的投资选择。

资产支持证券可以成为证券投资基金和个人投资者的选择，让个人投资者有了更大的资产选择空间。

除了选择机会增大，资产支持证券的某些类型，包括本金证券、利息证券、浮动利率证券、逆浮动利率证券等，有特殊的风险特征，投资者可以用来进行风险管理。

(三) 资产证券化有利于降低借款人的成本

一方面,资产证券化扩大了融资主体的范围,由原来传统的商业银行扩大到一般的机构投资者和个人投资者。融资主体范围的扩大,增加了资金的供给,有利于降低资金成本。另一方面,资产证券化之后必然建立证券的二级市场,流动性的提升有利于降低流动性风险溢价,从而有利于进一步降低资金成本。例如,在美国,随着住房抵押贷款支持证券市场的深化,住房抵押贷款支持证券与国债的利差也不断缩小,进而带动住房抵押贷款与国债利差的缩小。具体而言,30 年期固定利率住房抵押贷款与 10 年期美国国债的利差从 20 世纪 80 年代的 2%~3%,缩小到 1987 年的 2%,再缩小到 1990 年的 1.5%,之后又缩小到 1994 年的 1.3%。①

五、资产证券化的发行主体——特殊目的载体

特殊目的载体在资产证券化中扮演着非常重要的角色。无论是从经济学原理还是从法学原理上,通过特殊目的载体来发行资产支持证券都有一定的优势。

(一) 从经济学原理上看,由特殊目的载体发行资产支持证券有优势

由特殊目的载体发行资产支持证券,是通过以下途径来实现的:① 特殊目的载体从金融机构那里购买信贷资产,并根据一定的标准将购买到的信贷资产划分为若干个贷款池,每一个贷款支撑一种资产支持证券;② 特殊目的载体与金融机构进行磋商,与拟发行的资产支持证券信贷资产进行互换。

由特殊目的载体发行资产支持证券,使得贷款的发放者和证券的发行人、承销者、担保者、评级者等进行了专业的分工。银行由于在获取借款人信息等方面有自己的比较优势,因此就可以专注于贷款的发放。精力的集中与各种营销举措的实施,将导致更标准、更完善的贷款发放文件和程序的形成,从而提高贷款发放效率。专业发行机构的效率可以提高,是因为发行规模相对集中。一方面,集中发行增大了每次发行的规模,进而降低了发行费用。另一方面,由于专业发行机构可以将不同银行发行的信贷资产,甚至是不同时间段上的信贷资产整合起来,并以此为支撑发行证券,因此,这样的资产支持证券是更加分散化了的,风险更低,更受投资者欢迎。银行出售自己的贷款给专业发行机构,再回过头来有选择地购买特殊目的载体发行的资产支持证券,更可以有效地避免风险。

由于资产支持证券发行与交易的成功,依赖于其母体——信贷资产的质量,因此,商业银行只负责发放贷款,不负责日后贷款的偿还能力,会影响住房抵押贷款支持证券的发行与交易吗?实际上,约束商业银行在贷款发放时对借款人信用水平的控制,有很多方法。第一,银行转让信贷资产的价格与信贷资产的质量密不可分。第二,银行日后的收益——服务费——按照贷款利息的一个百分比逐月获得,服务费的多少与收取的信贷资产利息直接相关。如果商业银行在贷款审查阶段控制不严,就会使自己发放出去的贷款无法被证券化,或者影响到利息的收取,进而影响银行作为服务机构的利益。也就是说,如果信贷资产风险控制有问题,那么商业银行自己也要遭受很大的损失。

---

① 资料来源:FHLMC, Financing America's Housing, 1996。

（二）在法律上由特殊目的载体发行住房抵押贷款支持证券更为方便

在法律上，发行资产支持证券的机构与银行之间应该有信贷资产"真实出售"的法律认可，而商业银行自己设立资产支持证券发行机构，出售的真实性就会被怀疑，因此，在这样的条件下进行的证券化被认为是担保融资。而由独立的特殊目的载体从银行那里购买到信贷资产，可以比较容易实现破产隔离，因为特殊目的载体购买后，银行就不再拥有这些资产的所有权和抵押权，这些权利一同转移给了特殊目的载体。

（三）特殊目的载体的设计

1. 空壳与实体的选择

有不少特殊目的载体属于空壳性质。也就是说，特殊目的载体仅仅是为迎合法律上的规定而设立的一个实体，实际上是一个空壳。该特殊目的载体只拥有名义上的资产和权益，实际管理和控制均委托其他机构来进行，自身并不拥有职员，甚至连场地都没有，投资者的权益也是通过受托管理机构对各方的牵制来实现的。空壳性质的特殊目的载体有很多设立在诸如开曼群岛、百慕大群岛、维尔京群岛等税收豁免地区。

实体的特殊目的载体本身是专门从事证券发行与交易的实体机构，像美国的政府国民抵押贷款协会（Goverment National Mortgage Association，GNMA—Ginnie Mae）、联邦国民抵押贷款协会（Federal National Mortgage Association，FNMA—Fannie Mae）、联邦住房贷款抵押公司（Federal Home Loan Mortgage Gorporation，FHLMC—Freddic Mac）等，都是实体机构，有的本身就是在纽约证券交易所上市的公司。实体的特殊目的载体的好处有：

第一，实体机构可以从事多种资产支持证券的发行与设计工作。而在通常情况下，空壳性质的特殊目的载体只是为了发行一种资产证券而设立的。

第二，实体机构可以对其所发行的资产支持证券进行担保等信用升级，而空壳性质的特殊目的载体则没有这个功能。

第三，实体机构可以开展资产支持证券的交易，即实体机构可以成为做市商。

第四，实体机构可以比较容易地与银行进行贷款的买卖或者互换等业务，顺利实现信贷资产的转让。

第五，实体机构对自身的经营成果负责。经营成果主要表现在特殊目的载体收到信贷资产本息收入，并由银行代理支付给资产支持证券的投资者本息收入以及其他服务机构的服务费用之后的剩余，这些剩余主要表现为特殊目的载体的担保费、某些权益性证券（如分层证券中的剩余层）的收入、管理费用、超额利差等。由于实体的特殊目的载体有自己的权益资本，也有自己的利益来源，因此实体机构的性质有利于其改善服务与管理水平。

第六，通过税法的调整，可以让实体的特殊目的载体获得优惠的税收待遇。具体做法是特殊目的载体免除一切营业税和增值税，但按照税后利润支付所得税。

2. 特殊目的载体的运作规范

特殊目的载体应该满足实体公司的要求，也要符合专门服务于资产支持证券发行与交易的要求。具体而言：

第一，特殊目的载体的性质。特殊目的载体属于公司，而且可以是上市公司。持有特殊目的载体股权的主体可以包括很多,如证券公司、商业银行、一般公司等。在国外,在资产支持证券运作中有丰富经验的机构也可以参与一定的股份。

第二,特殊目的载体的模式选择。美国的 GNMA、FNMA、FHLMC 主要是通过购买或者互换等手段从银行那里得到信贷资产,它们自己也发放少量的贷款,因此,美国的模式可以被称为混合模式。在其他国家,如澳大利亚,则要求贷款的发放机构与资产支持证券发行机构相分离,本书称之为分离模式。

第三,特殊目的载体的资本金。资本金应该满足购买银行信贷资产和为资产支持证券的发行提供一定程度担保的要求。

第四,特殊目的载体的负债率。特殊目的载体不得破产,因此不允许特殊目的载体出现资不抵债的情况,可以根据该原则来选择特殊目的载体的负债率及相应的担保责任。

第五,特殊目的载体的业务。特殊目的载体所从事的业务局限在资产支持证券的发行、担保与交易上,禁止其从事其他经营和投融资活动。

第六,特殊目的载体的分立性。特殊目的载体的簿记及记录同其他任何主体分立,资产不与任何机构的资产相混合,只以自己的名义从事业务,保持分立的财务报表,不与其他机构发生关联关系,不对其他任何机构提供担保或为其承担债务,不用自己的资产为其他机构提供债务保证,不用自己的资产为其他机构提供抵押,不发生重组或者兼并,绝对保持为一个独立的实体。

3. 特殊目的载体的业务范围与运作框架

特殊目的载体制定可以被证券化的资产的标准,并与有关银行签订证券化的合作协议;与托管银行签订信托协议,明确委托与受托的信托关系;向银行购买或者与其互换符合证券化标准的贷款,建立信贷资产总库;对资产总库进行分类组合,形成证券化的贷款池;与保险公司协商贷款池的保险;设计具体的资产支持证券;与承销商商定发行价格;接受评级机构的信用评级;接受审计机构的审计;委托银行收取信贷资产的本金和利息,并向托管银行进行支付,由托管银行按资产支持证券的利率标准向投资者进行支付;按事先规定的标准向其他中介机构支付费用和佣金。

六、资产支持证券的交易

一般情况下,资产支持证券是通过场外市场来交易的。在交易过程中,买与卖的指令要包含以下信息:

(1) 转手证券的担保者;

(2) 抵押品的类别;

(3) 资产支持证券的票面利率;

(4) 贷款池的偿还期;

(5) 买卖的本金数额;

(6) 价格,用本金的百分比来表示。

在美国,出售者在履行交割义务时,有两种方式:一是交割有确指的证券,二是交割无确指的证券。有确指的证券是指有具体贷款池序号的证券,以及有发行年份的证券。

如果在交易指令中省略了贷款池序号或者证券的发行年份，那么购买者的购买命令就属于不确指的(to be Announced，TBA)。对于不确指的购买命令，证券的出售者有选择权，即出售者可以在满足前面(1)至(5)要求的情况下，交割任何贷款池的证券。

通常，资产支持证券的交易采用保证金交易的方式。保证金交易也是信用交易。资产支持证券保证金账户是指在规定期限内，购买资产支持证券不足的资金可以自动由经纪人提供贷款。在保证金交易中，全部证券保存在经纪人那里，并且账户所有人必须与其经纪人签订协议，授予经纪人一项权利，即以证券为抵押向银行申请贷款。有时经纪人还请求顾客允许他将证券借给别人。如果事先有协议，则当上述行为发生时，不必通知投资者。

信用交易具有以下优点：

（1）投资者可以获得财务杠杆给它带来的收益。财务杠杆的大小不能超过证券管理当局的规定，在规定的幅度内，投资者有权决定是否向经纪人借款和借款多少。

（2）资产支持证券属于固定收益证券，发生信用风险的可能性不大，这不同于期货、期权等衍生金融工具，证券管理部门可以确定相对高的保证金比率。

（3）保证金交易有利于市场的流动性。

（4）保证金交易有利于银行参与证券市场业务，即银行通过发放保证金贷款，为自己在资本市场的发展找到出路，从而更有利于银行参与资产支持证券市场的创建。

资产支持证券交易有独立的清算与交割机构。清算与交割机构的存在，一方面大大提高了清算与交割效率，另一方面也大大提高了价格的安全性。

为了清算，交易双方要向清算公司提供以下信息：

（1）自己是谁；

（2）对方是谁；

（3）是买还是卖；

（4）买卖的本金余额；

（5）交易价格；

（6）证券特征；

（7）成交日期；

（8）交割日期。

如果交易双方所提交的交易信息完全一致，那么双方的交易就受法律保护。如果双方的交易信息在某些方面不能达成一致，那么在双方修正后再向清算公司提交信息。一旦双方所述信息完全一致，那么交易双方要向清算所提交保证金，以确保双方都能履行各自的义务。而后，清算公司计算每个会员的买卖净值，通知交易双方要交割的证券或者现金的净值。

由于在交割日之前的每一天，证券的价格都是变动的，因此，保证金的要求也是变动的。如果证券的价格超过成交价格，则卖方总是存在着一走了之的想法。为了让卖方履行交割证券的义务，卖方提供的保证金要超过证券价格与成交价格之差。相反，如果证券的市场价格低于成交价格，则买者更愿意一走了之，为此，清算公司要求买者提交不低于这一价差的保证金。在美国，当资产支持证券的市场价格低于(高于)成交价格时，证券的购买者(卖方)要提交相当于价差130%的保证金。

成交后,交易双方要在清算公司那里保存证券或货币,这些证券或货币可以用来充当履约的保证。

清算公司除了进行信用控制,提升交易履约水平,更重要的是,它充当了交易清算的中介,提高了清算效率。在场外交易中的清算公司,与期货交易所中的清算公司有许多相同的地方:

(1) 清算公司都负责匹配交易,冲销一家公司的买单与卖单,收取保证金。

(2) 金融工具的交付都受到清算公司的监控。在期货交易中,期货合约的交付是按当天的交割价格来执行的,交割价格是用当天尾市交易价格的平均数来计算的。交割风险保证金就是为了确保最初的合约价格得以实现。而在资产支持证券交易中,清算公司监控证券的交付,交付价格是平均交易价格,而现金性的支付与收取,就是为了确保有效支付价格等于最初的成交价格。

但资产支持证券的清算与期货、期权交易的清算有重要的区别。资产支持证券的清算公司不对交易的安全进行担保。这意味着,一个会员出于破产等原因而不能履约时,资产支持证券清算公司不对其他会员的损失进行赔偿。而期权、期货交易所一般要求清算公司对交易的安全进行担保。

七、资产证券化的税务问题

资产证券化的税务问题涉及征税者和纳税者。从征税者的角度而言,总的来说应是本着税收中性化的原则,即不因证券化而使当事人承受额外的税收负担。税务部门可制定适当的税收优惠政策,促进资产证券化。银行作为证券化的当事人,税收直接影响其证券化的融资成本,过重的税收将缩小其盈利空间,并使证券化产品失去对投资者的吸引力。

当证券化交易采取资产真实出售的方式时,商业银行实现了资产的表外处理,资产负债表上的风险资产减少,现金相应增加。由于信贷资产变现产生的损益被记入损益表内,作为资本利得或资本损失处理,因此,银行在资产转移时就确认了收入,同时银行的资产负债表体现的流动性、安全性状况得到改善。当证券化交易采取担保融资的方式时,商业银行在资产转移时资产并没有从表内移出,融资资金作为负债在表内反映,银行没有获得收入。当借款人进行贷款利息偿付时,银行才确认贷款利息收入。可见,就资产转移环节看,真实销售具有提前纳税的作用,而担保融资则没有这一问题。

发达国家对资本利得在税务处理上一般给予不同程度的优惠。对资本利得采用轻税政策,可以鼓励资本流动,活跃资本市场。

对于证券化交易产生的资本损失,也有两种不同的做法:一种是可以作为纳税扣除,另一种是由于税务机关可能认为资产出售不属于发起人的正常经营范围,因此所产生的损失不应扣税。事实上,证券化交易中资产转移带来的损失和收益,是发起人原已存在的潜在损益的显现化,从会计和税收的角度看,只是时间确认上的差异,而非核算口径上的差异。因此,如果对资本损失允许扣税,那么对资本利得适当征税,才符合公平的原则,才有利于减轻证券化当事人的税收负担,促进证券化的发展。

第二节 住房抵押贷款支持证券与住房贷款规模扩张

住房抵押贷款支持证券是资产证券化中最早也是最重要的一种。住房抵押贷款支持证券的生成依赖三个基本条件：一是住房抵押贷款规模巨大，这是证券化的基础；二是商业银行希望通过证券化以获得额外的资金来源，并获得可观的服务费；三是中介机构发行的住房抵押贷款支持证券被投资者接受。本节就第一个条件展开论述：住房抵押贷款规模如何变得巨大，从而成为证券化的基础。

一、住房抵押贷款的特征分析

住房抵押贷款是商业银行等金融机构所从事的资产业务的一种。它以住房作为抵押物来确保债务人履行债务。在签订贷款协议之前，借款人要满足以下条件：

首先，如果贷款额相对于住房价值的比率较高，那么债权人将要求借款人购买抵押保险。而且，借款人必须购买灾害险，以确保住房的价值。

其次，在大多数情况下，保险费以及财产税要与抵押贷款偿付额一起由借款人付给债权人，债权人为保险费和财产税等设置一个专门的账户，而后转交给相应的主体。

最后，借款人必须购买产权保险，以防止在产权核查过程中抵押权的丧失。

一般情况下，住房抵押贷款有以下特征：

（1）单笔贷款规模不大。住房抵押贷款相对于商业银行其他类别的贷款而言，单笔贷款规模比较小。由于住房抵押贷款的申请者为消费者个人，因此每笔贷款的规模相对较小。

（2）相对于一个家庭而言，住房贷款的数额很大，达几十万元甚至几百万元，相当于一个家庭很多年的积蓄。

（3）贷款周期长。住房贷款的期限一般很长，最长可达 30 年。美国已经有跨代的住房贷款，期限超过 30 年。

（4）贷款的抵押性。住房贷款的周期长，发生风险的可能性也就大，因此商业银行从事住房贷款一般都以住房为抵押品。而住房是特殊的商品，在价值上具有增值性。在物价上涨幅度较大的情况下，住房的价值会随着物价的上涨而上涨，甚至大大超过物价上涨的速度。正是由于住房具有保值和增值的功能，因此商业银行从事以住房为抵押的贷款，风险并不是很高。当然，这种风险较低是有条件的。如果商业银行等机构不能很好地分析住房贷款的偿还前景，其贷款损失也是不可避免的。

二、政府的扶持与出台住房贷款的统一标准

为了促进住房产业的发展，各国政府建立并实施了各种政策措施，下面以美国为例。

1934 年，美国联邦住房管理局（Federal Housing Administration，FHA）开始了分期偿还住房抵押贷款的担保业务。由于分摊期很长，贷款数额占房价的比率适当提高也不会给借款人带来太大的偿还压力；由于有利率上限的限制，贷款利率较低；又由于这种贷款是以住房作为偿债保证的，而住房通常又易于转手，况且在申请贷款时借款人要接受信

用审查,因此,这种长期性的住房抵押贷款的违约风险大大降低。

美国联邦住房管理局和退伍军人管理局分别负责为商业银行或其他机构发放住房抵押贷款提供保险及担保。这两个机构对能够得到保险或担保的住房贷款规定了标准,这些标准包括:① 最大的贷款数量与房价比率;② 利率方面的限制;③ 最大的贷款规模;④ 最低的首次付款比率;⑤ 建筑和设计方面的具体标准。

更为重要的是,由于住房贷款得到了政府机构的保险或担保,因此金融机构可以创造出标准化的抵押证券,这种证券可以向做市商出售,这样一来,抵押贷款就有了流动性。流动性的产生进一步降低了资产风险,商业银行也就可按更长的偿还期发放住房抵押贷款。

三、住房抵押贷款品种的创新

(一)传统的固定利率贷款

住房抵押贷款一直是固定利率贷款,偿还期固定,贷款本息按月偿还。这种固定利率抵押贷款现在也是最为普遍的。固定利率抵押贷款(Fixed Rate Mortgage,FRM)每月的本息偿还额很容易计算出来。由于抵押贷款按月等额偿还,因此,最初月份主要偿还利息,而后随着本金余额的下降,本金偿还额增加。

固定利率抵押贷款对于借款人来说,有两个好处:一是借款人可以预先知道借款的成本和每月偿还的数额,二是借款人可以在对他有利的情况下提前清偿贷款余额。

固定利率抵押贷款也有它的缺点。在利率较高和较低的时候,发放抵押贷款对于商业银行的收益会产生非常大的差别。例如,在利率较低的时候发放不动产抵押贷款,由于这种贷款的期限很长,因此在利率上升时,商业银行的资金成本势必增加,从而商业银行一定会遭受损失;而在高利率时发放住房抵押贷款,在利率下降后,借款人将遭受非常大的损失。尽管一般说来借款人可以提前偿还贷款,但偿还贷款需要再融资的能力,而并不是每个借款人都具有再融资的能力,因此,在市场利率下降时借款人遭受损失是不可避免的。

(二)可调整利率抵押贷款

可调整利率抵押贷款(Adjustable Rate Mortgage,ARM)是把贷款利率与市场实际挂钩,根据市场利率、通货膨胀率以及其他因素的变动适时调整贷款利率。

可调整利率抵押贷款分为无限制的和有限制的两类。无限制的可调整利率抵押贷款的利率风险完全由银行转移到借款人身上,因为这时银行的存贷利率都随着市场利率而变动,利差保持相对稳定。而且贷款利率随时根据市场利率进行调整,贷款的市场价值不会因为市场利率的变动而发生增减。无限制的可调整利率抵押贷款的另一个好处是降低了借款人的进入门槛。由于贷款利率根据市场随时调整,因此银行就没有必要在设置初始还款额的时候加入通货膨胀预期,故可调整利率抵押贷款的初始还款额往往大大低于固定利率抵押贷款,这就使更多的中低收入家庭有资格申请到贷款。

有限制的可调整利率抵押贷款通常有诸多的限制条款,包括:

调整期。在美国市场上较为常见的是半年或一年调整一次抵押贷款利率,当然也有三年、五年甚至按月调整的。调整期越长,银行承担的利率风险越高。

利率调整的顶和底。通常既有每次调整的顶和底,也有整个贷款期的顶和底。顶越小,银行利率风险越大。

支付额的顶和底。每期还款额的调整根据上次还款额的一定百分比予以限制,顶越小,银行利率风险越大。

负摊销。某期应支付的利息如果超过调整限制的顶,其差额部分可以计入贷款余额中,这样有可能出现虽然每期支付利息但贷款余额居高不下甚至超过贷款本金的情况。负摊销额累积得越多,则违约风险越大。

初始利率。该利率的确定依赖于合同中的其他条款,通常依据银行承担利率风险的大小而不同。

边际溢价和利率指数。二者通常作为对贷款合同中其他条款的调整项,用以补偿银行或借款人的利益。

(三)渐进偿还抵押贷款

渐进偿还抵押贷款(Graduated Payment Mortgage,GPM)本质上属于固定利率抵押贷款的一种,因为其利率在整个贷款期间是固定的。但每期的还款额随着时间的推移而前低后高,一般最初几年低于标准固定利率抵押贷款的每期还款额,在随后的某一个或某几个时点被调高至一个新的水平,最后在剩余年限维持一个固定的水平,这一固定的水平要高于渐进偿还抵押贷款的额度以补偿最初几年的低支付额。

(四)反向年金抵押贷款

反向年金抵押贷款(Reverse Annuity Mortgage,RAM)是专门针对退休的借款人设计的。其基本原理就是把借款人分期支付利息的过程倒过来,利用老年人拥有的住房做担保或抵押,根据其价值的一定比例发放贷款,发放的过程是每月支付一定的数额(可以是固定不变的,也可以根据实际经济环境递增),就像负利息一样。至贷款终止,由借款人一次性偿还本金和利息,通常借款人会用卖掉房产的收入偿还贷款。但是为了使借款人不至于卖掉房产后无法生存,其中一种反向年金抵押贷款采取了寿命贷款的形式,即贷款期限一直到借款人逝世为止,之后再卖掉借款人的房产。

这种反向年金抵押贷款把死亡风险从贷款中剥离,本质上其实是帮助借款人盘活了其住房财产,使得借款人能够依靠住房获取现金流入,是一种所有权货币化的形式,借款人每收到一笔贷款,其对房产的权益就会减少一些。

(五)价格水平调整抵押贷款

价格水平调整抵押贷款(Price Level Adjusted Mortgage,PLAM)是一种介于固定利率贷款和可调整利率贷款之间的产品。其具体还款机制如下:首先由银行确定第一年的初始利率水平,然后在年度末计算贷款余额,之后再根据这一年的价格指数调整贷款余额(通常选定CPI,并乘以CPI增长率),最后根据调整后的贷款余额,按照原来的初始利率确定第二年的每月还款额,以后年度以此类推。这样算出的每月还款额基本上与初始利率加上CPI增长率得到的利率相符。

(六)分享增值抵押贷款

与价格水平调整抵押贷款类似,分享增值抵押贷款(Shared Appreciation Mortgage,

SAM）也是在贷款初期设定一个较低的利率，并按照标准渐进偿还抵押贷款的模式支付。然后在未来某一时点或某几个时点重新评估房价（或出售房屋），其相对于上一时点增值额的一定比例支付给银行作为补偿通货膨胀的损失。最简单的分享增值抵押贷款的还款方式是贷款前期以低于渐进偿还抵押贷款利率的固定利息支付，到事先商定的某一时点一次还清剩余贷款额和房屋部分增值额。

分享增值抵押贷款与价格水平调整抵押贷款、可调整利率抵押贷款和渐进偿还抵押贷款不同的是，其应对通货膨胀的调整不是在每年度逐渐进行的，而是在事先规定的时间点一次补偿。同时，分享增值抵押贷款的最大特点是基于特定住房财产的价值确定收益，而不像价格水平调整抵押贷款那样根据一般的通货膨胀率进行调整，也不像可调整利率抵押贷款那样根据市场利率进行调整。

（七）质押存款账户抵押贷款

质押存款账户抵押贷款（Pledged Account Mortgage，PAM）的设计使借款人能够保持渐进偿还抵押贷款模式，同时从银行的角度又保持传统的标准固定利率贷款渐进偿还抵押贷款模式。具体操作如下：在传统的渐进偿还抵押贷款模式下，借款人比如要交20%的首付款，剩余80%从银行贷款。在质押存款账户抵押贷款模式下，借款人可以把首付款的一部分（比如75%）存入银行，再向银行借入占整个房款95%的贷款。这就相当于该笔贷款不仅由抵押的房产来担保，而且由质押的存款账户来担保。未来的每期还款来源由三部分组成：借款人支付、存款利息和存款本金的减少，三部分之和正好等于渐进偿还抵押贷款模式下的每期固定支付额。借款人最初的支付是远低于渐进偿还抵押贷款固定支付的，随着存款账户本金的消耗，后两者在还款额中的比重逐渐下降，而借款人自己需要支付的比重逐渐上升，最终存款账户完全耗尽，借款人的支付恢复为标准的固定利率抵押贷款的支付。

在整个过程中，银行收到的是与标准固定利率贷款相同的还款额，不存在负摊销的问题，因而违约风险下降。如果通货膨胀率或利率上升，那么该存款账户的利率也相应上升，从而至少在账户耗尽以前能够补偿银行的利率损失，在一定程度上转移了利率风险。从借款人的角度看，贷款门槛因此降低了。而存款账户额度本来也是要用于首付的，因而不存在机会成本的损失问题。

第三节　转手证券的创新[①]

一、住房抵押贷款的购买

在美国，商业银行把发放的住房贷款卖给三个联邦资助机构以及多个私人公司。三个联邦资助机构分别为前面提到过的 GNMA、FNMA 和 FHLMC。

联邦资助机构的作用主要表现在两个方面：一是政府的担保提升了贷款的质量，降低了负债成本，从而提升了担保的价值；二是联邦资助机构本身就是做市商，它们既创造

---

① 本节参考姚长辉，《中国住房抵押贷款证券创新研究》，北京大学出版社 2001 年版。

了资产支持证券,又买卖这些证券。由于住房抵押贷款支持证券有了流动性,因此极大地促进了其他投资者的购买。而且,由于流动性的建立,投资者要求的收益率降低,这也会提升证券的价值。这反过来会降低借款人的成本。联邦资助机构购买贷款的标准以及转手证券的主要特征如下[①]:

1. 担保

GNMA 的转手证券的本金和利息的及时偿还直接由美国政府提供担保。FNMA 和 FHLMC 的转手证券是政府机构担保。这两个机构都可以从美国财政部借款,美国政府不大可能让这两个机构倒闭。FNMA 对自己发行的全部证券的本金和利息的及时偿还都提供担保,而 FHLMC 只对其金色项目(Gold Program)的本息及时偿还提供保证。该项目于 1990 年开始运作。FHLMC 对其 75 天项目(75-day Program)的利息的及时偿还提供保证,对本金的及时偿还不做保证,但保证在一年内偿还本金。

2. 滞后天数

转手证券在约定的滞后天数后支付利息。例如,8 月份的利息将在 9 月份甚至 10 月份支付。其中,Gold GNMA 的支付日为 9 月 15 日,GNMA II 的支付日为 9 月 20 日,Gold FHLMC 的支付日为 9 月 15 日,75-day FHLMC 的支付日为 10 月 15 日,FNMA 的支付日为 9 月 25 日。名义上的滞后天数对于 GNMAs、Gold FHLMC 为 45 天,FNMAs 为 55 天,75-day FHLMC 为 75 天。即使没有滞后,8 月份的本金和利息也应该在 9 月 1 日支付,所以实际的滞后天数分别减少 31 天,即分别为 14 天、24 天、44 天。

3. 贷款池的构成

GNMA 的贷款池为美国联邦住房管理局(FHA)和退伍军人管理局(VA)分别提供保险的按揭贷款。FNMA 和 FHLMC 的贷款池主要是普通贷款,也包括美国联邦住房管理局和退伍军人管理局提供保险的一些按揭贷款。一般情况下,FNMA 和 FHLMC 的贷款池在规模上更大,在区域上更为分散。

4. 流动性

随着住房抵押贷款证券化的规模越来越大,其流动性越来越好。对于票面利率为 6%~8% 的证券而言,买卖差价通常为 0.25 个基点。转手证券与国债的利差相似,低于公司债券的买卖差价。这说明,转手证券的流动性与国债的流动性没有多大的差别。

不同联邦资助机构发行的转手证券的主要特征,如表 9-2 所示。

表 9-2　美国不同联邦资助机构发行的转手证券的主要特征

	GNMA	FNMA	75-day FHLMC	FHLMC Gold
抵押贷款类型	FHA/VA	普通贷款 (部分 FHA/VA)	普通贷款 (部分 FHA/VA)	普通贷款 (部分 FHA/VA)
主要还款类型	等额还款 分级还款 可调整利率抵押贷款	等额还款 可调整利率抵押贷款 气球式	等额还款 可调整利率抵押贷款 气球式	等额还款 气球式

---

① 参见 Frank J. Fabozzi, *The Handbook of Fixed Income Securities*, 6th edition, McGraw-Hill, 2001, p.578。

(续表)

	GNMA	FNMA	75-day FHLMC	FHLMC Gold
最大贷款规模（美元）	219 849	252 700	252 700	252 700
新旧贷款	新贷款	新贷款或老贷款	新贷款或老贷款	新贷款或老贷款
贷款的期限	30年和15年(部分40年的项目贷款)	30年、20年、15年固定利率贷款 7年气球式 30年可调整利率抵押贷款	30年、15年固定利率贷款 7年、5年气球式 30年可调整利率抵押贷款	30年、20年、15年固定利率贷款 7年、5年气球式
抵押贷款超出转手证券的利率(%)	GNMA：0.5 GNMA：0.5～1.5	0.25～2.5	现金购买：0～2.08 互换：0～2.5	现金购买：0.5～1.0 互换：0～2.5
滞后天数 名义上 实际上	45(GNMAⅠ:50) 14(GNMAⅡ:19)	55 24	75 45	45 14

二、转手证券发行的步骤

转手证券发行的步骤如下：
(1) 商业银行或储蓄机构发放住房贷款；
(2) 把贷款卖给中介机构，后者以贷款池为支撑创造出证券；
(3) 中介机构通过担保贷款本金的偿还来降低证券的信用风险；
(4) 中介机构把贷款服务的权利出售给公司(也许就是那家银行)；
(5) 中介机构将证券在市场上销售。

前面提到过，抵押贷款的发放者主要是商业银行。在国外，特别是在美国，抵押银行(Mortgage Bank)也是发放抵押贷款的重要主体。抵押银行的资金主要源于商业银行，一部分抵押银行通过发行商业票据来筹措资金。抵押银行发放抵押贷款后，一般都会把贷款全部卖掉。商业银行和储蓄机构也会卖掉一部分抵押贷款，但通常会保留一部分贷款，作为其资产的一部分。出售抵押贷款通常会给这些金融机构带来一定的收益，因为在出售抵押贷款的同时，它们会获得发起费和服务费。抵押贷款的购买者主要是政府机构或者政府资助机构，这些机构凭借购买到或互换到的抵押贷款，发行抵押贷款支持证券。

中介机构通常会把贷款组合在一起，并以此作为支撑发行最基本的住房抵押贷款支持证券——转手证券，如图9-3所示。在一般情况下，发行转手证券要得到政府机构或政府资助机构的支持，主要是担保支持。这一支持非常重要，因为这大大提高了抵押贷款的安全性，贷款发放者从而可以凭借抵押贷款所产生的现金流量发行转手证券。

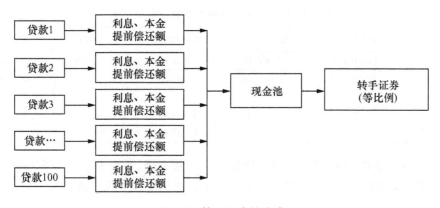

图 9-3　转手证券的生成

转手证券是住房抵押贷款支持证券中最为基本的证券,也是住房抵押贷款支持证券创新中的第一个。其他住房抵押贷款支持证券创新都是在转手证券之上实现的。而现金流量分析是理解转手证券创新的关键。

三、最简单情况下转手证券的现金流量

尽管住房抵押贷款种类繁多,而且随着金融创新的发展,还会有越来越多的抵押贷款形式被人们创造出来,但本书在此为了分析转手证券的现金流量,还是分析最传统的住房抵押贷款——固定利率等额偿还式的抵押贷款。这种抵押贷款每月偿还的数额相等,并且在最后一个月刚好结清借款人的债务。每月偿还额取决于三个因素:本金数额、偿还期、贷款利率。我们先假定没有服务费用,因此,转手证券所获得的现金流量与借款人偿还的现金流量相等;我们再假定没有贷款的提前偿还,因此,转手证券投资者每月都获得等额的现金流量。借款人每月偿还的现金流量,也就是转手证券投资者每月获得的现金流量,可以用下式计算:

$$A = P\left[\frac{r(1+r)^n}{(1+r)^n - 1}\right] \tag{9-1}$$

其中,

A 为贷款每月偿还数额;

P 为贷款期初余额;

r 为贷款的月利率;

n 为贷款期限。

假定贷款期初余额为 100 万元,利率为 6%(则月利率为 0.5%),贷款偿还期为 10 年。由于假定没有服务费,因此,转手证券每月偿还额就是贷款的每月偿还额。根据分期偿还计算公式,得到

$$A = 1\,000\,000 \times \left[\frac{0.5\% \times (1+0.5\%)^{120}}{(1+0.5\%)^{120} - 1}\right] = 11\,102.05$$

那么,转手证券持有者的收入过程可如表 9-3 所示。

表 9-3　极简单情形下转手证券的现金流量　　　　　　　　　　单位：元

偿还月份	期初贷款本金	贷款利息	本息偿还	本金偿还	期末本金
1	1 000 000.00	5 000.00	11 102.05	6 102.05	993 897.95
2	993 897.95	4 969.49	11 102.05	6 132.56	987 765.39
…	…	…	…	…	…
119	22 038.70	110.19	11 102.05	10 991.86	11 046.85
120	11 046.85	55.23	11 102.05	11 046.82	0.03

随着偿还月份的增加，利息占偿还额的比重不断下降，理由是本金将变得越来越少。在接近偿还期期末时，偿还金额中几乎都是本金。图 9-4 表示得更清楚。

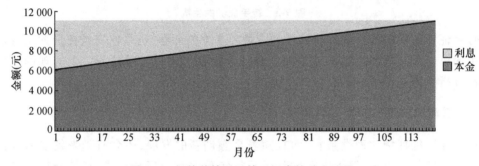

图 9-4　极简单情形下转手证券的现金流量

这个例子过于简单。事实上，贷款组合或贷款池比一笔贷款要复杂得多。在一个贷款池中，各笔贷款的偿还期不一定相等，也没有必要完全相等；各笔贷款利率也会有所差别。因此，用一笔贷款的利率和偿还期来估计一个贷款池的利率和偿还期存在问题。

为了计算一个贷款池的现金流量，有两种办法：一是分别计算每种贷款的现金流量，然后加总；二是利用加权平均贷款利率（Weighted Average Coupon，WAC）作为贷款池的利率，用加权平均贷款期限作为贷款池的期限（Weighted Average Maturity，WAM）。前一种办法看上去准确，却极为费时费力，而且由于贷款是可以提前偿还的，因此要分析贷款中每一笔贷款的提前偿还额，几乎是不可能的。故第二种办法更为现实。

加权平均贷款利率的计算为

$$\text{WAC} = \sum w_i c_i \tag{9-2}$$

其中，

w_i 为第 i 笔贷款本金余额在贷款池中所占的比重；

c_i 为第 i 笔贷款的利率。

加权平均贷款偿还期的计算为

$$\text{WAC} = \sum w_i m_i$$

其中，

w_i 为第 i 笔贷款本金余额在贷款池中所占的比重；

m_i 为第 i 笔贷款偿还期。

当贷款池中各笔贷款的特征比较一致时，用加权平均的办法可以比较准确地估算出贷款的现金流量。但加权平均法会产生估计偏差，主要原因是贷款分期偿还额不是偿还期和利率的线性函数。由于贷款龄和期限不同，每一笔贷款的利息与本金偿还比率也不相同，如果各笔贷款的利率、偿还期、款龄等差别较大，那么用加权平均求取贷款池的利率和偿还期的准确性就要下降。

具体而言，假定前面例子中的 100 万元，不是一笔贷款的期初余额，而是由多笔贷款组成的贷款池的期初余额。为了计算这一贷款池每月本金和利息的偿付额，需要下面三个参数：期限、利率和款龄。用期限和利率可以计算出一系列的月偿付额，而款龄则用来剔掉那些被认为已经支付的金额。正因为如此，加权平均偿还期（WAM）等于贷款池的期限减去款龄。如果贷款池中各笔贷款的期限都相等，那么加权平均偿还期就是准确的。例如，那些支撑转手证券的住房抵押贷款的期限都是 10 年，而加权平均为 118 个月，那么贷款池的平均款龄为 2 个月。当把贷款期限原本不同、贷款款龄原本不同的各笔贷款组合在一起时，加权平均偿还期就不是很准确了。例如，前面 10 年期的贷款池的加权平均偿还期为 116 个月，而全部贷款都是 10 年期的，那么贷款的平均款龄就为 4 个月。如果有一些贷款的期限为 8 年，但出于各种原因，其中主要是贷款提前偿还，使得不清楚这些贷款余额是多少，因此刚刚得到的 4 个月的款龄就不是很准确。为了解决这一问题，要求每个月都要计算一次加权平均的贷款款龄。

只要能够准确地估计出贷款池的利率和偿还期，在不考虑服务费和贷款提前偿还等因素时，估计贷款池的现金流量，就如同前面的例子一样，是很容易的事情。

四、服务费与转手证券的现金流量

发行转手证券和其他住房抵押贷款支持证券，需要服务机构的服务。而服务机构提供服务不可能是无偿的。通常，服务机构可从以下渠道获得收益：

（1）按贷款池余额提取一个固定的比例。这一比例一般为 50～100 个基点，有些转手证券的服务费比例高达 200 个基点，甚至更多。这就是说，借款人按一个较高的比率支付利息，并偿还一定数量的本金。转手证券的发行人和服务机构按贷款池本金余额的一定比例扣除一部分金额，剩余的金额支付给转手证券的投资者。那个被扣除的部分，就是对发行人发行和服务的补偿。

（2）贷款本息的收取与转付有一段间隔，这对发行人和服务机构是一笔可观的财富，因为资金的再投资会给它们带来利益。

（3）服务机构通常是住房抵押贷款的提供者，根据国外的惯例，借款人要将借款的一部分作为储备放在贷款者手中，这笔资金产生的收益，属于借款人的机会成本，却属于贷款人（服务机构）的收益。

（4）服务机构为保险机构和担保机构提供代理服务，也会从保险公司和担保机构那里获得佣金。

（5）如果借款人没有按规定及时偿付贷款本息，那么该借款人要被迫支付一笔罚金。

（6）服务机构为住房抵押贷款支持证券的投资者等邮递各种报表、支票等，要收取一定的费用。

尽管服务机构的收入来源看上去很多，但实际上第一种来源，即按贷款池余额的一定比例收取服务费，是服务机构最主要的收入来源。由于服务费按照贷款池余额的一定比例来收取，因此，随着贷款池余额的下降，服务费的绝对额也在下降，因此，转手证券的投资者每月获得的现金流量在缓慢增加。为了说明服务费对转手证券持有者受偿额的影响，本书继续用前面的例子。假定服务费的提取比例为 50 个基点，即 0.5%，因此转手证券的票面利率为 5.5%，相当于月利率 0.4583%。考虑到服务费情况下的转手证券的现金流量如表 9-4 所示。

表 9-4 考虑到服务费情况下的转手证券的现金流量 单位：元

偿还月份	期初贷款本金	贷款利息	其中转手证券利息	其中服务费	本息偿还	本金偿还	转手证券的本息	期末本金
1	1 000 000.00	5 000.00	4 583.33	416.67	11 102.05	6 102.05	10 685.38	993 897.95
2	993 897.95	4 969.49	4 555.37	414.12	11 102.05	6 132.56	10 687.93	987 765.39
…	…	…	…	…	…	…	…	…
119	22 038.70	110.19	101.01	9.18	11 102.05	10 991.86	11 092.87	11 046.85
120	11 046.85	55.23	50.63	4.60	11 102.05	11 046.82	11 097.45	0.03

为了让读者容易理解表中数据的来源，本书对表中第一行数据稍做解释。

(1) 期初贷款本金 1 000 000.00 元。

(2) 贷款利息按照每年 6%（即每月 0.5%）计算。1 000 000.00 元的 0.5% 为 5 000.00 元。

(3) 转手证券的利息按照每年 5.5%（即每月 0.458333%）计算。1 000 000.00 元的 0.458333% 为 4 583.33 元。

(4) 服务费按照每年 0.5%（即每月 0.041667%）计算。1 000 000.00 元的 0.041667% 为 416.67 元。

(5) 计划偿还额是根据下面的公式计算而得的：

$$计划偿还额_t = 贷款池余额_{t-1}\left[\frac{0.5\% \times (1+5\%)^{120-t+1}}{(1+5\%)^{120-t+1}-1}\right] \tag{9-3}$$

其中，第一个月的期初本金为 1 000 000.00 元，计划本息偿还额为 11 102.05 元。

(6) 本金偿还的数额是计划本息偿还额 11 102.05 元扣掉利息偿还额 5 000.00 元，为 6 102.05 元。

(7) 转手证券的本息包括本金偿还额（6 102.05 元）和利息支付额（4 583.33 元）。

(8) 理所当然的是，第二个月月初本金余额与第一个月月末本金余额相等。

服务费用的提取在不断减少，而转手证券的投资者每月获得的现金流量则在不断增加，如图 9-5 所示。

五、贷款本金的提前偿还与转手证券的现金流量

贷款的提前偿还，是借款人的权利。提供住房抵押贷款的金融机构之所以给予借款人以提前偿还的选择权，是为了最大限度地满足借款人的需求，从而为贷款机构带来利益。由于有本金的提前偿还，因此转手证券的现金流量就不再是等额的了，而是每月都

在不断地减少,原因是计划的本金偿还与提前的本金偿还二者共同决定贷款池中剩余的本金余额。从本金与利息的构成上看,由于本金提前偿还,本金流量在最初一段时间内的数额超过没有本金提前偿还时的数额,而在后面一段时间内,本金流量则小于没有提前偿还时的本金流量。由于本金提前偿还,在整个还款期内,在静态条件下的利息收入总额减少了。

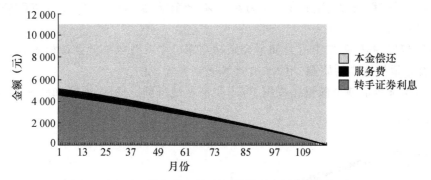

图 9-5　服务费与转手证券的现金流量(单位:元)

由于贷款的提前偿还,人们就不可能确切地预测转手证券的现金流量。贷款的提前偿还是一个很复杂的问题。本书先假设每月提前偿还的比率均为 0.5%。在这种条件下,转手证券的现金流量如表 9-5 所示。

表 9-5　贷款提前偿还情况下转手证券的现金流量　　　　　　　单位:元

偿还月份	期初贷款本金	月提前偿付率	计划偿还额	计划本金偿还	贷款利息	提前偿还额	服务费	持有者现金收入	期末本金金额
1	1 000 000.0	0.005	11 102.1	6 102.1	5 000.0	5 000.0	416.7	15 685.4	988 897.9
2	988 897.9	0.005	11 046.2	6 101.7	4 944.5	4 944.5	412.0	15 578.6	977 851.8
…	…	…	…	…	…	…	…	…	…
119	11 951.5	0.005	6 020.6	5 960.8	59.8	59.8	5.0	6 075.4	5 930.9
120	5 930.9	0.005	5 960.5	5 930.9	29.7	0.0	2.5	5 958.1	0.0

需要解释的是:

(1) 计划偿还额是根据下面的公式计算而得的:

$$\text{计划偿还额}_t = \text{贷款池余额}_{t-1} \left[\frac{0.5\% \times (1+5\%)^{120-t+1}}{(1+5\%)^{120-t+1} - 1} \right]$$

其中,第一个月的期初本金为 1 000 000.00 元,计划本息偿还额为 11 102.1 元。第二个月的期初本金为 988 897.9 元,计划本息偿还额为 11 046.2 元。

(2) 计划偿还额被分解为两个部分:计划本金偿还额和利息支付额。第一个月的利息为 5 000.0 元,因此本金偿还额为 6 102.1 元。

(3) 提前偿还额是提前偿还比率与期初本金余额相乘得到的。例如,第一个月的提前偿还额为 5 000.0 元(0.5%×1 000 000.00)。第二个月的提前偿还额为 4 944.5 元(0.5%×988 897.9)。

(4) 服务费按每月余额的 0.5% 的 1/12 来提取,因此第一个月提取的服务费为 416.67

元（1 000 000.00×0.5%÷12）。

（5）转手证券持有者的现金收入包括本金偿还额和利息支付额，再扣掉服务费。之所以扣掉服务费是因为，利息贷款产生的全部利息，不是转手证券本身产生的利息。例如，第一个月转手证券持有者的现金收入为 15 685.4 元（11 102.1+5 000.0-416.67）。

（6）期末本金余额是贷款池中期末本金的数额，为期初本金余额减去计划本金余额，再减去本金提前偿还额，因此第一个月期末本金余额为 988 897.9 元（1 000 000.00-6 102.1-5 000.0）。

（7）理所当然的是，第二个月月初本金余额与第一个月月末本金余额相等。

表 9-5 就是根据这样的原则，用 Excel 计算表格来完成的。

如果把转手证券的现金流量作成图，可以很清楚地得到下面的结论，如图 9-6 所示。

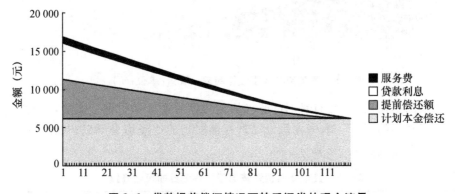

图 9-6　贷款提前偿还情况下转手证券的现金流量

第一，计划本金偿还额不再是个常数，而是在缓慢地下降；

第二，提前偿还本金的数额在不断地下降；

第三，贷款利息下降较快；

第四，服务费下降也较快。

六、PSA 模型与转手证券的现金流量

借款提前偿还会大大影响转手证券的现金流量。PSA 模型是美国公共证券协会（Public Securities Association, PSA）估计借款提前偿还的方法。该模型综合了美国住房管理委员会（FHA）的经验以及有条件提前偿还比率（Conditional Prepayment Rate, CPR）的方便性。

（一）CPR

PSA 的提前偿还标准是用 CPR 来表示的。

例如，30 年的住房抵押贷款，第 1 个月的 CPR 为 0.2%，以后 30 个月内每月递增 0.2%，直到 CPR 为 6%。30 个月后，每个月份的提前偿还比率都是 6%。而这一标准被称为 100%PSA。具体而言：

如果 $t<30$，那么 $CPR=6\%\times t/30$；

如果 $t\geqslant 30$，那么 $CPR=6\%$。

CPR 都是以年为单位的,而借款的偿还是按月支付的,这自然存在着把年的比率换算成月的比率的问题。在转手证券中,月提前偿还比率被称为 SMM(Single Monthly Mortality)。

例 9-1 假定在 100%PSA 和 165%PSA 的情况下,计算第 5 个月、第 20 个月、第 31—360 个月的 SMM。

解:第一步,确定年提前偿还比率与月提前偿还比率的关系。
由于
$$1 - CPR = (1 - SMM)^{12} \qquad (9\text{-}4)$$
因此
$$SMM = 1 - (1 - CPR)^{1/12} \qquad (9\text{-}5)$$

第二步,求在 100%PSA 的情况下,各月份的 SMM。

第 5 个月的 SMM 为 0.000837,即
$$CPR = 6\%(5/30) = 1\%$$
$$SMM = 1 - (1 - 1\%)^{1/12} = 0.000837$$

第 20 个月的 SMM 为 0.003396,即
$$CPR = 6\%(20/30) = 4\%$$
$$SMM = 1 - (1 - 4\%)^{1/12} = 0.003396$$

第 31—360 个月的 SMM 为 0.005143,即
$$CPR = 6\%$$
$$SMM = 1 - (1 - 6\%)^{1/12} = 0.005143$$

第三步,求 165%PSA 的情况下,各月份的 SMM。

第 5 个月的 SMM 为 0.001386,即
由于
$$CPR = 6\%(5/30) = 1\%$$
因此,165%PSA 的有条件提前偿还比率为
$$165\%PSA = 1.65 \times 1\% = 1.65\%$$
因此,
$$SMM = 1 - (1 - 1.65\%)^{1/12} = 0.001386$$

同理,第 20 个月的 SMM 为 0.005674,即
$$CPR = 6\%(20/30) = 4\%$$
$$165\%PSA = 1.65 \times 4\% = 6.6\%$$
$$SMM = 1 - (1 - 6.6\%)^{1/12} = 0.005674$$

同理,第 31—360 个月的 SMM 为 0.00865,即
$$CPR = 6\%$$
$$165\%PSA = 1.65 \times 6\% = 9.9\%$$
$$SMM = 1 - (1 - 9.9\%)^{1/12} = 0.00865$$

例 9-2 CPR=6%,第 3 个月月初的余额为 2.9 亿美元。假定计划本金偿还额为 300 万美元,请计算本月提前偿还额。

解：由于

$$\text{SMM} = 1 - (1 - \text{CPR})^{1/12} = 1 - (1 - 6\%)^{1/12} = 0.5143\%$$

因此，第 3 个月贷款提前偿还额为

$$0.5143\% \times (290\,000\,000 - 3\,000\,000) = 1\,476\,041$$

不同倍数的 PSA 所对应的年提前偿还比率可以用图 9-7 表示。

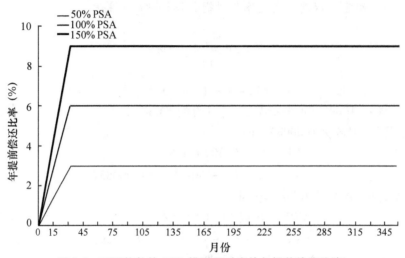

图 9-7 不同倍数的 PSA 模型所对应的年提前偿还比率

（二）PSA 模型与转手证券的现金流量

例 9-3 有 GNMA 转手证券，票面利率为 6%，期限为 30 年，期初余额为 100 万美元，请估计在 PSA 为 0、50%、100%、150%、200%、300% 的情况下转手证券的本金流量、利息流量和现金流量。假定贷款期初余额为 100 万元，利率为 6%（月利率为 0.5%），贷款偿还期为 30 年。

由于数据量很大，本书只把 150%PSA 的情况简要列示在表 9-6 中，其他情况省略。但本书把各种情况下的本金收入、现金收入（包括利息）画成图，如图 9-8 和图 9-9 所示。

表 9-6　150%PSA 情况下的转手证券的现金流量　　　　　　　　　　　单位：元

偿还月份	期初贷款本金	月提前偿付率	计划偿还额	计划本金偿还	贷款利息	本金提前偿还额	期末本金余额	本金收入	现金收入
1	1 000 000	0.000 250 3	5 996	996	5 000	250	998 754	1 246	11 246
2	998 754	0.000 501 4	5 994	1 000	4 994	500	997 254	1 500	11 488
…	…	…	…	…	…	…	…	…	…
359	802	0.007 828 0	404	400	4	3	399	403	411
360	399	0.007 828 0	401	399	2	0	0	399	403

在表 9-6 中，SMM 是按照下面的公式计算的：

$$\text{SMM} = 1 - (1 - 150\%\text{PSA})^{1/12}$$

$$150\%\text{PSA} = 1.5 \times \frac{t}{30} \times 6\% \quad (t = 1, 2, \cdots, 30)$$

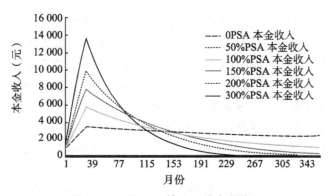

图 9-8 不同 PSA 情况下的本金收入

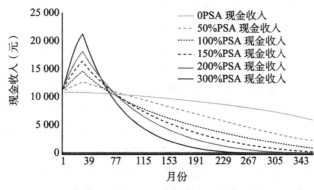

图 9-9 不同 PSA 情况下的现金收入

$$150\%PSA = 9\% \quad (t > 30)$$

第四节 基于转手证券的衍生证券创新

由于转手证券存在各种风险,而有些风险是某些投资者所不希望承受的,因此,仅有转手证券还无法有效地调动各种资金来源。为消除某一类风险,就需要对转手证券的现金流量进行一些修正,而这一修正的过程,也就是另一阶段的金融创新过程。

一、借款提前偿还的理由

转手证券存在提前偿还风险。这一风险的产生来自住房抵押贷款的提前偿还性。商业银行为了吸引人们申请住房抵押贷款,会给予借款人以提前偿还本金的权利,因此,银行把风险留给自己是市场竞争的结果。当然,商业银行不是简单地自己承受提前偿还的风险,证券化之后,银行又把这一风险转移给其他投资者。

通常有以下一些因素影响借款人对借款本金的提前偿还:

1. 市场利率的高低影响贷款的提前偿还

市场利率会影响当期的住房抵押贷款的利率。也就是说,如果市场利率上升,当期申请抵押贷款的利率也会上升,反之亦然。当期住房抵押贷款利率比借款人过去申请的抵押贷款利率低,那么借款人就有借新还旧的想法。当期贷款利率越低,其借新还旧的想法就越迫切。当然,借新还旧也是有成本的。这些成本包括法律费用、交给金融机构的申请费、产权保险、资金的时间价值等。这里的资金时间价值是指,借款人必须预先借到资金,才能归还原来的借款本金。借到资金与归还原来的借款,通常不可能在同一天完成。借款人借到资金与归还原来的借款之间的间隔越长,时间价值的牺牲也就越大。但在抵押贷款利率与当期市场利率的差距增大到一定幅度的情况下,具体而言,该差距大到足以补偿抵押贷款借款人的再融资成本及各种麻烦时,借款人就应该提前偿还借款。

从另一个角度来看,提前偿还是借款人从商业银行等金融机构那里获得的一项选择权,一项对自己的抵押借款进行回购的权利,回购价格就是抵押贷款的余额。如果抵押贷款当前的价值超过施权价,那么,借款人回购自己的借款,会给他带来净利益。

2. 市场利率的历史路径影响贷款的提前偿还

不仅当期住房抵押贷款利率水平影响借款人的提前偿还行为,而且市场利率的历史路径也会影响借款人的提前偿还行为。例如,住房抵押贷款池的贷款利率为10%,在贷款池形成三年之后,同类抵押贷款利率降到7%。假定有两种可能的利率路径:第一种路径为,贷款利率在第一年年底就降到7%,然后在第二年年底上升到12%,进而在第三年年底又降到7%。第二种路径为,贷款利率在第一年年底上升到11%,在第二年年底继续上升到12%,然后下降,并在第三年年底下降到7%。

如果贷款利率的变化为第一种路径,那么那些能够通过借新还旧获得收益的借款人,在第一年年底时就已经那样做了。因为第一年年底贷款利率已经下降到7%,已经给借款人提前偿还借款带来了巨大的机会。当贷款利率于第三年年底再次降到7%时,那些有能力借新还旧的人早就还掉原来的借款,而那些对利率第一次下降不敏感或者难以借新还旧的人,在利率第二次下降时通常也会不敏感,或者依然无法借新还旧。这一现象在美国金融学界被称为"熏蚊现象"(Burnout Phenomenon),本书把这一现象定义为过滤现象,即那些对利率下降敏感的人已经被过滤掉了。

而如果利率变化为第二种路径,那么提前偿还行为将大不相同。由于贷款利率在前两年上升,提前偿还的情况将很少。当贷款利率在第三年年底下降到7%时,借款人借新还旧的行为将增多,因此贷款提前偿还的数量将增大。也就是说,借款人还没有经历过利率下降的洗礼,那些对利率下降敏感的借款人还没有被过滤掉,此时贷款利率下降将会引发规模较大的贷款提前偿还现象。

3. 住房抵押贷款条件不同,借款人的提前偿还行为也不同

这些贷款条件包括:① 贷款利率;② 贷款是否得到了政府机构的担保;③ 贷款本金中有多少已经被偿还了;④ 贷款类型;⑤ 住房所处的地理位置。如果住房抵押贷款得到政府机构的担保,提前偿还的动机通常要弱一些;而贷款本金中比较大的比例已经被偿还了,那么剩余本金部分的提前偿还比率也会低一些;如果是可调整利率的贷款,贷款提前偿还的比率就会低一些;而处于经济发展稳定、人员流动较弱的地区,贷款提前偿还的动机就会弱一些。

4. 季节因素影响贷款的提前偿还

在美国,有学者研究季节对贷款提前偿还的影响。他们认为,人们在春季和夏季购买住房的动机,要比在秋季和冬季购买住房的动机强得多。由于春季和夏季购买住房达到高潮,因此意味着在此阶段会有更多的人卖掉自己的住房,购买新的住房。卖掉原有住房意味着提前偿还贷款。这就说明,借款人提前偿还借款在春季开始上升,在夏季达到高峰。从秋季开始,提前偿还开始下降,并在冬季达到最低点。

5. 贷款款龄影响人们的提前偿还

从抵押贷款发放开始,贷款就进入了老化的过程,这像一般的生命体一样。但从经验上来看,抵押贷款最初的2～3年,提前偿还的现象很少,这可以用人口学因素来解释。在申请到抵押贷款的最初时期,一个家庭出现离婚、更换工作、购买更好更宽敞住房的可能性较小。但随着时间的推移,人口学因素会变得越来越活跃,抵押贷款提前偿还的机会增大。通常将抵押贷款提前偿还比率上升的阶段称为成长期(Seasoning Period),而将抵押贷款提前偿还比率下降的阶段称为成熟期(Seasoned Period)。可以用各种指标表示贷款款龄,包括贷款的平均款龄、加权平均偿还期、加权平均剩余偿还期等。

6. 宏观经济状况影响贷款的提前偿还

宏观经济的好坏影响住房买卖,进而影响贷款的提前偿还。一方面,宏观经济形势好,人们的收入增加,特别是人们的预期收入增加,这会促使人们购买面积更大、档次更高的住房;另一方面,宏观经济形势好,会促进人力资源的流动,这样,原有住房贷款提前偿还的可能性就增大了。

二、提前偿还风险阻碍某些投资者购买转手证券

转手证券本金的提前收回,表面看来是件好事,因为现金流量提前发生了。但问题是,借款人通常是在市场利率下降时才会提前偿还借款本金,因此转手证券投资者再投资的收益率就会下降,进而降低他们的投资收益。也就是说,提前偿还风险会转化为利率风险,而这一风险将由转手证券的投资者来承担。

提前偿还风险包括两个方面:一是收缩风险,二是扩张风险。市场利率下降引起当期住房抵押贷款利率下降,这对转手证券的投资者有两个不利之处:首先,利率下降将使固定收益证券的价格上升,但价格上升最大的是那些没有选择权的固定收益证券。对于有选择权的固定收益证券而言,价格上升的幅度较小,甚至根本不上升。转手证券属于含权证券,因此,当市场利率下降时,转手证券的投资者从证券价格上得不到太多的好处,理由很简单,住房抵押贷款的借款人大量提前偿还借款本金,使得转手证券的投资者不可能按照原来的高利率继续获得收益。其次,现金流入量是要再投资的,而在市场利率下降的情况下,再投资收益率一定是低的,因此,转手证券的投资者在再投资收益方面也将遭受损失。市场利率下降给转手证券投资者带来的这两个不利影响,可以称为收缩风险,是指贷款规模收缩给转手证券的投资者带来的损失。

当市场利率上升时,转手证券的投资者也将遭受损失。第一,转手证券的价格因为市场利率上升而下降,投资者遭受损失;第二,市场利率上升,抵押贷款的借款人将不会大量地提前偿还贷款。这意味着,在市场利率上升时,转手证券的本金规模不会大幅度缩小,从而给转手证券的投资者带来损失。这种损失可以称为扩张风险。

正是由于转手证券存在着收缩风险和扩张风险,因此不少投资者不敢涉足转手证券,特别是某些机构投资者不敢涉足转手证券。理由如下:

商业银行和其他储蓄机构希望锁定资产与负债的利差,而转手证券无法满足这一需求。商业银行和其他储蓄机构的负债属于短期性的,而转手证券是长期的。特别是,转手证券存在着扩张风险,这对这些机构是非常不利的。具体而言,当市场利率上升时,商业银行的负债成本将上升,因为商业银行的负债的期限较短,属于利率敏感性的。而转手证券的价格将下降,转手证券所产生的提前偿还额减少,商业银行无法获得较高的再投资收益。

对于保险公司而言,转手证券也不一定具有吸引力。保险公司通常会发行自己的金融工具,例如发行有担保的投资协议(GIC)。保险公司发行的金融工具一般有固定的期限,与一般证券相似。投资者可以购买这种金融工具。保险公司发行这种有担保的投资契约,并投资于转手证券。保险公司会有扩张风险。具体说来,当市场利率上升时,转手证券的票面利率是不变的,但借款人会放慢提前偿还的速度,这就会使保险公司一方面没有办法实现较高的再投资收益率,另一方面必须用更高的利率发行新的金融工具来筹措资金。

而退休基金、养老基金等一般都通过锁定利差的办法来满足其长期负债。购买转手证券后,如果提前偿还的速度加快,转手证券的偿还期就会缩短,因此转手证券的偿还期与退休基金负债的期限就很难匹配起来。当市场利率下降时,借款人提前偿还的速度加快,迫使退休基金等机构必须以较低的收益率进行再投资,因此退休基金购买转手证券存在着收缩风险。

既然有的金融机构担心扩张风险,而有的金融机构担心收缩风险,那么,如果能够改变转手证券的现金流量,使得转手证券成为满足这些金融机构需求的金融工具,转手证券市场就将会有更大的发展。

三、创新有保证的抵押证券

由于不同投资者对提前偿还风险的承受能力不同,因此可以发行多个层次的转手证券,各个层次的转手证券获得的本金和利息受提前偿还的影响不同,不同的投资者可以选择不同层次的转手证券,以匹配其负债的特征。这样,几乎所有投资者都可以找到合适的投资工具。

前面分析的转手证券是以抵押贷款池作为支撑的,而有保证的抵押证券(Collateralized Mortgage Obligations, CMO)是以一组转手证券作为支撑的,如图9-10所示。CMO也可以直接用抵押贷款池或者用那些剥离了的住房抵押贷款支持证券作为支撑。CMO不是一个证券,而是一组证券。

(一)按次序支付的CMO

这类CMO是于1983年被创造出来的。按次序支付(Sequential-pay)的CMO,顾名思义就是按事先规定的次序逐步偿还不同层次证券的本金,而各个层次证券每月所产生的利息则分别支付给这些证券的投资者。例如,CMO结构中有三个层次,分别为A、B、C,

每个层次的证券事先都明确了本金和票面利率。另外,设置一个剩余权益层,该权益性证券获得保证品与各层次证券在票面利率之间的差额,同时获得保证品超过各层次证券本金偿还额的那些剩余。具体而言,保证品每月的利息进行如下支付:

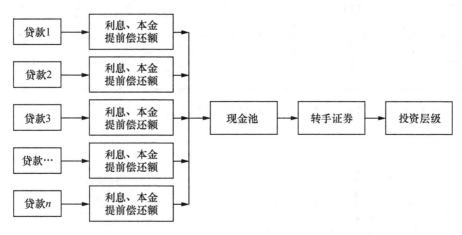

图 9-10　CMO 的生成

第一步,票面利息分别支付给 A、B 证券的投资者。

第二步,只要 A、B 证券还有本金未被偿还,C 证券的利息就不支付给 C 证券的投资者,而是用来先支付 A 证券的本金,在 A 证券的本金偿还完毕后,C 证券所产生的利息再偿还 B 证券的本金。C 证券的利息累加在 C 证券的本金上。在 A 证券和 B 证券受偿完毕后,再偿还 C 证券的本金和利息。很明显,在最初阶段,C 证券的本金是逐渐增大的。

第三步,每月来自保证品(转手证券)的利息与 A、B、C 证券每月的利息会有一个差额,这一差额在扣除了管理费用后,属于剩余权益层 Z,但在其他证券的本息还清之前,证券的利息也用来偿还其他证券的本金。偿还的次序也是 A、B、C。

保证品每月的本金偿还进行如下支付:

第一步,全部本金偿还额,包括规定的与提前的本金偿还额,首先支付给 A 证券。一旦 A 证券本金受偿完毕,接着产生的本金偿还流量就分配给 B 证券,然后再分配给 C 证券。

第二步,偿还所有证券层的本金后所产生的本金偿还流量支付给剩余权益层。剩余权益层之所以会得到保证品的部分本金偿还,是因为在设计 CMO 时通常会有超额抵押或者超额保证的情况。

为了说明按次序支付 CMO 的创新,假定在前面的转手证券之上构造这样的一组证券 A、B、C 和权益证券 Z,其中 A、B、C 证券各占 30 万元,A 证券的票面利率为 4%,B 证券的票面利率为 5%,C 证券的票面利率为 5.5%。权益证券 Z 吸纳全部剩余利益。Z 证券有 10 万元的本金,用来保证前面的证券偿还。利息和本金的支付次序如前所述。在 100%PSA 的情况下,用 Excel 计算表格,得到表 9-7。

表 9-7　按次序支付的 CMO 的现金流量　　　　　　　　　　　单位：元

偿还月份	A 的现金收入	B 的现金收入	C 的收入	Z 的收入
1	9 912	1 250	0	0
2	10 072	1 250	0	0
…	…	…	…	…
359	0			1 036
360	0			1 021
				0

用图 9-11 来描述按次序偿还的 CMO 的现金流量则更为直观。

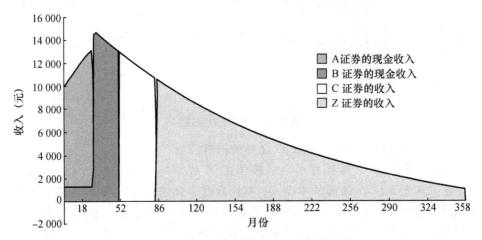

图 9-11　按次序偿还的 CMO 的现金流量

从现金流量上看，A 证券的现金流量在前，B 证券其次，而 C 证券在 A、B 证券受偿完毕之前，并没有现金流量发生。因此，A、B 证券得到了 C 证券的现金流量的保护。A、B、C 证券现金流量的大小，除了与三者的比例构成、它们的票面利率等有直接关系，贷款提前偿还速度的快慢也产生了非常重要的影响。

通过设计按次序支付的 CMO，能够为不同的投资者找到可以投资的金融工具。例如，上例中 A 证券的偿还期短，这样商业银行和一般储蓄机构就可以购买 A 证券。B 证券的偿还期居中，适合保险公司来投资。C 证券适合于退休基金，因为 C 证券的偿还期最长。剩余权益层因为具有独特的风险特征，可以吸引某些投资者。剩余权益层的价格敏感度低，甚至是负的，即当市场利率下降时，提前偿还加速，剩余层的价值下降。这一特点可以吸引一部分喜好风险的投资者，也可以吸引一些利用剩余层来管理其投资组合风险的投资者。

由于按次序支付的 CMO 满足了大量投资者的需求，进而吸引了他们，因此 CMO 也就产生了价值。这一价值表现在，CMO 的发行人可以按比前面分析过的转手证券更高的价格来发行各层次证券及那个剩余权益证券。

（二）按浮动利率来支付的 CMO

由于有些投资者对浮动利率债券有需求（因为浮动利率的资产与它们的浮动利率负

债相匹配),因此,仅仅发行固定利率的CMO,会限制一些投资者参与住房抵押贷款支持证券市场。浮动利率的CMO可以在固定利率的CMO的基础上建立起来,也就是构造一个浮动利率债券,再构造一个逆浮动利率债券。本书在第一章介绍过浮动利率债券与逆浮动利率债券,在此不再赘述。

(三) 按计划支付的CMO

1987年,美国抵押融资公司(Mortgage Funding Corporation)牛津票据承兑公司(Oxford Acceptance Corporation)率先推出了按计划支付(Planned Amortization Class,PAC)的CMO。按计划支付的CMO,依照估计的提前偿还比率的最大值和最小值,来把握转手证券的现金流量变化,将转手证券划分为按计划支付的证券和支持性证券。只要实际提前偿还比率介于事先估计的最大值和最小值范围内,那些按计划支付的证券就可以按事先的安排,稳定地获得本金和利息。按计划支付的证券之所以能够获得稳定的本息,是因为有支持性证券在起保护作用。

在设计按计划支付的CMO时,首先要估计贷款提前偿还比率的最大值和最小值。通常,在贷款提前偿还比率取最大值时,最开始的一段时间贷款本金提前偿还的数额,相对于最小比率提前偿还来讲是大的,但到后来,贷款本金偿还的数额会变小,原因很简单:有很大一部分的本金已经提前偿还了。而当贷款提前偿还比率取最小值时,开始的一段时间贷款本金提前偿还的数额,相对于最大比率提前偿还来讲是小的,但到后来,贷款本金偿还的数额会变得较大。这样,当贷款提前偿还比率分别取最大值和最小值时,贷款本金偿还的数额是不同的,在一段时间内,提前偿还比率取最大值时本金偿还较多,而过了一段时间,提前偿还比率取最小值时本金偿还较多。在上述两种情况下,取贷款本金偿还的最小值作为某种证券本金偿还的现金流量,这样,该证券本金偿还的确定性就会大大提高,这种证券可以由那些希望本金偿还不受借款人提前偿还贷款影响的投资者来购买。

由于有了按计划支付的证券,就必须有其他证券来承担这一提前偿还的风险,这一证券就是支撑性证券。支撑性证券起的作用就是保镖作用。也就是说,当提前偿还的比率不超过所估计的最大值,也不低于所估计的最小值时,由支撑性证券来承担提前偿还的风险。但是,当提前偿还比率超过所设定的最大值或低于所估计的最小值时,单靠支撑性证券并不能承担提前偿还的全部风险,这时,按计划支付的证券也不能如愿以偿了,这类证券也必须承受提前偿还的风险。

在创新按计划支付的CMO时,通常也不是仅仅设计一种按计划支付的证券,而是设计多个层次,例如,设计出五种按计划偿还的证券A、B、C、D、E,再设计一种支撑性证券S。这些类别证券的现金支付过程一般如下:

(1) 利息分别支付给各类证券;

(2) 本金的支付是这样的,即A证券有本金受偿的优先权,当本金偿还超过A证券的计划偿还额时,剩余本金偿还额支付给支撑性证券S;当A证券受偿完毕后,B证券有本金受偿优先权,超过B证券计划本金偿还额的提前偿还部分,用来偿还支撑性证券S,以此类推。

当提前偿还比率过高,致使支撑性证券率先被偿还完毕时,剩余本金偿还额的支付顺序可以事先做出规定，而这些规定本身又是金融创新的内容。此时的创新可以分为两种：一种是锁定偿还次序；另一种与此相反，用后面的证券保护前面的证券。锁定偿还次序，就是在支撑性证券受偿完毕后，直接按照 A、B、C、D、E 这样的优先次序进行偿还，不再按照事先的计划了，因为无法再按照那个计划了。此时，A、B、C、D、E 证券就变成了按次序支付的证券了。

由于在支撑性证券被清偿之后，A、B、C、D、E 证券变成了按次序支付的证券，此时 A 证券可以避免扩张风险，因为 A 证券优先获得本金的偿还。但 A 证券没有规避收缩风险，即当出现特别大的提前偿还额时，A 证券的偿还期将变得很短。为了在支撑性证券 S 受偿后，对 A 证券给予进一步的保护，可修改偿还规则，即超过 A 证券计划本金偿还额的部分，偿还给 E 证券，因此，E 证券承担较高的收缩风险。在 E 证券被偿清后，超过 A 证券（在 A 证券受偿完毕后，受到保护的就是 B 证券，以此类推）计划本金偿还额的部分，偿还给 D 证券。也就是说，受保护的证券的顺序为 A、B、C、D、E，而在支撑性证券 S 受偿完毕后，承担提前偿还风险的顺序为 E、D、C、B、A。

假定转手证券的面值为 100 万元，票面利率为 6%，期限为 30 年，假定贷款提前偿还比率的最大值和最小值分别为 PSA50% 和 PSA200%。那么，在 PSA200% 的情况下，在第 135 个月前，包括计划偿还与提前偿还在内的本金偿还总额，要大于 PSA50% 的本金偿还总额。但从第 136 个月开始一直到第 360 个月情况则刚好相反，PSA50% 的本金偿还总额要大于 PSA200% 的本金偿还总额，如图 9-12 所示。

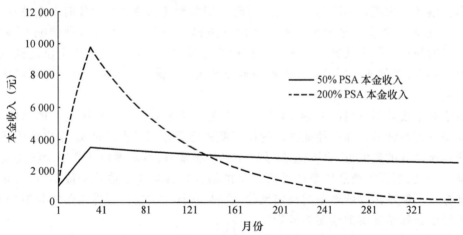

图 9-12　按计划支付的 CMO 的现金流量

（四）按指定目标支付的 CMO

按指定目标支付（Targeted Amortization Class, TAC）的 CMO，也是一种有稳定收益的多级证券，与前面分析的按计划支付的 CMO 有许多相似之处。这两类 CMO 都有一个或多个支撑性证券承担提前偿还的风险。二者的主要区别是，按计划支付的 CMO 是按照提前偿还比率的最大值和最小值来设定的，而按指定目标支付的 CMO 则是按照某一提前偿还比率来设计的，当提前偿还比率超过这一指定比率时，支撑性证券优先受偿，而受保护证券依然按照指定的数额得到本金偿还额。

例如,只设立两种证券:A 和 S。A 是按指定目标支付的证券,S 是支撑性证券。A 证券可以降低收缩风险,即当市场利率下降时,提前偿还贷款本金的速度加快,支撑性证券 S 将先获得本金的偿还。由于有支撑性证券承担了收缩风险,因此 A 证券的收缩风险可以大大降低。但 A 证券不能避免扩张风险。也就是说,当市场利率上升,从而贷款提前偿还的速度减慢时,A 证券由于无法获得事先指定的本金偿还数额,其偿还期必然延长。这种扩张性风险,在按指定目标支付的 CMO 中,无法得到保护。

有些投资者更担心扩张风险,因此他们要尽量规避扩张风险。为了达到这一目的,人们又设计出与按指定目标支付的 CMO 完全相反的 CMO。这种创新被称为逆指定目标支付的 CMO。例如,还是设立两种证券:A 和 S。A 是逆指定目标支付的证券,S 是支撑性证券。当贷款提前偿还比率低于指定比率时,A 证券优先得到本金偿还,而 S 作为支撑性证券则在 A 证券的本金受偿完毕后才得到偿还。因此,A 证券可以降低扩张风险。但 A 证券无法降低收缩风险,即当提前偿还贷款本金的速度加快时,A 证券获得本金偿还的数额增大,支撑性证券 S 在 A 证券受偿完毕后才获得本金的偿还。因此,逆指定目标支付的证券,不能降低收缩风险。

(五)精确确定偿还期的证券

精确确定偿还期的证券(Very Accurately Determined Maturity Bonds,VADMs)受保护的程度最高,原因是在 CMO 设计中加入了一个 Z 证券。Z 证券每月产生的利息,并不用来支付给 Z 证券,而是用来支付精确确定偿还期的证券的本金和利息。当提前偿还比率下降时,由于 Z 证券所产生的利息足以支付精确确定偿还期的证券的计划本息偿还额,因此,后者的扩张风险被大大降低;而当提前偿还比率上升时,Z 证券则开始支付本金和利息。因此,精确确定偿还期的证券的收缩风险也被降低了。但如果提前偿还比率过高,致使 Z 证券的本金很快被偿清,那么,精确确定偿还期的证券也就只能承受提前偿还的风险,也就是说,在提前偿还比率特别高的情况下,精确确定偿还期的证券的偿还期也会缩短。

(六)创造剥离证券

剥离证券(Stripped Mortgage-backed Securities)是 1986 年最先由 FNMA 创造出来的。一个转手证券将抵押贷款池所产生的现金流量,按照投资比例的大小,转移到转手证券投资者手中。而剥离证券则不然,现金流量不再是按比例,而是按照一个特殊的结构分配的。在价格与到期收益率之间的关系方面,某些剥离证券与其标的资产有着天壤之别。

第一代剥离证券是复合票面利率的转手证券。票面利率之所以是复合的,是因为利息与本金不是均等配置的,有的转手证券票面利率高,而有的转手证券票面利率低。

第二代剥离证券也是目前最为流行的剥离证券,是利息证券(Interest-Only)和本金证券(Principal-Only)。该类证券于 1987 年被创造出来,本质上是第一代剥离证券的一个特例。

利息证券获得担保品产生的全部利息,而本金证券则获得担保品全部的本金偿还额。对于利息证券而言,获得利息的多少直接与本金余额相关,而本金余额则与抵押贷款池的提前偿还速度直接相关。提前偿还的速度越快,本金余额下降得越快,进而未来利息额就越少。相反,如果本金提前偿还的速度很慢,那么本金余额就相对较大,因此,利息所得就越多。由于市场利率的下降会导致提前偿还比率提高,因此,当市场利率下降时,利息证券的投资者获得的收益减少。同理,当市场利率上升时,利息证券的投资者获得的收益增加。在通常情况下,证券价格与市场利率呈负相关关系。但上面的分析却表明,利息证券的价格与市场利率呈正相关关系。这一特点,使得利息证券成为非常独特的证券,这一证券可以被不少投资者利用,以建立投资组合进行避险。

利息证券与本金证券的价格可以用图 9-13 来表示。

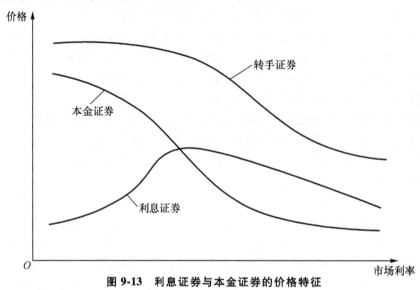

图 9-13　利息证券与本金证券的价格特征

由于本金证券只获得本金的偿还额,并获得期间所生成的利息,因此,本金证券必须折价发行。投资本金证券所获得的到期收益率,依赖于本金的偿还速度。偿还速度越快,本金证券的投资者所获的收益就越大。

例如,一个转手证券由总额为 1 亿美元的 30 年期住房抵押贷款池来支撑,由这一转手证券来支撑又发行了利息证券和本金证券。假定本金证券的总价格为 3 000 万美元。这意味着,本金证券投资者 3 000 万美元的投资,将会产生 7 000 万美元的收益,但投资者并不能准确计算出这 7 000 万美元什么时候能够到手。如果借款人在很短的时间内,比如第二天,就把贷款全部提前偿还了,那么本金证券的投资者在第二天就可以获得 7 000 万美元的收益,当然,本金证券投资者此时的收益率是非常高的。另一个极端是,住房抵押贷款的借款人完全按计划偿还借款本息,这样,7 000 万美元将在 30 年内逐渐分摊得到,本金证券的投资者的收益率将很低。通常情况下,市场利率下降会加快贷款提前偿还的速度,提前偿还的速度越快,对本金证券的投资者就越有利,因此,对本金证券而言,市场利率的变化与投资者的收益呈负相关关系。

第三代剥离证券是在本金证券和利息证券之上创造 CMO。由本金证券所支撑的 CMO,被称为本金证券担保的 CMO 剥离证券。这类 CMO 剥离证券可以是按计划支付的,也可以是按指定目标支付的。如果一个 CMO 剥离证券既不是按计划支付的,也不是按指定目标支付的,那么这类证券就被称为超级本金证券(Super PO)。之所以被称为超级本金证券,是因为提前偿还速度加快会使该证券以更快的速度受偿,而这类证券属于深度折现证券,价格变化幅度巨大。

为了说明剥离证券的创新,本书阐述本金证券和利息证券的现金流量,并依然使用前面的例子。假定只有两种证券,即本金证券和利息证券。利息证券的收益是扣除服务费之后的收益。提前偿还比率为0.5%。本金证券和利息证券的现金流量如表9-8所示。

表9-8　本金证券与利息证券的现金流量　　　　　　　　　　单位:元

偿还月份	100%PSA 本金收入	100%PSA 利息收入
1	1 162	10 000
2	1 334	9 988
…	…	…
359	1 016	20
360	1 011	10

本金证券与利息证券的现金流量用图形来表示,可以说是一目了然的,如图9-14所示。

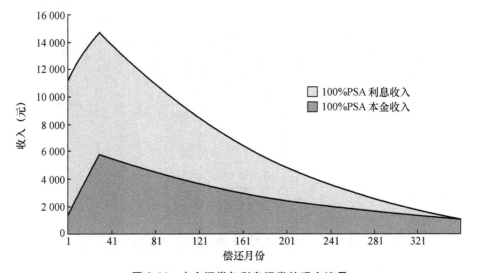

图9-14　本金证券与利息证券的现金流量

本金证券在30年的时间里,可以静态地获得100万元的收入。但100万元的总收入散布在3 600个月中,而且收入的分布与本金提前偿还的速度有直接的关系。利息证券的现金流量与转手证券的利息高低、贷款本金提前偿还比率等有直接的关系,因此,计算利息证券的价值与收益,除了要知道转手证券的利率(很容易找到),还必须解决一个关键的问题,那就是转手证券的提前偿还比率。

(七) 举例说明构建各类 CMO[①]

证券结构商(Structurer)可以根据市场对利率的判断创造出不同的CMO,如图9-15所示。

---

① 参见 Frank J. Fabozzi, *The Handbook of Fixed Income Securities*, 6th edition, McGraw-Hill, 2001, pp.639-640。

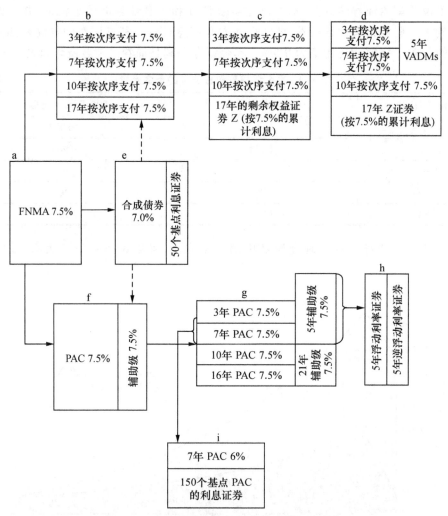

图 9-15 结构化的住房抵押贷款支持证券创新

假设证券结构商手里有票面利率为 7% 的 FNMA 证券,期限为 20 年(图 9-15-a)。如果市场预期利率与提前偿还比率稳定,那么证券结构商可以构建按次序支付的 CMO (图 9-15-b)。如果市场担心利率上升,提前偿还速度放慢,产生扩张风险,证券结构商可以创造一个剩余权益证券——Z 证券(图 9-15-c)。证券结构商可以用 Z 证券的利息偿还次序靠前的其他证券的本金,或者创造精确确定偿还期证券(VADMs)来提供关于扩张风险的最强的保护(图 9-15-d)。如果抵押品有一定的溢价,证券结构商可以先把一部分利息剥离出来,然后再构建其他层级。额外的利息流可以构建一串零息债券,然后单独出售。图 9-15-e 表示的就是这一过程。

如果市场预期利率升高,提前偿还的比率增大,证券结构商可以构建按计划支付的证券(PAC)以及辅助层级,或者按目标支付的证券(TAC)以及辅助层级。图 9-15-f 表示把原始的现金流分配给 PAC 以及辅助层级。一旦明确了分配给 PAC 以及辅助层级的本金数额,就可以继续构建按次序支付的结构化过程,进一步生成不同偿还期的 PAC 以及辅助层级。图 9-15-g 表明的就是这一过程。结构化中的任何一个层级,都可以继续细分。如果一个外国银行希望购买以 LIBOR 为基准的、5 年偿还期的浮动利率证券,证券结构商就可以从偿还期为 5 年的层级中生成这一证券,见图 9-15-h。证券结构商当然要同时参照市场,决定逆浮动利率证券的利率水平。在 PAC 层级中,也许有投资者希望购买期限为 7 年、票面利率为 6% 的证券(价格要低一些),用来抵挡溢价证券较高的提前偿还风险。如果这样,证券结构商可以把 7 年的 PAC 拆成两个证券,一个是由 150 个基点利息(面值为该层级的本金)生成的利息证券,另一个是 6% 的 PAC。总之,投资者希望什么,就可以创建什么。

第五节 住房抵押贷款支持证券的定价

一般证券定价,要找到未来现金流量和风险调整后的折现率。而住房抵押贷款支持证券属于含权证券,因此要按照含权证券定价的方法给住房抵押贷款支持证券定价。在前一章,我们介绍了含权证券的定价,其中也谈到了住房抵押贷款支持证券的定价。在那里,我们举了一个例子,是假定借款人按照利益最大化的原则来执行其提前偿还权。实际上,也就只有一个借款人,而且该借款人有足够的提前还款能力,并且对提前还款给他带来的利益非常清楚。另一个重要的假定是利率的变化就是利率树图给定的情况。

在现实生活中,住房抵押贷款的借款人有很多,每个人的情况不同,提前还款能力不一样,提前还款的动机也不同。因此,住房抵押贷款的现金流量就很复杂。这给住房抵押贷款支持证券的定价带来了困难。

为了给住房抵押贷款支持证券定价,除了本书前一章介绍的方法,还有蒙特卡洛模拟方法(Monte-Carlo Simulation Method)。本节在此介绍这种方法。

一、最简单的情况

假定二项式树图(如图 9-16 所示)可以用来给住房抵押贷款支持证券估价(在每个结点上,利率上升与下降的概率都是 50%)。

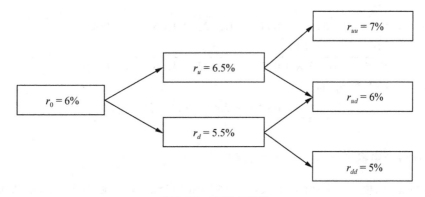

图 9-16 二项式树图

假定提前偿还模型生成的现金流量如图 9-17 所示。

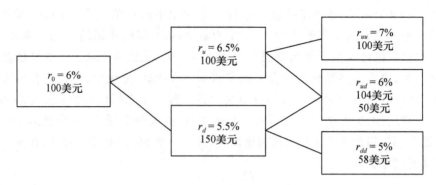

图 9-17 现金流量

假定投资者在无风险利率基础上要求 0.25% 的溢价,那么,用于折现的树图如图 9-18 所示。

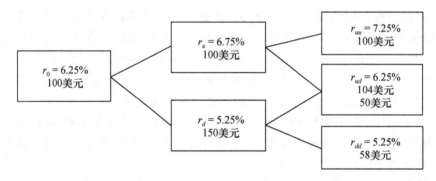

图 9-18 用于折现的树图

这样,住房抵押贷款支持证券的定价为

$$\frac{100}{1.0625} + \frac{100}{1.0625 \times 1.0675} + \frac{100}{1.0625 \times 1.0675 \times 1.0725} = 264.49$$

$$\frac{100}{1.0625} + \frac{100}{1.0625 \times 1.0675} + \frac{104}{1.0625 \times 1.0675 \times 1.0625} = 268.58$$

$$\frac{100}{1.0625} + \frac{150}{1.0625 \times 1.0575} + \frac{50}{1.0625 \times 1.0575 \times 1.0625} = 269.50$$

$$\frac{100}{1.0625} + \frac{150}{1.0625 \times 1.0575} + \frac{58}{1.0625 \times 1.0575 \times 1.0525} = 276.66$$

平均价格为 269.81 美元,即

$$\frac{264.49 + 268.58 + 269.5 + 276.66}{4} = 269.81$$

二、蒙特卡洛模拟方法——OAS 模型

一般情况下,模拟方法可以用来给像住房抵押贷款支持证券这样的复杂证券来定价。之所以可以采用模拟的方法,是因为住房抵押贷款支持证券的每月现金流量是路径依赖(Path-dependent)的。也就是说,当月产生的现金流量不仅取决于当时利率的绝对

水平,而且取决于利率达到这一水平的过程。

在住房抵押贷款支持证券中,以转手证券为支撑而生成的各类证券(CMO)的现金流存在着两种路径依赖。一是转手证券本身的现金流是路径依赖的,即借款人当月提前还本的量与过去有没有提前还款机会有关。二是在 CMO 的一个层级中,该层级的现金流量与其他层级的余额有关。分析者需要得到提前还款的历史数据才能计算各个层级的余额。

从本节前面的举例中可以看出,模拟方法并不复杂,但实际应用中却并非如此。模拟方法需要得到未来住房贷款的利率,这一利率与要模拟的提前还款的比率有关。在得到住房贷款再融资利率后,再生成转手证券以及各类 CMO 的现金流量。

华尔街的投资银行在生成随机的利率路径时,要把当时的利率期限结构以及利率波动假设作为输入变量。利率的期限结构,就是当时的国债所暗含的即期利率曲线。利率波动的假设决定了未来利率的分布。模拟方法通常先要校正,让模拟的零息债券的价格与当时的市场价格一致。

模拟方法会产生众多的关于未来利率的场景。在这些场景中的每一个月,都会生成月利率与住房贷款的再融资利率。月利率用来给现金流折现,住房贷款再融资率用来决定现金流量,因为借款人根据这一利率判断自己的机会成本。如果再融资利率高于借款人的最初贷款利率,借款人再融资的动机就不会很强。如果再融资利率低于借款人的最初贷款利率,借款人就会有再融资还款的动机。

把再融资利率以及贷款的各种特征输入提前偿还模型,就会估计出提前偿还额。给定估计出来的提前还款额,就可以确定伴随利率路径的现金流量。

例 9-4 假定一个刚刚发行的转手证券,偿还期为 360 个月。有 N 个利率路径场景被模拟出来。每一个场景中都包含了关于未来 360 个月的单月利率,如表 9-9 所示。

表 9-9 利率路径

路径 月	1	2	3	...	n	...	N
1	$f_1(1)$	$f_1(2)$	$f_1(3)$	...	$f_1(n)$	...	$f_1(N)$
2	$f_2(1)$	$f_2(2)$	$f_2(3)$	...	$f_2(n)$	...	$f_3(N)$
3	$f_3(1)$	$f_3(2)$	$f_3(3)$	...	$f_3(n)$	...	$f_3(N)$
t	$f_t(1)$	$f_t(2)$	$f_t(3)$	...	$f_t(n)$	...	$f_t(N)$
358	$f_{358}(1)$	$f_{358}(2)$	$f_{358}(3)$	...	$f_{358}(n)$	...	$f_{358}(N)$
359	$f_{359}(1)$	$f_{359}(2)$	$f_{359}(3)$	...	$f_{359}(n)$	...	$f_{359}(N)$
360	$f_{360}(1)$	$f_{360}(2)$	$f_{360}(3)$	...	$f_{360}(n)$	...	$f_{360}(N)$

其中,$f_t(n)$ 代表第 t 个月在路径为 n 的情况下的单月远期利率,N 代表利率路径总规模。

而关于住房贷款再融资利率的模拟路径如表 9-10 所示。

表 9-10　住房贷款再融资的利率路径

路径月	1	2	3	...	n	...	N
1	$r_1(1)$	$r_1(2)$	$r_1(3)$	...	$r_1(n)$	...	$r_1(N)$
2	$r_2(1)$	$r_2(2)$	$r_2(3)$	...	$r_2(n)$	...	$r_2(N)$
3	$r_3(1)$	$r_3(2)$	$r_3(3)$	...	$r_3(n)$	...	$r_3(N)$
t	$r_t(1)$	$r_t(2)$	$r_t(3)$	...	$r_t(n)$	...	$r_t(N)$
358	$r_{358}(1)$	$r_{358}(2)$	$r_{358}(3)$	...	$r_{358}(n)$	...	$r_{358}(N)$
359	$r_{359}(1)$	$r_{359}(2)$	$r_{359}(3)$	...	$r_{359}(n)$	...	$r_{359}(N)$
360	$r_{360}(1)$	$r_{360}(2)$	$r_{360}(3)$	...	$r_{360}(n)$	...	$r_{360}(N)$

其中，$r_t(n)$ 为第 t 个月在利率路径为 n 情况下的住房贷款再融资利率，N 为利率路径总规模。

给定再融资利率，每一种场景下的现金流量如表 9-11 所示。

表 9-11　现金流量与利率路径

路径月	1	2	3	...	n	...	N
1	$C_1(1)$	$C_1(2)$	$C_1(3)$	...	$C_1(n)$	...	$C_1(N)$
2	$C_2(1)$	$C_2(2)$	$C_2(3)$	...	$C_2(n)$	...	$C_2(N)$
3	$C_3(1)$	$C_3(2)$	$C_3(3)$	...	$C_3(n)$	...	$C_3(N)$
t	$C_t(1)$	$C_t(2)$	$C_t(3)$	...	$C_t(n)$	...	$C_t(N)$
358	$C_{358}(1)$	$C_{358}(2)$	$C_{358}(3)$	...	$C_{358}(n)$	...	$C_{358}(N)$
359	$C_{359}(1)$	$C_{359}(2)$	$C_{359}(3)$	...	$C_{359}(n)$	...	$C_{359}(N)$
360	$C_{360}(1)$	$C_{360}(2)$	$C_{360}(3)$	...	$C_{360}(n)$	...	$C_{360}(N)$

其中，$C_t(n)$ 为第 t 个月在利率路径为 n 情况下的住房抵押贷款支持证券的现金流量，N 为利率路径总规模。

给定利率路径，就可以计算现金流量的现值。折现率为模拟出来的每月即期利率再加上相应的利差。即期利率可以通过模拟出来的未来的远期利率推算出来，如表 9-12 所示。推算过程如下：

$$z_T(n) = \{[1+f_1(n)][1+f_2(N)]\cdots[1+f_T(n)]\}^{1/T} - 1 \quad (9-6)$$

其中，$z_T(n)$ 为模拟出来的第 n 个路径第 T 个月的即期利率，$f_j(n)$ 为第 n 个路径第 j 个月的远期利率。

表 9-12 即期利率与利率路径

月 \ 路径	1	2	3	...	n	...	N
1	$z_1(1)$	$z_1(2)$	$z_1(3)$	...	$z_1(n)$	...	$z_1(N)$
2	$z_2(1)$	$z_2(2)$	$z_2(3)$	...	$z_2(n)$	...	$z_2(N)$
3	$z_3(1)$	$z_3(2)$	$z_3(3)$	...	$z_3(n)$	...	$z_3(N)$
t	$z_t(1)$	$z_t(2)$	$z_t(3)$	...	$z_t(n)$	...	$z_t(N)$
358	$z_{358}(1)$	$z_{358}(2)$	$z_{358}(3)$	...	$z_{358}(n)$	...	$z_{358}(N)$
359	$z_{359}(1)$	$z_{359}(2)$	$z_{359}(3)$	...	$z_{359}(n)$	...	$z_{359}(N)$
360	$z_{360}(1)$	$z_{360}(2)$	$z_{360}(3)$	...	$z_{360}(n)$	...	$z_{360}(N)$

其中,$z_t(n)$为第 t 个月在路径 n 情况下的即期利率,N 为利率路径总数。

在模拟出第 n 个路径第 T 个月的现金流量,以及第 T 个月的即期利率后,就可以计算现金流的价值,即

$$\text{PV}[C_T(n)] = \frac{C_T(n)}{[1 + z_T(n) + K]^T} \tag{9-7}$$

其中,

$\text{PV}[C_T(n)]$为第 n 个路径第 T 个月的现金流量的现值;

$C_T(n)$为第 n 个路径第 T 个月的现金流量;

$z_T(n)$为第 n 个路径第 T 个月的即期利率;

K 为利差,也就是选择权调整后的利差。

路径 n 的现值为每个月的现金流量的现值之和,即

$$V[\text{path}(n)] = \text{PV}[C_1(n)] + \text{PV}[C_2(n)] + \cdots + \text{PV}[C_{360}(n)] \tag{9-8}$$

其中,$V[\text{path}(n)]$为路径 n 情况下的价值。

在得到各种路径情况下的价值后,住房抵押贷款支持证券的价值为

$$V_{\text{MBS}} = \frac{V[\text{path}(1)] + V[\text{path}(2)] + \cdots + V[\text{path}(N)]}{N} \tag{9-9}$$

实际上,在真正计算住房抵押贷款支持证券的价值之前,需要用住房抵押贷款支持证券的市场价格确定利差 K。确定的办法是,在给定 K 值后,用模拟方法得到的住房抵押贷款支持证券的理论价值要等于市场价值,即

$$P_{\text{MBS}} = \frac{V[\text{path}(1)] + V[\text{path}(2)] + \cdots + V[\text{path}(N)]}{N} \tag{9-10}$$

其中,P_{MBS}为住房抵押贷款支持证券的市场价格。

在得到 K 值,即得到选择权调整后的利差后,再用这一利差给其他住房抵押贷款支持证券定价。

第六节　住房抵押贷款支持证券的风险指标

一、对选择权调整后的利差的理解

在证券投资中，很少比较证券的绝对价值，而更多的是比较其相对价值。绝对利差、相对利差、静态利差等，都是相对价值的比较。选择权调整后的利差（OAS）也是相对价值的比较指标。它已经把选择权的因素剔除了，OAS 越大，对投资者越有利。但 OAS 是在什么之上的利差呢？在前面介绍模拟方法时，我们介绍了 OAS 是住房抵押贷款支持证券的收益率超过国债即期利率曲线的程度。但 OAS 是个平均的利差，不是静态利差，不是一条线超过另一条线的程度，而是各种情况平均后超过一条线（国债即期利率曲线）的程度。

在住房抵押贷款支持证券中，选择权的成本是静态利差与 OAS 之差，即

$$\text{选择权的成本} = \text{静态利差} - \text{OAS}$$

之所以这样，是因为在利率稳定的环境中，投资者将获得静态利差。当利率环境不稳时，利差会减小，因为选择权的持有者——住房贷款的借款人可以提前还款，这会增加借款人的收益，而损害住房抵押贷款支持证券投资者的利益。OAS 就反映了这一选择权价值被调整后的利差。正因为如此，选择权的成本就是在静态环境下可以获得的利差再减去提前还款选择权调整后的利差。在市场变动的环境中，选择权的成本要比选择权调整后的利差稳定。这一特点给我们带来计算上的方便，即在利率波动不是很大的情况下，OAS 可以这样计算：重新计算静态利差，再减去选择权的成本。

二、有效持续期

本书在第四章阐述固定收益证券风险指标时，介绍了有效持续期[公式(4-10)]的指标。有效持续期是比率持续期以及修正持续期的替代。因为含权证券的现金流量与利率波动有很大的关系，所以证券价格的变化就复杂了。传统的比率持续期以及修正持续期就没有办法刻画利率的风险了。

有效持续期为

$$D_{\text{effective}} = \frac{P_- - P_+}{y_+ - y_-}/P = \frac{P_- - P_+}{2 \times \Delta y \times P} \qquad (9\text{-}11, 4\text{-}11)$$

其中，

P_- 为到期收益率下降 Δy 时债券的价格；

P_+ 为到期收益率上升 Δy 时债券的价格；

P 为债券目前的价格；

Δy 为到期收益率波动的基点。

对于住房抵押贷款支持证券而言，用 OAS 模型计算有效持续期的步骤为：第一，利用当期的到期收益率曲线计算 OAS；第二，假定 OAS 不变，移动到期收益率曲线，重新确定住房抵押贷款支持证券的价格。移动到期收益率曲线时，一是假定到期收益率下降，二

是假定到期收益率上升。这样,分别得到新的住房抵押贷款支持证券的价格 P_- 和 P_+。这样,就可以用上面的公式计算有效持续期了。这一持续期,也被称为选择权调整后的持续期(Option-adjusted Duration)或者 OAS 持续期。

三、有效凸性

同持续期指标一样,本书在第四章也阐述了各种凸性指标。有效凸性为

$$\Gamma_{\text{effective}} = \frac{P_+ + P_- - 2P_0}{2P_0(\Delta y)^2} \quad (9\text{-}12,4\text{-}29)$$

其中,

P_- 为到期收益率下降 Δy 时债券的价格;

P_+ 为到期收益率上升 Δy 时债券的价格;

P_0 为债券目前的价格;

Δy 为到期收益率波动的基点。

一般证券的凸性为正,这对投资者是有利的。而转手证券的凸性可能是正的,也可能是负的。这与借款人提前偿还比率有关。由于在市场利率处于高位时,提前偿还比率不会提高,此时凸性为正;而当市场利率下降到一定程度时,提前偿还速度加快,转手证券的凸性会减小,甚至变成负数。

对于住房抵押贷款支持证券而言,用 OAS 模型计算有效凸性与计算有效持续期的步骤相同。先利用当期的到期收益率曲线计算 OAS;再假定 OAS 不变,移动到期收益率曲线,重新确定住房抵押贷款支持证券的价格 P_- 和 P_+,然后再用上面的公式计算有效凸性。这一凸性,也被称为选择权调整后的凸性(Option-adjusted Convexity)或者 OAS 凸性。

四、模拟的平均偿还期

使用 OAS 模型来模拟住房抵押贷款支持证券的现金流量时,每一个利率路径都会有不同的现金流量,因此,相对于每一个利率路径,都会有一个平均的偿还期。而针对若干个利率路径,又会有一个平均的偿还期。这一平均的偿还期被称为模拟的平均偿还期(Simulated Average Life)。此外,各个路径下的平均偿还期的分布也很重要。平均偿还期的标准差越大,住房抵押贷款支持证券偿还期的不确定性也就越大。

五、举例说明住房抵押贷款支持证券的风险指标[①]

FHLMC 1915 是按次序支付的 CMO。该 CMO 共有八个层级 A、B、C、D、E、F、G、S,还有两个剩余层级。层级 F 为浮动利率债券,层级 S 为逆浮动利率债券。层级 D、E、G 是特殊的可转换债券,属于层级 F 与 S 的合成。为了简单起见,我们只分析层级 A、B、C。具体构成如图 9-19(没有考虑层级 D、E、G)所示。

在表 9-13 的基础方案中,担保品即转手证券的 OAS 为 51 个基点,选择权的成本为 67 个基点,因此,静态利差为 118 个基点。层级 A、B、C 的 OAS 分别为 32 个、33 个和 46

---

① 参照 Frank J. Fabozzi, *The Handbook of Mortgage-Backed Securities*, 5th edition, McGraw-Hill, 2001, pp.510-512。

个基点。选择权的成本分别为 51 个、82 个、70 个基点。根据它们的 OAS 数值以及选择权的成本,可以得到各自的静态利差,分别为 83 个、115 个和 116 个基点。A、B、C 三个层级的静态利差的差异不大,这与分析时点的到期收益率曲线的形状有关系。在到期收益率曲线平缓的前提下,静态利差不会太大。

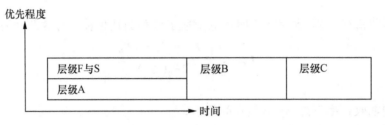

图 9-19 CMO 的具体构成

表 9-13 CMO 的 OAS 分析

基础方案(13%的利率波动率)				
	OAS(基点)	选择权的成本(基点)	静态利差(基点)	有效持续期
转手证券	51	67	118	1.2
层级 A	32	51	83	0.9
层级 B	33	82	115	2.9
层级 C	46	70	116	6.7
提前偿还比率为提前偿还模型的 80%(13%的利率波动率)				
	新的 OAS	价格变动(元,面值 100)		有效持续期
转手证券	63	0.45		2.0
层级 A	40	0.17		0.9
层级 B	43	0.54		3.3
层级 C	58	0.97		7.4
提前偿还比率为提前偿还模型的 120%(13%的利率波动率)				
	新的 OAS	价格变动(元,面值 100)		有效持续期
转手证券	40	−0.32		0.6
层级 A	23	−0.13		0.9
层级 B	22	−0.43		2.7
层级 C	36	−0.63		6.0
利率波动率为 9%				
	新的 OAS	价格变动(元,面值 100,假定 OAS 不动)		有效持续期
转手证券	79	1.03		1.4
层级 A	52	0.37		0.9
层级 B	66	1.63		3.1
层级 C	77	2.44		6.8

(续表)

利率波动率为17%			
	新的OAS	价格变动（元，面值100，假定OAS不动）	有效持续期
转手证券	21	-0.94	1.1
层级A	10	-0.37	0.9
层级B	3	-1.50	2.7
层级C	15	-2.08	6.5

A、B、C三个层级的OAS是不同的。一般情况下，长期债券的OAS会更大一些。层级B的期限比层次C要短，OAS也略小一些，但选择权的成本更高一些。层级C的风险，如果用选择权的成本来反映，会比层次B低一些，但收益（用OAS表示）会略高一些。有很多因素，包括持续期、平均偿还期等会影响高收益、低风险的实现。

模型本身也存在不确定性，即存在模型风险。如果利率波动率不变，但提前偿还比率发生改变，会影响各个层级的收益与风险。如果提前偿还比率下降，是原来速度的80%，那么，转手证券本身以及各个层级的OAS以及价格一般都会上升，原因是转手证券的价格会朝着接近面值的方向变动。其中，层级A的OAS由原来的32个基点上升到40个基点。如果OAS不动，那么层级A的价格会上升0.17元，层级B和层级C的价格会上升0.54元和0.97元。价格上升幅度之所以不同，是因为不同层级的持续期不同。偿还期短的层级，持续期更短些，因此，价格上升的幅度也小一些。层级C的偿还期最长，价格上升的幅度最大。而当提前偿还比率上升到基本方案的120%时，全部层级的债券都会遭受损失。

利率波动率影响各层级的收益与风险。当利率环境稳定些，例如利率波动率为9%时，转手证券的价格上升1.03元，OAS也由原来的51个基点上升到79个基点。各个层级分享的比例是不同的，更长期的层级获得的收益更大，而且与各层级的持续期有关。

当利率波动幅度增大到17%时，转手证券受到很大的冲击。转手证券作为抵押品，其损失分摊到各层级里，而且持续期越大损失越大。层级C的损失为2.08元，层级B的损失为1.50元，层级A的损失为0.37元。

第七节 资产证券化与次贷危机

2008年，美国发生了严重的次贷危机，这场危机首先让众多金融机构遭受了巨大损失，美国五大投资银行纷纷倒下或被接管。这五大投资银行是高盛、摩根士丹利、美林、贝尔斯登和雷曼兄弟。2008年9月，雷曼兄弟的倒闭给金融市场带来沉重打击。股票价格指数急剧下降，道琼斯30种工业股票价格指数从13 000点迅速下降到8 000点上下；美国政府出资2 000亿美元接管两大房贷机构（Fannie Mae与Freddie Mae）；商业银行亏损严重，流动性产生了极大的问题，甚至连花旗银行这样的商业银行都变得岌岌可危；保险公司发生巨额亏损，著名的保险公司如美国国际集团（AIG）等也纷纷被美国政府接管。

美国的次贷危机迅速向欧洲和其他地区蔓延,形成全球性的金融危机,世界主要经济体的汇率波动幅度巨大,而金融危机又伤及实体经济,使得产出下滑,失业增加。美国和欧盟陷入20年来最严重的衰退,美国三大汽车巨头濒临破产。

美国为什么会发生次贷危机?次贷危机又与资产证券化有什么联系?本节对此做简要总结。

一、什么是次级抵押贷款

在美国,住房抵押贷款是分层级的。优质级(Prime)的信用分数很高,客户都是优良的,他们的收入稳定可靠,债务负担合理;次优级(Alt-A)的信用分数位于中间层,客户属于大众阶层;次级(Subprime)的信用分数最低,贷款客户收入不稳定,或者收入证明缺失,或者债务负担很重。

为了说明次级贷款"次"在哪里,本书借用《贪婪、欺诈和无知——美国次贷危机真相》[①]中的一个例子。有一对夫妇,丈夫约翰尼在一个加油站工作,妻子帕蒂是一家超市的收银员。他们月收入中一半以上用来归还信用卡贷款。他们两位看上了一个170平方米的房子,两次申请抵押贷款都被拒绝。贷款经纪商建议他们攒点钱付首付(总房款的5%)。他们两位住在帕蒂的姐姐家三年,省下来的三年的房租让他们积攒了5 000美元的首付。2005年,他们获得了次级抵押贷款。

搬进新居不久,帕蒂住了几天院,两周没去上班,这也让她丢掉了工作。帕蒂的收入占全家总收入的40%,这样一来,他们家的财政状况就有了问题。后来,帕蒂找到了工作,但失业期间共损失了六周的收入。不仅仅是少了六周的收入,最大的问题是他们家没有医疗保险。帕蒂住院几天的支出共计25 000美元,由于他们没有积蓄,因此就必须从别处挪钱。住房贷款无法偿还了。如果拖欠债务120天,他们就会被强制取消住房抵押赎回权;如果申请破产保护,他们可以晚几个月搬家,但他们没有钱请律师。后来,他们只得签订替代合同,将房屋产权转给贷款人。

事后,银行详细研究了约翰尼夫妇的信用文件,发现他们两人的月收入共2 800美元,每月还贷款之后剩余700美元。结清房屋购买费用后,账户结余250美元。他们没有积蓄,没有退休养老账户,没有任何偿还债权(除信用卡之外)的记录,没有租金支付证明,因为他们住在帕蒂的姐姐家。过去三年,两人同时失业的时间超过九个月。也就是说,他们的情况是银行事先知晓的,他们并没有欺诈。

美国发放次级抵押贷款的规模约2万亿美元。那么,为什么像约翰尼夫妇这样的家庭能够获得银行的次级抵押贷款呢?

二、商业银行为什么发放次级抵押贷款

银行发放次级抵押贷款的原因很简单:利益。

在20世纪90年代的互联网泡沫破灭后,为了刺激经济增长,美国一直执行低利率政

---

① 〔美〕理查德·比特纳著,扬眉覃、丁颖颖译,《贪婪、欺诈和无知——美国次贷危机真相》,中信出版社2008年版。

策。低利率政策确实带来了较快的经济增长。个人收入增长与低利率的共同作用,导致美国房地产价格上涨,2006年7月,美国房价综合年度指数相对于2000年的涨幅超过100%。

房价的上涨给房贷使用者带来了流动性,因为美国的商业银行创新了一个贷款品种——权益贷款(Equity Loan)。举个例子。李四买了一套总价20万美元的住房,该房子的首付为5%,即1万美元,他从银行借了19万美元。一年后,这套房子的总价已经上涨到30万美元,不考虑贷款本金的偿还,李四在这套房子上的净权益为11万美元。李四可以拿这个权益做抵押再向银行申请贷款。这种贷款就被称为权益贷款。

有了权益贷款品种,在房地产价格上涨过程中,次级抵押贷款的偿还就不会有问题。次级按揭贷款的利率要比标准贷款高2~3个百分点,而且利率按照浮动利率定价,银行基本不承担利率风险。从上面的分析可以看出,在房地产价格上涨过程中,次级抵押贷款的违约风险、利率风险都几乎不存在,而利差比标准贷款的利差大2~3个百分点。利益的驱使,让美国次级抵押贷款的发放规模迅速扩张。

由于银行担心流动性风险,而次级按揭的证券化可以把这一风险转给别人,因此,银行不再担心发放次级抵押贷款的各种风险了。

实际上,次级抵押贷款之所以有2万亿美元的庞大规模,仅仅银行自己是难以做到的。一般有如下的生物链,如图9-20所示。

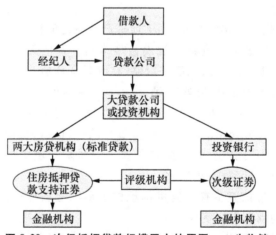

图 9-20 次级抵押贷款规模巨大的原因——生物链

在图9-20中,经纪人充当贷款人和借款人的中间人。经纪人的净资产一般少于5万美元。贷款公司发放贷款,然后把贷款卖给规模更大的贷款公司(如商业银行),贷款公司卖贷款一般可获得7%的差价。对于初期的贷款拖欠或者欺诈,贷款公司要回购贷款,但由于贷款公司属于中介性质,因此负债率极高,回购能力有限。大的贷款公司和投资机构获得次级贷款后,进行证券化,并出售给其他金融机构。投资银行获得次级贷款支持证券后,再进行证券化,生成更为复杂的债务抵押凭证(CDO),并出售给包括商业银行在内的金融机构。

证券化的过程离不开三大评级公司的"帮助",评级公司为了自身的利益,把次级抵押证券的级别评定得很高,符合美联储对金融机构特别是商业银行持有债券的级别的规定。

在这一系列的证券化过程中,所有参与者得到了各自的利益,但全部利益最终来自次级贷款借款人所支付的本金和利息。一旦最终的利益来源中断,危机也就来临了。

三、次贷危机与资产证券化的反思

次贷危机给了我们很多启发,本节在此简要地作一总结:做什么都不要过度,证券化也一样。资产证券化对金融的发展、对实体经济在总体上是有很大促进作用的,本章第一节对此已做过阐述。但证券化不可过度。次贷危机的发生是证券化过度的必然结果。过度表现在以下几个方面:

1. 流动性过剩,导致资产过度地泡沫化

在互联网泡沫破灭及"9·11"事件后,为应付经济衰退,美国实行宽松的货币政策,2001—2004年,联邦基金利率从6.5%快速降至1%,货币供应量也迅速扩大,2005年全球金融资产规模已超过140万亿美元,是全球GDP(国内生产总值)总规模的3.2倍。低利率政策及过于宽松的货币政策带来美国房地产的过度繁荣,银行利差缩小,导致银行业过度竞争,纷纷放松信贷标准。与此同时,银行等金融机构纷纷投向高收益证券及结构化产品,这些产品潜在的信用风险很大,又被评级公司人为地掩盖了。一旦潜在风险现实化,危机就不可避免。

2. 优质资产证券化有坚实的基础,而劣质资产证券化的根基不牢

通常情况下,美国次级抵押贷款的规模很难达到2万亿美元,但由于流动性过剩导致房贷市场过度竞争,银行纷纷采取激进策略,在满足优质客户的房贷需求之后,又把业务拓展到资质很差的次级抵押贷款市场。2001—2006年,美国房贷发行规模扩大了30%,而次级抵押贷款的发行规模扩大了200%。为了吸引次级抵押贷款客户,房贷品种不断创新,如同本章第二节介绍的那样。很多贷款品种,借款人首付比率极低,而还款初期偿还压力很小,甚至不用偿还,大大掩盖了次贷的风险。建立在低质资产之上的证券化,是经不起风雨的,事实证明果然如此。

3. 证券化过程中,应该至少有一类机构承担主要风险和责任,但次级抵押贷款证券化中,找不到哪类机构承担主要责任

本章第一节阐述了证券化过程中涉及的主体,其中包括特殊目的载体。这一载体不可以破产。优质资产证券化中的特殊目的载体做破产隔离安排没有问题,因为资产本身是优质的。但次级抵押贷款证券化中的特殊目的载体也做破产隔离,就让整体次级抵押贷款证券化过程中除投资者之外,没有主体承担责任。但所有主体又追求巨额利益,导致次级抵押贷款证券化就像击鼓传花一样,最后拿到手中的人承担最终损失。而问题是那些获得利益的主体不承担责任,他们也就没有动力深挖其中的风险,导致次级抵押贷款证券化过度扩张。

有人把次贷危机的一个原因归结为银行等金融机构对经济周期的忽略。本书不这样认为。那些商业银行等金融机构可谓人才济济,对经济周期特别是房地产的下行风险都有自己的评估,但由于即使房地产泡沫破灭,银行等金融机构也并不直接持有次级抵押贷款,而是把次级抵押贷款转卖给其他投资者,因此银行等并不那么关心次级抵押贷

款资产的质量。尽管银行等金融机构并不直接持有次级抵押贷款,但它们通过表外业务持有次级抵押贷款证券化之后的各种结构化产品。尽管那些结构化产品在经济繁荣时流动性很强,金融机构可以迅速出售这些资产,但危机会使其很快失去流动性,这些金融机构反倒成为受害者。此乃作茧自缚、人算不如天算的道理。

4. 高杠杆导致过度投机

在美国,传统商业银行业务受制于《新巴塞尔协议》关于8%风险资本充足率的制约,杠杆比率控制在12倍以内,但投资银行不受资本充足率的约束,而商业银行的表外业务也让商业银行的杠杆比率大大提高。

高杠杆是华尔街大型投资银行的共同特征。2007年年底,全球十大投资银行控制的资产规模超过13万亿美元,平均杠杆率超过30倍。过高的杠杆率提高了股东收益率,给华尔街的高管们带来了丰厚的回报,这又进一步刺激金融机构投资行为高风险化。在经济繁荣时,高杠杆具有放大效应,但在经济衰退时期,高杠杆会迅速侵蚀其资本,甚至很快资不抵债。为了维持生存,在经济衰退的初期,金融机构会大量出售风险资产以迅速收缩资产和负债,但这样一来,会快速压低资产价格,引发市场动荡,造成范围更广、幅度更大的危机。

商业银行表外业务的过度扩张也导致了高杠杆。2007年年底,美国市场上的银行表外业务的资产规模近2万亿美元。表外业务主要是银行为特定的融资活动而设立的特殊目的载体,其通过发行短期票据和中期债券筹集资金,并投资于资产支持证券、CDO等高收益产品,获得利差。银行向特殊目的载体收费,同时也承诺在特殊目的载体流动性不足时提供紧急贷款,并在其发生损失时,将其并入资产负债表。由于特殊目的载体没有多少资本金,因此属于典型的高杠杆机构。高杠杆就意味着高风险,而金融机构过高的杠杆让整个金融体系处于高危状态。

反思次贷危机与资产证券化的教训,给我国未来的金融创新以很多启发。凡事不可过度。证券化是把"双刃剑"。舞动好这把"剑",需要我国金融监管当局及银行与证券界的人士付出更多的努力。

习题

思考题

1. 简述资产证券化的基本结构。
2. 特设目的载体在资产证券化中发挥了怎样的作用?
3. 住房抵押贷款品种在美国有哪些创新?
4. 固定利率贷款与浮动利率贷款对住房借款人和贷款银行有哪些不同?
5. 一般来讲,借款人提前偿还贷款的主要理由有哪些?
6. 什么是扩张风险?哪些投资者担心扩张风险?
7. 什么是收缩风险?哪些机构担心收缩风险?
8. 举例说明按次序支付的CMO的生成。
9. 本金证券与利息证券的利率风险特征有什么不同?

各章部分习题参考答案

第一章

二、1. (1) 751.3 元
    (2) 746.2 元
    (3) 743.6 元
    (4) 741.7 元
    (5) 740.85 元
    (6) 740.82 元

2. (1) 9.05%
   (2) 8.85%
   (3) 8.76%
   (4) 8.70%
   (5) 8.67%
   (6) 8.66%

3. (1) 3.922%
   (2) 18.232%
   (3) 19.516%
   (4) 19.83%

4.
$$1 \times e^{0.1} = 1.1052$$
$$\left(1 + \frac{10.10\%}{12}\right)^{12} = 1.1058$$
$$\left(1 + \frac{10.20\%}{2}\right)^{2} = 1.1046$$

最终选择成本最低的借款利率,即年化单利利率为 10.2%,按半年计算复利的那个利率。

5. 买入的收益率为 2.9912%,卖出的收益率为 2.7782%。
   两种债券的报价中不存在套利机会。

6. 浮动利率债券的底为 3%,顶为 15%;逆浮动利率债券的底为 0,顶为 18%。

7. 4 912.5 元

8. 3.875%

第二章

二、1. 债券价格下降 2.72 元。

2. 119.4 元

3. 4.91%

4. 3.8%

5. 到期收益率为3.88%,年有效收益率为3.92%。

6. 到期收益率为5.2%,至第一回购日的到期收益率为3.79%。

7. 从10月16日至11月23日,共计38天。国库券的价格为

$$100 \times \left(1 - \frac{38}{365} \times 0.0283\right) = 99.7054$$

1万美元面值的国库券的购买成本为9970.54美元。

$$e^{-r\left(\frac{38}{365}\right)} = 0.997054$$

$$\ln(0.997054) = -r\left(\frac{38}{365}\right)$$

$$r = 2.8335\%$$

8. 年到期收益率为6.38%。利息为640元,利息的利息为178.47元,资本利得为-100元,收益中利息占89.13%,利息的利息占24.79%,资本利得占-13.93%。

9. (1) 债券 A:$r_{0,2} = 135\%$

债券 B:$r_{0,1} = 125\%$

债券 C:$r_{0,1} = 350\%$

市场价值:

$$P_A = 454.54$$
$$P_B = 204.54$$
$$P_C = 404.54$$

债券 A 最为低估,而债券 C 的到期收益率最高。

(2) A 和 C 组合产生的到期收益率为213%,B 和 C 组合产生的到期收益率为237.5%。

(3) 略

10. 77.84 元

11. 2.93%

三、1. (1) 对

(2) 错

(3) 对

(4) 对

(5) 对

(6) 错

(7) 错

(8) 对

(9) 错

(10) 对

2. 对;原因略。

第三章

二、1. (1) $t = 0, p = 862.85$

$t = 0.5, p = 903.92$

$t = 1, p = 866.66$

(2) 到期收益率曲线平行向下移动100个基点的情况下,

$t=0, P=944.76$

$t=0.5, P=985.42$

$t=1, P=947.53$

(3) 到期收益率曲线平行向上移动 100 个基点的情况下，

$t=0, P=791.61$

$t=0.5, P=832.90$

$t=1, P=796.05$

(4)

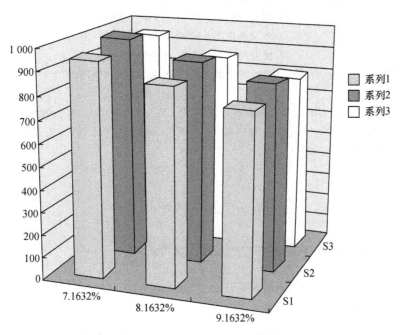

短期利率	时间点		
	0	0.5	1
7.1632%	944.76	985.42	947.53
8.1632%	862.65	903.92	866.66
9.1632%	791.61	832.90	796.05

2. 存在套利机会。为了获得套利收益，应该买入债券 C，卖空债券 A 和 B。

3. 定价不合理，存在套利机会，实现套利的方法是买入 1 个债券 A，卖空 1 个零息债券 B、11 个零息债券 C。

4. 债券 C 的价格不合理，应该为 98 元，但现在为 99 元，因此高估了。

5. 存在套利机会。套利的办法是购买债券 D，发行或者卖空 1.091 个债券 A、0.086 57 个债券 B、0.086 57 个债券 C。

6. 如果有零息债券，那么简单购买 1 年期债券（面值 270 元），价值 245.46 元；2 年期债券（面值 470 元），价值 376 元；3 年期债券（面值 548 元），价值 402.9 元；4 年期债券（面值 612 元），价值 399.0 元；投入的总价值为 1 423.36 元。

如果没有零息债券，只有四种附息债券，那么债券 A、B、C、D 的购买量分别为 2、3、4、5，总价值为 1 413 元。

7. 买 1 个单位的债券 A、5 个单位的债券 B，卖空 10 个单位的债券 C，就可以获得与债券 D 一样的现金流。说明债券 D 就是 A、B、C 三个债券的合成。合成的成本
$$1 \times 650 + 5 \times 850 - 10 \times 250 = 2400$$
而债券 D 的价格才为 2 300 元，因此债券 D 的价格相对于其他债券而言低了。故可获得套利机会。办法是卖空合成的债券，然后买入债券 D。具体而言，卖空 1 个单位的债券 A、5 个单位的债券 B、买入 10 个单位的债券 C、1 个单位的债券 D，就可以产生 100 元的无风险收益。

8. 由于只能从三个债券中选择两个，因此共有三个投资机会：AB 组合、AC 组合以及 BC 组合，并且组合的现金流与你公司发行债券的现金流完全一样，第一年年底为 10 元，第二年年底为 110 元。

AB 组合的成本 = 10×0.9+110×0.8 = 97
AC 组合的成本 = -100×0.85+110×1.6 = 91
BC 组合的成本 = 100×0.8+10×1.6 = 96

结论是选择 AC 组合，即发行 100 个单位的债券 A，从做市商手中购买 110 个单位的年金债券 C，只需投入 91 元。

9. 设投资者买入债券 A、B、C、D、E 的数量分别为 N_{Aa}、N_{Ba}、N_{Ca}、N_{Da}、N_{Ea}，卖出债券 A、B、C、D、E 的数量分别为 N_{Ab}、N_{Bb}、N_{Cb}、N_{Db}、N_{Eb}，可以得到 N_{Aa} 为 0.381 5，N_{Ba} 为 1.881 5，N_{Da} 为 1.481 5，N_{Ca}、N_{Ea}、N_{Ab}、N_{Bb}、N_{Cb}、N_{Db}、N_{Eb} 均为 0。

第四章

二、1. 5.37

2. 108 元

3. 接近 0.5，因为是浮动利率债券，而且支付利息的频率是 0.5 年。

4. 10.79 元

5. 投资者拥有 3 年期零息债券的数量为 137.35 个单位，价值为 13 735 元；拥有 20 年期零息债券的数量为 62.65 个单位，价值为 6 265 元。

6. 9.5

7. 5

8. 112.5

9. (1)

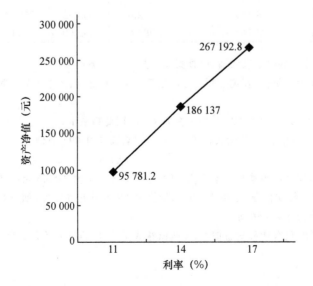

(2)

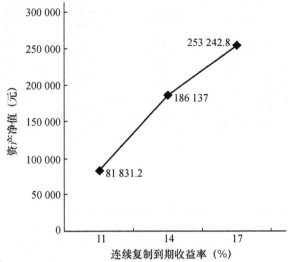

10. (1) 2 015.79 元
    (2) 2 年期债券的投资比重为 74.4%, 10 年期债券的投资比重为 25.6%。
    (3) 略
11. (1) 1 年期的即期收益率为 6%, 2 年期的即期收益率为 7%, 3 年期的即期收益率为 7.5%。
    (2) $_0f_{1,2} = 8.01\%$, $_0f_{2,3} = 8.51\%$。
    (3) 99.56 万元
    (4) 7%
    (5) 2.61
    (6) 2.61%
    (7) 在利率上升时,债券的价格下降要小一些;而在利率下降时,债券价格的上升要大一些,这是由于凸性的作用。

三、1. 对
　　2. 错
　　3. 错
　　4. 错
　　5. 对
　　6. 对
　　7. 错

第五章

二、1.

确定日	支付日	天数(天)	到期日的期货价格(元)	暗含远期利率(%)	折现因子
	2014-02-16				
2014-02-14	2014-03-16	28		4.00	0.9969
2014-03-14	2014-06-15	91	95.25	4.75	0.9851
2014-06-13	2014-09-21	98	95.22	4.78	0.9725

(续表)

确定日	支付日	天数(天)	到期日的期货价格(元)	暗含远期利率(%)	折现因子
2014-09-19	2014-12-21	91	94.88	5.12	0.9600
2014-12-19	2015-03-15	84	94.48	5.52	0.9478
2015-03-13	2015-06-21	98	94.30	5.70	0.9333
2015-06-19	2015-09-20	91	94.06	5.94	0.9195
2015-09-18	2015-12-20	91	93.25	6.75	0.9041
2015-12-18	2016-03-20	91	93.59	6.41	0.8897

互换比率为5.53%。

2. -207.6万美元

3. 略

4. (1) 1—4年,银行获得0.25%的互换利差。利率风险被抵消。

公司A ⇄6.25%/LIBOR⇄ 银行 ⇄6%/LIBOR⇄ 公司B

在第5年,银行单方面地既支付浮动利率,也支付固定利率。存在利率风险。

公司A ⇄6.25%/LIBOR⇄ 银行

(2) 当利率瞬间发生变动时,互换会给银行带来损失。

(3) 银行需要通过出售欧洲美元期货的办法来避险。

第六章

二、1. 4.744%

2. 0万元(88.3854-88.3854)　　+90.1531　　-100万元

－－－－－－－－－－－－－－－－－－－－－－－－－－－－－－
0　　　　　　　　　　　　　　　0.5　　　　　　2.5

融资利率约为5.32%。

3. 合理的价格区间:93.875~95.775元。

如果该债券的期货价格为97元,那么有套利机会,做法如下:

0时点:卖期货合约

　　借入资金95元

　　买债券,支付95元

6个月后:履行期货合约义务,交出债券,还99.275元

　　得资金97元、利息3.5元,共100.5元

　　净收益1.225元

4. (1) 利率变动1个百分点,债券组合价值波动3.2个百分点。

(2) 互换现金流(持续4年)

你自己 ⇄4.25%/LIBOR+0.2%⇄ 公司B

互换之所以降低了风险价值,是因为它降低了组合的持续期。你已经把期限较长、修正持续期为3.2年的资产组合,转换成了偿还期只有6个月的资产。实际上,你的违约风险也下降了。

5. 交付偿还期为 18 年、票面利率为 6.0% 的债券的损失为 3 美元,交付偿还期为 16 年、票面利率为 5.5% 的债券却有收益,为 0.753 美元。

第七章

二、1. 认购选择权今天的价格为 0.54 元,利率上升的概率为 0.1825。

2. 3 年期的利率树图为

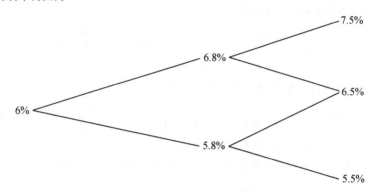

第八章

二、1.（1）0.5973 元

（2）0.835

（3）0.8545

2. 88.1 元

3.（1）时点 0:得到 100 万元

时点 1:偿还 5.5 万元

时点 2:偿还 106.25 万元或者 104.75 万元

图略

（2）99.956 万元

（3）440 元

4. 可回购债券价格变化树图如下:

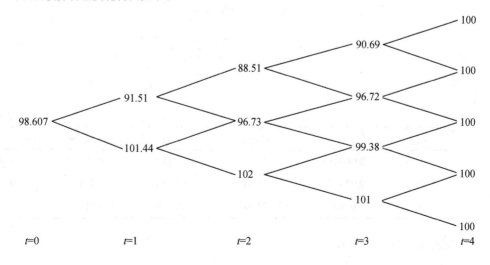

5. 如果在时点1利率下降,借款人可以放弃履行这一贷款承诺,本质上贷款承诺为借款人提供了防范利率上涨的保险。如果在时点1利率上升,借款人则履行贷款承诺。

根据到期收益率曲线,求出在时点0的3年期年金的到期收益率

$$\frac{1}{1+2.530\%} + \frac{1}{(1+2.582\%)^2} + \frac{1}{(1+2.625\%)^3} = \frac{1}{1+y} + \frac{1}{(1+y)^2} + \frac{1}{(1+y)^3}$$

$$y = 2.5935\%$$

那么,100万元的贷款按年偿还的金额为

$$1\,000\,000 = \frac{C}{1.025935} + \frac{C}{1.025935^2} + \frac{C}{1.025935^3}$$

$$C = 350770.7$$

时点1,在利率上升的情况下,每年偿付按揭350 770.7元相当于时点1的价值为

$$350\,770.7 \times \left(\frac{1}{1+3.135\%} + \frac{1}{(1+3.131\%)^2} + \frac{1}{(1+3.129\%)^3}\right) = 1\,010\,334$$

比时点1的100万元贷款的价值多出10 334元。

时点0,我们构建由1年期零息债券和2年期零息债券构成的组合,使得

$$1 \times N_1 + N_2 \times \frac{1}{1+3.135\%} = 10\,334$$

$$1 \times N_1 + N_2 \times \frac{1}{1+1.926\%} = 0$$

$$N_1 = 882\,918$$

$$N_2 = -899\,956$$

这两个零息债券在时点0的价值为

$$N_1 \times \frac{1}{1+2.530\%} + N_2 \times \frac{1}{(1+2.582\%)^2} =$$

$$882\,918 \times 0.9753 - 899\,956 \times 0.9503 = 5\,882$$

因此,借款人应该支付承诺费5 882元。

6. (1) 月利率为6%/12=0.5%

每月的还款金额为

$$C = 3\,000\,000 \times \frac{r(1+r)^n}{(1+r)^n - 1}$$

$$C = 3\,000\,000 \times \frac{0.5\% \times (1+0.5\%)^{12 \times 15}}{(1+0.5\%)^{12 \times 15} - 1}$$

$$C = 25\,316$$

(2)

单位:元

月份	还款前余额	偿还额	利息	本金偿还额	还款后余额
1	3 000 000	25 316	15 000	10 316	2 989 684
2	2 989 684	25 316	14 948	10 368	2 979 316
3	2 979 316	25 316	14 897	10 419	2 968 897

可以用下面的公式计算

$$M_t = \frac{M_0[(1+r)^T - (1+r)^t]}{[(1+r)^T - 1]}$$

其中，M 为贷款余额；T 为贷款的总月数；t 为已经偿还贷款的月数；r 为月利率。
如果是等额本息偿还，那么

$$M_0 \times \frac{r(1+r)^T}{(1+r)^T - 1} = M_t \times \frac{r(1+r)^{T-t}}{(1+r)^{T-t} - 1}$$

则

$$M_0 \times \frac{(1+r)^T}{(1+r)^T - 1} = M_t \times \frac{(1+r)^{T-t}}{(1+r)^{T-t} - 1}$$

$$M_t = \frac{M_0(1+r)^T \times [(1+r)^{T-t} - 1]}{(1+r)^{T-t} \times [(1+r)^T - 1]}$$

$$M_t = \frac{M_0(1+r)^t \times [(1+r)^{T-t} - 1]}{[(1+r)^T - 1]}$$

$$M_t = \frac{M_0[(1+r)^T - (1+r)^t]}{[(1+r)^T - 1]}$$

7. 按揭的年还款额为

$$1\,000\,000 \times \frac{0.0735 \times (1+0.0735)^2}{(1+0.0735)^2 - 1} = 555\,776$$

时点 1 的贷款余额为

$$M_t = \frac{M_0[(1+r)^T - (1+r)^t]}{[(1+r)^T - 1]}$$

$$M_1 = \frac{1\,000\,000[(1+0.0735)^2 - (1+0.0735)^1]}{[(1+0.0735)^2 - 1]} = 517\,724$$

没有提前偿还的现金流

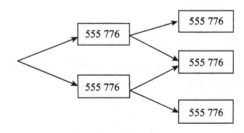

在利率下降的情况下，于时点 2 偿付的现金流在时点 1 的价值为 529 310 元，即
$$555\,776 \times [1/(1+5\%)] = 529\,310$$

高于时点 1 按揭本金余额 517 724 元，故提前偿还贷款是有利的，将获得 11 586 元的利益。
为了找到时点 0 的价值
构建如下组合：

$$1 \times N_1 + N_2 \times \frac{1}{1+5\%} = 11\,586$$

$$1 \times N_1 + N_2 \times \frac{1}{1+10\%} = 0$$

$$N_1 = -243\,306$$

$$N_2 = 267\,637$$

合成的成本为 4 630 元

$$-243\,306 \times \frac{1}{1+7.2\%} + 267\,637 \times \frac{1}{(1+7.5\%)^2} = 4\,630$$

8. $e^{y_{0,s} \times s} \times e^{f_{s,t} \times (t-s)} = e^{y_{0,t} \times t}$ 求导数

$$y_{0,t} \times t = y_{0,s} \times S + f_{s,t} \times (t - S)$$

$$f_{s,t} = \frac{y_{0,t} \times t - y_{0,s} \times S}{t - s}$$

$$y_{2,7} = \frac{y_{0,7} \times 7 - y_{0,2} \times 2}{7 - 2} = \frac{10.02\% \times 7 - 5.07\% \times 2}{7 - 2} = 12\%$$

$$\Delta_2 = \frac{-2 \times PV(1 \times e^{-0.12 \times 5}) + 7 \times PV(1)}{100}$$

$$\Delta_2 = \frac{-2 \times 0.5488 \times e^{-0.0507 \times 2} + 7 \times 1 \times e^{-0.1002 \times 7}}{100} = 0.02479$$

9.（1）负债和远期合约的现金流量表如下：

	0	1	2	3	4
A		−8	−8	−8	−108
B		−100			
C		108			−143.748(−108 × 1.1³)
D			8		−9.68(−8 × 1.1²)
E				8	−8.8(−8 × 1.1)
净现金流量	0	0	0	0	−270.228

总负债的价值 = $\frac{270.228}{1.1^4}$ = 184.57

负债的金额持续期 = $\frac{4 \times 184.57}{100}$ = 7.38

由于全部资产的价值为 1 184.57 亿元，因此净权益的价值为 1 000 亿元。

2 年期零息债券的价值为

$$\frac{1}{1.1^2} = 0.8264$$

2 年期零息债券的金额持续期 Δ_2 为 $\frac{2 \times 0.8264}{100}$ = 0.01653

由于净权益为 1 000，可以购买零息债券的数量为 1 210 份

$$\frac{1\,000}{0.8264} = 1\,210$$

净权益的金额持续期 $\Delta_{权益}$ = 1 210 × 0.01653 = 20

F 的金额持续期 Δ_F = $\frac{\frac{1}{1.1}}{100}$ = 0.009091

G 的金额持续期 Δ_G = $\frac{6 \times \frac{1}{1.1^6}}{100}$ = 0.03387

$$P_F = \Delta_2/1.1 = 0.9091$$

$$P_G = \frac{1}{1.1^6} = 0.5645$$

解方程组

$$0.9091 \times N_F + 0.5645 \times N_G - 184.57 = 1\,000$$
$$0.009091 \times N_F + 0.03387 \times N_G - 7.3828 = 20$$
$$N_F = 961.18, N_G = 550.51$$

(2) 另一个金融工具 H 是一个远期合约,购买者在时点 2 借入 1 亿元,在时点 7 偿还,远期借款利率为 15%,即在时点 7 将偿还 2.011 亿元。

H 的市场价值为 0.2056 亿元:

$$\frac{-1}{1.1^2} + \frac{2.011}{1.1^7} = 0.2056$$

H 的金额持续期为 0.0557:

$$\left(2 \times \frac{-1}{1.1^2} + 7 \times \frac{2.011}{1.1^7}\right)/100 = 0.0557$$

求解方程组

$$0.9091 \times N_F + 0.2056 \times N_H - 184.57 = 1\,000$$
$$0.009091 \times N_F + 0.0557 \times N_H - 7.3828 = 20$$
$$N_F = 1237.54, N_H = 289.52$$

(3) 应该考虑两个问题,一是交易成本的大小,二是两个策略中的凸性利益的大小。

参 考 文 献

1. Arden R. Hall, "Valuing Mortgage Borrowers Prepayment Option", *AREUEA Journal*, 13(3), 1985.
2. Bruce Tuckman, *Fixed Income Securities: Tools for Today's Markets*, 2th edition, John Wiley & Sons, Inc., 2002.
3. Chester Foster and Robert Van Order, "An Option Based Model of Mortgage Default", *Housing Finance Review*, 3(4), 1984.
4. Chester Foster and Robert Van Order, "FHA Terminations: A Prelude to Rational Mortgage Pricing", *AREUEA Journal*, 13(3), 1985.
5. Damiano Brigo and Fabio Mecurio, *Interest Rate Models: Theory and Practice*, Springer, 2001.
6. Daniel B. Nelson and Krishna Ramaswamy, "Simple Binomial Processes Diffusion Approximation in Financial Models", *Review of Financial Studies*, 3(3), 1990.
7. Donald J. Smith, "The Arithmetic of Financial Engineering", *Journal of Applied Corporate Finance*, 1(4), 1989.
8. Douglas T. Breeden, "Consumption, Production, Inflation and Interest Rates: A Synthesis", *Journal of Financial Economics*, 16(1), 1986.
9. Eduardo S. Schwartz and Walter N. Torous, "Prepayment, Default, and the Valuation of Mortgage Pass-Through Securities", *Journal of Business*, 65(2), 1992.
10. Eduardo S. Schwartz and Walter N. Torous, "Prepayment and the Valuation of Mortgage-Backed Securities", *Journal of Finance*, 44(2), 1989.
11. Fischer Black, Emanuel Derman, and William Toy, "A One-Factor Model of Interest Rates and Its Application to Treasury Bond Options", *Financial Analysts Journal*, 46(1), 1990.
12. Frank J. Fabozzi, *Bond Markets, Analysis and Strategies*, Prentice-Hall, 1996.
13. Frank J. Fabozzi, *Fixed Income Analysis for the Chartered Financial Analyst Program*, Fabozzi Associates, 2000.
14. Frank J. Fabozzi, *The Handbook of Fixed Income Securities*, 6th edition, McGraw-Hill, 2001.
15. Frank J. Fabozzi, *The Handbook of Mortgage-Backed Securities*, 5th edition, McGraw-Hill, 2001.
16. Fred D. Arditti, *Derivatives: A Comprehensive Resource for Options, Futures Interest Rate Swaps and Mortgage Securities*, Harvard Business School Press, 1996.
17. Gregory R. Duffee, "The Relation Between Treasury Yields and Corporate Bond Yields Spreads", *Journal of Finance*, 53(6), 1998.
18. Izzy Nelken, *Handbook of Hybrid Instruments*, John Wiley & Sons, 2000.
19. James B. Kau et al., "The Valuation and Analysis of Adjustable Rate Mortgages", *Management Science*, 36(12), 1990.
20. James B. Kau et al., "A Generalized Valuation Model for Fixed-Rate Residential Mortgages", *Journal of Money, Credit, Banking*, 24(3), 1992.
21. Jerry Green and John B. Shoven, "The Effects of Interest Rates on Mortgage Prepayments", *Journal of*

Money，Credit，Banking，18(1)，1986.

22. Jing-zhi Huang and Ming Huang, "How Much of the Corporate-treasury Yield Spread is Due to Credit Risk"，北京大学金融数学论坛论文，2000年5月。
23. John C. Hull, *Options，Futures，and Other Derivative Securities*, 4th edition, Prentice Hall, 2000.
24. Kenneth D. Garbade, *Fixed Income Analysis*, The MIT Press, 1996.
25. Kenneth B. Dunn and John J. McConnell, "Valuation of GNMA Mortgage-Backed Securities", *Journal of Finance*, 36(3), 1981.
26. Livingston G. Douglas, *Bond Risk Analysis：A Guide to Duration and Convexity*, New York Institute of Finance, 1990.
27. Merton H. Miller, "Debt and Taxes", *Journal of Finance*, 32(2), 1977.
28. Michael J. Brennan and Eduardo S. Schwartz, "Determinants of GNMA Mortgage Prices", *AREUEA Journal*, 13(3), 1985.
29. Michael R. Gibbons, "Fixed Income Securities", MBA Bulkpack, Wharton School, 1998.
30. Oldrich A. Vasicek, "An Equilibrium Characterization of the Term Structure", *Journal of Financial Economics*, 5, 1977.
31. Perry H. Beaumont, *Fixed Income Synthetic Assets：Packaging，Pricing，and Trading Strategies for Financial Professionals*, John Wiley & Sons, 1992.
32. Peter O. Christensen and Bjame G. Sorensen, "Duration, Convexity and Time Value", *Journal of Portfolio Management*, 20(2), 1994.
33. Simon Benninga, *Financial Modeling*, The MIT Press, 1997.
34. Stephen A. Buser and Patric H. Hendershott, "The Pricing Default-Free Fixed Rate Mortgages", *Housing Finance Review*, 3(4), 1984.
35. Stephen A. Ross, "A Simple Approach to the Valuation of Risky Streams", *Journal of Business*, 51(3), 1978.
36. Stephen F. LeRoy, "Risk-aversion and the Term Structure of Real Interest Rates", *Economist Letters*, 10(3-4), 1982.
37. Steve Heston and Guofu Zhou, "On the Rate of Convergence of Discrete-Time Contingent Claims", *Mathematical Finance*, 10(1), 2000.
38. Suresh M. Sundaresan, *Fixed Income Markets and Their Derivatives*, South-Western College Publishing, 1997.
39. Terry A. Marsh, "Term Structure of Interest Rates and the Pricing of Fixed Income Claims and Bonds", chapter 9 in *Operations Research and Management Science*, North-Holland, 1998.
40. Thomas S. Y. Ho *Fixed Income Solutions：New Techniques for Managing Market Risks*, Irwin Professional Publishing, 1996.
41. Thomas S. Y. Ho and Sang-Bin Lee, "Term Structure Movements and Pricing Interest Rate Contingent Claims", *Journal of Finance*, 41(5), 1986.
42. Thomas S. Y. Ho, *Strategic Fixed-Income Investment*, Irwin Professional Pub, 1990.
43. 曹凤岐、刘力、姚长辉，《证券投资学》(第三版)，北京大学出版社2013年版。
44. 何小锋，《资产证券化：中国的模式》，北京大学出版社2002年版。
45. 赖其男、姚长辉、王志诚，"关于我国可转换债券定价的实证研究"，《金融研究》，2005年第9期。
46. 李扬，《中国金融发展报告》，社会科学文献出版社2004年版。
47. 刘力、姚长辉，"营业税税率对中国金融及宏观经济的分析"，《21世纪：人文与社会——首届"北大论坛"论文集》,北京大学出版社 2002 年版。
48. 汪利娜,《美国住宅金融体制研究》,中国金融出版社 1999 年版。
49. 王开国,《房地产证券化探索》,上海人民出版社 1998 年版。
50. 王开国等,《资产证券化论》,上海财经大学出版社 1999 年版。
51. 姚长辉,"固定收益证券创新原因与创新方式分析",《经济科学》,2000 年第 4 期。
52. 姚长辉,"论 MBS 对我国住宅产业发展的理论意义",《金融研究》,2001 年第 7 期。
53. 姚长辉,"中国公司债券市场发展研究",载《中国资本市场创新》(曹凤岐主编),北京大学出版社 2003 年版。
54. 姚长辉,《货币银行学》(第五版),北京大学出版社 2018 年版。
55. 姚长辉、梁跃军,"我国国债收益率曲线的实证分析",《金融研究》,1998 年第 4 期。

教辅申请说明

北京大学出版社本着"教材优先、学术为本"的出版宗旨,竭诚为广大高等院校师生服务。为更有针对性地提供服务,请您按照以下步骤在微信后台提交教辅申请,我们会在1～2个工作日内将配套教辅资料,发送到您的邮箱。

◎ 手机扫描下方二维码,或直接微信搜索公众号"北京大学经管书苑",进行关注;

◎ 点击菜单栏"在线申请"—"教辅申请",出现如右下界面:

◎ 将表格上的信息填写准确、完整后,点击提交;

◎ 信息核对无误后,教辅资源会及时发送给您;如果填写有问题,工作人员会同您联系。

温馨提示:如果您不使用微信,您可以通过下方的联系方式(任选其一),将您的姓名、院校、邮箱及教材使用信息反馈给我们,工作人员会同您进一步联系。

我们的联系方式:

通信地址:北京大学出版社经济与管理图书事业部
　　　　　北京市海淀区成府路205号,100871
联 系 人:周莹
电　　话:010-62767312／62757146
电子邮件:em@pup.cn
Q　　Q:5520 63295(推荐使用)
微　　信:北京大学经管书苑(pupembook)
网　　址:www.pup.cn